Constanze Müller

Michail Fokins Ballett
Cléopâtre

Constanze Müller

Michail Fokins Ballett *Cléopâtre*

Eine musikalisch-choreografische
Rekonstruktion

Tectum Verlag

Constanze Müller

Michail Fokins Ballett *Cléopâtre.*
Eine musikalisch-choreografische Rekonstruktion
© Tectum Verlag Marburg, 2012
Zugl. Diss. HU Berlin 2012
ISBN: 978-3-8288-3014-1

Umschlagabbildung: © Leon Bakst, Kostümentwurf für Ida
    Rubinštejn in *Cléopâtre*
Umschlaggestaltung: Heike Amthor ǀ Tectum Verlag
Satz und Layout: Heike Amthor ǀ Tectum Verlag
Druck und Bindung: Docupoint, Barleben
Printed in Germany
Alle Rechte vorbehalten

Besuchen Sie uns im Internet
www.tectum-verlag.de

Bibliografische Informationen der Deutschen Nationalbibliothek
Die Deutsche Nationalbibliothek verzeichnet diese Publikation
in der Deutschen Nationalbibliografie; detaillierte bibliografische
Angaben sind im Internet über http://dnb.ddb.de abrufbar.

Inhalt

Dank

Zahlreichen Wissenschaftlern, Privatpersonen, Verlagen, Bibliotheken und Archiven im In- und Ausland, die ich im Laufe meiner Recherchen besuchen oder um Rat fragen konnte, möchte ich an dieser Stelle herzlich danken. Sie haben das Gelingen der Arbeit wesentlich unterstützt oder sogar erst möglich gemacht. Viele werden an entsprechender Stelle im Buch genannt. Einige möchte ich jedoch besonders hervorheben:

Prof. Christian Kaden von der Humboldt-Universität zu Berlin war bereit, mein interdisziplinäres Promotionsvorhaben zu betreuen und für Fragen und Sorgen immer voller Sachkenntnis, Verständnis und Humor ansprechbar.

Die Stiftung John Neumeier gewährte mir unkompliziert und kooperativ Zugang zu ihren Beständen und ermöglichte mir dort aufregende Entdeckungen und Erkenntnisse. Dr. Hans-Michael Schäfer, Kurator und Leiter der Sammlungen, mit dem ich eine sehr angenehme Zusammenarbeit erleben durfte, gab mir zahlreiche wertvolle Hinweise und zeigte sich immer offen für Fragen und Gespräche.

Aus meinem privaten Umfeld haben jeweils auf ihre Weise Dr. Judit Alsmeier, Verena Andel, Kathrin und Gernot Maetzel, Lisa Mitschke, Frank Siebert und Irene Überwolf meine Arbeit wertvoll unterstützt.

Meine Eltern Sabine und Dr. Wolfgang Vetter haben meine Neugierde für Kunst geweckt und die Konsequenz daraus immer großzügig, motivierend und freudig unterstützt.

Mein Mann Benedikt Müller hat die Arbeit an diesem Buch von der ersten Idee bis zu seinem Abschluss mit der Geduld, notwendigen Distanz und Gelassenheit begleitet, die mir selbst bisweilen fehlte.

Editorische Vorbemerkung

Die Übertragung russischer Namen und Begriffe wird nach der ISO-Transliteration des Kyrillischen vorgenommen. Aus Сергей Павлович Дягилев wird demzufolge Sergej Pavlovič Djagilev. Auf die in Russland üblichen zweiten Namen wird in dieser Arbeit jedoch zugunsten einer besseren Lesbarkeit verzichtet. Werktitel werden, wenn es sich nicht um russische Werke handelt, kursiv geschrieben und in der Originalsprache angeführt. Sofern bei russischen Werken ein gängiger deutscher Titel existiert, soll dieser verwendet werden, da die Originaltitel in der nicht russischen Literatur nur selten genannt und daher nicht geläufig sind. Beispielsweise wird Michail Glinkas Oper *Жизнь за царя*, in korrekter Transliteration *Žizn' za carja*, in dieser Arbeit mit *Ein Leben für den Zaren* bezeichnet. Institutionen werden zugunsten einer besseren Lesbarkeit und für eine korrekte grammatikalische Beugung in deutscher Sprache angeführt, ihre Namen jedoch ebenfalls in ISO-Transliteration wiedergegeben. Beispielsweise wird das Мариинский театр, in vollständiger Transliteration Mariinskij teatr, in dieser Publikation als Mariinskij-Theater bezeichnet. Sofern Namen in zitierter Literatur in anderer Schreibweise vorkommen, werden diese aus der herangezogenen Quelle unverändert übernommen und nicht angeglichen.

Datumsangaben sind in ihrem jeweiligen geografischen Kontext zu verstehen. Sofern beispielsweise vom 19. Mai 1909, der ersten regulären Vorstellung der Ballets Russes in Paris, die Rede ist, dann bezieht sich dieses Datum auf den gängigen gregorianischen Kalender. Bis 1918 wurde in Russland jedoch der julianische Kalender verwendet, der sich damals um 13 Tage von der gregorianischen Zeitrechnung unterschied.[1] Sofern ein Datum in Russland vor dem Zeitpunkt der Kalenderumstellung genannt wird, so bezieht sich dies auf den julianischen Kalender.

---

1   War in Paris der 19. Mai 1909, so zeigten die Kalenderblätter in Sankt Petersburg den 6. Mai 1909.

1 Einleitung

Die Ballets Russes gelten heute als das wegweisende Balletter-
eignis des beginnenden 20. Jahrhunderts. Ab dem Jahr 1909
bis zu seinem Tod 1929 stellte der Impresario Sergej Djagilev
in Paris und anderen Städten Europas sowie in Nord- und
Südamerika russische Tänzerinnen und Tänzer in Balletten
vor, bei denen Choreografie, Musik und Bühnenbild künstlerisch gleichwertig nebeneinander stehen sollten. Michail Fokin war dabei der erste einer Reihe von Choreografen, die für
die Ballets Russes arbeiteten, sein Stil sollte das Ballett des
20. Jahrhunderts maßgeblich beeinflussen. Eines der frühen
Werke, mit denen die Ballets Russes in Paris im Jahr 1909 große Erfolge feiern konnten, war das auch im Fokus dieser Untersuchung stehende Ballett *Cléopâtre*. Musikalisch handelt es
sich dabei um ein pasticcioartiges Gebilde, bei dem in eine
bestehende Ballettpartitur von Anton Arenskij Ausschnitte
aus anderen Werken russischer Komponisten eingefügt wurden. Die Choreografie war von Michail Fokin, das Bühnenbild und die Kostüme stammten von Leon Bakst, einem russischen Maler und Freund Djagilevs.

Die vorliegende Arbeit entstand vor dem Hintergrund, dass
sich in der Literatur zu den Ballets Russes – besonders für
Werke aus den Jahren vor dem Ersten Weltkrieg – immer
wieder Kategorisierungen und Hinweise auf die »Verwandt-

schaftsgrade« zwischen Balletten mit orientalisierendem und antikisierendem Stil oder Werken mit russischen Themen finden. Dabei wird stets auf *Cléopâtre* als eine stilistische Keimzelle verwiesen.[1] Zweifellos entwickelten sich bei den Ballets Russes bestimmte Ideen und Themen über mehrere Ballette hinweg, diese Verwandtschaftsbeziehungen sind inzwischen jedoch vergleichsweise gut bearbeitet und in der Literatur nachzulesen. Im Gegensatz zu prominenten Werken wie *Les Sylphides, Petruschka, L'après-midi d'un faune* oder *Le sacre du printemps*, die auch in neuen Choreografien heute noch auf der Bühne zu sehen sind, ist das Bild, das man sich von *Cléopâtre* machen kann, unscharf oder gleicht vielmehr einer Art blindem Fleck. Das verwundert insofern, da es in der Literatur oft als Ausgangspunkt für zahlreiche spätere orientalisierende oder antikisierende Werke gilt. Ziel der vorliegenden Arbeit ist es, diesen blinden Fleck durch das Zusammentragen aller noch auffindbaren Teile zu beseitigen. Zugleich soll in dieser Arbeit gezeigt werden, wie sehr *Cléopâtre* der Ästhetik des zaristischen Balletts verpflichtet war und somit als ein Scharnier zwischen traditionellem Ballett des 19. Jahrhunderts und tänzerischer Avantgarde des 20. Jahrhunderts gesehen werden kann.

Der Titel dieser Arbeit lässt durch den Terminus »Rekonstruktion« bereits darauf schließen, dass das Ballett *Cléopâtre* in seiner Substanz nicht mehr vollständig erhalten ist. Welche musikalischen Passagen in die Ballettpartitur Arenskijs eingefügt wurden, ist zwar noch bekannt. Inwiefern dies aber Konsequenzen für die Struktur der ursprünglichen Musik und des gesamten Balletts hatte oder ob darüber hinaus Bear-

---

1   Vgl. etwa Christopher Balme, Claudia Teibler, *Orient an der Wolga. Die Ballets Russes im Diskurs des Orientalismus*, in: Claudia Jeschke, Ursel Berger, Birgit Zeidler (Hrsg.), *Spiegelungen. Die Ballets Russes und die Künste*, Berlin 1997, S. 113–133; oder die Publikationen von Lynn Garafola zu den Ballets Russes, auf die an entsprechender Stelle hingewiesen wird.

beitungen vorgenommen worden sindwurden, ist bisher unklar. Was der Titel dieser Arbeit mit einer musikalisch-cho-
reografischen Rekonstruktion verspricht, kann er im Bereich
der Musik, wo die Quellen reichlicher vorhanden sind, eher
halten als im Teil zur Choreografie, denn Michail Fokin hatte
die Schritte des Balletts an keiner Stelle verzeichnet. Eine un-
gebrochene Aufführungstradition, durch die seine Choreografie hätte überliefert werden können, existiert ebenso nicht.
Statt einer Rekonstruktion versucht die Arbeit in Bezug auf
die Choreografie, Michail Fokins Ideen zu diesem Werk zu
verdeutlichen und seine Gedanken zu einer Ballettreform anhand von Fotos und Erinnerungen verschiedener Beteiligter
auf *Cléopâtre* zu übertragen. In dieser Studie sollen also alle
überlieferten Fakten zu diesem frühen Werk der Ballets Russes wie Puzzleteile zusammengefügt werden. Wichtig für das
Verständnis der Arbeit ist es, dass nicht der künstlerische Gehalt von *Cléopâtre* neu bewertet werden soll. Dass die Ballets
Russes zwischen 1909 und 1929 Ballette von überzeugende-
rer musikalischer Substanz und künstlerischer Geschlossenheit auf die Bühne brachten, steht außer Frage.

Michail Fokin hatte den Einakter *Cléopâtre* nicht, wie es spä-
ter bei den Ballets Russes üblich war, im Auftrag von Sergej
Djagilev choreografiert, sondern bereits im Jahr 1908 für eine
Wohltätigkeitsveranstaltung im Mariinskij-Theater Sankt Petersburg. Damals war das Ballett unter dem Titel *Ägyptische
Nächte* zu Anton Arenskijs Ballettmusik *Eine Nacht in Ägypten*
op. 50 aufgeführt worden. Es handelt vom Jüngling Amoûn,
der der Königin Kleopatra begegnet und sich in sie verliebt.
Trotz Amoûns Verlöbnis mit Arsinoé nimmt er Kleopatras
Angebot an, für eine Nacht mit der Königin zu sterben. Djagilev übernahm das Ballett in seine russische Saison 1909, empfand es allerdings für eine Aufführung in Frankreich in seiner
bisherigen Form als zu wenig originell. Das Ballett *Ägyptische Nächte* wurde also verschiedenen Umarbeitungen unterzogen und in *Cléopâtre* umbenannt. Die Änderungen betrafen

die Musik, das Libretto, die Ausstattung und teilweise auch die Choreografie.

Im ersten Teil der Arbeit werden die musikalischen Änderungen nachvollzogen, so dass die Musik von *Cléopâtre* – soweit dies noch möglich ist – wieder zutage tritt. In den Memoiren verschiedener Beteiligter der Ballets Russes sowie in der Sekundärliteratur finden sich zu den musikalischen Veränderungen Hinweise, welche Passagen für *Cléopâtre* hinzugefügt, ausgetauscht oder aus Arenskijs ursprünglich verwendeter Musik weggelassen wurden. Detaillierte Angaben fehlen jedoch, häufig scheint es, dass keine weiterführenden Angaben zur Musik gemacht wurden, weil eine Auseinandersetzung mit dem Material nicht stattgefunden hat oder als nicht notwendig erachtet wurde. Erst durch eine intensive Beschäftigung mit dem Notenmaterial und den Quellen, wie sie in dieser Arbeit vorgenommen wird, lassen sich detaillierte Angaben dazu machen, welche Musik an welcher Stelle verwendet, ausgelassen oder verschoben wurde. Das Notenmaterial, das für den Veränderungsprozess von *Ägyptische Nächte* zu *Cléopâtre* und offenbar auch für die Einstudierung des Balletts verwendet wurde, ist noch zugänglich und wird für diese Arbeit herangezogen. Auch wenn bei dieser musikalischen Rekonstruktion sicherlich nicht mehr alle Teile des Puzzles zusammengesetzt werden können, so wird die Ballettmusik, wie sie 1909 zu *Cléopâtre* erklungen sein muss, in weiten Teilen nachvollziehbar werden.

Zusätzlich werden zwei Exkurse in diese Arbeit eingefügt, die zu einem besseren Verständnis der Zusammenhänge – speziell in Bezug auf die Rekonstruktion, aber auch für den gesamten Entstehungszusammenhang der Ballets Russes – von *Ägyptische Nächte* und *Cléopâtre* beitragen sollen. Der erste Exkurs widmet sich der Form und Funktion von Ballettmusik im Allgemeinen, wodurch zugleich ein Bezugssystem geschaffen wird, das für die Besprechung der Ballettmusik

Arenskijs und der Form von *Cléopâtre* hilfreich sein kann. Der zweite Exkurs entwirft ein Panorama über die musikkulturelle Szene, in der sich Russland um die Jahrhundertwende befand. Wie im ersten Exkurs werden hier keine neuen Erkenntnisse gewonnen, sondern Fakten zum kulturellen Hintergrund zusammengefasst, die für das Verständnis des Balletts von Vorteil sein werden.

Für eine vollständige gedankliche Durchdringung der Musik von *Cléopâtre* werden weiterhin Arenskijs Ballettmusik und dann ihre Einschübe analysiert und in ihrem Kontext erklärt. Zu Anton Arenskij ist die Quellenlage spärlich, nur wenige Publikationen widmen sich dem Komponisten, dem stets ein leichter, salonhafter Stil nachgesagt wird. Das Ballett *Eine Nacht in Ägypten* op. 50 ist analytisch also noch vollständig unbearbeitet. Das soll durch diese Arbeit geändert werden. Auch die musikalischen Hinzufügungen, die für *Cléopâtre* von 1909 durch Djagilev und seine Mitarbeiter vorgenommen wurden, werden in ihrem ursprünglichen Kontext erläutert. Dabei ergeben sich wertvolle Hinweise, warum genau diese Passagen für eine Übernahme in das Ballett attraktiv waren.

Nach der Zusammensetzung der noch verbliebenen musikalischen Bestandteile von *Cléopâtre* und ihrer Analyse wendet sich die Arbeit der Entwicklung des Librettos und der Ausstattung zu, die das Werk bis zum Jahr 1909 durchlief. Ursprünglich war die Ballettmusik für eine Aufführung im Jahr 1900 komponiert worden und sollte in der Choreografie von Lev Ivanov aufgeführt werden. Dazu kam es jedoch nicht, stattdessen wurde das Ballett bis zu seiner Aufführung in Paris im Jahr 1909 mehreren Veränderungen unterzogen. Den Beweggründen hierfür ist ein eigenes Kapitel der Arbeit gewidmet. Durch diesen Prozess veränderte sich auch das Libretto bis hin zur Version Michail Fokins. Als nützliche Quellen werden sich dabei wiederum die zahlreichen Erinnerungen der Beteiligten erweisen. In engem Zusammenhang mit diesen Veränderungen standen natürlich auch das Bühnenbild und die Kostüme. Die Quellen zur Gestaltung vor 1909 sind rar, zu Leon Bakst, der Bühnenbild und Kostüme für *Cléopâtre* entwarf, dafür umso reichhaltiger. Eine grundlegende Einordnung von Baksts Entwürfen in Bühnenkostüm und -ausstattung der Jahrhundertwende kann in dieser Arbeit genauso wenig erfolgen wie eine stilistische Beurteilung im kunstgeschichtlichen Sinne. Dies ist insofern nicht notwendig, als hierzu bereits mehrere Publikationen vorliegen, auf die an entsprechender Stelle verwiesen werden soll. Dennoch dürfen Bühnenbild und Kostüme aus dieser Arbeit nicht ausgeklammert bleiben, weil sie im Sinne des Gesamtkunstwerks fest mit der Wirkung von *Cléopâtre* verwoben waren und zugleich einen großen Teil zum Erfolg des Werks beitrugen. Darüber hinaus fanden sich in den Quellen zahlreiche Details, die in den Publikationen zu Leon Bakst nicht aufgeführt waren und Erkenntnisse bei der Analyse von Fokins Choreographie versprechen.

Der dritte Teil der Arbeit wendet sich dem Schaffen Michail Fokins zu, der als ein Reformator des Balletts gilt. Seine Thesen publizierte er zwar erst im Jahr 1914, also nach der Entstehung von *Cléopâtre*. Seine Vorstellung vom »neuen Ballett« machte sich aber schon vorher deutlich bemerkbar und soll in einem eigenen Kapitel erläutert werden. Darauf aufbauend wird anhand von Kritiken und Kommentaren sowie durch Fotografien verständlich, wie Fokin über eine Reihe anderer Choreografien zum Bewegungskonzept von *Cléopâtre* gelangte und welche typischen Merkmale seiner choreografischen Handschrift das Werk trägt. Filmaufnahmen des Balletts existieren – zumindest nach letzten Erkenntnissen – nicht; Fotografien entstanden in beinahe allen Fällen im Studio und geben somit keine Aufführungssituation wieder. Vergleiche zwischen den schriftlichen Quellen und den Aufnahmen lassen aber annehmen, dass die Tänzerinnen und Tänzer auf den Fotografien besonders prägnante Posen aus dem Ballett einnahmen, die für den Betrachter Wiedererkennungswert hatten. Es kann also davon ausgegangen werden, dass die abgebildeten Bewegungen vielleicht nicht für das Werk einzigartig waren, aber gemeinsam mit den Kostümen unverwechselbar für *Cléopâtre* standen.

Der Begriff der Rekonstruktion, wie er im Titel dieser Arbeit auch in Bezug auf die Choreografie verwendet wird, gerät in diesem Teil also so stark ins Wanken, dass er beinahe auch die beiden ersten Kapitel mitzureißen droht, die doch auf schriftlich niedergelegten und somit vermeintlich unverrückbaren Quellen aufgebaut sind. Wie bereits erwähnt, besteht das Problem darin, dass die Choreografie Michail Fokins nirgends schriftlich erfasst wurde. Zugleich wechselte häufig die Besetzung des Balletts und damit – der Exkurs über Form und Funktion von Ballettmusik wird es verdeutlichen – änderten sich wahrscheinlich auch Details der vorgesehenen Bewegungen. Zudem verließ Fokin die Truppe lange bevor *Cléopâtre* von den Ballets Russes zum letzten Mal aufgeführt wurde. Das Ballett unterlag also nur der mündlichen Überlieferung von einem zum nächsten Tänzer und blieb durch einigermaßen regelmäßige Aufführungen lebendig. Für Kontinuität sorgte Sergej Grigor'ev, der bei den Ballets Russes für die Probenarbeit am Repertoire zuständig war. Inwiefern er jedoch im einen oder anderen Fall zu Zugeständnissen an die Wünsche, Physiognomie oder technischen Möglichkeiten der Tänzerinnen und Tänzer bereit war, ist unklar. Es sei an dieser Stelle schon einmal darauf verwiesen, dass solche Zugeständnisse in Bezug auf die Kostüme durchaus gemacht wurden und das erotische Kostüm der Kleopatra von 1909 bald einem völlig anderen Entwurf für die Nachfolgerinnen von Ida Rubinštejn wich. Möglicherweise war dies also auch bei der Choreografie der Fall. Offen wird ebenso bleiben, ob womöglich auch Teile der Musik im Nachhinein verändert wurden, wie dies bei *Le Festin*, ebenfalls einem musikalischen

Pasticcio aus der ersten Saison, über die Jahre gängige Praxis war. Auch der Choreograf selbst hat nachträglich in die Substanz von *Cléopâtre* eingegriffen, indem er nach seinem Abschied von den Ballets Russes das gesamte Werk oder Teile daraus gemeinsam mit seiner Frau oder einem anderen Ensemble zur Aufführung brachte. Ein Kapitel über die Wiederaufnahmen von *Cléopâtre* wird zeigen, dass es sogar im 21. Jahrhundert, zum 100. Jubiläum der ersten russischen Saison, eine *Cléopâtre* gegeben hat, die zwar unter dem Titel *Rekonstruktion* firmierte und damit vorgab, eine möglichst getreue Wiederherstellung des bis dato verlorenen Balletts zu sein. Tatsächlich war sie jedoch genau das Gegenteil, denn – ob bewusst oder aufgrund mangelhafter Recherche – sie berücksichtigte fast keine der Veränderungen von *Ägyptische Nächte* zu *Cléopâtre*, die von Sergej Djagilev und seinen Mitarbeitern für die Aufführung 1909 vorgenommen worden waren.

Genauso wie *Cléopâtre* nicht losgelöst von einem gesellschaftlichen und künstlerischen Umfeld entstand, soll auch das Ballett nicht ohne eine Erläuterung dieser Faktoren behandelt werden. Der Exkurs zur Situation der Musik in Russland um 1900 und das Kapitel über Michail Fokin werden den musik- und kulturhistorischen Kontext in Russland erläutern. Sergej Djagilev veränderte die Struktur von *Ägyptische Nächte* zu *Cléopâtre* jedoch im Hinblick auf das französische Publikum. Für ein möglichst umfassendes Verständnis des Balletts *Cléopâtre*, die Beweggründe seiner Entstehung und begeisterten Rezeption in Paris ist ein Blick auf die Hintergründe für die Orientbegeisterung und ihren Zusammenhang mit der noch jungen Konsum- und Freizeitgesellschaft aufschlussreich. Zugleich soll durch dieses Kapitel auch verdeutlicht werden, welches Angebot an Ballett und tänzerisch-exotischen Darbietungen dem Publikum in der französischen Hauptstadt zu dieser Zeit bereits bekannt war. Wie sich zeigen wird, bestand auch hier ein Zusammenhang zwischen kommerziellen Interessen im orientalischen Gewand und einem (mal mehr und mal we-

niger) künstlerischen Anspruch. Der Überblick soll auch verdeutlichen, warum Djagilev für seine Unternehmung in Paris
den Boden bereitet sah. Die Arbeit beschränkt sich also nicht
nur auf Rekonstruktion und Verortung der Wurzeln des Balletts in einer traditionellen russischen Ballettästhetik des 19.
Jahrhunderts. Sie möchte darüber hinaus die Faszination für
die gesellschaftlichen Umbrüche in Russland und Paris im
Fin de Siècle vermitteln. Denn schließlich ist es im Wesentlichen der vieldimensionale Entstehungskontext, der das schil-
lernde Wesen der *Cléopâtre* prägt.

2 *Cléopâtre* – Suche nach musikalischer Substanz

2.1 *Cléopâtre* und die russische Saison 1909

Der russische Impresario Sergej Pavlovič Djagilev hatte in Paris im Jahr 1907 Konzerte mit russischen Kompositionen und Künstlern und im Jahr darauf Aufführungen der Oper *Boris Godunow* organisiert. Für das Jahr 1909 plante er erneut musikalische Aktivitäten in der französischen Metropole. Dem Publikum sollten nun noch weitere russische Opern sowie die fabelhaften russischen Tänzer des Mariinskij-Theaters präsentiert werden. In diesem Kapitel wird zunächst nachgezeichnet, wie die Idee entstand, das einaktige Ballett *Cléopâtre* als Teil des Ballettprogramms zu zeigen. Hierzu werden mit den Memoiren einzelner Beteiligter der Ballets Russes einige der wichtigsten Quellen für die musikalische und choreografische Rekonstruktion befragt. Ebenso soll aufgezeigt werden, welche Funktionen diese Akteure hatten und dass ihre Erinnerungen bisweilen deutlich voneinander abwichen. Gelegentlich ist es also notwendig, nach weiteren Indizien oder nach Beweggründen zu suchen, weshalb Einzelne die Umstände anders darstellten als ihre damaligen Kollegen.

Diese Unterschiede in den Erinnerungen der Beteiligten machen bereits die Beantwortung der Fragen schwierig, wann, wie und von wem die Idee erstmals geäußert wurde, auch Ballette in Paris aufzuführen. Beinahe jeder, der später ein wichtiger Akteur der Ballets Russes werden sollte oder mit einem solchen verheiratet war, wusste die Angelegenheit zu seinen Gunsten auszulegen. Robert Brussel beispielsweise, Musikkritiker der Zeitung *Le Figaro* und Berater Djagilevs für die Pariser Konzerte im Jahr 1907, schrieb, dass er mit Djagilev bereits im Winter 1906/1907 während eines gemeinsamen Besuches in einem Moskauer Kabarett darüber gesprochen habe, russisches Ballett in Paris zu zeigen.[2] Die Tänzerin Anna Pavlova und ihr späterer Ehemann Victor Dandré behaupteten hingegen, Djagilev zu diesem Wagnis bei einem gemeinsamen Essen animiert zu haben. Auch der französische Impresario Gabriel Astruc meinte, Djagilev im Restaurant bei einem Mittagessen im Juni 1908 von dieser Idee überzeugt zu haben.[3] Romola Nižinskij hingegen war sich sicher, ihr Mann Vaclav sei der Auslöser gewesen. Und der Choreograf Michail Fokin erinnerte sich, dass es 1908 Aleksandr Benua war, der Djagilev veranlasst hatte, das Ballett *Le Pavillon d'Armide*[4] in Paris zu zeigen. Laut Benua selbst war es aber die geglückte Uraufführung dieses Ballettes in Sankt Pe-

---

2   Vgl. Richard Buckle, *Diaghilew*, Herford 1984, S. 575.

3   Tatsächlich existiert in Astrucs Nachlass noch ein Briefbogen des Restaurants Paillart, das sich in der Nähe von Astrucs damaligem Büro befand. Auf diesem Bogen hatte sich Astruc während des Gesprächs offenbar Notizen u. a. zum Programm gemacht:»le Pavillon d'Armide von Scherepnin mit der Pawlowa – Dek. und Libr. Benoist 2 Akte. Sylvia – Léo Delibes. 3 Bilder.« Sylvia ist jedoch durchgestrichen und ersetzt durch»Giselle... 2 Akte«. Es folgt eine Liste möglicher Gönnerinnen, eine Schätzung über Kosten und Einnahmen und eine mögliche Besetzungsliste mit den Namen Pavlova, Nižinskij und Fokin. Vgl. Buckle, *Diaghilew*, S. 120.

4   *Le Pavillon d'Armide*, das am 19. Mai 1909 in Paris erstmals aufgeführt wurde, war eine Überarbeitung des einaktigen Balletts *Der Pavillon Armidas*. Vor dem 8. Dezember 1907 war das Ballett in Sankt Petersburg wiederum in einer mehraktigen früheren Fassung als *Der lebende Gobelin* gezeigt worden (Uraufführung am 15. April 1907).

tersburg am 8. Dezember 1907, die Djagilev auf die Idee gebracht hatte:

>»In a fever of excitement, Diaghilev shoved his way through the crowd to reach me and smother me in his arms. ›This is what must be shown in Europe, this is what we will take to Paris!‹ he cried. From that moment, not a day passed, that Diaghilev did not revert to his idea: Russian art, and especially our ballet, which had no equal anywhere, had to be made known to the West. At the time, we were already much too busy with preparations for Boris Godunow, and it was impossible for us to undertake anything more. But the idea was there, maturing and acquiring substance.«[5]

Letztlich ist es für das Ballett aber nicht maßgeblich, wer Djagilev zuerst auf die Idee gebracht hat, russische Tänzerinnen und Tänzer in Paris zu präsentieren. Wie die Idee auch zustande gekommen sein mag, das Beispiel zeigt, dass bei der Recherche anhand der persönlichen Betrachtungen der einzelnen Beteiligten immer auch die individuellen Beweggründe, die Dinge auf eine bestimmte Weise darzustellen, berücksichtigt werden müssen. Im Folgenden wird zugleich aber versucht, über Schnittmengen die musikalische Substanz des Werkes wieder erlebbar werden zu lassen.

Einigkeit besteht in den Quellen darüber, dass Djagilev sich für das genaue Programm einer russischen Saison 1909 in Paris mit seinen Freunden und künstlerischen Mitarbeitern beriet, die zum Teil auch schon vorher bei seinen Ausstellungen in Russland, der Herausgabe der Zeitschrift *Mir iskusstva* und den bisherigen Aktivitäten in Paris beteiligt gewesen waren. Zu jenem Kreis gehörten insbesondere die Maler und Bühnenbildner Aleksandr Benua und Leon Bakst sowie der Kunstliebhaber Val'ter Nuvel'. Diesen dreien hatte sich Djagilev bereits 1890 angeschlossen, als er aus der Provinz zum Studium nach Sankt Petersburg gekommen war. Zudem anwesend waren der Komponist Nikolaj Čerepnin, der Choreo-

---

5   Boris Kochno, *Diaghilev and the Ballets Russes*, New York 1970, S. 10.

graf Michail Fokin, der als Regisseur gewonnene und spätere Kompaniemanager Sergej Grigor'ev, der Maler Valentin Serov, der Ballettkritiker Valerian Světlov und einige andere Djagilev nahestehende Persönlichkeiten.

Bei einem dieser ersten Gespräche über ein mögliches Programm für die nächste Saison in Paris stellte sich heraus, dass Djagilev zusätzlich zu den geplanten Opern auch einen mehrteiligen Ballettabend mit Michail Fokins *Le Pavillon d'Armide* und *Les Sylphides* aufführen wollte.[6] Nun war die Frage, welches Ballett als drittes Werk das Programm des Ballettabends vervollständigen könne.[7] Pëtr Čajkovskijs Ballette waren zu

---

6   Djagilev wollte ursprünglich auch noch das Ballett *Giselle* zeigen, durch das Anna Pavlova besonders hätte brillieren können. Die Tänzerin hatte sich jedoch bereits für eine Europa-Tour verpflichtet – wohl auch aus Sorge, Djagilevs Unternehmen würde scheitern. Sie nahm 1909 zwar an der russischen Saison teil, kam jedoch erst nach Paris, als das Gastspiel bereits begonnen und Tamara Karsavina die Herzen des Publikums längst für sich erobert hatte. *Giselle* war aus dem Programm wegen ihrer anderen Engagements herausgenommen worden. Vgl. Sjeng Scheijen, *Diaghilev. A life*, London 2009, S. 176 f.

7   Erst später, nach dem Tod des Großfürsten Vladimir Aleksandrovič am 4. Februar 1909, stellte sich heraus, dass noch ein weiteres, ein viertes Ballett notwendig war. Die Primaballerina Matil'da Kšesinskaja, frühere Mätresse von Zar Nikolaj II. und Rivalin Anna Pavlovas, sah sich selbst bei Djagilevs Unternehmen nicht in ausreichend repräsentativen Rollen besetzt. Nachdem der Großfürst, der Djagilev geschätzt und protegiert hatte, gestorben war, konnte die Kšesinskaja beim Zaren erwirken, dass der Regent seine finanzielle und institutionelle Unterstützung aus dem Unternehmen zurückzog. Wenige Wochen vor der Abreise nach Paris sah sich Djagilev also dem Problem gegenüber, dass nur noch Nikolaj Rimskij-Korsakovs Oper *Das Mädchen von Pskow* vollständig würde aufgeführt werden können. Aus den ebenso für Paris geplanten Opern *Ruslan und Ludmilla* von Glinka sowie Aleksandr Borodins *Fürst Igor* konnte nur noch jeweils ein Akt gegeben werden. Der Plan, einen eigenen Ballettabend zu zeigen, wurde da-

lang, um mit zwei anderen Werken sinnvoll kombiniert werden zu können. Insbesondere schieden die Werke Čajkovskijs aber aus, weil seine Musik beim französischen Publikum – so sehr Djagilev diesen Komponisten selbst verehrte – nicht besonders beliebt war und als »unrussisch« galt. Die in Russland gängigen kürzeren Ballette Aleksandr Glazunovs schienen Djagilev allerdings ebenso wenig geeignet, die übrigen Ballette aus dem aktuellen Repertoire vor allem musikalisch wenig gehaltvoll.[8] Das Gespräch wandte sich schließlich dem Ballett *Ägyptische Nächte* zu, einem Einakter, den Michail Fokin für eine Wohltätigkeitsveranstaltung am 8. März 1908 im Mariinskij-Theater zur Ballettmusik *Eine Nacht in Ägypten* op. 50 von Anton Arenskij choreografiert hatte. Diesen Vorschlag lehnte Djagilev jedoch zunächst ab. Er hielt es gleichfalls musikalisch für zu schwach und hatte zudem an ein Ballett mit russischer Thematik gedacht, so erinnerte sich der Choreograf Michail Fokin:

> »Wir besprachen, welche russischen Ballette ins Repertoire genommen werden könnten. Er [Djagilev] bat mich, über russische Themen nachzudenken. Als wir die von mir choreographierten Ballette durchgingen, verwies Benois auf die Ägyptischen Nächte. Djagilew protestierte. Die Musik von Arenski erschien ihm zu schwach. Er sagte, es sei unmöglich, in Paris ein Ballett mit solcher Musik zu zeigen. Ich hätte mein ›Ägypten‹ gern ins Repertoire aufgenommen, aber ich gab nach.«[9]

---

her aufgegeben. Stattdessen sollten vor und nach einem Opernakt nun ein einaktiges Ballett gezeigt werden. Da jeweils ein Akt aus *Ruslan und Ludmilla* und aus *Fürst Igor* gegeben werden sollten, waren also insgesamt vier kürzere Ballette notwendig. Da sich Djagilev und sein »Komitee« aber erst auf drei einaktige Ballette (*Les Sylphides*, *Le Pavillon d'Armide*, *Cléopâtre*) geeinigt hatten, entwickelte man noch das Divertissement *Le Festin*.

8   Vgl. Kochno, *Diaghilev and the Ballets Russes*, S. 10.

9   Michail Fokin, *Gegen den Strom. Erinnerungen eines Ballettmeisters*, Berlin 1974, S. 166.

Die nächste Sitzung zur Programmgestaltung fand, so Fokin, nach einer Paris-Reise Djagilevs statt.[10] Laut Fokin teilte der Impresario nach dieser Reise seinen Freunden den Entschluss mit, *Ägyptische Nächte* doch in Paris zeigen zu wollen, was von Fokin ambivalent aufgenommen wurde. Einerseits war er über Djagilevs Sinneswandel erfreut, da er das Ballett sehr schätzte, andererseits war er verärgert, dass Djagilev nicht gleich auf ihn und Benua gehört hatte. »Das Publikum beeinflusste Djagilew und nicht Djagilew das Publikum. [...] Die Eigenart [...], sich in die Gunst der Pariser einzuschmeicheln, entsprach nicht dem Bild, das ich mir von Djagilew gemacht hatte.«[11]

Auch Sergej Grigor'ev erinnerte sich, wie es dazu kam, *Ägyptische Nächte* doch in das Programm aufzunehmen. Er schildert das Gespräch jedoch mit kleinen Abweichungen:

> »We then tackled the question of a third ballet, called Egyptian Nights, to music by Arensky. Diaghilev immediately said that in its present form he could not possibly show it in Paris and that it must be considerably altered. Arensky's music must be reorchestrated and in places cut. The title also was inappropriate and must be changed. So must the finale. ›I am going to consider all these changes‹, he said, ›and put suggestions to you when next we meet.‹ Thus ended the business part of our meeting. [...] The next meeting of the ›committee‹ took place a week later, the composer Tchérépnin being present.«[12]

Der Unterschied zwischen beiden Aussagen besteht zunächst darin, dass Fokin sich den Sinneswandel Djagilevs durch die Erfahrung der Paris-Reise erklärt. Bei Grigor'ev ist von einer Reise nach Paris keine Rede, zumal diese innerhalb des Zeitraums von einer Woche, in der die ersten beiden Besprechungen laut Grigor'ev stattgefunden haben sollen, kaum

---

10   Vgl. Fokin, *Gegen den Strom*. S. 168.

11   Ebd., S. 168.

12   Sergej Grigoriev, *The Diaghilev Ballet*. 1909–1929, Harmondsworth 1960, S. 17.

möglich gewesen wäre. Dieses Detail mag zwar zunächst als entscheidend erscheinen, da die Ballets Russes in den folgenden Jahren noch zahlreiche Ballette mit orientalisierendem und antikisierendem Sujet im Programm hatten. Djagilev war allerdings längst mit der Pariser Kunstszene und dem Geschmack des dortigen Publikums vertraut. Ihm konnte das allgegenwärtige orientalisierende Sujet insofern nicht entgangen sein.[13] Ob er seine Meinung also tatsächlich durch die von Fokin erwähnte Reise änderte, ist insofern wenig relevant.

Grigor'ev weist in der zuvor zitierten Passage und im Folgenden jedoch darauf hin, dass vor allem Djagilev für die Änderungen verantwortlich war, die an der Musik des Balletts *Ägyptische Nächte* bzw. an Arenskijs Partitur von *Eine Nacht in Ägypten* für *Cléopâtre* vorgenommen wurden:

> »*Diaghilev opened the discussion by saying that the ballet Egyptian Nights, about which we had not had the time to go in details on the last occasion, was to be called Cléopâtre. The sound of this title appealed to everyone. Diaghilev then proceeded to explain the alterations to the music. The overture by Arensky must be dropped and replaced by an overture to the opera Orestia by Taneev. Cleopatra's entrance must be planned to music from the opera Mlada by Rimsky-Korsakov. What was needed for the Bacchanale was some music by Glazunow, already used very successfully by Fokine. Finally, he wished Fokine to compose a grand finale on music by Mussorgsky from the opera Khovanshchina. He paused here for a moment, looking at our astonished faces, then smiled and continued: ›Then the end of the ballet is banal. It must be changed. The youth poisoned by Cleopatra, instead of coming to life again, must be killed for good, and his bride must sob over his lifeless body as the curtain falls. And since we have no music for such a dramatic scene, I will ask you dear Nikolay Nikolayevich [Čerepnin] to write this music for us.‹ Tchérépnin was astounded. This was entirely unexpected; and he remained speechless.*«[14]

---

13   Vgl. Kapitel 5 dieser Arbeit.

14   Grigoriev, *The Diaghilev Ballet. 1909–1929*, S. 7f.

Fokin schreibt lediglich:

> »*Er [Djagilev] behielt auch darin recht, daß die Musik nach Mög-lichkeit durch eine andere von höherer Qualität zu ersetzen sei. Jetzt begann die Suche nach einer Musik zu schon fertigen Tänzen. Inter-essant ist, daß es uns gelang, Werke zu finden, die im Rhythmus, im Charakter und manchmal sogar in der Anzahl der Takte völlig den Tänzen entsprachen, so daß wir sie nur auszutauschen brauchten. Ich mußte fast keine Tänze umändern.*«[15]

Fokin sah sich selbst am Veränderungsprozess der Partitur zu *Cléopâtre* beteiligt, denn er schreibt, dass es ihnen – nicht nur Djagilev – gelang, Musik zu finden, so dass seine Choreo-grafien, die von den Anwesenden nur er detailliert im Kopf haben konnte, nicht verändert werden mussten. Grigor'ev hingegen erinnert sich an eine Bemerkung Fokins in Reakti-on auf Djagilevs Vorschläge:

> »›*Well*‹, *he said* ›*with so many changes – it will be an entirely new ballet!*‹ ›*That does not matter*‹, *said Diaghilev.* ›*What I want to know is whether you like the idea.*‹ *We all said yes, and he continu-ed [...].*«[16]

Welcher Version nun letztlich Glauben geschenkt werden kann, muss offen bleiben.[17] Rückblickend mag es durchaus in Fokins Interesse gelegen haben, eine eigene Beteiligung auch an der Auswahl der Musik zumindest anzudeuten, denn das Ballett wurde ein außerordentlich großer Erfolg und der Cho-

---

15   Fokin, *Gegen den Strom*, S. 169.

16   Grigoriev, *The Diaghilev Ballet. 1909–1929*, S. 18.

17   Auch in den Memoiren anderer Beteiligter wird immer wieder beansprucht, bestimmte Ideen seien ursprünglich vom jeweili-gen Autor geäußert worden. So schreibt Aleksandr Benua in sei-nen *Reminiscences of the Russian Ballet*, dass er es gewesen sei, der auf den tragischen Ausgang des Balletts *Cléopâtre* bestanden habe. Für die vorliegende Untersuchung sollen jedoch eher die Resul-tate der gemeinsamen Arbeit im Mittelpunkt stehen. Insofern ist es weniger relevant, wer für welchen Aspekt der Ideengeber war. Alexandre Benois, *Reminiscences of the Russian Ballet*, London 1941, S. 275f.

reograf studierte es auch nach der Trennung von Djagilev mit Tänzern ein.[18] Einen Grund, der Schilderung Grigor'evs nicht zu vertrauen, gibt es zwar nicht, allerdings ist fraglich, ob die in seinen Erinnerungen in wörtlicher Rede wiedergegebenen Dialoge sich tatsächlich so zwischen den einzelnen Personen abgespielt haben, oder ob es sich nicht eher um eine Beschreibung handelt, wie das Gespräch typischerweise bei den Treffen ablief. Bei dem Versuch, über weitere Erinnerungen und Beschreibungen von Zeitgenossen und späteren Chronisten der Ballets Russes die Entstehung von *Cléopâtre* nachzuvollziehen, stellte sich heraus, dass auch jene Autoren als Gewährsmänner offenbar die Aufzeichnungen Fokins oder Grigor'evs herangezogen haben müssen.[19] Entscheidend ist jedoch nicht nur, dass beide sich darin einig sind, dass es insbesondere Djagilev war, der die nötigen Impulse für die Veränderung des Namens und der Partitur von *Ägyptische Nächte* gab. Gleichfalls bedeutsam ist, dass ihre Aussagen zur Wahl der neu hinzugefügten Stücke Ähnlichkeiten und Überein-

---

18 Vgl. hierzu Kapitel 4.4 dieser Arbeit.

19 Dies ist z. B. der Fall bei Boris Kochno, Djagilevs späterem Sekretär. Insbesondere zu den Beschreibungen der ersten Saisons, an denen er noch nicht beteiligt war, verweist er in *Diaghilev and the Ballets Russes* auf die Erinnerungen Djagilevs und seiner Freunde. Vgl. Kochno, *Diaghilev and the Ballets Russes*, S. 22. Anhand dieser Erinnerungen, wie auch anhand zahlreicher weiterer Quellen, wurden die Äußerungen Fokins und Grigor'evs zu den Werken überprüft. Sie werden aber aufgrund der Fülle des Materials nur dann genannt, sofern sich Abweichungen von Fokins oder Grigor'evs Erinnerungen ergeben oder eine eindeutige Klärung ohne weitere Quellen nicht möglich ist. Werke, die ebenfalls in die Recherche einbezogen wurden, sind z. B. Arnold Haskell, *Diaghileff. His artistic and private life. In collaboration with Walter Nouvel*, New York 1935; Cyril William Beaumont, *Complete Books of Ballet*, London 1937; ders., *Michel Fokine & his Ballets*, London 1935; Buckle, *Diaghilew*. Weitere Literatur zu den Ballets Russes wird über das Literaturverzeichnis bzw. durch Verweise an entsprechender Stelle im weiteren Text gegeben.

stimmungen zeigen, so dass Rückschlüsse auf die musikalischen Bestandteile des Balletts *Cléopâtre* gemacht werden können. Bevor mit der Rekonstruktion und dem Hinweis auf weitere Quellen hierfür begonnen werden soll, wird im Rahmen eines Exkurses zu Form und Funktion von Ballettmusik auf typische Strukturelemente hingewiesen, die in den meisten Balletten zurzeit der Entstehung von *Ägyptische Nächte* bzw. *Cléopâtre* zu finden waren. Durch diesen Exkurs werden die Veränderungen, durch die aus *Ägyptische Nächte* das Ballett *Cléopâtre* entstand, nicht nur einfacher nachzuvollziehen sein. Das Kapitel *Ballettmusik – Form und Funktion* legt auch die Grundlage für eine analytische Annäherung an Anton Arenskijs Ballettmusik *Eine Nacht in Ägypten*.

Exkurs 1: Ballettmusik – Form und Funktion

Eine Analyse – auch die musikalische – versucht einen Sachverhalt dadurch zu beurteilen, dass sie ihn in bestimmte Teilaspekte zerlegt und diese in ihrer jeweiligen Materie sowie in Bezug auf das Ganze betrachtet. Dieses Vorgehen setzt ein Bezugssystem voraus, das eine vergleichende Beurteilung zulässt, indem die Eigenschaften in ihrer Abweichung oder Übereinstimmung zum Bezugssystem identifiziert werden können. Die im Allgemeinen konsensual anerkannten Bezugssysteme existieren in den unterschiedlichsten Disziplinen, und so kennt auch die Musikwissenschaft Strukturmodelle und unterschiedliche Erscheinungsformen von einzelnen Klängen bis hin zu musikalischen Werken von mehreren Stunden Länge. Abweichungen, besondere Ausprägungen oder Kombinationen von Modellen lassen sich damit als mögliche individuelle Charakteristika oder neue Formen identifizieren, z. B. als Personalstil eines Künstlers oder individuelle Eigenart, die einem Kunstwerk verliehen wurde. Bezugssysteme zur Form musikalischer Werke, zu deren Entwicklungen im Laufe der Jahrhunderte oder zu einzelnen

Komponisten gibt es nicht nur in stattlicher Anzahl, sie gelten auch als musikalisches Grundwissen.

Die Suche nach einem solchen Bezugssystem für das Ballett gestaltet sich hingegen als unerquicklich, da hierzu kein Modell im Kanon der Formenlehre vorhanden ist, das bei einer Analyse stillschweigend vorausgesetzt werden könnte. Äußerungen zur Form von Ballettmusik finden sich eher vereinzelt, so dass auch nach einem Zusammentragen der Fundstücke nur eingeschränkt von einem kompletten Modell ballettmusikalischer Prinzipien gesprochen werden kann. Dennoch soll genau dies hier versucht werden, allerdings mit der zeitlichen Fokussierung auf das 19. Jahrhundert. In dieser Zeit, insbesondere durch das umfangreiche Gesamtwerk des Choreografen Marius Petipa in Russland in der zweiten Hälfte des Jahrhunderts, entwickelte sich eine formale Tradition zur Gattungskonvention. Wie sich bei näherer Betrachtung von Anton Arenskijs Ballettmusik zeigen wird, baute auch *Eine Nacht in Ägypten* op. 50 strukturell auf dieser formalen Übereinkunft auf. Stets war damals mit der Form von Ballettmusik aber auch eine dramaturgische Funktion verknüpft. Mit dieser setzte sich Michail Fokin auseinander, als er *Ägyptische Nächte* choreografierte und als das Ballett in *Cléopâtre* umgewandelt wurde. Ein Nachdenken über die Gestalt von *Cléopâtre* macht daher Vorüberlegungen zu den formalen Voraussetzungen von Ballettmusik zu jener Zeit unabdingbar.

Bezeichnenderweise findet sich ein Gedanke, warum das Interesse an einem Bezugssystem für die Gattung Ballett in der Musikwissenschaft nicht besonders groß zu sein scheint, in einer Publikation über Giacomo Meyerbeer, der nicht als Ballettkomponist, sondern vielmehr für seine Opern bekannt ist:

>*Die Gründe hierfür sind in der Ausrichtung beider Disziplinen [der Theater- und Musikwissenschaft, C. M.] zu suchen. Während in der Ballettforschung die Geschichte des Tanzes im Zentrum steht, der Werkstruktur hingegen sowohl in choreographischer als auch in musikalischer Hinsicht vergleichsweise geringe Aufmerksamkeit entge-*

*gengebracht wird, fehlt in der Musikwissenschaft ein ausgeprägtes
Bewußtsein für die Gattung Ballett überhaupt. Ballettmusik gilt hier
mit wenigen Ausnahmen als ästhetisch minderwertige, kompositi-
onsgeschichtlich irrelevante Musik. Ein musik- oder kompositions-
geschichtliches Interesse an Ballettmusik ist nur dort zu finden, wo
diese sich auch ohne den Tanz zu behaupten vermag, an Ballettmusik also, die gleichermaßen eigenständige Instrumentalmusik ist.«*[20]

Eine Übertragung in den Bereich der Instrumentalmusik, wie
sie in diesem Zitat angesprochen wird, findet häufig durch
die Aufführung von kürzeren Ballettmusiken oder Ballett-
Suiten im Konzertsaal statt. Allerdings handelt es sich dabei
meist um Werke von Komponisten, die auch andere Gattungen bedienten und ihre Ballette bewusst in Suitenform für
eine konzertante Aufführung veröffentlichten. Die Problematik, die sich durch diese Übertragung in Bezug auf die hier
aufgeworfene Frage nach einem Bezugssystem für Ballettmusik ergibt, wird im Kontext einer Konzertsituation aufgehoben, indem das Publikum sie als eigenständige Instrumentalmusik erlebt und bewertet. Die weiteren Komponenten, die
bei einer Ballettaufführung über die Musik hinaus existieren,
werden dabei ausgeblendet. Welche dieser Prinzipien um
1900 jedoch für jene Musik galten, die tatsächlich zum Tanz
aus dem Orchestergraben erklang, zeigt ein Blick auf die Entwicklung der Ballettmusik im 19. Jahrhundert, denn in dieser
Zeit lassen sich Konstanten und Veränderungen erfassen, die
die formale Struktur des Handlungsballetts konstituierten.

Im Gegensatz zu der oben geschilderten Situation, in der Ballettmusik in einen vom Tanz losgelösten Kontext übertragen
wurde, war es im frühen 19. Jahrhundert gebräuchlich, Ballette »herzustellen«, indem man Melodien oder Musikabschnitte
anderer Gattungen gewissermaßen zu einem musikalischen
Flickenteppich zusammenfügte. Dieser Umstand war vor al-

---

20   Thomas Steiert, *Zur Kompositionsstruktur von Ballettmusik*, in: Gun-
      hild Oberzaucher-Schüller, Hans Moeller (Hrsg.), *Meyerbeer und
      der Tanz*, Feldkirchen 1998, S. 150.

lem der Inhaltsvermittlung geschuldet. Nachdem gesungene oder gesprochene Worte im Ballett nicht mehr vorkamen, mussten sich die Wendepunkte der Handlung auf eine andere, aber dennoch verständliche Art vermitteln. Das mimischgestische Vokabular hatte sich hierfür noch nicht ausreichend kodifiziert, das Publikum benötigte zu den Bewegungen der Tänzer, die das Geschehen darstellten, also noch weitere Hinweise zum Verständnis der Handlung. Die Libretti waren zwar weniger verwickelt als in der Oper, dennoch versuchte der Komponist einer Ballettmusik, die Handlung über geläufige Lied- oder Opernmelodien zu vermitteln. Das verwendete Material musste durch seinen ursprünglichen Kontext für den Zuhörer mit bestimmten Affekten, Handlungen oder Themen behaftet sein. Diese *airs parlants* sorgten dafür, dass der normalerweise zugehörige gesungene Text, auch wenn er explizit nicht erklang, vom Zuschauer auf die Balletthandlung übertragen wurde und somit die Handlung anhand der Musik zusammengesetzt und entschlüsselt werden konnte.

Durch die wichtige Funktion, die die Musik für das Publikum einnahm, stand sie gegenüber dem Tanz zunächst im Vordergrund. Sobald sich aber ein bestimmtes gestisches Vokabular etabliert hatte, drehte sich das Verhältnis um und die Ballettmusik trat hinter den Tanz zurück, so dass sich das Publikum auf die Dechiffrierung visuell transportierter Inhalte und die immer virtuoser werdenden Schritte konzentrieren konnte. Sichtbar ist dies auch noch bei den Ballettpartituren Čajkovskijs, die zwar eine anspruchsvolle Gesamtstruktur, aber im Vergleich zur reinen Instrumentalmusik eine leichtere und weniger komplexe Satztechnik aufweisen. Die Verknüpfung von Musik und Szene insbesondere vor Čajkovskij orientierte sich am geläufigeren Modell der Oper, wodurch die Ballettmusik zu einer Art Torso wurde: Die »Hauptstimme«, die in der Oper als Gesang zu hören gewesen wäre, wurde im Ballett tänzerisch auf der Bühne nur für die Augen sichtbar. Auch wenn die Bewegung der Tänzer häufig durch eine entsprechende Anzahl von Solo-Instrumenten mit Orchesterbegleitung nachgezeichnet wurde, lag das Hauptaugenmerk dennoch auf der Bewegung. Insofern ließe sich eine Ballettpartitur allgemein betrachtet als unvollständig und um die »Hauptstimme« gekürzt wahrnehmen, wodurch sie ihr typisches Erscheinungsbild erhält, das sie von den anderen Gattungen unterscheidet und vielfach als qualitativ minderwertig erscheinen lässt.[21] Typische Kandidaten für diesen Vorwurf, nur funktional-rhythmische Grundraster für die Bewegung zu liefern, sind beispielsweise die Komponisten Cesare Pugni, Ludwig Minkus oder Riccardo Drigo.

Im Produktionsprozess findet sich die Orientierung an dieser »Hauptstimme«, nach der sich die musikalischen Parameter auszurichten hatten, ebenso wieder, denn der Komponist war dem Ballettmeister als Mitarbeiter unterstellt.[22] Erst 1886 wurde im Zuge der Reformen des neuen Direktors der zaristischen Theater, Ivan Vsevoložskij, der eigenständige Posten des Ballettkomponisten abgeschafft. Für diese Position hatten vertraglich fixierte Reglements bestanden. So war es dem Ballettmeister beispielsweise gestattet, eigenmächtig Änderungen in der Musik anzuordnen oder Teile aus anderen Werken in die Komposition einzufügen, ein Verfahren, wie es bei der Übertragung von *Ägyptische Nächte* zu *Cléopâtre* auch noch angewandt wurde. Diese Änderungen waren – anders als im Fall von *Cléopâtre* – damals aber zumeist dem Umstand geschuldet, dass Ballerinen die Möglichkeit eingeräumt wurde, bestimmte Soli, mit denen sie sich vorteilhaft präsentieren konnten, von einem Ballett in ein anderes mitzunehmen. Einschränkungen unterlag der Komponist von Ballettmusik aber

---

21   Vgl. Steiert, *Zur Kompositionsstruktur von Ballettmusik.* S. 151.

22   Im Gegensatz zu heute war der Ballettmeister des 19. Jahrhunderts nicht nur für die Leitung des täglichen Trainings und die Unterstützung bei der Probenarbeit zuständig, sondern er war der eigentliche Choreograf eines Balletts.

auch im Hinblick auf Tempo und Länge der jeweiligen Nummern, da die physischen Möglichkeiten der Tänzer berücksichtigt werden mussten. Auch deshalb war der Komponist auf die Anweisungen des Ballettmeisters angewiesen und von ihnen in hohem Maße abhängig. Die funktionale Herangehensweise bei der Komposition von Balletten war einer der Gründe, warum sich nur wenige erfolgreiche Komponisten dieser Gattung zuwandten, nachdem der Posten des Ballettmusikkomponisten zwar abgeschafft worden war, Ballettmusik aber noch immer gebraucht wurde. Abgesehen von den Kompositionsbedingungen litt das Ballett bei den Komponisten auch sonst unter einem schlechten Ruf. Nikolaj Rimskij-Korsakovs Antwort auf die Frage des Kritikers Semen Kruglikov, warum nicht noch mehr Komponisten ersten Ranges wie beispielsweise Aleksandr Glazunov Ballette komponierten, macht dies deutlich:

>I myself will never write such music. In the first place, because it is a degenerate art. In the second place, because miming is not a fullfledged art form but only an accompaniment to speech. In the third place, balletic miming is extremely elementary and leads to a naive kind of symbolism. In the fourth place, the best thing ballet has to offer – dances – are boring, since the language of dance and the whole vocabulary of movement is extremely skimpy. With the exception of character and national dance (which can also become tiring), there is only the classical, which makes up the greater part. These (that is, classical dances) are beautiful in themselves; but they are all the same, and to stare for a whole evening at one classical dance after another is impossible. In the fifth place, there is no need for good music in ballet; the necessary rhythm and melodiousness can be found in the work of any number of able hacks today. In the sixth place, in view of its paltry significance in the spectacle, ballet music is usually performed in a sloppy, slapdash way which would tell sorely on the work of a highly talented composer.« [23]

---

23 Brief vom 2. Februar 1900, zitiert nach: Richard Taruskin, *The Antiliterary Man. Diaghilev and Music*, in: ders., *On Russian Music*, Berkeley, Los Angeles u. a. 2009, S. 205.

Für den Komponisten und das gesamte Arbeitsumfeld eines neu entstehenden Balletts war also vor allem der Ballettmeister von Bedeutung. Ausschließlich in seinem Kopf lag die gesamte, sonst oft nirgends verzeichnete Choreografie vor, nur er hatte einen Überblick über die Schritte, notwendigen Tempi und tänzerischen Details. Besonders Marius Petipa ist dafür bekannt, für die an seinen Balletten beteiligten Komponisten eine detaillierte Minutage erarbeitet zu haben, aus der exakt hervorging, welche Anzahl von Takten in welchem Tempo, in welcher Taktart oder welcher Instrumentierung komponiert werden sollte.[24] Michail Ivanov, Komponist von Petipas Ballett *Die Vestalin*, beschrieb diesen Prozess nach dem Tod des Choreografen wie folgt:

> »To write music without the balletmaster is impossible. Not only every number, but almost every section requires the balletmaster's approval. It is without question composition à deux. Perhaps in earlier times official composers of ballet music – Minkus, Pugni, and others – could do without the balletmaster's instructions as a result of practice and their familiarity with ballet. But novice composers could not take one step without the balletmaster's word; their imagination would cause them to digress and compel them to write music of dimensions impossible for dance. [...] I had occasion to learn about the specialist composer's requirements, of which I had but a vague understanding before, from Petipa when I set to work on the ballet. It is not a complicated science, and to understand it is not difficult. One must realize, however, that Petipa in the early stage of his acquaintance with every composer had to repeat his pedagogical course on choreography and its musical requirements. But he was patient, a true foreigner as regards courtesy, and never complained

---

24   Vgl. hierzu Roland John Wiley, *Composer and Balletmaster,* in: ders., *Tchaikovsky's Ballets. Swan lake, Sleeping beauty, Nutcracker,* Oxford 1985, S. 1–10. Die Arbeit anhand einer Minutage war jedoch nicht allein ein Phänomen des 19. Jahrhunderts. Auch Frederick Ashton fertigte eine solche Vorlage z. B. für Hans Werner Henze an, um seine Vorstellungen für das Ballett *Undine* umgesetzt zu wissen.

of the boredom which he probably suffered when explaining to novices the ABCs of his art.« [25]

Insgesamt hatte die Ballettmusik schon vor Petipa durch ihren Wechsel zwischen mimischen und tänzerischen Passagen einen Formaufbau erhalten, der sich stark von allen anderen musikalischen Formen unterschied. Ähnlichkeiten zwischen den mimischen und rein getanzten Teilen des Balletts mit den rezitativischen und ariosen Abschnitten einer Oper sind zwar zu erkennen. Ein entscheidender Unterschied besteht jedoch darin, dass in der Oper die rezitativischen Passagen in der musikalischen Begleitung oft zurückgenommen wurden, wohingegen die mimischen Passagen des Balletts immer durchkomponiert und formal vollkommen frei gehalten waren.[26] Im Ballett stehen dort tonmalerische Techniken, wie das Nachahmen von Geräuschen, Klopfen, Gewitterdonner oder Gelächter durch Instrumente im Vordergrund. Deutlich wird dies bereits bei einem Ballett wie *Giselle* aus dem Jahr 1841, aber auch in Arenskijs *Eine Nacht in Ägypten* ist diese Unterscheidung zwischen tänzerischen und pantomimischen Passagen offensichtlich. Tonmalerei lässt sich ebenfalls noch bei Arenskij finden, beispielsweise wenn durch ein kurzes Harfenglissando hörbar wird, wie Amoûn zischend einen Pfeil abschießt. Allgemein werden über die pantomimischen Passagen hinaus Orte und Elemente der Handlung, Charaktere, deren ethnische Herkunft, Gefühle oder charakterliche Wandlungen im Laufe des Balletts durch musikalische Motive begleitet, wie z. B. in den Ballettmusiken von Adolphe Adam oder Pëtr Čajkovskij. Allerdings ist diese Semantisierung nicht so zu verstehen, dass Sprache direkt in Töne übertragen wird. Vielmehr vermitteln sich Musik und Tanz durch

---

25   Mikhail Ivanov, *Marius Ivanovich Petipa*, in: Roland John Wiley, *A century of Russian ballet. Documents and accounts*, Oxford 1990, S. 350 f.

26   Vgl. Steiert, *Zur Kompositionsstruktur von Ballettmusik*, S. 158.

ihre wechselseitige Beziehung und den unterschiedlichen Grad des Konkreten bzw. Abstrakten im verwendeten Zeichen.

Im Gegensatz zu den mimischen Teilen einer Ballettpartitur, deren musikalische Form sich ausschließlich an der Handlung orientierte, zeichnen sich die Nummern, die für eine rein tänzerische Entfaltung vorgesehen waren, durch Regelmäßigkeit, klare rhythmische Struktur, Melodik und Harmonik aus. Wie bereits erwähnt wurden Soli der Tänzerinnen und Tänzer häufig von solistisch geführten Orchesterinstrumenten begleitet, so dass die Textur nicht komplex, sondern gut zu durchschauen war. Nicht selten wurden musikalische Themen oder ganze Passagen, die das Solo-Instrument vorgestellt hatte, anschließend vom Orchester wiederholt oder von Orchesterakkorden unterbrochen. Typisch war dabei nicht nur die Wiederholung eines melodischen Abschnitts, sondern auch eines rhythmischen Patterns. Der Beginn einer solchen tänzerischen Passage oder Nummer wurde meist durch eine kurze Einleitung markiert, die den Tänzerinnen und Tänzern Zeit für eine pantomimische Aufforderung zum Tanz, die richtige Platzierung auf der Bühne oder eine *préparation*, die Einnahme der Ausgangsposition, gab.

Längere tänzerische Passagen aus mehreren Tänzen bildeten Divertissements, in denen die Handlung ruhte. Bei größeren Divertissements war es aufgrund ihrer Unhabhängigkeit von der weiteren Handlung üblich, diese auch losgelöst vom ursprünglichen Kontext als handlungslose Balletteinlagen zu zeigen. Ein bekanntes Beispiel hierfür ist der *Jardin animé* (oder auch *Pas de fleurs* genannt) von Léo Delibes, der ursprünglich für das Ballett *Le Corsaire* entstanden war. Ein Zusammenhang zur Handlung des Balletts bestand meist darin, dass die Tänze durch ein bestimmtes Ereignis motiviert waren, etwa durch eine Hochzeit wie in *La Esmeralda* oder *Raymonda* oder ein Fest wie in *La Bayadère* oder in Arenskijs

Ägyptische Nächte. Damit repräsentierten sie häufig (aber bei weitem nicht immer!) dem Ballett immanente Tänze, d. h. Bewegungen, die auch innerhalb der Handlung als Tanz zu verstehen waren. Deutlich zeigt sich in solchen Divertissements die Affinität, die zwischen Gesellschaftstänzen und dem Bühnentanz bestand, wenn etwa innerhalb einer Balletthandlung eine Hochzeitsgesellschaft Aufstellung zum Menuett nimmt oder eine Polka tanzt. Typisch war für solch eine Aneinanderreihung kürzerer Nummern der Wechsel von Tonart und Tempo, und meist schloss ein Divertissement mit einem Galopp oder einem schnellen Tanz im $^2/_4$-Takt. Üblich waren innerhalb der Divertissements auch Charaktertänze passend zum Lokalkolorit des Handlungsortes oder der imaginierten Herkunft der Tänzer. In der Ballszene aus dem Ballett *Schwanensee*, das in Deutschland spielt, treten als internationale »Gäste« Spanier, Neapolitaner, Ungarn und Polen zu Bolero, Csárdás oder Mazurka auf. In Arenskijs *Ägyptische Nächte* sind die Teilnehmer des dort stattfindenden Festes gewissermaßen regional angepasst, neben ägyptischen Tänzern bereichern fremde Hebräer das Fest.[27] Allgemein handelte es sich um eine Übernahme aus gesellschaftlichen Tanzereignissen: »This rationale was highly believable, for such entertainments did indeed take place as the revellers rested during real-life balls.«[28] Für diese Charaktertänze hatten sich (vermeintlich) landestypische Gesten, Kostüme und Accessoires im Dekor entwickelt, bestimmte Tänze galten als repräsentativ für Länder oder Regionen, so etwa der Walzer für Deutschland, das Menuett für Frankreich, Bolero-Rhythmen für Spanien, exotisch klingende Oboen-Melodien in Moll für den Orient, Mazurka und Krakowiak für Polen, die Tarantella für Sizilien

---

27   Wie Arenskij dies musikalisch verarbeitete, wird in der genaueren Analyse seiner Ballettmusik in Kapitel 2.3 gezeigt.

28   Marian Elizabeth Smith, *The orchestra as translator. French nineteenth-century ballet*, in: Marion Kant (Hrsg.), *The Cambridge Companion to ballet*, Cambridge 2007, S. 143.

oder der Csárdás für Ungarn. Für die allgemeine Kennzeichnung fremder und ferner Länder standen darüber hinaus Elemente der Janitscharenmusik des 18. Jahrhunderts mit Triangel, großer Trommel und Becken zur Verfügung.

Um jedoch nicht das Ziel einer formalen Vorlage für die Analyse von Arenskijs *Eine Nacht in Ägypten* aus den Augen zu verlieren, ist es sinnvoll, ein besonderes Augenmerk auf die Ballette von Marius Petipas zu legen, der die Geschicke des russischen Balletts bereits seit Jahrzehnten beeinflusste, als Arenskij im Jahr 1900 seine Partitur vollendete:

> »He presided over the shift from romanticism to what is usually termed ballet ›classicism‹, laid the foundation of the modern Russian school by marrying the new Italian bravura technique to its more lyrical French counterpart and helped transform an art dominated by foreigners and identified with the West into a Russian nation expression. [...] Indeed, what we call ›Russian ballet‹ in terms of repertory and style is virtually synonymous with Petipa, his colleagues and descendants.«[29]

Das russische Ballett, das mit Marius Petipa in Verbindung gebracht wird, war jedoch stark von der französischen Kunstform beeinflusst. Petipa selbst stammte aus Frankreich, wo das Ballett in der ersten Hälfte des 19. Jahrhunderts eine besondere Blüte erlebt hatte. Auch Petipas Vorgänger in Sankt Petersburg – zum einen Jules Perrot, der über zehn Jahre in Russland gewirkt hatte, zum anderen Arthur Saint-Léon, der Perrot 1859 dorthin gefolgt war – waren aus Frankreich nach Russland gekommen. Zu diesem französischen Einfluss gesellte sich die sich ständig fortentwickelnde Technik der Mailänder Schule, die von den führenden, international auftretenden Ballerinen bei ihren regelmäßigen Engagements nach Russland getragen wurde. Auch Enrico Cecchetti, der nicht nur Tänzer unter Petipa, sondern bei den Ballets Russes die Funktion des Ballettmeisters (im modernen Wortsinn) inne-

---

29   Lynn Garafola, *Russian Ballet in the age of Petipa*, in: Kant (Hrsg.), *The Cambridge Companion to ballet*, S. 151.

hatte, förderte diese Virtuosität und verschmolz sie mit dem russischen Stil. In seiner Ästhetik stand Petipa jedoch der Jules Perrots näher, dessen Ballette Petipa als Tänzer oft selbst getanzt und für den er als Assistent gearbeitet hatte, als der Arthur Saint-Léons. Petipa folgte Perrot insofern, als dass die Expressivität der rein getanzten Szene durch eine sichtbare dramatische Entwicklung erhöht werden sollte. Perrot und Petipa waren sich einig, dass die Musik nicht nur rhythmisches Grundgerüst sein durfte, sondern sich in ihr die Handlung widerspiegeln müsse. Wie in Kapitel 4 aufzuzeigen sein wird, entwickelte sich Michail Fokin in eine ähnliche Richtung, die vor ihm bereits Perrot und Petipa eingeschlagen hatten. Dennoch waren Fokin deren Ergebnisse nicht weittragend genug, weshalb er in mehreren Werken, zu denen auch *Cléopâtre* gehört, über die bisherige Ästhetik hinausging und das Ballett Petipa'scher Prägung zu reformieren versuchte.

Marius Petipas Bemühungen hatten – die Beziehung zwischen Ballettmeister und Komponist wurde bereits erwähnt – direkte Auswirkungen auf die Ballettmusik. In besonderer Weise machte sich dies bei der Zusammenarbeit mit Čajkovskij bemerkbar, denn die sinfonischen Prinzipien bei der Verarbeitung musikalischer Motive in der Ballettmusik liefen analog zu Petipas Choreografie. »Sinfonisch« war die Choreografie deshalb, weil sich beispielsweise ganze Soli aus einzelnen Schritten entwickelten, die vom Corps de ballet vorgegeben worden waren. Bisweilen standen sich in der Art eines Themendualismus auch Tänzergruppen mit unterschiedlichen choreografischen Motiven gegenüber, entwickelten diese weiter oder kombinierten sie. Petipas Ziel war es, den Zusammenhang zwischen musikalischer und choreografischer Struktur zu stärken und durch eine engere Verzahnung zu einem expressiveren Gesamteindruck zu gelangen. Das Divertissement wertete er durch die Arbeit mit solchen »Bewegungs-Motiven« formal auf. Auch Lev Ivanov, der von Petipa die Choreografie des *Nussknackers* übernahm und Teile von *Schwanensee* gestaltete, schloss sich Petipas Arbeitsweise an.[30] Petipa fand dabei zu einer Balance zwischen Inhalt und Form sowie zwischen Solist und Corps de ballet zurück. Insbesondere das Corps de ballet sollte später in Michail Fokins Choreografien eine gewichtige Rolle spielen und selbst als solistisches Kollektiv im Mittelpunkt stehen.

Vergleichbar der Grand Opéra schuf Petipa im Laufe der Jahre das große, meist mehraktige und abendfüllende Handlungsballett. Da es anderen Ballettkompanien bis 1882 nicht gestattet war, in Russland aufzutreten, war das Ballettgeschehen über Jahrzehnte sehr auf seine Werke und sein Wirken ausgerichtet. Seine choreografische Handschrift wurde zur Grundlage des klassischen russischen Balletts, die von ihm bevorzugte Struktur des mehraktigen Handlungsballetts zur Form für eine ganze Gattung.[31] Bereits vor seinem Amtsantritt als erster Ballettmeister (heute mit der Position des Ballettdirektors und Chefchoreografen vergleichbar) im Jahr 1869 in Sankt Petersburg hatte er größere Werke choreografiert, wie z. B. *Die Tochter des Pharaos* (1862, Musik von Cesare Pugni) oder *Don Quijote* (1869, Musik von Ludwig Minkus). Wie künstlerisch einflussreich seine Position war, wird aber auch daran deutlich, dass er als erster Ballettmeister nicht nur für die tänzerischen Belange des Mariinskij-Theaters verantwortlich war, in dem das Ballett 1885 ein neues Zuhause ge-

---

30 Vgl. hierzu die ausführlichen Analysen der Ballette Čajkovskijs in: Wiley, *Swan lake, Sleeping beauty, Nutcracker*. Es sei an dieser Stelle schon einmal darauf verwiesen, dass Anton Arenskijs Ballett *Eine Nacht in Ägypten* ursprünglich für eine Choreografie von Lev Ivanov vorgesehen und komponiert worden war. In der Version Ivanovs kam das Ballett jedoch nie zur Aufführung. Es geriet in Vergessenheit, bis Fokin auf Arenskijs Partitur zurückkam und dafür eine neue Choreografie entwickelte. Diese Zusammenhänge werden in Kapitel 3.1 und 3.2 ausführlicher erläutert.

31 Vgl. Sybille Oberzaucher-Schüller, *Das Grand ballet Marius Petipas*, in: Sybille Dahms (Hrsg.), *Tanz*, Kassel 2001, S. 133.

funden hatte. Ihm unterstand ebenso die tänzerische Bespielung der vorherigen Heimstätte, des Bol'šoj-Theaters, und mehrerer kleiner Hoftheater, wie das der Eremitage Sankt Petersburg, das in Peterhof, Carskoe Selo, Krasnoe Selo und das auf der Kamennyj-Insel in Sankt Petersburg. Darüber hinaus waren ihm gleichfalls die gesamte Kompanie und die kaiserliche Ballettschule unterstellt.

Die Bedingungen, unter denen Petipa arbeiten konnte, waren demzufolge insbesondere in Bezug auf das Mariinskij-Theater sehr vorteilhaft: »There were scene-painting shops, costume shops and the finest stage machinery that money could buy. Dance personalities of the first rank found their way to St. Petersburg, spending, in some cases, years with the company.«[32] Auch gegen Ende seiner Karriere schienen die Bedingungen besonders für die als Grand spectacle angelegten mehraktigen Ballette mit teilweise mehr als über 100 Beteiligten günstig: Das Jahrbuch der kaiserlichen Theater führt in der Spielzeit 1903/1904 nicht weniger als 122 Tänzerinnen und 92 Tänzer, zu denen weitere Ballettmeister und Trainingsleiter hinzukamen. Regelmäßig ließ Petipa Schüler der kaiserlichen Ballettschule in seinen Werken auftreten, bei Bedarf konnte er zudem auf das Schauspielensemble und die Studenten der Schauspielschule als Statisten zurückgreifen sowie notfalls auf Soldaten der Elitegarde, die in Sankt Petersburg stationiert war. Das Repertoire der Tänzerinnen und Tänzer umfasste über 50 Werke.[33] Entsprechend überwog die Anzahl der groß angelegten Werke während Petipas Schaffenszeit in Russland: 26 einaktigen Werken bzw. unabhän-

---

32   Garafola, *Russian Ballet in the age of Petipa*, S. 152.

33   Vgl. Natalia Roslavleva, *Era of the Russian Ballet 1770–1965*, New York 1966, S. 85–123. Es handelte sich dabei auch um Werke anderer Choreografen, die Petipa neu einstudierte, was die Kodifizierung des Balletts auf seine Vorstellungen hin noch vorantrieb.

gigen Divertissements stehen 50 zwei-, drei- und vieraktige Ballette gegenüber.[34]

Zwar lassen sich seine Werke in zwei thematisch unterschiedliche Perioden aufteilen, von denen sich die erste mit dramatischen Sujets beschäftigt und die zweite, beginnend mit *Dornröschen*, dem Märchen zuwendet. Bereits in frühen Werken wie *Die Tochter des Pharaos* ist allerdings ein formaler Prototyp erkennbar, der sich bei späteren Balletten entsprechend der dargestellten Zeit oder dem Handlungsort anpasste. Besonders die späten Ballette *Dornröschen*, *Schwanensee* und *Raymonda* lassen sich daher als Kanon seiner choreografischen Struktur lesen, die sich über die Jahrzehnte etabliert hatte und der die Musik formal folgte. Jeder Akt unterlag einer Nummerndramaturgie, die mit einer mimisch-kommentierenden Eingangsszene begann. Auf diese folgten genretypische Charakter- oder Demi-caractère-Tänze, die oft in einem Tanz der Ballerina gemeinsam mit ihrem Partner kulminierten. Häufig wurde dieser Pas de deux noch von einem Divertissement begleitet. Den Abschluss eines Aktes bildete typischerweise ein mimisch gestaltetes Finale oder – sofern es sich um den letzten Akt handelte – eine Apotheose. Im Laufe der Zeit hatte sich für bestimmte wiederkehrende Themen, die in den mimischen Szenen verhandelt wurden, ein Bewegungs- und Zeichenkanon herausgebildet. Dieser war schließlich höchst artifiziell und kodifiziert – ein Aspekt, an dem sich später besonders Fokin stören sollte. Als nach und nach Petipas abendfüllende Werke im 20. Jahrhundert auch in Westeuropa gegeben wurden, lösten die Gesten, die das russische Publikum selbstverständlich zu entschlüsseln wusste, dort jedoch zunächst Unverständnis aus:

---

[34] Mitgezählt sind dabei noch nicht die Choreografien für Balletteinlagen in Opern. Ein Werkverzeichnis findet sich bei Eberhard Rebling, *Marius Petipa. Meister des klassischen Balletts. Selbstzeugnisse, Dokumente, Erinnerungen*, Berlin 1975, S. 365–379.

»[...] *Often there are patches in which they just face each other and converse with gestures whose meaning was apparently clear to Russian audiences in the late nineteenth century but is certainly not clear to the average audience in London these days [1958]. All these gestures were conventions and were repeated in ballet after ballet.*«[35]

Besonders prägend wirkte Petipa auf die Form des Pas de deux ein, den er als mehrteilige Nummer kodifizierte und in eine fünfteilige Struktur goss mit Entrée, Adagio der Ballerina und ihres Partners, solistischen Variationen und einer gemeinsamen Coda. Auch die Variationen erhielten nicht zuletzt durch ihn eine formale Festlegung. In der allgemeinen Anlage dreiteilig, waren sie mit Wiederholungen angelegt, so dass das, was zur linken Seite (d. h. zur linken Bühnenseite oder mit dem linken Arm oder Bein) getanzt worden war, auch noch mindestens zur rechten Seite wiederholt werden konnte. Die Begriffe Adagio und Variation meinten im choreografisch-formalen Sinne nicht unbedingt die Tempoangabe oder die Kompositionstechnik der erklingenden Musik. Der Begriff Adagio bezog sich insbesondere auf den getragenen Charakter der Bewegungen, weniger auf die Tempoangabe über den Noten. Eine choreografische Variation war in den seltensten Fällen als musikalische Variation angelegt, sondern variierte eine Grundkonstante in der Bewegung für diese Musik, bot also z. B. eine Folge von Sprüngen oder Drehungen. Die fünfteilige Pas-de-deux-Form konnte durch eine erweiterte Anzahl von Solisten zum Grand pas d'action ausgebaut werden, wobei um das fünfteilige Herzstück Tänze für das Corps de ballet arrangiert wurden. Nicht notwendigerweise stand dann ein Pas de deux am Ende des Divertissements, aber die schematisierten Gruppenchoreografien waren stark atmosphärebildend und nahmen immer größeren Raum ein, woraus sich etwa die bekannten weißen Akte Petipas bzw. Lev Ivanovs entwickelten. Häufig waren diese

---

35   Roger Fiske, *Ballet music,* London (u. a.) 1958, S. 36.

Grands pas mit bedeutungslosen, dafür aber klanglich oder visuell umso effektvolleren Accessoires wie Blumengirlanden, Tamburinen, Gitarren etc. ausgestattet, wie z. B. im bereits erwähnten *Jardin animé* oder auch in *Ägyptische Nächte* bzw. *Cléopâtre*. In der Regel vereinigte dieses ausladende Divertissement zumindest einen Teil der Protagonisten des Balletts in hoher formaler Einheitlichkeit, wenn auch zu Lasten der Handlung. Es bot sich also an, diese mehrteiligen, rein tänzerischen Abschnitte aus dem Zusammenhang des Balletts zu lösen und separat aufzuführen, wie z. B. im Fall des bereits erwähnten *Jardin animé* oder des *Pas classique hongrois* aus dem dritten Akt von *Raymonda*.

Die Struktur der Divertissements war eng mit der hierarchischen Ordnung innerhalb des Ensembles verknüpft, denn die Verträge der Tänzer sahen Regelungen vor, wer mit wie vielen weiteren Tänzern innerhalb einer Gruppe tanzen durfte: Tänzern im Rang der Coryphée war eine Größe von maximal acht Tänzern vorbehalten, Solisten von maximal vier und ersten Solisten von maximal zwei – je höher also der Rang, umso stärker sollte und konnte man zur Geltung kommen. Indem die Musik all diesen Anforderungen formal zu entsprechen hatte, spiegelte sie nicht zuletzt also auch die soziale Idee wider, die insbesondere die späten Meisterwerke Petipas, wie *Schwanensee*, *Dornröschen* und *Raymonda,* in Handlung und Choreografie feiern: das monarchische Ideal einer wohlgeordneten Politik des Zaren und die Strategie, durch die Wahl des richtigen Partners den Staat in seiner absolutistischen Ordnung zu erhalten. Auch wenn als Handlungsort der Ballette nicht explizit auf Russland hingewiesen wurde, ließ sich dieser Grundgedanke direkt auf die monarchischen Strukturen des Zarenreiches zurückführen.[36] Strömungen wie Rea-

---

36   Vgl. Garafola, *Russian Ballet in the age of Petipa*, S. 158. Lynn Garafola erinnert in Bezug auf diesen Aspekt an eine Bemerkung Richard Taruskins: »Far more than any of the other arts, ballet in Rus-

lismus oder Symbolismus, wie sie sich besonders um die Jahrhundertwende in anderen künstlerischen Sparten niederschlugen, fanden unter Petipa nicht in dem Maß Eingang in die Ballettmusik, wie es demgegenüber in der Instrumentalmusik oder der Oper der Fall war.

Die Gattung Ballett und ihre spezifische Musik hatten sich also durch die lange und einflussreiche Amtszeit des Choreografen Marius Petipa um das Jahr 1900 formal etabliert. Es wurden tänzerische und mimische Teile voneinander unterschieden, Akte unterlagen einem bestimmten dramaturgischen Verlauf und selbst kleinere Abschnitte wie ein Pas de deux oder eine Variation waren von Petipas Ästhetik und Werk formal geprägt. Die Komposition von Ballettmusik war daher nicht allein Sache des Komponisten, sondern unterlag letztlich den Anforderungen des Choreografen. Zwar erlebte die Ballettmusik gegen Ende des Jahrhunderts durch die Werke Čajkovskijs einen ersten besonderen Höhepunkt – eine Tendenz, die sich durch die Kompositionsaufträge Djagilevs und die Zusammenarbeit mit Stravinskij im frühen 20. Jahrhundert fortsetzen sollte. Dennoch wird deutlich, dass der romantische Werkbegriff in Bezug auf Ballettmusik aus dem 19. Jahrhunderts nicht greift. Die funktionale Herangehensweise an die Komposition hatte Tradition und war auch an der Wende zum 20. Jahrhundert noch deutlich zu hören. Ganz in diesem Sinne hatte Djagilev im Jahr 1908 auch keine Hemmungen, der Partitur von *Eine Nacht in Ägypten* vollkommen fremde Teile anderer Partituren mit fremden Sujets für *Cléopâtre* hinzuzufügen.

Zugleich hat sich im Verlauf der vorangegangenen Ausführungen immer wieder angedeutet, dass Michail Fokin, der seine Ballettausbildung in Sankt Petersburg zu jener Zeit er-

---

sia was a reflection of what Richard Taruskin has called, ›the last surviving eighteenth-century (hierarchical, aristocratic) society in Europe‹«. Ebd., S. 161.

fuhr, als Petipa dort bereits jahrzehntelang die Geschicke des Balletts steuerte und damals seine letzten aktiven Jahre erlebte, stark von dieser Ästhetik geprägt war. Dies wird dadurch offensichtlich, dass er jene etablierten Strukturen zunächst hinterfragte und dann weiterentwickelte. Bevor hierauf im choreografischen Teil dieser Arbeit näher eingegangen werden soll, wird im nächsten Schritt die Partitur von *Cléopâtre* rekonstruiert. Im Anschluss daran sollen die ursprünglichen Bestandteile von *Ägyptische Nächte* und die Hinzufügungen genauer analysiert werden.

2.2 Rekonstruktion der *Cléopâtre*-Musik

In Kapitel 2.1 wurde bereits erläutert, wie durch die bruchstückhaften Erinnerungen der Beteiligten nachvollzogen werden kann, welche Umstände zur Entstehung von *Cléopâtre* führten und wie die Ballettpartitur ausgesehen und geklungen hat. Für die musikalische Rekonstruktion soll nun ein besonderes Augenmerk darauf gerichtet sein, wo welche Teile aus fremden Partituren in die ursprüngliche Ballettmusik *Eine Nacht in Ägypten* von Anton Arenskij eingefügt wurden. Veränderungen in der Handlung, wie sie von Djagilev und seinen Mitarbeitern vorgenommen wurden, lassen darauf schließen, dass die musikalischen Bestandteile entsprechend dem neuen Handlungsverlauf eingefügt wurden.[37] Wichtigste Quelle neben den Memoiren ist für die musikalische Rekonstruktion von *Cléopâtre* ein Klavierauszug von Anton Arenskijs Ballett op. 50, der sich im Nachlass Sergej

---

37 Die Libretti von *Ägyptische Nächte* und *Cléopâtre* sind ausführlich im Anhang aufgeführt. Warum bestimmte Änderungen vorgenommen wurden, wird in diesem Kapitel nicht besprochen, da hier zunächst nur die Musik thematisiert werden soll. Sie werden nachfolgend in den Kapiteln 3.1 und 3.2 behandelt.

Grigor'evs in der Harvard Theatre Collection befindet.[38] Es handelt sich hierbei um ein Exemplar, das mit sehr hoher Wahrscheinlichkeit für die Überlegungen der Umgestaltung und die Arbeit am Ballett *Cléopâtre* verwendet wurde. Darauf weisen mehrere handschriftliche russische und französische Einträge hin, die (nach Auskunft der Theatre Collection) von Sergej Grigor'ev selbst stammen.[39] Da sie mit unterschiedlicher Sorgfalt und Schreibgeschwindigkeit sowie verschiedenen Stiften vorgenommen wurden, lässt sich anhand dieser Notizen deutlich ein Arbeitsprozess nachzeichnen. Zumindest eine Gruppe sticht aus den Eintragungen homogen hervor; sie soll im weiteren Untersuchungsverlauf mit »Gruppe 1« bezeichnet werden.

Die Eintragungen der Gruppe 1 wurden sehr wahrscheinlich zum gleichen Zeitpunkt und vom selben Autor notiert. Im Vergleich zu den meisten übrigen Notizen sind sie klein und sorgfältig, mit spitzem Stift geschrieben und fast immer unter Zuhilfenahme eines Lineals unterstrichen. Das Schriftbild ist ruhig, gleichmäßig, verläuft parallel zum Notenbild oder ist bei mehrzeiligen Einträgen in sich parallel angeordnet. Insgesamt machen die Eintragungen dieser Gruppe 1 den Eindruck, als hätte sich (vermutlich) Grigor'ev mit den Noten vorbereitend befasst und dann auf Grundlage bestimmter Überlegungen oder Wünsche die Einträge vorgenommen. Auch deren Inhalt bestätigt diese Annahme, denn sie weisen

---

38 Vgl. Anton Arensky, *Nuit d'Egypte. Ballet en un Acte op. 50. Edition pour Piano*. Moskau: P. Jurgenson 1900, RISM-Sigel US CAh, Signatur MS Thr 465 (216).

39 Wie im weiteren Verlauf dieses Kapitels nachzulesen, handelt es sich um Notizen, die offenbar in unterschiedlichen Situationen und zu verschiedenen Zeitpunkten entstanden. Dass es sich dabei immer um den gleichen Autor handelt, ist nicht mit Sicherheit zu belegen, aber auch nicht auszuschließen. Im weiteren Verlauf des Kapitels werden die Notizen jeweils mit Seitenangabe zitiert und beziehen sich dabei immer auf die in Fußnote 2 genannte Quelle.

mehrfach darauf hin, von wo bis wo der Notentext transponiert werden müsste, oder sie haben vorschlagenden Charakter, wie z. B. auf S. 39: »Es wäre besser, sich weiter an den Klavierauszug zu halten ohne *Mlada*« oder auf S. 66 (Beginn des Finales): »Wie schön wäre es, wenn wir uns bis ans Ende an den Klavierauszug halten würden«.

Die übrigen Eintragungen (»Gruppe 2«) sind in ihrem Aussehen in sich weniger homogen. Gemeinsam ist ihnen, dass sie offensichtlich flüchtiger, möglicherweise in einer Probensituation oder während eines Gesprächs notiert wurden – jedenfalls in einer Situation, bei der sich die Konzentration nicht primär auf einen sorgfältigen Umgang mit dem Notenmaterial richtete, sondern Gedanken per Mitschrift festgehalten wurden. Das Schriftbild ist größer, unruhig oder schräg. Teilweise werden eingezeichnete Pfeile, nachdrücklich durchgestrichener Notentext sowie improvisierte Symbole, von wo nach wo gesprungen werden soll, kommentiert. Es wurde nicht immer der gleiche Stift verwendet, die Eintragungen dieser Gruppe sind also zu unterschiedlichen Zeitpunkten entstanden. Ein Beispiel hierfür ist die auf Seite 2 notierte Besetzung, die in großen, schwungvollen (schnell notierten?) Buchstaben geschrieben ist. Die Gedankenstriche zwischen Rolle und Besetzung sind ungleichmäßig und flüchtig, in der Liste gibt es mehrfach Streichungen (ohne Lineal) und neu hinzu oder darüber notierte Besetzungsnamen. Markant sind auch die Einträge im *Danse des égyptiennes*, in dem sich zusätzlich zum wilden Pfeil- und Streichungsgekritzel Anmerkungen finden wie: »vor dem Trio dieser Teil«, »la 2e fois ici«, »dieser Abschnitt bis zum Ende«, »volta« etc.[40] Speziell diese Eintragungen machen den Eindruck, als seien sie für prak-

---

40 Sofern die handschriftlichen Eintragungen in Russisch vorgenommen wurden (ansonsten handelt es sich um international verständliche Fachtermini oder einige wenige französische Anmerkungen), werden sie in dieser Arbeit in deutscher Übersetzung angegeben.

tisches Spiel am Klavier entstanden, denn die dicken Pfeile und eingekreisten Hinweise wie »ici« sollen dem Auge im Durcheinander aus Noten, Notizen und Streichungen schnell den Weg weisen.[41]

Die Eintragungen aus Gruppe 2 wurden dem Inhalt nach sowohl vor als auch nach den Hinweisen aus Gruppe 1 getätigt. Deutlich wird dies an der Besetzungsliste, die auf der zweiten Seite per Hand in den Klavierauszug notiert wurde. Ihre Schrift ist der Gruppe 2 zuzuordnen, allerdings wurde die Liste vermutlich noch in einem Planungsstadium für die Premiere von *Cléopâtre* erstellt. Die Rolle der Ta-hor wird hier noch – entsprechend der Figur aus *Ägyptische Nächte* – als Bérénice bezeichnet.[42] Neben dem Begriff »Pas de deux« sind die Namen Pavlova und Nižinskij zu entdecken und mit einem Fragezeichen versehen. Bei der Vorstellung in Paris wurde der Pas de deux aber von Vaclav Nižinskij und Tamara Karsavina getanzt. Als Besetzung für Kleopatra ist bereits der

---

41   Dies könnte darauf hindeuten, dass z. B. auch Čerepnin selbst oder ein Anderer Eintragungen für ihn vorgenommen hat, wie das Ballett gekürzt und reorchestriert werden könnte. Allerdings finden sich Anweisungen zu harmonischen Transpositionen auch in Schriftgruppe 1. Die Schrift der Notizen von Gruppe 1 wurde mit Nikolaj Čerepnins handschriftlichem Werkverzeichnis als Schriftprobe verglichen. Čerepnins Handschrift ist sorgfältig, geschwungen und stark nach rechts gebeugt. Auch in seinem Werkverzeichnis finden sich ähnliche Unterstreichungen wie im Klavierauszug Grigor'evs, allerdings führte ein Vergleich zu keinem eindeutigen Ergebnis. Auch der Enkel Nikolaj Čerepnins, der Komponist Sergej Aleksandrovič Čerepnin, dem an dieser Stelle sehr für sein freundliches Entgegenkommen auf zahlreiche Fragen gedankt sei, konnte keine eindeutige Antwort darauf geben, ob es sich um Eintragungen seines Großvaters handelt. Dass nicht nur Grigor'ev, sondern auch Čerepnin Eintragungen vornahm, ist demzufolge weiterhin nicht auszuschließen.

42   Vgl. zur Entwicklung der Namen innerhalb der jeweiligen Libretti die Kapitel 3.1 und 3.2.

Name Ida Rubinštejn verzeichnet. Ihr Name wurde später (wie einige andere auch) gestrichen und durch Karsavina ersetzt. Tamara Karsavina tanzte die Kleopatra beispielsweise 1914 in Paris. Insofern könnte die Änderung in der Vorbereitung dieser Saison vorgenommen worden sein. Es ist bei den Eintragungen der Gruppe 2 also durchaus möglich, dass einige erst nach der Premiere in Paris entstanden, z. B. bei erneuten Proben, die wegen eines Besetzungswechsels notwendig wurden. Insgesamt ist vorstellbar, dass der Urheber der Notizen einige Eintragungen während einer Planungssitzung vornahm (Notizen Gruppe 2), sich dann mit den Noten noch einmal intensiv beschäftigte und diverse Vorschläge notierte (Notizen Gruppe 1), und dann erneut in einer Besprechung und nach der Aufführung in Paris 1909 neue Anmerkungen hinzukamen (Notizen Gruppe 2). Insofern wäre plausibel, warum sich die Eintragungen bisweilen widersprechen oder sich als unberücksichtigt herausstellen. Notizen, die schließlich überholt waren, wurden offenbar nicht aus dem Klavierauszug ausradiert.

Zunächst geht aus den Einzeichnungen deutlich hervor, dass Djagilev seinem Komitee nicht das Ballett *Cléopâtre* in seiner neuen Form fertig präsentierte und es lediglich reorchestriert und mit einem neuen Finale versehen werden musste. Diesen Eindruck hinterlassen die Erinnerungen von Fokin und Grigor'ev aus Kapitel 2.1. Die Notizen widersprechen zwar nicht dem Umstand, dass Djagilev der Ideengeber für die Integration anderer Musikteile gewesen sein könnte. Über den vorschlagenden Charakter einiger Notizen wird aber deutlich, dass es eine intensive Beschäftigung mit den Noten und einen regen Austausch über die genaue Gestaltung gegeben haben muss. Die Art, wie die Notizen (Gruppe 1) formuliert sind, weist zudem darauf hin, dass der Autor seine Wünsche für eine andere Person (oder andere Personen) festhielt: »Wie schön wäre es, wenn…« oder »es wäre ideal für mich…«. Offenbar fand also doch ein Austausch zwischen den Komitee-

mitgliedern statt, wie das Ballett im Einzelnen zusammenzusetzen sei. Bei genauerer Betrachtung geht dies bereits aus
Fokins folgendem beiläufigen Kommentar hervor: »Interessant ist, daß es uns gelang, Werke zu finden [...]«.[43]

Im Folgenden wird zunächst ermittelt, welche Teile an welcher Stelle aus anderen Kompositionen in das Ballett Arenskijs eingefügt wurden und ob Teile aus der ursprünglichen
Partitur herausfielen. Die Abschnitte, die für *Cléopâtre* neu in
das Ballett aufgenommen wurden, werden in Kapitel 2.4 besprochen, da in Kapitel 2.3 zunächst die musikalische Substanz der ursprünglichen Arenskij-Partitur durchleuchtet
wird. Dieser genauen Analyse sei hier bereits die Nummern-
struktur von Anton Arenskijs Ballett *Eine Nacht in Ägypten* op.
50 vorweggenommen. Sie wurde in Fokins Ballett *Ägyptische
Nächte* übernommen.[44]

Ouverture

1. Scène et danse de coquetterie
2. Entrée de Cléopâtre et scène
3. Danse d'Arsinoé et des esclaves
4. Danse de Bérénise et scène
5. Scène d'empoisonnement
6. Entrée solennelle d'Antoine
7. Danse des juives
8. Danse des égyptiennes
9. Danse des Ghazies
10. Charmeuse des serpents
11. Pas de deux
12. Finale

Als ersten der neu hinzugefügten Teile nennt Grigor'ev die
Ouvertüre zu Sergej Taneevs Oper *Orestie*: »The ouverture
by Arensky must be dropped and replaced by an ouverture

---

43   Fokin, *Gegen den Strom*, S. 169.

44   Die Schreibweise der Namen in der folgenden Strukturüber-
      sicht oder in späteren Zitaten richtet sich nach den verwendeten
      Quellen. Im Notenmaterial und in verschiedenen Sekundärquel-
      len ist die Schreibweise uneinheitlich, weshalb sie sich gelegent-
      lich von der vereinheitlichten Schreibweise im Text dieser Arbeit
      unterscheidet.

to the opera *Orestia* by Taneev.«[45] In seinem Klavierauszug sind entsprechend die Seiten 1 bis 14, auf denen die Ouvertüre Arenskijs gedruckt ist, von Hand durchgestrichen, ein Vermerk auf den musikalischen Ersatz fehlt allerdings. Der Klavierauszug Grigor'evs ist jedoch mit einer eigenen handschriftlichen Seitenzählung versehen, die erst auf Seite 15 einsetzt, wo die Nr. 1 *Scène et danse de coquetterie* beginnt. Das deutet darauf hin, dass erst hier das in *Cléopâtre* verwendete Notenmaterial aus dem Klavierauszug begann. Fokin äußert sich nicht in Bezug auf den Austausch der Musik für die Ouvertüre, allerdings ist Sergej Taneev im Programmblatt als Komponist des *Prélude* genannt (Abbildung 1).

CLÉOPATRE

DRAME CHORÉGRAPHIQUE EN UN ACTE
Musique de A. ARENSKY

Prélude.	Musique de S. TANÉIEW
Arrivée de Cléopâtre.	Musique de RIMSKY-KORSAKOW
Danse du voile.	Musique de GLINKA
Bacchanale	Musique de A. GLAZOUNOW
Finale	Musique de MOUSSORGSKY

Mise en scène, groupes et danses de M. FOKINE.
Décor de M. L. BAKST, exécuté par M. ANISFELD.
Costumes de M. L. BAKST, exécutés par M. CAFFI.
Accessoires d'après les dessins de M. L. BAKST.

Le solo de violon sera exécuté par M. VICTOR WALTER.

Abb. 1: Ausschnitt aus dem Programmblatt der Vorstellung vom 16. Juni 1909, Stiftung John Neumeier – Dance Collection (SJN).

---

45   Grigoriev, *The Diaghilev Ballet. 1909–1929*, S. 18.

Die Bezeichnung »Prélude« im Gegensatz zu dem bei Grigor'ev verwendeten Terminus »Ouvertüre« mag als ein nebensächliches Detail erscheinen. Dennoch weist sie darauf hin, dass es sich tatsächlich nur um jene 54 Takte handelt, die die Oper *Orestie* einleiten, und nicht um Taneevs zuvor veröffentlichte Komposition *Orestie, Ouvertüre zur Tragödie des Aischylos* op. 6. Bei dieser handelt es sich um eine Konzertouvertüre, die der Komponist aus Motiven der damals in der Entstehung begriffenen Oper formte. Dass diese dem Ballett voranging, ist auch aufgrund ihrer Länge von ca. 16 Minuten sehr unwahrscheinlich, denn sie hätte die Ausgewogenheit innerhalb des Balletts gestört, dessen übrige Nummern gemeinsam nur etwa 40 Minuten dauern.

Michail Fokin übergeht diesen Abschnitt gänzlich und beginnt seine Beschreibung mit der Einfügung von Nikolaj Rimskij-Korsakovs Musik für »die Tänze der Sklaven vor Cleopatra«[46] und einer Komposition von Michail Glinka für »den Tanz mit dem Schleier, der von Karsavina und Nishinski ausgeführt wurde.«[47] Diese Einfügungen erfolgten allerdings erst nach der ersten Nummer des Balletts, denn die Scène et danse de coquetterie wurde beibehalten. Darauf weist die bereits erwähnte handschriftliche Paginierung Grigor'evs hin, die an dieser Stelle einsetzt, sowie handschriftlich eingetragene Spielanweisungen, die – hätte man die Nummer ausgelassen – nicht nötig gewesen wären. Auch inhaltlich machte es Sinn, die Nummer Scène et danse de coquetterie beizubehalten, weil Cléopâtre und Ägyptische Nächte laut der jeweiligen Libretti mit der gleichen Szene beginnen sollten, in der Bérénice bzw. Ta-hor und Amoûn sich treffen. Zudem wurden im Klavierauszug Grigor'evs die letzten neun Takte durchgestrichen (kurzer Allegro-Teil und der ihm vorausgehende Takt) und offenbar verändert. Diese Streichung wäre nicht plausi-

---

46   Fokin, *Gegen den Strom*, S. 169.

47   Ebd., S. 169.

bel, hätte man die Nummer komplett ausgespart. Unter der Streichung findet sich die Notiz »Hier Einschub zum Übergang aus Mlada« (Schriftgruppe 2), darüber steht »S. Manuskript Übergang S. 1 und 2« (Schriftgruppe 1).48 Die erste Seite der folgenden Nr. 2 Entreé [sic!] de Cléopâtre et scène ist durchgestrichen, und es wurde ein unleserlicher Kommentar hinzunotiert, aus dem sich zumindest das Wort »Mlada« entziffern lässt. Wie bei Fokin und Grigor'ev übereinstimmend nachzulesen ist, wurde der Auftritt der Königin durch Musik von Rimskij-Korsakovs Zauber-Ballett-Oper Mlada ersetzt. Von Grigor'ev erfahren wir, dass es sich um jene Passage handelt, die auch bei Mlada zum Auftritt der Kleopatra verwendet worden ist. Aus Nikolaj Rimskij-Korsakovs Werk wurde also die zweite Szene des dritten Aktes verwendet, in der Kleopatra erscheint und einen verführerischen Tanz beginnt. Zu widersprechen scheint dem jedoch Fokins zuvor zitierte Aussage, die Musik Rimskij-Korsakovs sei nicht für den Auftritt verwendet worden, sondern für Tänze der Sklavinnen vor Kleopatra. In Arenskijs Ballett hätte das nicht der Nr. 2 entsprochen, in der die Königin auf die Bühne kommt, sondern der Nr. 3 Danse d'Arsinoé et des esclaves. Betrachtet man nun aber die Länge der Mlada-Szene von gut acht Minuten im Vergleich zu den Längen der beiden Nummern des Balletts, so liegt nahe, dass die Musik Rimskij-Korsakovs nicht nur eine, sondern beide Nummern ersetzte. Bestätigt findet sich dieser Gedanke bei Richard Buckle: »Beim Einzug der Kleopatra und beim Tanz der Sklavinnen sollte ein unheimlicher ›Traum der Kleopatra‹ mit Flötenmusik aus Rimskij-

---

48   Das Manuskript, von dem hier die Rede ist, ist bisher unentdeckt. Womöglich befindet sich darin ein (von Čerepnin?) komponierter Übergang von der *Scène et danse de coquetterie* zur Musik Rimskij-Korsakovs, die auf die Nr. 1 des Balletts folgt. Dass es sich beim Bearbeiter des Balletts um Čerepnin handelt, wird später noch näher erläutert.

Korsakovs Mlada unterlegt werden [...].«49 Im Klavierauszug sind außer der Streichung der ersten Seite von Nr. 2 alle Seiten bis zum Beginn von Nr. 4 Danse de Bérénice et scène ohne jegliche Eintragung. Über dem Beginn von Nr. 4 finden sich zwei handschriftliche Wörter: »[unleserlich; C. M.] Mlada« – wahrscheinlich der Hinweis, dass erst hier die Mlada-Szene endete. Bisher stellen sich die Änderungen am Ballett Ägyptische Nächte bzw. an Arenskijs Partitur Eine Nacht in Ägypten folgendermaßen dar:

Eine Nacht in Ägypten/ Ägyptische Nächte	Cléopâtre
~~Ouverture~~	Taneev: Introduktion zur Oper *Orestie*
1. Scène et danse de coquetterie	1. Scène et danse de coquetterie gekürzt um die letzten 9 Takte
~~2. Entrée de Cléopâtre et scène~~	Rimskij-Korsakov: 3. Akt, 2. Szene der Zauber-Ballett-Oper *Mlada*
~~3. Danse d'Arsinoé et des esclaves~~	

Die folgende Nr. 4 *Danse de Bérénice et scène* wurde mit in das Ballett *Cléopâtre* übernommen, denn auf den letzten beiden Seiten aus Grigor'evs Klavierauszug finden sich erneut handschriftliche Einträge, auf die später genauer eingegangen wird. Die Handlung von Nr. 4 wurde von *Ägyptische Nächte* nach *Cléopâtre* übernommen, sie ist im »scène«-Teil deutlich erkennbar: Während Bérénice bzw. Ta-hor für Kleopatra tanzt, schießt Amoûn einen Pfeil ab, an den er seinen Liebesbrief befestigt hat. Die Musik transportiert dies lautmalerisch. Das Ende der Nummer – und dies betrifft nun die zuvor angedeuteten Veränderungen – besteht aus einem achttaktigen Meno-mosso-Abschnitt, der durch einen Doppelstrich vom Vorangegangenen abgeteilt ist. Vor diesem Meno-mos-

---

49   Buckle, *Diaghilew*, S. 127.

so-Abschnitt wurden neun Takte von Hand durchgestrichen. Die beiden Takte vor dieser Streichung sind mit den Ziffern 1 und 2 überschrieben (vgl. Notenbeispiel 1). Über dem mit Ziffer 2 bezeichneten Takt wurden handschriftlich zwei Takte eingetragen, die jeweils einen Zweiklang (*fis-gis¹* bzw. *fis-g¹*) beinhalten und mit den Ziffern 3 und 4 überschrieben sind (in Notenbeispiel 1 bereits als Folgetakte eingetragen). Dem mit Ziffer 2 bezeichneten Takt folgt im Klavierauszug ein gedruckter, von Hand gestrichener Takt. Vor der ersten Note dieses gedruckten und gestrichenen Taktes ist jedoch noch ganz schwach die Einzeichnung eines *fis¹* zu erkennen. Zudem ist ein Pfeil eingezeichnet, der offenbar verdeutlichen soll, dass hier die eingezeichneten Takte 3 und 4 eingefügt werden sollten. Unter dem ersten gestrichenen Takt, in dem noch schwach das *fis¹* zu lesen ist, stehen die Worte »es geht«, »2 Fanfa« und »schweigen«. Darüber findet sich der Hinweis »Fi«, und ein Pfeil zeigt sodann auf die letzten Meno-mosso-Takte, die den gestrichenen neun Takten folgen. Darüber wurde wiederum ein »ne« notiert. Der Hinweis »Fi[Pfeil]ne« und die übrigen drei Worte weisen darauf hin, wie die Nummer zu Ende geführt wurde: Im abschließenden Meno-mosso-Teil erklingen zwei Fanfaren, und die Nummer endet nach weiteren Takten (in Notenbeispiel 1 nicht mehr eingezeichnet) im Pianissimo. Um die Teile vor und nach den gestrichenen neun Takten harmonisch kompatibel zu machen, wurden also die von Hand eingetragenen Töne eingefügt, deren Begleitung sicherlich ähnlich mit Sechzehnteltriolen wie in den vorausgehenden Takten ausgestaltet sein sollte. Der letzte Abschnitt beginnt mit einem G-Dur-Akkord mit Septe im Bass, der sich nach C-Dur auflöst. Die letzten 16 Takte der Nr. 4 sollten dann offenbar so aussehen:

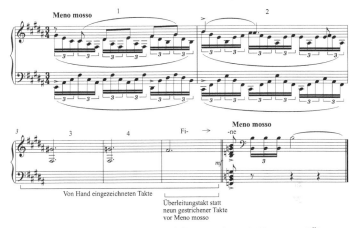

Notenbeispiel 1: Nr. 4 *Danse de Bérénice et scène* mit Kürzung und Übergang zu letztem Meno-mosso-Abschnitt.

Die Nr. 4 *Danse de Bérénice et scène* wurde für die Übernahme in *Cléopâtre* also am Ende um einige Takte gekürzt. Der Teil, in dem im Klavierauszug die Handlungsanweisung »Elle annonce à Amoun qu'elle lui donnera un baiser […]« steht, also das Nachgeben Kleopatras auf das Werben Amoûns erfolgt, wurde noch beibehalten. Gestrichen wurde aber die sich anschließende Passage, die mit »[…] mais qu'il devra mourir aux premières lueurs du jour: boire la coupe empoisonnée« überschrieben ist. Stattdessen wurden überbrückende Takte zur Überleitung eingefügt, um die Nr. 4 mit dem Folgenden zu verbinden. Der Grund für diese Streichung mag gewesen sein, dass sich in der gestrichenen Passage das Thema der Kleopatra (vgl. hierzu Kapitel 2.3) entfaltet, das erstmals in Nr. 2 *Entrée de Cléopâtre et scène* vorgestellt wurde. Wie oben beschrieben, hatte man aber die Nr. 2 nicht in das Ballett *Cléopâtre* übernommen. Insofern war es also konsequent, die Abschnitte der Ballettmusik, in denen Kleopatras Thema wiederkehrt, ebenfalls möglichst herauszukürzen.

In der Ursprungspartitur folgt nun die Nr. 5 *Scène d'empoisonnement.* Obwohl in *Ägyptische Nächte* erst die Hälfte des Balletts vorbei war, fand dort bereits die zentrale Szene des Balletts, nämlich die Liebesszene zwischen Amoûn und Kleopatra und die Vergiftung des Jünglings statt. Der Rest von *Ägyptische Nächte* bestand dann aus der Ankunft des Antonius und einem Fest als Divertissement, das ihm zu Ehren gegeben wurde. Für *Cléopâtre* wurde die Vergiftungsszene jedoch verschoben und fand erst nach dem Divertissement statt, so dass weitere Veränderungen an der Nr. 5 sowie die Gründe hierfür später erläutert werden sollen. Die folgende Nr. 6 *Entrée solennelle d'Antoine* ist auf der ersten Seite des Klavierauszugs durchgestrichen, die folgenden Seiten sind sogar teilweise ausgerissen, weil sie offenbar nicht benötigt wurden. Bei Michail Fokin ist nachzulesen, dass die Figur des Antonius für *Cléopâtre* gestrichen wurde.[50] Auch anhand der beiden Libretti im Anhang dieser Arbeit wird das deutlich. Offenbar entfiel für *Cléopâtre* mit Antonius auch dessen komplette Auftrittsmusik, also die Nr. 6 *Entrée solennelle d'Antoine.* Die Verwandlung der Partitur zu *Cléopâtre* sieht bisher so aus:

Eine Nacht in Ägypten/ Ägyptische Nächte	Cléopâtre
~~Ouverture~~	Taneev: Introduktion zur Oper *Orestie*
1. Scène et danse de coquetterie	1. Scène et danse de coquetterie gekürzt um die letzten 9 Takte
~~2. Entrée de Cléopâtre et scène~~	Rimskij-Korsakov: 3. Akt, 2. Szene der Zauber-Ballett-Oper *Mlada*
~~3. Danse d'Arsinoé et des esclaves~~	

---

50   Vgl. Fokin, *Gegen den Strom*, S. 149.

4. Danse de Bérénise et scène	4. Danse de Bérénise et scène vor letztem Meno mosso 9 Takte durch zwei neue ersetzt
5. Scène d'empoisonnement	an eine spätere Stelle verschoben
6. Entrée solennelle d'Antoine	gestrichen

Nun folgten mehrere Tänze, Nr. 7 *Danse des juives*, Nr. 8 *Danse des égyptiennes*, Nr. 9 *Danse des Ghazies*,[51] Nr. 10 *Charmeuse des serpents* und Nr. 11 *Pas de deux*, die ein typisches Divertissement bildeten, wie es im Exkurs 1 erläutert wurde. In *Ägyptische Nächte* war der Anlass für dieses Divertissement die Ankunft des Antonius, so dass sich eine höchst konventionelle Aufteilung ergab. Nachdem die dramatische Handlung vorbei war, folgte eine ausgiebige handlungslose Folge von Tänzen, an deren Ende ein Pas de deux stand. Für *Cléopâtre* änderte man den Anlass dieser Tänze, denn Antonius kam in diesem Ballett nicht mehr vor, Amoûn war noch immer am Leben, und sein Werben hatte eben erst bei der ägyptischen Königin Gehör gefunden. Die Tänze erfolgten daher in *Cléopâtre*, während Kleopatra mit Amoûn am vorderen Bühnenrand hinter Tüchern verborgen wurde. Im ersten Tanz dieses Divertissements, der Nr. 7 *Danse des juives*, finden sich im Klavierauszug keine Einzeichnungen, allerdings weist auch nichts darauf hin, dass dieser Tanz gestrichen oder ausgetauscht wurde. Da Leon Bakst Kostüme für einen Danse hebraique entwarf und in der Besetzungsliste des Abendprogramms »Danseuses juives« sowie »Hebreux« zu finden sind, wurde dieser Tanz vermutlich unverändert in *Cléopâtre* übernommen.

---

51   Bei »Ghazies« handelt es sich um eine Bezeichnung für Tänzerinnen in Kairo.

Abb. 2: Leon Bakst, Kostümentwurf für den *Danse hebraique*.

Die folgenden beiden Tänze (Nr. 8 *Danse des égyptiennes*, Nr. 9 *Danse des Ghazies*) wurden für *Cléopâtre* laut der Einzeichnungen in Grigor'evs Klavierauszug zu einer Nummer zusammengezogen: Am Ende der Nr. 8 findet sich beispielsweise der Hinweis (Schriftgruppe 2) »[unleserlich; C. M.] au Trio page 56« sowie »volta [unleserlich; C. M.]«. Die Nr. 9 bestand aus zwei Teilen; der erste wurde von Hand gestrichen, der zweite – beginnend auf S. 56 – von Hand mit »Trio« und »½ Ton tiefer« überschrieben. Am Ende des zweiten Teils der Nr. 9 stehen die handschriftlichen Hinweise »Ende des Transportierens« (d. h. Ende der Transposition um ½ Ton) und »Da capo *La danse égyptienne*«.[52] Der zweite Teil von Nr. 9 (inklusive Auftakt) wurde also als Trio in die Nr. 8 *Danses des égyptiennes* integriert. Durch die in Grigor'evs Noten vermerkte Transposition erklang das Trio statt in F-Dur in D-Dur und war somit kompatibel zur Wiederholung des *Danse des égyptiennes*, beginnend in G-Dur. Um die beiden Nummern zusammenzuziehen, wurde aber auch in das Material von Nr. 8 *Danse des égyptiennes* eingegriffen. In dieser Nummer sind zwei Themen enthalten, die sich ursprünglich wie folgt anordneten: a^1 (Takte 1–40) – b^1 (Takte 41–57) – a^2 (Takte 58–85) – b^2 (Takte 86–102) – a^3 (Takte 103–119). Durch mehrere, teilweise wüste Pfeile, Kommentare, Sternchen etc., die hier nicht im Detail beschrieben werden müssen, sollte der aus Nr. 8 und 9 neu gewonnene Tanz wohl so aussehen: a^1 – b^1 – a^3 – Trio (= Teil 2 der Nr. 9) – b^2 – a^3.

Nun sind nur noch drei Nummern aus Arenskijs ursprünglicher Partitur übrig: Nr. 10 *Charmeuse des serpents,* Nr. 11 *Pas de deux* und Nr. 12 *Finale.* Michail Fokin erwähnt in seinen Memoiren, dass für *Cléopâtre* nicht nur Musik von Rimskij-Korsakov verwendet worden sei. Auch eine Komposition von Michail Glinka sei eingesetzt für »den Tanz mit dem Schleier, der von Karsavina und Nishinski ausgeführt wurde.«[53] Grigor'ev spart die Erwähnung einer Musik Glinkas vollständig aus, im Programmblatt ist Glinka jedoch aufgeführt (siehe Abb. 1) und als Komponist eines *Danse du Voile* genannt. Der Hinweis auf die genaue Herkunft, auf einen *Danse Orientale* aus Glinkas Oper *Ruslan und Ludmilla*, findet sich bei Cyril

---

52   Einige Eintragungen gehören davon zu Schriftgruppe 1, einige zu Gruppe 2. Der Hinweis auf die Transposition wurde sogar zweimal notiert, einmal im für Gruppe 1 typischen Schriftbild und noch einmal in etwas größerer, aber sehr ähnlicher Schrift, die ohne Lineal unterstrichen ist. Hier handelt es sich wahrscheinlich um den gleichen Autor.

53   Fokin, *Gegen den Strom*, S. 169.

W. Beaumont.[54] Allerdings erweist sich Beaumonts Beschreibung als ungenau, da im vierten Akt aus Glinkas Oper drei Teile – (a) Türkisch, (b) Arabisch, (c) Lesginka – unter der Bezeichnung (Nr. 20) Orientalische Tänze zusammengefasst werden. Der Ballettförderer und Fokin-Biograf Lincoln Kirstein gibt hier Auskunft, dass es sich um einen türkischen Tanz gehandelt habe, dementsprechend Tamara Karsavina und Vaclav Nižinskij, beide in der Rolle eines Sklaven der Kleopatra, zum ersten Teil (a) Türkisch tanzten.[55] Auch Richard Buckle spricht von einem »Türkischen Tanz« als Einlage mit einem goldfarbenen Schleier.[56]

Gegen welche Passage aus Arenskijs Partitur wurde diese Musik nun aber eingetauscht? Durch die Angabe der Besetzung ist ausgeschlossen, dass es sich um das Finale handelte, denn üblicherweise tanzten hier nicht nur zwei in Nebenrollen besetzte Tänzer. Bei den verbleibenden zwei Nummern (Nr. 10 Charmeuse des serpents, Nr. 11 Pas de deux) weist alles darauf hin, dass der Türkische Tanz von Glinka den Pas de deux ersetzte. Michail Fokin merkt in seinen Memoiren an, dass an sei-

---

54   Vgl. Beaumont, Michel Fokine & his Ballets, S. 42.

55   Vgl. Lincoln Kirstein, Fokine, London 1934, S. 34f. Michail Fokin äußert sich allerdings wenig erfreut über Kirsteins Bemerkungen zum Ballett Cléopâtre. Er schreibt, Kirstein habe zu diesem Werk »den allergrößten Unsinn« verbreitet (Fokin, Gegen den Strom, S. 144). Vermutlich rührte sein Ärger aber nicht daher, dass Kirstein etwa falsche Angaben zur Musik machte, sondern dass er in seinem Buch eine Anekdote schildert, die dem Biografen angeblich von einer Zuschauerin erzählt worden sei: Sie habe von ihrem Platz aus hinter die Tücher blicken können, mit denen Kleopatra und Amoûn, getanzt von Fokin selbst, während des Divertissements vor den Blicken der Zuschauer verborgen worden seien. Vom Geschehen so gefesselt habe sie tatsächlich erwartet, die beiden beim Liebesakt beobachten zu können. Stattdessen meint die Zuschauerin gesehen zu haben, dass sich die beiden ein Bier genehmigten.

56   Richard Buckle, Nijinsky, Herford 1987, S. 80.

ner Choreografie bei der Umwandlung von *Ägyptische Nächte* zu *Cléopâtre* fast nichts geändert werden musste.[57] Auch wenn derlei Kommentare im Nachhinein womöglich eher dazu beitragen sollten, die eigene Arbeit in ein möglichst positives Licht zu rücken, und sie daher mit Vorsicht zu behandeln sind, so lässt sich dennoch eine Tendenz daraus ablesen. Fokins Kommentar wäre sicherlich anders ausgefallen, hätte er die Besetzung der einzelnen Nummern immer wieder neu festlegen und das choreografische Vokabular vollständig umwerfen müssen. Insofern ist nicht unwahrscheinlich, dass auch in *Ägyptische Nächte* ein Tanz von zwei Personen mit einem solchen Schleier existierte. Die Nr. 10 *Charmeuse des serpents* war von Fokin in *Ägyptische Nächte* solistisch für Bérénice bzw. Ta-hor vorgesehen.[58] Übrig für Glinkas *Türkischen Tanz* bleibt also nur der *Pas de Deux*, ein strukturelles Element, das in keinem Ballett dieser Zeit fehlte und oft in ein Divertissement, wie es auch in *Ägyptische Nächte* stattfand, eingebettet war. Meist wurde es von den Hauptakteuren oder zumindest von einer Solistin und ihrem Partner getanzt. Daher wäre eigentlich zu erwarten gewesen, dass diese Nummer nicht von den beiden Sklaven Kleopatras, sondern von der Königin selbst mit Amoûn getanzt worden wäre. In *Ägyptische Nächte* und in *Cléopâtre* hatte Fokin den Part der ägyptischen Herrscherin jedoch nicht durch Tänzerinnen besetzt – eine ungewöhnliche künstlerische Entscheidung, der

---

57   Vgl. Fokin, *Gegen den Strom*, S. 169.

58   Michail Fokin schuf diese Rolle in *Ägyptische Nächte* für Anna Pavlova. Er geht auf den Entstehungsprozess in *Gegen den Strom* genauer ein, weil er der sehr tierlieben Tänzerin den Gefallen tun wollte, in *Ägyptische Nächte* mit einer echten Schlange tanzen zu dürfen. Er selbst fürchtete und ekelte sich aber bei den Proben entsetzlich und war froh, die Schlange nach der ersten Vorstellung gegen eine Requisiten-Schlange austauschen zu können. Angeblich habe sie seine Erwartungen nicht erfüllt, sondern sei nur träge und reglos an Pavlovas Armen heruntergehangen. Fokin, *Gegen den Strom*, S. 150f.

in Kapitel 4.3 weiter nachgegangen werden soll.[59] Es war den Kleopatras beider Versionen also nicht möglich, einen Pas de deux mit Amoûn zu tanzen. Infrage kamen demzufolge nur noch die übrigen durch Tänzersolisten besetzten Rollen: Ta-hor, getanzt durch Anna Pavlova, Amoûn, getanzt durch Michail Fokin selbst, Arsinoé, getanzt durch Tamara Karsavina und der Lieblingssklave Kleopatras, getanzt durch Vaclav Nižinskij. Anna Pavlova und Michail Fokin hatten bereits gemeinsam im *Danse de Bérénice et scène* und die Pavlova alleine in der vorangegangenen Nummer *Charmeuse des serpents* getanzt. Tamara Karsavina und Vaclav Nižinskij hätten außer in diesem Pas de Deux keine andere Möglichkeit gehabt, tänzerisch hervorzutreten. Es weist sowohl musikalisch als auch choreografisch alles darauf hin, dass es sich bei der Nr. 11 *Pas de deux* um den Tanz mit dem Schleier gehandelt haben muss, dessen Musik gegen den *Türkischen Tanz* aus *Ruslan und Ludmilla* ausgetauscht wurde. Ein Blick in den Klavierauszug bestätigt dies, denn dort finden sich am Ende von Nr. 10 folgende Eintragungen, deren Reihenfolge nicht mehr eindeutig nachvollzogen werden kann: »Tänze Glinka Glazunov«, »après« [jedoch sehr unleserlich; C. M.] und »Seite 66«. Offenbar sollte nach der Nr. 10 *Charmeuse des serpents* im Klavierauszug zu Seite 66 gesprungen werden, wo bereits das Finale beginnt. Arenskijs Pas de deux blieb also ausgespart und wurde durch Glinkas *Türkischen Tanz* ersetzt. Die Veränderungen stellen sich also bisher wie folgt dar:

---

59   1909 übernahm diese Rolle Ida Rubinštejn, die erst in der Spielzeit 1907/1908 mit Fokin ein Training begonnen und sich vorher nur wenig mit Tanz beschäftigt hatte. In *Ägyptische Nächte* wurde die Rolle von einer Schauspielschülerin gespielt. Vgl. Fokin, *Gegen den Strom*, S. 149.

Eine Nacht in Ägypten/ Ägyptische Nächte	Cléopâtre
Ouverture	Taneev: Introduktion zur Oper *Orestie*
1. Scène et danse de coquetterie	1. Scène et danse de coquetterie gekürzt um die letzten 9 Takte
~~2. Entrée de Cléopâtre et scène~~ ~~3. Danse d'Arsinoé et des esclaves~~	Rimskij-Korsakov: 3. Akt, 2. Szene der Zauber-Ballett-Oper *Mlada*
4. Danse de Bérénise et scène	4. Danse de Bérénise et scène vor letztem Meno mosso 9 Takte durch zwei neue ersetzt
5. Scène d'empoisonnement	verschoben
~~6. Entrée solennelle d'Antoine~~	gestrichen
7. Danse des juives	7. Danse des juives
8. Danse des égyptiennes	8. Danse des égyptiennes gekürzt und mit 2. Teil der Nr. 9 als Trio
9. Danse des Ghazies	
10. Charmeuse des serpents	10. Charmeuse des serpents
~~11. Pas de deux~~	Glinka: 4. Akt, Nr. 20 (a) aus der Oper *Ruslan und Ludmilla*

Der Hinweis »Tänze Glinka Glazunov« verweist aber noch auf einen weiteren Einschub, nämlich auf die Verwendung einer Komposition von Aleksandr Glazunov. Im Klavierauszug existiert hierzu noch ein zweiter Hinweis. Auf die letzte Seite des (nicht verwendeten) Arenskij-Pas de deux wurde notiert (Schriftgruppe 2): »Danach griechischer Tanz von Glazunow. Wenn wir Glazunow gar nicht nehmen und uns auf die einmalige Einfügung aus der Mlada beschränken würden, dann wäre das für mich ideal gewesen.«[60] Fokin beschreibt genauer, um was es sich dabei handelte:»Zwei Tänze kamen zusätzlich ins Ballett: das Bacchanale nach der Musik von Glasunow und das Finale nach der Musik aus Musorgskijs Oper *Chowanščina* (Tanz der Perserinnen).«[61] Ähnlich äußert sich Grigor'ev:»What was needed for the Bacchanale was some music by Glazunow, already used very successfully by Fokine. Finally, he wished Fokine to compose a grand finale on music by Mussorgsky from the opera *Khovanshchina*.«[62] Dass zwei Tänze laut Fokin zusätzlich ins Ballett kamen, verweist offenbar darauf, dass sie neu choreografiert werden mussten. Im Falle des eingefügten Bacchanals von Glazunow bedeutete dies, dass es hinzugefügt wurde und dafür keine Nummer aus *Eine Nacht in Ägypten* weichen musste. Die beiden oben genannten Eintragungen aus dem Klavierauszug weisen darauf hin, dass das *Bacchanal* von Aleksandr Glazunov dem *Türkischen Tanz* von Glinka folgte, der die Nr. 11 ersetzte. Es reihte sich somit in das Divertissement ein, bestehend aus Nr. 7 *Danse des juives*, Nr. 8 *Danse des égyptiennes* (mit Trio aus Nr. 9), Nr. 10 *Charmeuse des serpents* und Michail Glinkas *Türkischem Tanz* (statt Nr. 11). Es sei noch einmal daran erinnert, dass das Bacchanal während der Liebesszene von Kleopatra und Amoûn stattfand:

---

60 Warum von einer »einmaligen« Einfügung aus *Mlada* die Rede ist, wird sich später noch herausstellen.

61 Fokin, *Gegen den Strom*, S. 169.

62 Grigoriev, *The Diaghilev Ballet*. 1909–1929, S. 17f. Grigor'evs Bemerkung, Fokin habe die Musik Glazunovs schon einmal verwendet, ist insofern missverständlich, weil daraus nicht hervorgeht, ob sich Grigor'ev speziell auf das Bacchanal oder allgemein auf Kompositionen Glazunovs bezieht. Vermutlich meinte er die Musik Glazunovs allgemein, denn Fokin hatte seine Bühnenmusik *Vorspiel und Tanz der Salomé* op. 90 für den Tanz der sieben Schleier verwendet, den er 1908 für Ida Rubinštejn choreografiert hatte. Eine Verwendung des Bacchanals von Fokin vor *Cléopâtre* ist bisher nicht bekannt.

»Nach der dramatischen Szene [gemeint ist Nr. 4 Danse de Bérénice
et scène; C. M.], in der ich [Fokin in der Rolle des Amoûn; C. M.]
zwischen Mitleid und Liebe zu der sich grämenden Ta-hor (Pawlowa) und der bezaubernden Cleopatra (Rubinstein) hin und her
schwankte, verwarf ich die flehentlichen Bitten der ersteren und sank
in die Arme der schönen Kaiserin. Man bedeckte uns mit Schleiern
und bestreute uns mit Rosen. Die Musik war betörend, ein Tanz
folgte dem anderen. Mehr und mehr verwandelte sich das Kaiserliche Fest in eine rasante Orgie. Ich fühlte, daß die Ta-hor der Pawlowa ergreifend schön war. Ich glaubte, daß es uns gelungen war, das
Publikum in die phantastische Welt einzubeziehen. Die Bacchantinnen, voran V. Fokina und O. Fedorowa, rasten. Fokina sauste wie der
Wind über die Bühne, und Fedorowa erstarrte in sinnlichen, wollüstigen Bewegungen. Zum Schluß fingen sich alle an zu drehen und
warfen sich in heftiger Ekstase auf die Erde.«[63]

Musikalisch handelt es sich bei diesem Bacchanal Glazunovs
um das den Herbst-Teil einleitende Bacchanal aus dem Ballett *Die Jahreszeiten*. Fokin zufolge lässt sich das Bacchanal als
Schlusspunkt für das Divertissement verstehen, denn er beschreibt, wie die Bacchantinnen über die Bühne sausten und
sich zum Schluss alle auf die Erde warfen. Sowohl von Fokin als auch von Grigor'ev wird der *Tanz der persischen Sklavinnen* aus Modest Musorgskijs *Chovanščina* als Finale bzw.
»grand finale«[64] bezeichnet. Gleichfalls ist Musorgskij im Programmheft als Komponist eines Finales genannt. Eine plausi-
ble Reihenfolge wäre daher, wenn dem Bacchanal Glazunovs
als Höhepunkt und Abschluss des Divertissements Musorgskijs *Tanz der persischen Sklavinnen* als Finale des gesamten Balletts folgen würde. Zwischen diesen beiden Teilen hätte lediglich die Vergiftungsszene (Nr. 5 *Scène d'empoisonnement*)
eingeschoben werden müssen, deren Position bisher noch offen ist. Diese von Arenskij komponierte Szene wurde – wie

---

63   Fokin, *Gegen den Strom*, S. 170.

64   Grigoriev, *The Diaghilev Ballet. 1909–1929*, S. 17f. Da für die Oper
     Chovanščina keine treffende Übersetzung existiert, wird sie wei-
     terhin mit dem russischen Titel bezeichnet.

bereits erwähnt – verschoben und an einer späteren Stelle als in *Ägyptische Nächte* verwendet. Sollte Musorgskijs *Tanz der persischen Sklavinnen* tatsächlich das letzte Musikstück des Balletts gewesen sein, hätte es keine andere Möglichkeit gegeben, als die Vergiftungsszene davor stattfinden zu lassen. Während Glazunovs Bacchanal war Amoûn noch mit Kleopatra hinter den Tüchern verborgen, und es fand die Liebesszene statt. Amoûn war also zu Glazunovs Bacchanal noch am Leben. Wäre die Vergiftungsszene nicht eingefügt worden, so hätte zur Musik von Musorgskij nicht nur die Vergiftung, sondern auch der Abmarsch von Kleopatra und ihrem Gefolge, der erneute Auftritt von Ta-hor und deren Trauer über den toten Geliebten stattfinden müssen. Der *Tanz der persischen Sklavinnen* dauert zwar ca. acht Minuten, dennoch hätten sich hier sodann die dramatischen Ereignisse derart überschlagen, dass ihr jeweiliges theatralisches Potenzial verschenkt worden wäre. Zudem findet sich im Klavierauszug nach Nr. 10 lediglich der Hinweis »Tänze Glinka Glazunow«, der anzeigt, dass nun zwei Einfügungen folgten und nicht auch noch die Musik Musorgskijs. Weil nach Glazunows Bacchanal wieder Musik von Arenskij (Nr. 5 *Scène d'empoisonnement*) erklang, sah sich der Urheber der Notiz nicht veranlasst, etwa »Tänze Glinka Glazunow Musorgskij« zu notieren. Sofern es sich bei Musorgskij also tatsächlich um das Finale des gesamten Balletts gehandelt hat, war die Reihenfolge der letzten drei Nummern nach dem Pas de deux: Glazunovs *Bacchanal* – Arenskijs *Scène d'empoisonnement* – Musorgskijs *Tanz der persischen Sklavinnen*.

Wie die Formulierung jedoch bereits vermuten lässt, stellt sich das Ende des Balletts nicht so eindeutig dar. Grigor'ev berichtet nämlich nicht nur davon, dass zu Musorgskijs Musik ein »grand finale« stattfinden solle, sondern dass Djagilev Čerepnin mit der Neukomposition eines Finales beauftragt hatte:

>*Then the end of the ballet is banal. It must be changed. The youth poisoned by Cleopatra, instead of coming to life again, must be killed for good, and his bride must sob over his lifeless body as the curtain falls. And since we have no music for such a dramatic scene, I will ask you dear Nikolay Nikolayevich [Tchérépnin; C. M.] to write this music for us.*«[65]

Das würde bedeuten, dass Musorgskijs *Tanz der persischen Sklavinnen* und die Vergiftungsszene zwischen dem Bacchanal und einem neu komponierten Finale Čerepnins erklungen wäre. Grigor'evs Bezeichnung »grand finale« in Bezug auf die Musik Musorgskijs würde sich dann nicht auf das gesamte Ballett beziehen, sondern der *Tanz der persischen Sklavinnen* wäre nach dem *Bacchanal* ein Finale des Divertissements. Hört man sich jedoch das *Bacchanal* und anschließend den *Tanz der persischen Sklavinnen* an, überzeugt diese Reihenfolge nicht. Musorgskijs Komposition klingt nach dem ausgelassenen, lauten und schnellen *Bacchanal* Glazunovs über weite Strecken zu innig, zurückgenommen und wehmütig, als dass es ein solches Divertissement überzeugend hätte abschließen können. Fokins zuvor zitierte Beschreibung »zum Schluß fingen sich alle an zu drehen und warfen sich in heftiger Ekstase auf die Erde« mag zu den letzten Takten der Musik Musorgskijs zwar möglich sein. Viel angemessener wäre hierzu aber das *Bacchanal* Glazunovs gewesen. Nach dessen Ausgelassenheit beginnt der Musorgskij-Tanz sehr leise, und es sind bisweilen regelrecht tragische Klänge zu hören. Diese Musik klingt eher nach der von Djagilev beschriebenen trauernden Ta-hor, die nach Amoûn sucht und diesen schließlich tot auffindet. Bei genauerem Hinsehen stellt sich Fokins Bemerkung, zwei Tänze (nämlich Glazunows *Bacchanal* und Musorgskijs *Tanz der persischen Sklavinnen*) seien zusätzlich in das Ballett eingefügt worden, als missverständlich heraus. Er äußert sich nämlich nicht, ob sich das Wort »zusätzlich« auf die musikalische oder die choreografische Substanz bezog.

---

65   Grigoriev, *The Diaghilev Ballet. 1909–1929*, S. 17 f.

Sofern es sich auf die musikalische Substanz bezog, würde dies bedeuten, dass die Musik Musorgskijs ebenso wenig wie das *Bacchanal* einen bisher bestehenden Teil des Balletts ersetzte, sondern eine Erweiterung darstellte. Dies spräche dafür, dass nach dem *Tanz der persischen Sklavinnen* noch ein separates Finale folgen würde. Hätte sich Fokin jedoch auf die choreografische Substanz bezogen (so wie oben angenommen), so wäre weiterhin die Version *Bacchanal* – Nr. 5 *Scène d'empoisonnement* – *Tanz der persischen Sklavinnen* (= Finale) möglich. Die zusätzliche Komponente, die Fokin meint, wäre dann seine Neuchoreografie des Finales, weil Djagilev den Schluss inhaltlich grundlegend vom glücklichen zum tragischen Ausgang geändert hatte. Für die übrigen Tänze, bei denen die Musik lediglich ausgetauscht worden war, hatte Fokin darauf hingewiesen, dass kaum etwas neu (oder eben zusätzlich) choreografiert werden müsste. Über die Aussagen von Grigor'ev und Fokin lassen sich also keine eindeutigen Folgerungen zum Schluss des Balletts treffen. Grigor'ev schildert zwar, dass Djagilev Čerepnin mit der Komposition eines neuen Finales beauftragte, das zusätzlich zum *Tanz der persischen Sklavinnen* erklingen sollte. Auf dem Programmblatt zur Aufführung von *Cléopâtre* ist Nikolaj Čerepnin aber nirgends genannt. Hier steht lediglich »Musique de A. Arensky, Prélude – Musique de S. Tanéiew, Arrivée de Cléopâtre – Musique de Rimsky-Korsakow, Danse du voile – Musique de Glinka, Bacchanale – Musique de A. Glazounow, Finale – Musique de Moussorgsky« (vgl. Abb. 1). Die Kommentare der Beteiligten sowie das Programmblatt lassen also genügend Raum für Spekulationen, wie das Ballett *Cléopâtre* zu Ende ging. Weitere Überlegungen und Quellen sind daher notwendig.

In Grigor'evs Klavierauszug finden sich in Nr. 13 *Finale* diverse Notizen: Zu Schriftgruppe 1 gehören die Eintragungen direkt über den ersten Takten von Arenskijs Komposition: »Szene der Vergiftung siehe Manuskript S. 3« und »Wie

schön wäre es, wenn wir uns bis ans Ende an den Klavierauszug halten würden«. Oben auf das Notenpapier wurde
folgende, zu Schriftgruppe 2 gehörige Notiz eingefügt: »vor-
herige Szene der Vergiftung, Marsch, Tanz [abgerissenes Papier; C. M.], Pause – Marsch aus *Ruslan*«. Arenskijs Notentext
ist dann jedoch vom Beginn des Finales bis zum Doppelstrich
kurz vor Schluss von Hand durchgestrichen, nach dem es
heißt: »Amoun revient à lui«.[66] Handschriftlich (Schriftgruppe 2) ist 18 Takte später eingetragen: »Davor eine kleine Passage aus der Pause *Ruslan* einfügen«, dann geht der Notentext des Finales ohne Streichungen bis zum Ende (29 Takte).
Unter den letzten Takten findet sich der Hinweis »Finale wei-
terentwickeln und mit dem Thema [schlecht zu entziffern –
möglich wäre: der Kleopatra; C. M.] aus *Mlada* verbinden.«
Aus diesen nicht eindeutigen Anmerkungen lässt sich zumindest ablesen, dass vor einem wie auch immer gestalteten Finale die Szene der Vergiftung stattfinden sollte. Auch hier
wird wieder auf ein Manuskript verwiesen, das bisher noch
nicht entdeckt wurde. Dem Wunsch, den Notentext des Finales bis zum Ende zu spielen, wurde dann aber offenbar nicht
entsprochen. Hierauf weisen die Streichungen und Vorschläge zur Weiterentwicklung hin. Wahrscheinlich handelt es sich
bei den handschriftlichen Hinweisen um Vorschläge bei der
Überlegung, wie ein von Čerepnin zu komponierendes Finale ausgestaltet werden könnte. Vorgeschlagen wird in zwei
Fällen, Material aus den Opern *Ruslan und Ludmilla* und *Mlada* zu verwenden, um mit einigen ihrer Themen das Finale
weiterzuentwickeln. Offenbar war tatsächlich geplant, Arenskijs Finale durch eine neue Komposition – wahrscheinlich
von Čerepnin – zu ersetzen. Diesem Umstand wird später
noch nachzugehen sein, zunächst sollen aber die Eintragun-

---

66   Bis zu dieser Stelle bezieht sich das Finale motivisch auf die Ou-
      vertüre. Eine Streichung dieses Notentextes wäre also in Be-
      zug auf die übrigen Änderungen der musikalischen Substanz
      konsequent.

gen im Klavierauszug in Nr. 5 *Scène d'empoisonnement*, von der gesichert ist, dass sie vor dem Finale des Balletts erklang, im Fokus der Untersuchung stehen.

Die ersten 35 Takte sind ohne jeden Kommentar, hiernach wurde handschriftlich (Schriftgruppe 2) »à arranger« eingetragen und die sich anschließende achttaktige ausgeschriebene Violinkadenz zunächst komplett gestrichen. Dann entschied man sich offenbar um und wollte nur die letzten vier Takte der Kadenz streichen: In Schriftgruppe 1 steht vor den ersten vier Takten »geht weiter«, vor den übrigen vier dann »diese beiden Zeilen weg!«. Die betreffenden vier Takte, die über zwei Zeilen gedruckt sind, wurden sehr nachdrücklich durchgekritzelt. Im letzten der vier vorangegangenen und doch wieder beibehaltenen Takte der Kadenz wurde von Hand ein gis[3] mit einem Bindebogen eingezeichnet. Die gleiche Note mit dem zu ihr hinführenden Bindebogen findet sich auch direkt nach den vier durchgekritzelten Takten der Violinkadenz. Der folgende Abschnitt (12 Takte) sollte dann bis zum nächsten Doppelstrich erklingen, allerdings transponiert um eineinhalb Töne tiefer, wie die beiden eingezeichneten Noten und der Hinweis »1 ½ Töne tiefer« deutlich machen. Erneut wurde vorhandener Notentext also transponiert, um einen Sprung im Material harmonisch auszugleichen.

Nach diesen Takten stehen bei der Vergiftungsszene zwei Eintragungen unten auf Seite 39: »Es wäre besser sich weiter an den Klavierauszug zu halten ohne Mlada« (Schriftgruppe 1). Dazu passt der Kommentar (ebenso in Schriftgruppe 1), der sich direkt zu Beginn des Finales notiert findet: »Wie schön wäre es, wenn wir uns bis ans Ende an den Klavierauszug halten würden«. Offenbar war die Alternative im Gespräch, das Finale nach der Vergiftungsszene wie von Arenskij komponiert zu belassen. Direkt neben dem zitierten Kommentar steht jedoch noch eine weitere Notiz (Schriftgruppe 2), gewissermaßen der Alternativvorschlag: »weiter – Mlada Nr. 37 direkter Übergang ohne Einschub«. Danach sind erneut 18 Takte gestrichen, der Schluss der Szene jedoch nicht. Sofern die handschriftlichen Hinweise auf tatsächlich umgesetzte Ideen hindeuten – wie bei den Anmerkungen im Finale zu sehen, war dies nicht immer der Fall –, wurde die Vergiftungsszene neben den beiden Kürzungen (in der Violinkadenz und nach dem Hinweis auf einen möglichen Mlada-Einschub) maßgeblich dahingehend verändert, dass wieder ein Abschnitt aus der Oper *Mlada* eingefügt wurde.

Es sei hier nachdrücklich darauf hingewiesen, dass außer im Klavierauszug kein weiterer Hinweis auf die Verwendung von *Mlada*-Musik in der Vergiftungsszene existiert. Dennoch ist es sehr wahrscheinlich, dass erneut Teile oder Motive aus *Mlada* in diese Szene eingebaut wurden. Wäre dies nicht der Fall gewesen, hätte Kleopatra mit ihrem Gefolge ziemlich zügig von der Bühne verschwinden müssen, da nach der Vergiftungsszene Ta-hor zum *Tanz der persischen Sklavinnen* wieder aufgetreten wäre, um nach Amoûn zu suchen. Zu diesem Zeitpunkt musste Kleopatra die Bühne allerdings bereits verlassen haben. Durch eine Erweiterung am Ende der Vergiftungsszene durch *Mlada*-Motive hätten Kleopatra und sämtliche übrigen Tänzer dazu nicht nur ausreichend Zeit gehabt, sondern auch die gleichen musikalischen Motive wie für den Auftritt. Dies setzt jedoch voraus, dass Motive aus Rimskij-Korsakovs Zauber-Ballett-Oper verwendet wurden, die aus genau dieser Szene stammten, die für *Cléopâtre* als Auftrittsmusik der Kleopatra verwendet worden waren. Da die *Mlada* aber nicht in Nummern eingeteilt ist, muss es sich bei dem Hinweis auf »Mlada Nr. 37« um eine andere Angabe handeln. Im 1891 bei M.P. Belaieff in Leipzig erschienenen russisch-französischen Klavierauszug von *Mlada* findet sich in der Szene, die für Kleopatras Auftritt in *Cléopâtre* eingefügt wurde, die Zahl 37.[67] Der Verlag hatte den Klavierauszug wie üblich mit Studierzeichen in Form von Zahlen versehen, die Orientierung gaben, um sich z. B. bei der Probenarbeit innerhalb längerer Abschnitte zurechtzufinden. An jener mit Zahl 37 bezeichneten Stelle setzen sich in der zweiten Szene des dritten Aktes – also genau dann, wenn Kleopatra in *Mlada* erscheint – musikalisch endgültig ihre Klänge gegen die der Mlada durch – und zwar in Des-Dur.

Laut der handschriftlichen Anmerkung in Grigor'evs Klavierauszug sollte die Vergiftungsszene einige Takte vor dem Hinweis auf *Mlada* von E- nach Des-Dur transponiert werden. Auch jene Transposition weist also darauf hin, dass *Mlada*-Musik in die Vergiftungsszene eingebaut wurde, denn die vorangehenden Arenskij-Takte wurden durch eine Transposition dafür extra kompatibel gemacht. Wie viele Takte aus *Mlada* in diese Szene übernommen wurden, ist nirgends verzeichnet. Denkbar ist, dass die Takte bis zur Zahl 40 übertragen wurden, denn nach einigen Ausflügen in andere Tonarten kehrt die Mlada-Szene hier zu Des-Dur zurück. Im folgenden *Poco più animato* aus *Mlada* folgt ab Zahl 40 eine längere Melodielinie, die den zweiten Teil dieser Szene einleitet und in *Cléopâtre* vermutlich für den von Fokin genannten »Tanz der Sklaven vor Kleopatra« verwendet wurde. Auch diesen Teil noch in die Vergiftungsszene mit einzubeziehen, hätte sie zu sehr in die Länge gezogen. Außerdem eignen sich die beiden Takte vor Zahl 40 durch einen lang gezogenen schlusskräftigen Akkord harmonisch für einen Ausstieg aus der *Mlada*-Szene. Die Takte beinhalten einen Des-Dur-Akkord im piano, die nicht mehr gestrichenen Schlusstakte der Vergiftungsszene beginnen mit einem Tremolo im ppp in Des-Dur. Ein Anschluss würde hier also passen und wäre auch vom »Timing«

---

[67]   Vgl. Nikolaj Rimskij-Korsakov, *Mlada. Volšebnaja opera-balet v četyrech dějstvijach*, Leipzig: M.P. Belaieff 1891, S. 188 f, RISM-Sigel D Mbs, Signatur 2 Mus.pr. 10811.

sinnvoll. Weitere Hinweise dafür wurden bisher aber nicht gefunden. Dass die Takte zwischen Zahl 37 und 40 aus der Oper *Mlada* in die Vergiftungsszene eingefügt wurden, ist daher sehr wahrscheinlich, kann aber nicht bewiesen werden.

Nach der Mlada-Notiz in Grigor'evs Klavierauszug sind – wie bereits erwähnt – die nächsten 18 Takte von Hand durchgestrichen. Erst auf Seite 41, *Allegro moderato* (Halbe = 96), endet die Streichung. Hier wurde über den Noten notiert: »von hier wird die Szene verschoben, siehe Manuskript S. 3« (Schriftgruppe 1) sowie neben den Notensystemen am Rand »Dieses Stück muss irgendwie weiterentwickelt und verlängert und verschoben werden. Es folgt [?] Pas de deux mit Musik aus Ruslan« (Schriftgruppe 2). Zehn Takte vor Schluss ist der Eintrag »ab hier nach Klavierauszug« (Schriftgruppe 1) zu finden. Setzt man voraus, dass diese Verschiebung wie in beiden Notizen erwähnt stattgefunden hat, ergeben sich folgende Interpretationsmöglichkeiten: Ab dem *Allegro moderato* wurden die Takte bis zum Ende der Vergiftungsszene herausgelöst, »irgendwie weiterentwickelt« und zwischen Nr. 10 *Charmeuse des serpents* und der Einfügung für den Pas de deux, Glinkas *Türkischen Tanz* aus *Ruslan und Ludmilla*, gesetzt. Möglich wäre aber auch, dass ab *Allegro moderato* die Takte nur bis zum Hinweis »ab hier nach Klavierauszug« vor den Pas de deux in Weiterentwicklung gesetzt wurden. Somit hätte sich das »ab hier nach Klavierauszug« nicht auf die Weiterentwicklung der vorangegangenen und verschobenen Takte, sondern auf die Einfügung aus *Mlada* und die Transposition bezogen, von der zuvor die Rede war. Dann wären also nach der *Mlada*-Musik zum Abgang der Kleopatra noch die letzten Takte der Vergiftungsszene erklungen, was ebenso durchaus denkbar wäre, wie sie vor den Pas de deux zu schieben. Das Ende dieser Szene kann also nicht mit Sicherheit rekonstruiert werden, da beide Alternativen möglich und plausibel erscheinen. Zur Nr. 5 *Scène d'empoisonnement* lässt sich also festhalten, dass sie nach dem Divertissement (inkl. Glazunovs Bacchanal) erklang und danach das Ballett irgendwie zu Ende ging. Gleichfalls wurde festgestellt, dass in der Vergiftungsszene einige Takte der Violinkadenz gestrichen wurden, dann wahrscheinlich die weiteren Takte in Transposition erklangen, um kompatibel mit einem folgenden Einschub aus *Mlada* zu sein. Für dieses musikalische Material wurden 18 Takte aus der Vergiftungsszene gestrichen und der Schluss entweder komplett oder bis auf die letzten 10 Takte (in denen überleitende Fanfaren zu hören sind) zwischen die Nr. 10 *Charmeuse des serpents* und den Pas de deux von Tamara Karsavina und Vaclav Nižinskij verschoben.

Wie aber das Ende und die genaue Reihenfolge des Balletts nach Glazunovs *Bacchanal* aussahen, wurde noch nicht endgültig rekonstruiert. Musikalisch-dramaturgisch sowie aufgrund der bisherigen Überlegungen und der Angaben im Programmheft scheint es plausibel, dass dem *Bacchanal* die zuvor beschriebene veränderte Vergiftungsszene folgte und Musorgskijs *Tanz der persischen Sklavinnen* das Ende des Balletts bildete. Dem entgegen steht jedoch Grigor'evs Aussage, Djagilev habe eine Neukomposition des Finales durch Nikolaj Čerepnin vorgeschlagen. Auch Einzeichnungen in seinem Klavierauszug deuten darauf hin, dass es Überlegungen zur musikalischen Neugestaltung des Finales auf Grundlage verschiedener, bereits vorhandener Motive gab. Die möglichen Alternativen sehen also wie folgt aus:

Eine Nacht in Ägypten/ Ägyptische Nächte	*Cléopâtre*	
	Möglichkeit 1	**Möglichkeit 2**
~~Ouverture~~	Taneev: Introduktion zur Oper *Orestie*	
1. Scène et danse de coquetterie	1. Scène et danse de coquetterie gekürzt um die letzten 9 Takte	

2. ~~Entrée de Cléopâtre et scène~~ 3. ~~Danse d'Arsinoé et des esclaves~~	Rimskij-Korsakov: 3. Akt, 2. Szene der Zauber-Ballett-Oper *Mlada*
4. Danse de Bérénise et scène	4. Danse de Bérénise et scène vor letztem Meno mosso 9 Takte durch zwei neue ersetzt
5. Scène d'empoisonnement	verschoben
6. Entrée solennelle d'Antoine	gestrichen
7. Danse des juives	7. Danse des juives
8. Danse des égyptiennes 9. Danse des Ghazies	8. Danse des égyptiennes mit 2. Teil der Nr. 9 als Trio
10. Charmeuse des serpents	10. Charmeuse des serpents
11. Pas de deux	Einfügung einiger weiterentwickelter Takte aus dem Ende der Nr. 5 *Scène d'empoisonnement* Glinka: 4. Akt, Nr. 20 (a) aus der Oper *Ruslan und Ludmilla*
	Glazunov: *Bacchanal* aus dem Ballett *Die Jahreszeiten*
	5. Scène d'empoisonnement mit 2 gestrichenen Abschnitten und Einfügung eines Teils aus o.g. *Mlada*-Szene
~~12. Finale~~	Musorgskij: 4. Akt, 1. Bild, *Tanz der persischen Sklavinnen* aus der Oper *Chovanščina*
	Kein weiteres Finale / Finale von Čerepnin komponiert

Anders als bei den bisherigen Veränderungen setzt sich hier das Puzzle also nicht aus den zuvor herangezogenen Quellen zusammen. Daher werden weitere Quellen befragt, von denen zunächst das handschriftliche Werkverzeichnis Michail

Fokins vorgestellt werden soll, in dem der Choreograf seine Werke fortlaufend bis 1941 dokumentierte.[68] Hier hielt Fokin neben dem Titel zumeist auch Jahr und Ort der Uraufführung sowie die Komponisten fest. Für *Cléopâtre* nennt er Arenskij, Glazunov, Rimskij-Korsakov, Glinka, Musorgskij und Nikolaj Čerepnin. Bei Fokin ist Čerepnin also als Komponist genannt, Taneev, aus dessen *Orestie* das Vorspiel in *Cléopâtre* eingefügt wurde, fehlt jedoch.[69] Auch von Nikolaj Čerepnin existiert ein handschriftliches Werkverzeichnis.[70] Der Komponist listete seine Werke nach Gattungen geordnet auf, die im *Catalogue social de la Société des Auteurs, Compositeurs et Editeurs de Musique* aufgeführt sind. Unter acht dort aufgeführten Balletten ist weder der Titel *Cléopâtre* noch *Ägyptische Nächte* zu finden, allerdings schließt die Aufzählung mit »etc.« ab. Auch unter dem Sammelbegriff »Musique divérse« [sic!] findet sich kein passender Titel, doch wird diese Aufzählung ebenfalls mit »etc.« abgeschlossen. Im Anschluss daran zählt der Komponist weitere Werke auf, die offenbar nicht in zuvor genanntem *Catalogue* verzeichnet waren und folgenden Kategorisierungen unterliegen:

> »Nikolai Tcherepnine
> a **terminé et orchestré** l'opera [sic!] inachevée de Moussorgsky »La Foire de Sorotchinzi«
> a **fait un ballet** »Notturno« (pour Mme Ida Roubinstein) sur la musique de Borodine

---

68 Vgl. RISM-Sigel US CAh, Signatur bMS Thr 458 (41) Ballets and dances choreographed by M. Fokine: AMs (in Michel Fokine's hand), 1905–1941. 1 folder.

69 Wie zu Beginn des Kapitels erwähnt, hatte Fokin Taneev in seinen Memoiren auch schon übergangen. Die Gründe hierfür sind unklar, denn es steht fest, dass Taneevs Musik anstelle der Ouvertüre erklang.

70 Das handschriftliche Werkverzeichnis befindet sich im Original im Privatbesitz von Nikolaj Čerepnins Nachkommen. Sergej Čerepnin sei sehr herzlich für eine Kopie dieses Werkverzeichnisses gedankt.

- un ballet »Papillons«
sur la musique de Schoumann.
Il a aussi imaginé l'orchestration pour le Concerto Pathétique
en mi de F. Liszt
- et pour les Paraphrases sur un thème enfantin pour piano a 4
mains de Borodine, Cui Rimsky Korsakoff et Liszt
etc.«[71]

Hätte Čerepnin für das Ballett *Cléopâtre* ein neues Finale komponiert und das gesamte Stück reorchestriert (worauf einige Eintragungen in Grigor'evs Klavierauszug hinweisen), so wäre zu klären, warum er es dann nicht wie etwa im Fall von Musorgskijs Oper an dieser Stelle seines Werkverzeichnisses genannt hat. Sofern er kein neues Finale komponiert hatte und das Ballett mit dem *Tanz der persischen Sklavinnen* von Musorgskij endete, schienen ihm die Transpositionen und Kürzungen – vorausgesetzt, sie wurden von ihm und nicht einem anderen Mitarbeiter Djagilevs umgesetzt – möglicherweise nicht der Rede wert. Sein Enkel Sergej Čerepnin, der zur Möglichkeit einer Finale-Komposition für diese Untersuchung befragt wurde, hält eine Bearbeitung der Ballettmusik Arenskijs grundsätzlich für möglich, da Čerepnin auch andere Werke als Ballette bearbeitet hatte. Ein Finale für *Cléopâtre* aus der Feder seines Großvaters ist ihm jedoch nicht bekannt, und er hält die Existenz einer solchen Komposition für unwahrscheinlich, weil sie sonst von Nikolaj Čerepnin im Werkverzeichnis aufgeführt worden wäre. Manuskripte oder weitere Hinweise im Nachlass von Nikolaj Čerepnin, die auf eine Komposition des Finales hinweisen, sind bisher nicht entdeckt worden.[72] In einer Rezension Robert Brussels in der

---

71 Nikolaj Čerepnin, Handschriftliches Werkverzeichnis, Privatbesitz der Familie Čerepnin.

72 Abgesehen von den Unterlagen im Besitz der Familie Čerepnin befindet sich ein großer Teil von Nikolaj Čerepnins Nachlass in der Paul Sacher Stiftung in Basel, darunter auch einige Ballette und eine Mappe mit bisher nicht identifizierten Skizzen. Alle Un-

Zeitung *Le Figaro* werden nur die Komponisten genannt, die auch im Programmheft von 1909 (siehe Abb. 1) verzeichnet sind.[73] Auch im Programmheft der Saison 1910 ist Čerepnin nicht als Komponist aufgeführt, ebenso wenig in der frühen Publikation zu den Ballets Russes von Arthur Applin aus dem Jahr 1911.[74] In einem Souvenir-Programm der Metropolitan Opera, in der *Cléopâtre* von den Ballets Russes im Jahr 1916 aufgeführt wurde, steht sogar lediglich »Dances by M. Fokine. Music by Arensky-Glazunow«.[75]

Aus folgenden fünf Gründen kann davon ausgegangen werden, dass es kein neu komponiertes Finale von Čerepnin gegeben hat und das Ballett mit dem *Tanz der persischen Sklavinnen* endete:

1. Musorgskijs Musik, von Grigor'ev als »grand finale« bezeichnet, macht als Finale eines bis dahin ausgelasse-

---

terlagen, die eine Verbindung zu *Cléopâtre* haben könnten, sowie die Mappe mit unidentifizierten Skizzen wurden für diese Arbeit vor Ort eingesehen. Auch hier fand sich nichts, was für *Cléopâtre* hätte gedacht sein können. Es sei jedoch darauf verwiesen, dass weitere Dokumente weltweit in Archiven verstreut sein könnten. Lynn Garafola, die im Anhang ihres Buches *Diaghilev's Ballet Russes* (New York 1989) ein ausführliches Werkverzeichnis der Ballets Russes erstellt hat, nennt Čerepnin als einen der Komponisten. Auf Nachfrage für diese Arbeit gab sie als Quelle Sergej Grigor'evs Aufzeichnungen an – jene Aufzeichnungen, die u. a. auch für diese Arbeit verwendet wurden. Lynn Garafola sei für ihre Hilfsbereitschaft und die Hinweise auf Kontakte bei der Suche nach dem Aufführungsmaterial von *Cléopâtre* sowie auf den Verweis auf die Rezension von Robert Brussel herzlich gedankt.

73 Vgl. Robert Brussels, *La Saison Russe*, in: *Le Figaro*, 5. Juni 1909, S. 6.

74 Vgl. Arthur Applin, *The stories of the Russian ballet*, New York 1911. Arthur Applin nennt als Komponisten Arenskij, Taneev, Rimskij-Korsakov, Glinka, Glazunov und Musorgskij.

75 Morris Gest, *[Souvenir program] Serge de Diaghileff's Ballet russe*, New York 1916, RISM-Sigel US NYp, Signatur *MGZB-Res. 99–1116 no. 1.

nen Divertissements keinen Sinn. Musikalisch-drama-turgisch passt die Beschreibung vom Ende des Diver-tissements durch Fokin eher zu dem, was in Glazunovs *Bacchanal* zu hören ist. Der Charakter des *Tanz der per-sischen Sklavinnen* wäre sehr viel eher für die trauernde Ta-hor und somit für das Finale des Balletts insgesamt vorstellbar.

2. Im Programmheft ist Musorgskijs Musik als Finale be-zeichnet. Hätte es sich um ein Finale des Divertisse-ments gehandelt, also ein Finale vor dem eigentlichen Ende des Ballets, wäre die Bezeichnung für das Publi-kum sehr irreführend gewesen.

3. Nicht alle Einzeichnungen im Klavierauszug wurden offenbar so umgesetzt, wie dort vorgeschlagen. Einige Anmerkungen haben vorschlagenden oder alternativen Charakter oder wurden notiert, um innerhalb des Ko-mitees oder mit Kollegen diskutiert zu werden. Nicht umgesetzte Notizen wurden offenbar nicht ausradiert.

4. Indiz für ein neu komponiertes Finale ist der Vorschlag Djagilevs, dass durch Čerepnin eine Neukompositi-on vorgenommen werden solle. Wie am Klavieraus-zug abzulesen ist, wurde diese Möglichkeit tatsächlich diskutiert und gegen andere abgewogen. Auch Fokin nennt in seinem Werkverzeichnis Čerepnin als einen der Komponisten. Abgesehen davon, dass seine An-gabe zu den Komponisten nicht besonders genau ist – schließlich hatte er Taneev in der Aufzählung verges-sen –, hat er ihn möglicherweise deshalb genannt, weil Čerepnin wahrscheinlich die Reorchestrierung bzw. die Transpositionen und Einfügungen ins Notenmaterial vornahm.

5. Das entscheidende Indiz für die Existenz eines von Čerepnin neu komponierten Finales ist bisher unent-deckt, nämlich die Komposition von Čerepnin selbst.

Exkurs 2: Zur politischen und kulturellen Situation in Russland um 1900

Das Ballett *Eine Nacht in Ägypten* entstand vor einem politisch und kulturell an Umbrüchen reichen Hintergrund. Anton Arenskij zeigte sich von den Ereignissen seiner Zeit zwar eher wenig betroffen, die Ballets Russes und ihre Akteure, insbesondere Sergej Djagilev und Michail Fokin, reagierten in ihren Aktivitäten jedoch deutlich auf die politischen Ereignisse und die sie begleitenden künstlerischen Prozesse. So wird sich für Fokins Choreografie in Kapitel 4.1 beispielsweise die Revolution von 1905 als prägend herausstellen. Für Sergej Djagilev, sein *Mir-iskusstva*-Projekt und die künstlerische Ausrichtung der Ballets Russes sollten die damalige Auseinandersetzung mit westlicher Kunst und eigener Volkskunst sowie die Entstehung der Künstlerkolonien und der Privatopern fruchtbar werden. Da politische und kulturelle Entwicklungen miteinander verknüpft waren, sollen in diesem Abschnitt schwerpunktmäßig die musikkulturelle Szene und ihre ästhetische Orientierung als Konsequenz aus politischen Strömungen und Handlungen näher erläutert werden. Hierdurch wird nicht nur das Verständnis des späteren Kapitels 4.1 zu Michail Fokins »neuem Ballett« erleichtert, sondern auch die Einordnung der Einschübe von *Cléopâtre*, die im nachfolgenden Kapitel 2.4 analysiert werden. Fast alle dieser Einschübe entstanden in jenem Zeitraum, der nun skizziert werden soll.

Die kulturellen Zentren des Landes waren die Städte Sankt Petersburg und Moskau. Hier befanden sich nicht nur die großen, miteinander konkurrierenden kaiserlichen Theater, hier hatten auch die beiden Konservatorien ihren Sitz, die Anton und Nikolaj Rubinštejn in den Jahren 1862 bzw. 1866 gegründet hatten. Die unterschiedlichen Traditionslinien der beiden Ausbildungsstätten waren noch immer präsent, die ästhetischen Standpunkte der Professoren aber weniger polarisierend als noch zu Zeiten des »Mächtigen Häufleins«. Der folgende Überblick widmet sich den Jahren 1881 bis etwa 1905, also dem Zeitraum zwischen der Thronbesteigung Aleksandrs III. und dem damit verbundenen Beginn einer repressiven Politik gegenüber der Bevölkerung und der Konsequenz dessen, nämlich der Revolution des Jahres 1905 und ihrer unmittelbaren Folgezeit.

Aleksandr III. beendete durch seinen reaktionären Regierungsstil die liberale Politik seines Vorgängers und Vaters Aleksandr II. Jener hatte seine Regentschaft 1850 mit dem Vorsatz angetreten, Russland grundlegend zu reformieren. Die Zensur der Presse und die Kontrolle über Lehrstühle und Lehre an Universitäten waren damals aufgehoben worden, die fünfundzwanzigjährige Wehrpflicht wurde abgeschafft, die die Soldaten praktisch zu Leibeigenen der Armee machte, und die geheimen Regierungsgerichte waren durch öffentliche Schöffengerichte ersetzt worden. Die Situation der Juden in Russland hatte sich verbessert, und erstmals war der Begriff *glasnost* im Kontext einer gesellschaftspolitischen Bedeutung verwendet worden. Im Jahr 1851 hatte Aleksandr II., der »Befreierzar«, den Krimkrieg beendet und 1861 die Leibeigenschaft abgeschafft.

Wie die Zukunft Russlands aussehen könne und was die Konsequenzen der Abschaffung der Leibeigenschaft seien, darüber wurde in allen gesellschaftlichen Schichten kontrovers diskutiert. Besonders den Studenten waren das gesellschaftliche Establishment, dessen eigener Spross sie waren, und die Herrschaft des Zaren verhasst. Sie befürworteten allgemeine und freie Wahlen und forderten eine Verfassung. Viele von ihnen nutzten die neuen Freiheiten an den Universitäten unter Aleksandr II., um sich sozial- und kulturkritischen Organisationen anzuschließen, die teilweise auch vor Gewalt nicht zurückschreckten. Es bildeten sich politisierte Gruppen und radikale terroristische Vereinigungen – so unter anderem der *Volkswille*. Einem Anschlag dieser Terroristen fiel schließlich im Jahr 1881 der Zar zum Opfer. Sein Sohn, der neue Zar Aleksandr III., wurde nicht zuletzt durch diesen Mord an seinem Vater ein überzeugter Reaktionär. Er ließ Terroristen und Liberale gleichermaßen verfolgen und stieß die Reformen seines Vaters innerhalb kürzester Zeit wieder um.[76] Die Attentäterin wurde öffentlich vor großem Publikum gehenkt, Polizei und Geheimdienst erlangten erhebliche Machtbefugnisse und Russland wurde nach 1881 zu einem Polizeistaat. Arbeitsschutzgesetze für Frauen und Kinder wurden teilweise aufgehoben, Minderheitenrechte eingeschränkt und die baltischen Provinzen »russifiziert«. Langfristig schuf Aleksandr III. damit die Voraussetzungen für das Ende der Zarenherrschaft, da die Revolutionäre, die einer Verhaftung durch die Polizei entgehen konnten, sich im Untergrund oder als Emigranten sammelten und viele von ihnen der internationalen sozialistischen Bewegung anschlossen. Terrorismus und revolutionäre Kräfte konnten auch weiter gedeihen, nachdem Nikolaj II. als letzter Zar 1896 den Thron bestiegen hatte.

In dieser Zeit war Sergej Djagilev bereits in Sankt Petersburg, wo er eigentlich ab 1890 Jura studieren sollte, sich aber bald anstatt seinen Büchern eher dem kulturellen Leben der Stadt widmete. Sein Bemühen, Rimskij-Korsakovs Kompositionsschüler zu werden, scheiterte zwar, weil dieser ihm jegliche Begabung absprach. Dennoch spann Djagilev in diesen Jahren sein engmaschiges soziales Netz bei russischen Kulturschaffenden. Der um acht Jahre jüngere Michail Fokin wuchs gleichfalls im politischen Klima dieser Zeit auf und besuchte

---

76 Beispielsweise wurden die universitätsähnlichen Kurse für Frauen wieder aufgehoben, denn unter den Mitgliedern und führenden Köpfen der terroristischen Vereinigungen hatten sich auffällig viele Frauen befunden. Erst ab 1911 war ihnen ein Studium möglich. Dieses Verbot traf unter anderem auch Aleksandr Borodin, der einen Studiengang für Chemikerinnen und Ärztinnen eingerichtet hatte.

während der 1890er Jahre die kaiserliche Theaterschule Sankt Petersburg.

Die sozialen Unruhen entluden sich schließlich 1905 in der ersten russischen Revolution, die das gesamte Land für einige Monate in Chaos und Anarchie stürzte. Auslöser war der 9. Januar 1905, der »Blutsonntag«, gewesen, an dem sich ein Petitionszug – angeführt von einem Spitzel der Geheimpolizei – mit mehr als 100.000 Teilnehmern gebildet hatte, um gegen die Missstände im Land und insbesondere den blutigen und verlustreichen Krieg zu demonstrieren, den Russland seit 1904 gegen Japan führte. Die Berater des Zaren hatten sich durch einen schnellen Sieg gegen Japan nicht nur wirtschaftliche Vorteile, sondern auch eine gewisse innere Befriedung durch einen revolutionäre Strömungen eindämmenden Patriotismus versprochen. Stattdessen erlitt das Zarenreich in jenem Krieg eine verheerende Niederlage, Hunderttausende Soldaten waren gefallen und die gesamte russische Flotte versenkt.[77] Die Demonstranten an diesem 9. Januar gerieten sodann ohne Vorwarnung unter Beschuss, es gab über 100 Tote und ca. 1.000 Verletzte. In der Folge kam es 1905 im ganzen Land immer wieder zu sozialen Unruhen, Streiks, politisch, religiös und rassistisch motivierter Gewalt bis hin zu Pogromen.[78] Etwa 15 % der Adelssitze, gleichfalls wichtige Arbeitgeber zu dieser Zeit, wurden durch aufgebrachte Bauern verwüstet.[79] Erst nachdem durch Befriedung und Refor-

---

77 Eine Ausnahme bildete jedoch die berühmte Schwarzmeerflotte. Auf einem ihrer Schiffe, dem Panzerkreuzer Potemkin, meuterten im Frühjahr die Matrosen und erschossen ihre Offiziere.

78 Politische Morde und Terrorakte waren offenbar derart an der Tagesordnung, dass einige russische Zeitungen hierfür sogar eigene Spalten einrichteten. Vgl. Tom Reiss, *Der Orientalist. Auf den Spuren von Essad Bey*, Berlin 2008, S. 16.

79 Vgl. Ada Raev, *Russland 1889–1918. Eine Chronik*, in: Ralf Beil (Hrsg.), *Russland 1900. Kunst und Kultur im Reich des letzten Zaren*, Köln 2008, S. 73.

men, die der Premierminister des Zaren angestoßen hatte, die Ordnung wiederhergestellt werden konnte, erholte sich Russland wirtschaftlich und kulturell.

In Folge dieses »Blutsonntags« war es auch an den Universitäten zu Streiks gekommen. Sogar unter Professoren und Studenten des Sankt Petersburger Konservatoriums wurde um ein Aussetzen bzw. die Fortführung des Unterrichts heftig gerungen. Nikolaj Rimskij-Korsakov sprach sich für eine Bestreikung aus. Er protestierte, als Studenten von der Polizei auseinandergetrieben wurden und forderte den Direktor des Konservatoriums zum Rücktritt auf. Zur Folge hatte dies jedoch seine eigene Entlassung als Professor, woraufhin eine ganze Reihe von Lehrkräften in Sankt Petersburg und Moskau aus Protest von ihren Ämtern zurücktraten. Auch Glazunov, der zuvor noch eine Krönungskantate für den Zaren komponiert hatte, Anatolij Ljadov, Sergej Taneev, Feliks Blumenfel'd, Anna Esipova und Anton Arenskij verzichteten nun auf ihre Professuren. Als das Konservatorium in Sankt Petersburg schließlich wieder begrenzte Autonomie erhielt, weil die »Dissidenten« drohten, eine eigene Schule zu gründen, kehrten Glazunov als Direktor und Rimskij-Korsakov als Professor an die Einrichtung zurück. Die gesellschaftliche Spaltung war aber weiterhin in den Institutionen des Musiklebens, wie beispielsweise den kaiserlichen Theatern, zu spüren. Auch innerhalb des Balletts am Mariinskij-Theater erklärten sich einige Künstler zum Arbeitskampf bereit, darunter die späteren Protagonisten von *Cléopâtre*, Michail Fokin, Anna Pavlova oder Tamara Karsavina.[80]

Die politischen Umstände vor der Revolution von 1905 hatten einen künstlerischen Rückzug ins Private zur Folge, zu dem in den 1880er Jahren noch der Tod wichtiger Künstlerpersönlichkeiten wie von Modest Musorgskij, Aleksandr Bo-

---

80   Vgl. hierzu auch Kapitel 4.1.

rodin, Fëdor Dostoevskij, Ivan Turgenev und Aleksandr Ostrovskij hinzukam. Für künstlerisches Schaffen gab es neue finanzielle und institutionelle Unterstützung durch private Geldgeber. Beispielsweise gründete der Unternehmer Mitrofan Beljaev 1885 den Musikverlag Belaieff, allerdings im urheberrechtlich günstigeren Leipzig, und investierte erhebliche Teile seines bedeutenden Vermögens in die Förderung zeitgenössischer russischer Komponisten. Ebenso eröffnete der Moskauer Großindustrielle Savva Mamotov 1885 ein privates Opernhaus. In jenen Jahren trat auch eine junge Komponistengeneration an die Öffentlichkeit, die von den ästhetischen Positionen Čajkovskijs und des »Mächtigen Häufleins« zwar geprägt war, aber in ihrer Musik keine gesellschaftspolitischen Ambitionen mehr vertrat. Noch während der 1860er Jahre waren die Komponisten an einer fortschrittlichen Musik interessiert, deren Bedeutung über den musikimmanenten Rahmen hinausgehen sollte, deren Nährboden die neuere Literatur und Literaturtheorie, die Entdeckung der russischen Geschichte mit ihren aktuellen gesellschaftlichen Bezügen waren. Die folgende Generation, deren Wirken in den 1880er Jahren begann, hatte sich vom musikalischen Realismus wieder gelöst, auch wenn sie weiterhin (aber bei weitem nicht ausschließlich) die großen Gattungen wie Oper oder Sinfonie bediente. Dem Petersburger Kreis um Milij Balakirev nachfolgend, gruppierten sich in Sankt Petersburg die Komponisten Aleksandr Glazunov, Anatolij Ljadov, Georgij Djutš und die Brüder Feliks und Sigizmund Blumenfel'd um ihren ab ca. 1890 führenden Kopf Nikolaj Rimskij-Korsakov. Dieser brachte darüber hinaus seine eigenen Schüler in den Kreis mit ein. Bezeichnend ist, dass sich dieser Komponisten-Zirkel nicht nach seiner ideologischen Galionsfigur benannte, wie es beim Kreis um Balakirev der Fall gewesen war, sondern nach dem Förderer Mitrofan Beljaev. Der Mäzen unterstützte durch seinen Verlag insbesondere Glazunov, aber auch die gesamte Komponistenszene, etwa durch die »Beljaevschen Freitage« – zunächst wöchentliche Zusammenkünfte zur Kammermusik, aus denen 1891 die Russischen Quartett-Abende als öffentliche Konzerte hervorgingen. Diesem neuen Sankt Petersburger Kreis stand auch Vladimir Stasov nahe.

Wie zuvor angedeutet, waren die fortschrittlichen Bestrebungen des Beljaev-Kreises gemäßigter als die der vorherigen Generation, wo beispielsweise bereits ein Studium am Konservatorium mit Argwohn oder Verachtung bedacht worden war. Die Komponisten des neueren Zirkels, zum Teil selbst als Lehrende an den Konservatorien tätig, waren nicht nur an Orchester-, Klavier- und Chormusik sowie dem Sologesang mit Orchesterbegleitung interessiert. Entsprechend dem erwähnten Rückzug ins Private komponierten sie auch Kammermusik, Streichersoli, A-cappella-Musik und Gesangsensembles. Alle Komponisten waren Absolventen der Konservatorien und standen dem Dilettantismus der vorausgegangenen Generation äußerst kritisch gegenüber. Insbesondere bei Rimskij-Korsakov wird dieser Sinneswandel deutlich, der sich nachträglich theoretischen Studien unterzog und viele seiner sowie Musorgskijs Werke satztechnisch glättete. Der Beljaev-Kreis verwendete für Opern weiterhin literarische, folkloristische oder historische Sujets, jedoch ohne (mit Ausnahme Rimskij-Korsakovs) eine über das Kunstwerk hinausweisende Bedeutung – eine Entwicklung, die analog zur L'art-pour-l'art-Ästhetik Djagilevs gesehen werden kann, die er 1898 in der Zeitschrift *Mir iskusstva* vertrat. Der Beljaev-Kreis öffnete sich zudem in den 1890er Jahren zunehmend in Richtung der Moskauer Komponistenkollegen Sergej Taneev, Anton Arenskij, Aleksandr Skrjabin und des jungen Sergej Rachmaninov. Allerdings hatte es bereits zuvor einen Austausch mit Čajkovskij gegeben, gegenüber dessen Werken es lange Zeit Vorbehalte gegeben hatte.

Nikolaj Rimskij-Korsakov, die Leitfigur der Sankt Petersburger Komponisten, betrachtete sich selbst in seinem letzten Lebensjahrzehnt vor allem als Opernkomponist.[81] Vor der Zauber-Ballett-Oper *Mlada*, die 1889/90 entstand, hatte er nur drei Opern vollendet, nämlich *Das Mädchen von Pskow* (1. Fassung 1868–1872, 3. Fassung 1891/1892), *Die Mainacht* (1878/1879) und *Schneeflöckchen* (1. Fassung 1877, 2. Fassung 1881/1882). Erst danach schuf er den Großteil seines Œuvres für diese Gattung und komponierte ab 1894 im Jahresrhythmus ein neues Werk. Die Abkehr von der realistischen Opernschule, die bereits nach seiner ersten Oper zu erkennen ist, setzte er dabei immer weiter fort. Seine Vorliebe galt fantastisch-märchenhaften Stoffen oder Sujets aus russischen Mythen sowie der Nachbildung folklorehafter Melodik. Insofern sind der Einfluss von Vladimir Stasov und die spezifisch russische Operntradition, als deren Ausgangspunkt Michail Glinka gesehen wird, sehr deutlich erkennbar.[82] Beeinflusst hat Rimskij-Korsakov jedoch auch die insbesondere in russischen Fachkreisen zunehmende Wagner-Rezeption. Biswilen sah man in ihm sogar einen russischen Gegenpart zu Wagner, da er sich vom Wagner-Orchester inspiriert zeigte, immer wieder auf mythische Themen zurückgriff und die Idee entwickelte, die Opern *Mainacht*, *Schneeflöckchen* und *Mlada* aufgrund der mythischen Rituale und kultischen Handlungen zu einem Zyklus zusammenzufassen. Seine motivische Arbeit, z. B. in *Schneeflöckchen*, wurde von Kritikern immer wieder mit Wagners Leitmotivik in Verbindung gebracht, wogegen sich Rimskij-Korsakov jedoch verwehrte, weil er sie bei sich weniger in psychologisierender als vielmehr formbildender Funktion sah. Analogien zwischen Wagner und Rimskij-Korsakov wurden aber weiterhin von seinen Zeitgenossen hergestellt. Dies war auch bei *Mlada* der Fall, obwohl hier sehr unterschiedliche Konzepte verschmolzen wurden,

---

81 Da eine ganze Szene aus der Zauber-Ballett-Oper *Mlada* von Rimskij-Korsakov in das Ballett *Cléopâtre* eingefügt wurde, soll sein Opernschaffen hier ein wenig ausführlicher kommentiert werden.

82 Vgl. hierzu auch Kapitel 2.4.

nämlich die Fortführung der Glinka'schen Tradition einer Zauberopernästhetik im Sinne von *Ruslan und Ludmilla* mit der modischen Ballettfeerie, die vor allem von spektakulären Bühneneffekten lebte.

Den märchenhaften und von Mythen durchdrungenen Stoffen blieb Rimskij-Korsakov auch dann treu, als sich um 1905 eine Tendenz zur Komposition nach symbolistischen Gedichten und Sujets abzeichnete. In seinen späteren Werken ging er über reine Funktionsharmonik hinaus, so basiert *Kaščj der Unsterbliche* (1901/1902, Überarbeitung des Schlusses 1906) weitgehend auf übermäßigen Dreiklängen, verminderten Septakkorden, tonartlich nicht gebundenen Sequenzen und chromatischen Figuren.

Die Ära der Nationaloper, wie sie mit Glinka begonnen hatte, ging mit Rimskij-Korsakov zu Ende. Seine Altersgenossen Cezar' Kjui, Eduard Napravnik und Anton Rubinštejn komponierten zwar Opern, Kjui hatte sich aber bewusst von Stasovs ästhetischen Ideen und russischen Themen abgewandt. Die Werke Rubinštejns und Napravniks waren große Publikumserfolge (insbesondere Rubinštejns *Dämon*), hinterließen aber keine sichtbaren Spuren in der Entwicklung der Operngeschichte. Die in der zweiten Hälfte des 19. Jahrhunderts Geborenen verstanden sich nicht als Opernkomponisten und schenkten der Gattung entsprechend weniger Aufmerksamkeit. Sergej Taneev komponierte für die Opernbühne nur das Werk *Orestie*, das sich unbeeinflusst von Rimskij-Korsakovs Opernkonzeption und auch weitgehend unbeeinflusst von Čajkovskijs lyrischen Dramen zeigte. Er ordnete die Struktur des Werks strengen kompositorischen Parametern wie Modulationsplänen und musikalischen Motiven unter und orientierte sich in Ensembleszenen eher an Mozart. Zusätzlich zu Čajkovskijs und Rimskij-Korsakovs Werken war seine Oper ein stilistisch rückwärtsgewandtes, drittes Modell auf der Suche nach prägnanten musikalischen Formverläufen, wie sie sich in Frankreich für die Grand Opéra bereits herausgebildet hatten. Weitere bekannte Vertreter der Generation nach Rimskij-Korsakov waren Aleksandr Glazunov oder Anatolij Ljadov, die jeweils keine Opern schrieben oder vollendeten. Nur sporadisch beschäftigten sich die Schüler Rimskij-Korsakovs, Čajkovskijs und später auch Taneevs mit der Gattung, wie Michail Ippolitov-Ivanov und Anton Arenskij. Čajkovskij und Rimskij-Korsakov hielten beide Arenskij für einen außerordentlich begabten Komponisten. Rimskij-Korsakov ließ jedoch zu Arenskijs Oper *Traum an der Wolga* – die Čajkovskij stellenweise für ganz ausgezeichnet hielt – und zu dessen Opern allgemein verlauten: »So schreibt man heute nicht mehr; aus dem Werk weht etwas Unwiederbringliches herüber.«[83]

Der erfolgreichste russische Komponist wurde in den 1880er Jahren jedoch Pëtr Čajkovskij. Regelmäßig trat er auch im Ausland als Dirigent seiner eigenen Werke auf, seine Opern wurden zudem alle am Mariinskij-Theater uraufgeführt.[84] Meist waren sie von großem Erfolg gekrönt, etwa erlebte *Eugen Onegin* nach der Aufnahme ins Repertoire allein in der Saison 1884/1885 22 Vorstellungen. Mit diesem Werk hatte sich der Komponist nicht nur von den großen europäischen Ausstattungsopern mit ihren Massenszenen, sondern auch von Wagner und den russischen Erfolgsopern Napravniks und Rubinštejns abgesetzt. Der nationalrussischen Schule begegnete er mit seinen lyrischen Dramen, in deren Zentrum das Schicksal einer Einzelperson stand, und einer Gefühlsästhetik, die ihn auch von Taneev abgrenzte. Als einziger bedeu-

---

83   Zitiert nach Dorothea Redepenning, *Geschichte der russischen und der sowjetischen Musik. Band 1: Das 19. Jahrhundert*, Laaber 1994, S. 384.

84   Eine eingehende Besprechung der Aneignung und Umwandlung der Grand Opéra in Russland liefert Lucinde Braun, *Studien zur russischen Oper im späten 19. Jahrhundert*, Mainz (u. a.) 1999.

tender Komponist Russlands im 19. Jahrhundert hatte er sich vor Glazunov mit der Gattung Ballett beschäftigt und diese in Zusammenarbeit mit Ivan Vsevoložskij in außerordentlichem Maße bereichert und formal gestärkt.[85] Als Zeichen offizieller Anerkennung erhielt Čajkovskij neben den anteiligen Einnahmen aus seinen Opernvorstellungen zudem eine besondere Förderung durch eine jährliche Pension aus der Kasse des Zaren.

Auf dem Gebiet der Instrumentalmusik waren neben Čajkovskij seine jüngeren Kollegen Aleksandr Glazunov in Petersburg und Sergej Taneev in Moskau die führenden Komponistenpersönlichkeiten. Beide waren an den jeweiligen Konservatorien zunächst Professor und schließlich Direktor geworden, und beide verband eine lebenslange Freundschaft zu ihren Lehrern Rimskij-Korsakov bzw. Peter Čajkovskij. Glazunov verwendete wie Rimskij-Korsakov russische Folklore, Orientalismen, nicht kadenzgebundene harmonische Fortschreitungen, ließ sich aber ebenso von Čajkovskijs Lyrik oder Taneevs Kontrapunkt beeinflussen. Indem er als erster Komponist aus der Sankt Petersburger Tradition auch Sinfonien und Kammermusik komponierte, verband er sich ehemals ausschließende Positionen. Für Taneev war die Suche nach einer nationalrussischen Schule wie für die meisten anderen Komponisten seiner Zeit ebenso aktuell, allerdings verfolgte er den Ansatz, diese über den Choral und die Fuge in Verschmelzung mit dem Volkslied zu entwickeln.

Eine neue künstlerische Leitfigur, wie Stasov sie vormals gewesen war, gab es hingegen nicht. Die thematischen und stilistischen Ansätze begannen ab 1900 mehr und mehr zu divergieren. Mit Ratlosigkeit standen etwa Rimskij-Korsakov, Glazunov oder Taneev der neuen Ästhetik jüngerer Kollegen, z. B. jener von Aleksandr Skjrabin, Igor' Stravinskij oder

---

85   Siehe Exkurs 1.

westeuropäischen Kollegen wie Claude Debussy oder Richard Strauss gegenüber. Die zwischen 1870 und 1890 geborenen russischen Komponisten, deren Hauptschaffenszeit auf die ersten beiden Jahrzehnte des 20. Jahrhunderts, das »Silberne Zeitalter« fällt, waren stark vom russischen Symbolismus beeinflusst. Ähnlich den westeuropäischen Symbolisten suchten die Künstler jener Zeit der Realität zu entfliehen, indem sie sich in eine mythisch-arkadische Idylle oder eine utopische Welt träumten, in der Kunst und Religion ineinander aufgingen.[86] Im Gegensatz zu den Realisten waren die Künstler des Silbernen Zeitalters jedoch daran interessiert, ihr subjektives Innerstes über das Kunstwerk nach außen zu spiegeln – bisweilen in der Bildenden Kunst im wahrsten Sinne des Wortes, denn der Spiegel wurde im Selbstporträt wichtiges Gestaltungsmittel. Themen wie Synästhesie, Zusammenhänge zwischen Sinneswahrnehmungen und deren Übertragung auf die Künste wurden in den Kunst- und Literaturzeitschriften diskutiert, zu denen natürlich auch Djagilevs *Mir iskusstva* gehörte. Anti-realistischer Ästhetizismus, alles Artifizielle, Kostbare und Morbide war in der russischen Décadence ebenso beliebt wie bei den französischen Symbolisten. Ein wichtiger Unterschied bestand jedoch darin, dass die symbolistische Weltanschauung in Russland noch immer die Suche nach nationalen Charakteristika einschloss, wie sich an den Arbeiten der Künstler ablesen lässt, die in den Künstlerkolonien Abramcevo und Talaškino lebten und arbeiteten. Bekanntestes Beispiel für diesen Zusammenhang von L'art-pour-l'art-Ästhetik und russischen Motiven sind natürlich die Ballets Russes selbst, z. B. in *L'oiseau de feu*, *Le Sacre du printemps* oder *Les Noces*, aber auch bei Djagilevs Neuauflage von *Dornröschen*, um nur die bekanntesten

---

86   Vgl. John E. Bowlt, *Himmelblaue Höhen, saphirne Tiefen: Philosophische Konzepte des Silbernen Zeitalters in Russland*, in: ders., *Moskau & St. Petersburg. Kunst, Leben und Kultur in Russland 1900–1920*, Wien 2008, S. 67–98.

Werke zu nennen. Ähnlich wie im musikalischen Impressionismus wurden von den Komponisten dieser Zeit besondere Instrumentation, erweiterte Harmonik mit Ajoutierungsakkorden aller Art, Ganztönigkeit und Pentatonik genutzt, um herkömmliche Funktionsharmonik zu relativieren. Es entwickelte sich ein Ästhetizismus, der aus einem neuen Blickwinkel Gefallen an der Zauberwelt des russischen Märchens und der mythischen Erzählungen fand.

Der Schule Rimskij-Korsakovs und der Tradition Čajkovskijs verpflichtet, auch wenn sie mit gelegentlichen symbolistischen Kompositionen auf den Geist der Zeit reagierten, blieben Sergej Vasilenko, Rejngol'd Glièr, Nikolaj Čerepnin, Maksimilian Štejnberg, Aleksandr Grečaninov und Nikolaj Metner.[87] Formal bewegten sie sich weiterhin in den bisherigen Gattungen, wobei ihr Schwerpunkt auf der Kammermusik lag. Ballette wurden beispielsweise meist nur dann komponiert, wenn Djagilev den Auftrag gegeben hatte, wie es bei Čerepnin oder Štejnberg der Fall war. Sergej Rachmaninov näherte sich kaum dem Symbolismus an und komponierte auch nicht für die Ballets Russes, da Sergej Djagilev seine Kompositionen nicht mochte. Zu einer Zusammenarbeit mit Djagilev kam es daher lediglich bei seinem Auftritt als Pianist im Rahmen der Konzerte in Paris im Jahr 1907. Diese jüngeren Komponisten waren auf den kaiserlichen Bühnen in Sankt Petersburg und Moskau kaum vertreten, weil es sich jene Institutionen zur Aufgabe gemacht hatten, das als klassisch geltende russische Repertoire der zweiten Hälfte des 19. Jahrhunderts zu pflegen und zusätzlich westeuropäische Werke zu spielen.

Mit der Thronbesteigung Aleksandrs III. im Jahr 1881 hatte Ivan Vsevoložskij die Leitung der zaristischen Theater übernommen. Er verfolgte das Ziel, repräsentative russische Na-

---

87 Vgl. Dorothea Redepenning, *Geschichte der russischen und sowjetischen Musik. Band 2: Das 20. Jahrhundert*, Laaber 2008, S. 57.

tionalopern aufzuführen. Daher wurden Reformen an den Theatern eingeleitet, ein Fragenkatalog zur künstlerischen Ausrichtung und Verbesserung struktureller Aspekte für die kaiserlichen Bühnen erarbeitet, und das russische Ensemble zog in das traditionsreichere Bol'šoj-Theater um. Der Repräsentationswille bezog sich auch auf den baulichen Zustand der Häuser, zumal 1875 in Paris das Palais Garnier und in Bayreuth Richard Wagners Festspielhaus errichtet worden waren. Allerdings wurde der Plan eines Neubaus für das Bol'šoj-Theater in Sankt Petersburg wieder fallengelassen. Ziel aller Bemühungen war es, mit den nationalen Opern in Wien, Paris und Mailand gleichzuziehen. Das ausländische Repertoire hatte in Russland insofern eine Vorbildfunktion, da die Inszenierungen nicht erst entwickelt, sondern exemplarisch von den Uraufführungsbühnen nach Moskau und Sankt Petersburg übernommen wurden. Vsevoložskij schaffte daher in Paris Dekorationen für *Robert le Diable, Les Huguenots, Le Prophète, La Juive* und *L'Etoile du Nord* an und gab dort neue Bühnenbilder für *Carmen, Don Giovanni* und *Lallah Rook* in Auftrag. Auch russische Werke wurden komplett oder Akt für Akt neu ausgestattet. Bei einer Dienstreise nach Paris im Jahr 1890 konnte sich der Direktor schließlich davon überzeugen, dass die Bühnen des Zaren dem französischen Vorbild um nichts mehr nachstanden. Bis Mitte der 1890er Jahre war es daher an den zaristischen Theatern zu einer enormen Prachtentfaltung gekommen, das hohe Niveau der Dekorationen am Mariinskij-Theater galt als selbstverständlich, und fast alle Werke wurden mit einem hohen Aufwand an Personen inszeniert (z. B. *Fürst Igor* mit 180 Personen im Prolog, knapp 200 Teilnehmern im dritten und über 224 Beteiligten im zweiten Akt; das Eröffnungsbild von *Pique Dame* zeigte neben den 7 Solisten nicht weniger als 157 Spaziergänger, der Ball knapp 300 Personen).[88] Die russische Oper war wieder

---

88   Vgl., Braun, *Studien zur russischen Oper im späten 19. Jahrhundert*, S. 108f.

vollständig in das Hofleben integriert. Da die Mittel für eine repräsentative Baupolitik fehlten, manifestierte sich das absolutistische System des Zaren umso mehr in den Opern und Balletten.

Die Förderung der russischen Oper war allerdings nicht gleichbedeutend mit der Förderung der Werke der »Russischen Fünf«. Während des Aufstiegs Čajkovskijs in den 1880er Jahren trat Rimskij-Korsakov an den kaiserlichen Bühnen in den Hintergrund, seine Oper *Das Mädchen von Pskow* war sogar mit einem Aufführungsverbot belegt worden. Musorgskijs *Boris Godunow* verschwand wieder vom Spielplan und dessen von Rimskij-Korsakov vollendete Oper *Chovanščina* wurde abgelehnt. Rimskij-Korsakovs Opern erreichten zwar keine schlechten Aufführungszahlen, standen aber noch weit hinter dem Erfolg von *Eugen Onegin* zurück. Dass seine Musik weniger Unterstützung durch den Zaren fand, zeigte sich auch daran, dass der Regent weder Proben noch Vorstellungen von *Mlada* besuchte, aber Vorstellungen von Mascagnis und besonders Čajkovskijs Werken beiwohnte. Erst nach Čajkovskijs Tod kam man zwangsläufig wieder auf ihn zu, auch wenn der nun regierende Nikolaj II. seine Musik nicht sonderlich schätzte.

Ein wichtiges Ereignis der Saison war aber neben der Uraufführung einer russischen Oper das jährlich neu und prächtig inszenierte Ballett. Bevor ab den 1890er Jahren auf die russischen Opernbühnen internationale Stars eingeladen werden konnten, war dies in dieser Sparte bereits früher möglich. Auf Drängen des Zaren wurde etwa in der Saison 1885/1886 Virginia Zucchi als Primaballerina eingestellt. Nachdem sich 1886 Ludwig Minkus vom Posten des Ballettkomponisten zurückgezogen hatte und diese Stelle abgeschafft worden war, musste sich Vsevoložskij auch mit weniger bedeutenden Komponisten zufriedengeben. Außer Čajkovskij hatten alle anderen Komponisten Vorbehalte gegenüber der Gattung und den

Kompositionsbedingungen.[89] Erst nach Čajkovskijs Tod ergab sich eine Zusammenarbeit der Hofbühnen mit Aleksandr Glazunov. An den großen Bühnen hatte sich zu jener Zeit die Ballettfeerie durchgesetzt, die ihre Wirkung durch Dekorationen, Bühnentechnik und prächtige Kostüme entfaltete.

Private Bühnen entstanden erst nach und nach, besonders in den 1890er Jahren. Sie verstanden sich als Gegenentwurf zu den Kaiserlichen Theatern, waren aus finanziellen Gründen aber meist kurzlebig. Von besonderer Bedeutung war die Privatoper des reichen Eisenbahn-Industriellen Savva Mamontov, die erstmals 1885 ins Leben gerufen wurde und zunächst nur zwei Spielzeiten bestand, aber ab 1896 noch einmal bis 1904 existierte. Der Spielplan war international, legte aber einen Schwerpunkt auf russische Werke. Für die Ausstattung wurden erstklassige und aktuelle Maler wie Korovin oder Vrubel' gewonnen. Der junge Fëdor Šaljapin begann hier seine Karriere, und Mamontov hatte zudem den jungen Rachmaninov sowie zwischen 1899 und 1906 auch Michail Ippolitov-Ivanov als Dirigenten gewinnen können. Dass Rimskij-Korsakovs Oper *Sadko* vom Mariinskij-Theater abgelehnt wurde, kam dieser Privatoper zugute. Denn der Komponist überließ Mamontov die Inszenierung, auch wenn sich seine Befürchtung, Einstudierung und Probenarbeit würden hinter Dekorationen und Kostümen zurückbleiben, zunächst bestätigten. Seine folgenden vier Werke vertraute er aber trotzdem wieder Mamontovs Ensemble an und äußerte sich zufrieden, als er die Probenarbeit schließlich selbst leiten konnte.

Auch wenn sich Mamontovs Oper und die übrigen privaten Unternehmen nicht mit der Massenregie und musikalischen Qualität von Vsevoložskijs Theatern messen konnten, führten sie doch zu einer größeren Heterogenität im Bereich

---

89 Vgl. Exkurs 1.

der Opernbühne. Jungen Künstlern boten die Privatopern ein Sprungbrett an die öffentlichen Häuser. Die etablierten Bühnen konnten wiederum künstlerische Ideen und Weiterentwicklungen übernehmen, wenn sie sich an den privaten Häusern als tragfähig erwiesen hatten. Unter Vladimir Teljakovskij, der ab 1901 Direktor der kaiserlichen Theater war, gestaltete sich der Spielplan mit einer Mischung aus »klassisch« russischem Repertoire und europäischen Werken zwar kaum anders als in den Jahren zuvor. Er verpflichtete jedoch bedeutende Künstler an die Theater, wie die Dirigenten Nikolaj Mal'ko und Albert Coates in Sankt Petersburg sowie Sergej Rachmaninov, Emil Cooper und Vjačeslav Suk nach Moskau, Ballettmeister wie Aleksandr Gorskij und Michail Fokin, den Regisseur Vsevolod Mejerchol'd oder Bühnenbildner wie Aleksandr Golovin und Konstantin Korovin, die gleichzeitig an konkurrierenden Theatern arbeiteten. Jede Neuerung der großen Häuser musste jedoch einer Rechtfertigung gegenüber der Kirche und dem Hof standhalten. Das Traditionsbewusstsein der Häuser spiegelt sich nicht zuletzt in der Herausgabe von Jahrbüchern und der Dokumentation der jeweiligen Spielzeiten wider.

Im Konzertleben war die 1873 gegründete Russische Musikgesellschaft weiterhin maßgeblich. Zusätzlich zur Veranstaltung von Konzerten mit etabliertem russischen und westeuropäischen symphonischen Repertoire sowie westeuropäischen Interpreten war sie auch für Musikschulen und Konservatorien, in denen die nationalen und internationalen Solisten zumeist zu hören waren, verantwortlich. Neben den Universitätskonzerten und den Veranstaltungen der Musikalischen Freischule gingen aus der Initiative des Musikverlegers Mitrofan Beljaev im Jahr 1885 die *Russischen Symphoniekonzerte* hervor, die ausschließlich russische Programme boten und gegenüber allen russischen Komponisten aufgeschlossen war. Beljaev verstand sie als ein Forum für junge, noch unbekannte Komponisten. Eben solche russischen Konzerte veranstaltete der Mäzen auch auf der Weltausstellung in Paris 1889, bei der er mit seinem Verlag vertreten war.[90]

Konzertunternehmungen mit speziellerer Einschränkung des Repertoires waren die 1907 vom Konservatoriumsdirektor und Komponisten Sergej Vasilenko begonnenen *Historischen Konzerte* oder die 1905 gegründete *Moskauer Symphonische Kapelle*, ein Chor weitgehend aus Laien, der sich auf Guillaume Dufay, Johannes Ockeghem, Orlando di Lasso, Josquin des Prez und Pierluigi da Palestrina sowie westeuropäische Werke des 18. und 19. Jahrhunderts spezialisiert hatte. Interesse für die westeuropäische Musik zeigte auch die Rezeption der Publikationen zu Johann Sebastian Bach um die Jahrhundertwende, die Nachfrage nach Übersetzungen wissenschaftlicher Texte und die Gastspiele der Cembalistin Wanda Landowska ab 1907. Viele Adlige, Kaufleute, Musiker oder Komponisten gaben musikalische Soiréen, die auch für die experimentelle Musik bedeutsam waren.[91]

Zwischen 1901 und 1911 fanden die von den *Mir-iskusstva*-Mitgliedern Val'ter Nuvel' und Alfred Nurok initiierten *Abende der zeitgenössischen Musik* in Sankt Petersburg statt, an denen neue Musik aus Russland und Westeuropa zu hören war. Sie wurden vier- bis fünfmal in der Saison veranstaltet und existierten ab 1909 auch in Moskau. Von der Tradition realistischer Komposition und funktionaler Dur-Moll-Harmonik hatte man sich hier verabschiedet und fühlte sich ästhetisch dem Symbolismus und *Mir-iskusstva*-Kreis verbunden. Die von Aleksandr Ziloti ab 1912 ins Leben gerufenen Konzerte waren demgegenüber durch eine entsprechende Preispolitik eher sozial motiviert. Ein ähnliches Ziel verfolgten auch die Volkskonservatorien in Moskau (ab 1906) und Sankt Petersburg (1908), an denen Dozenten, unter ihnen auch renom-

---

90   Vgl. Kapitel 5.1.

91   Vgl. Bowlt, *Himmelblaue Höhen, saphirne Tiefen*, S. 84.

mierte Musikpädagogen und Künstler, unentgeltlich Unterricht erteilten. Der zunehmende Vormarsch der russischen und europäischen Kunstmusik in die Provinz durch Gastspiele und Konservatoriumsgründungen fand in den Städten eine Gegenbewegung durch ein steigendes Interesse für die Folklore russischer sowie an Russland angeschlossener Regionen.[92] Zu dem bereits erwähnten neuen Blick auf die Märchen und Bylinen kam eine Reihe von Folklore-Ensembles hinzu, die sich in den Städten um die Jahrhundertwende gründeten. Die um diese Zeit wachsende Musikindustrie produzierte nicht nur Zylinder und 78-rpm-Schallplatten mit Aufnahmen von Enrico Caruso, Camille Saint-Saëns oder Fëdor Šaljapin, sondern entsprechend auch von Blaskapellen, »Zigeunermusik« oder Volksliedern.[93]

Wie zuvor erläutert, wurden symbolistische Tendenzen und die Suche nach einer nationalen Prägung durch die Künstlergruppe *Mir iskusstva* offenbar, die als einflussreichste unter mehreren russischen Gruppen herausragte und die gleichnamige von Sergej Djagilev gegründete Zeitschrift herausbrachte. Diese sollte ab dem 1. Januar 1898 im zweiwöchigen Rhythmus erscheinen und Aufsätze über Kunst und Literatur, Rezensionen von Ausstellungen und Kunstbüchern sowie Konzertkritiken enthalten. Im Jahr 1904 wurde sie aber u. a. aufgrund versiegender Geldquellen eingestellt. So interdisziplinär, wie sich die Künstlergruppe zusammensetzte, sollten gleichfalls die Inhalte der Zeitschrift *Mir iskusstva* sein, zugleich aber auch eine Chronik der Kunstereignisse Russlands und der westlichen Welt liefern. Besondere Aufmerksamkeit schenkte sie den Künstlern Konstantin Korovin, Sergej Maljutin, Nikolaj Rërich, Victor Vasnecov und Michail Vrubel', es wurden aber beispielsweise auch Charles Rennie

---

92 Wie in Kapitel 4.1 beschrieben, spielte die Beschäftigung mit Folklore auch für den Choreografen Michail Fokin eine wichtige Rolle.

93 Vgl. Bowlt, *Himmelblaue Höhen, saphirne Tiefen*, S. 84.

Mackintosh und die Art-Nouveau-Bewegung oder symbolistische Dichtung thematisiert. Der Zeitschrift war es zudem ein Anliegen, auch an längst vergangene Kulturen und ihre Stile zu erinnern, die die neue künstlerische Sprache bereichern könnten. Ein Schwerpunkt dieser verschiedenen Epochen lag für *Mir iskusstva* auf dem 18. Jahrhundert, also der Zeit Peters des Großen. Insbesondere für diese Epoche war Aleksandr Benua Spezialist. Er sollte später durch Bühnenbilder und Ausstattung für die Ballets Russes international bekannt werden. Leon Bakst interessierte sich hingegen für antike oder orientalische Sujets. Zugleich galt das Interesse einer formalen Perfektion, die sich in der kunstgewerblichen Produktion, in Stickereien und Buchgestaltung, bei Porzellan, Glas und Einrichtungsgegenständen niederschlug. Wieder sind Abramcevo und Talaškino als Wirkungsstätten zu nennen, wobei die Situation der Herstellung eng mit der Idee der englischen Arts-and-Crafts-Bewegung verbunden war, die ähnlich interdisziplinär angelegt war.

Djagilev wollte aber auch in Ausstellungen das Potenzial der jungen russischen Künstlergeneration demonstrieren und das Bewusstsein für das Erbe des frühen 19., des 18., 17. Jahrhunderts und des Mittelalters wecken. Ein wichtiger künstlerischer Einfluss ging auch hier wieder vom Eisenbahnmagnaten Savva Mamontov aus, der – ähnlich wie später Djagilev bei den Ballets Russes – durch seine Privatoper versuchte, möglichst viele künstlerische Formen miteinander zu verbinden und in ein großes gemeinsames Kunstwerk zu kanalisieren.[94] Mamontov hatte u. a. in Mailand Gesang studiert, verfasste selbst Theaterstücke und verwendete seine persönliche und finanzielle Energie für die Künstlerkolonie Abramce-

---

[94] Vgl. Richard Taruskin, *Stravinsky and the Russian Traditions. A Biography of the Works Through Mavra*, Oxford 1996, Band 1, S. 487. An dieser Stelle sei noch einmal kurz daran erinnert, dass in Russland zu dieser Zeit die Gesamtkunstwerke Richard Wagners immer stärker rezipiert wurden.

vo bei Moskau, nachdem sein erstes Opernunternehmen zunächst gescheitert war. Die künstlerische Suche nach einem als authentisch empfundenen, archaischen Russland vorpetrinischer Zeit schlug sich dort zunächst in der Architektur und im Interesse am Kunsthandwerk nieder, wurde dann aber auch in der Kunst motivisch fortgesetzt.

Eine ähnliche Kolonie hatte Prinzessin Maria Teniševa in Talaškino ins Leben gerufen, wo die Ästhetisierung der volkstümlichen Motive noch weiter vorangetrieben wurde. Die Künstler Vrubel', Golovin, Korovin, Rërich, Benua und Bakst, die auch an Djagilevs Unternehmungen beteiligt waren, öffneten sich dort mehr dem westlichen Trend zum Jugendstil. Aus diesem Spannungsverhältnis aus »nationalisation«[95] im Sinne einer Suche nach Ursprünglichkeit und »denationalisation« durch die L'art-pour-l'art-Ästhetik entwickelte sich ein neues Verständnis nationaler Kunst, das Mamontov in sein zweites Opernunternehmen übertrug, in dem dann die bereits erwähnten Rimskij-Korsakov-Opern aufgeführt wurden. Die Analogien zwischen Rimskij-Korsakov und seinen jüngeren Kollegen, die auch folkloristisches Material in ihre Werke aufnahmen, diese aber nicht im Sinne einer Stasov'schen Ideologie interpretiert haben wollten, ist genauso offenbar wie der Überdruss der symbolistischen Literaten, die der dekadenten Gegenwart mit Begeisterung für Mythisches und Archaisches begegneten. Auch die archäologischen Forschungen dieser Zeit, insbesondere auf dem Gebiet der Skythen, die Ballette zu russisch-folkloristischen Themen der Ballets Russes und die Kompositionen Stravinskijs für Djagilev fügen sich in dieses Bild ein.

---

95   Richard Taruskin nennt die beiden Begriffe »nationalisation« und »denationalisation« gemeinsam mit »synthesis«, dem Gesamtkunstwerk-Charakter aus Mamontovs Opernunternehmen, eine der wichtigen Voraussetzungen für Mir istkusstva und Djagilevs »ballet enterprise«. Richard Taruskin, *Stravinskij and the Russian Traditions*, Band 1, S. 487 f.

Auch der Direktor der kaiserlichen Bühnen, Sergej Volkonskij, war an zwei Nummern der *Mir iskusstva* beteiligt und riskierte das Missfallen seiner Mitarbeiter, als er Djagilev im Jahr 1899 als Beamten für besondere Angelegenheiten in die Theaterleitung einstellte. Das Jahrbuch der kaiserlichen Bühnen, für dessen Herausgabe Djagilev in dieser Zeit zuständig war, machte er so zum Sprachrohr seiner Ästhetik. Dies war ihm jedoch nur für kurze Zeit möglich. Aufgrund von Streitigkeiten über Zuständigkeiten bei der Produktion des Balletts *Sylvia* wurde er 1901 entlassen. Die außergewöhnliche Härte, mit der Djagilev seines Postens enthoben worden war, machten nicht nur dessen Pläne zunichte, selbst Direktor der zaristischen Theater zu werden. Überhaupt war eine höhere Laufbahn in Russland für ihn dadurch unmöglich geworden. Nachdem er von einer regelrechten Flucht ins Ausland wieder nach Sankt Petersburg zurückgekehrt war, veranstaltete er 1905 im Taurischen Palais eine Ausstellung historischer russischer Porträts, die er in mühevoller Arbeit von zahlreichen Landgütern zusammengetragen hatte. Ein Jahr später präsentierte er russische Kunst beim Pariser Herbstsalon. Hier reifte dann der Entschluss, in Paris auch russische Musik und Opern aufzuführen, denen im Jahr 1909 die Ballette folgten.

Das kulturelle Leben in Sankt Petersburg und Moskau war trotz der schwierigen politischen Situation sehr vielfältig. Eben jene repressive Einstellung des Zaren mag aber die vielen unterschiedlichen musikalischen wie künstlerischen Aktivitäten unterstützt haben, denn es entwickelten sich mehrere zum Teil außerordentlich ambitionierte private Initiativen. Meist handelte es sich dabei, wie bei Pavel Tret'jakov, Savva Mamontov oder Maria Teniševa, um wohlhabende Industrielle oder Angehörige des Adels, die Kunst finanziell und institutionell förderten. Künstlerisch spielte die Auseinandersetzung mit eigenen kulturellen Wurzeln, z. B. in der Verarbeitung folkloristischer Motive, genauso eine Rolle wie die

westeuropäische Kunst und Musik. Wichtiger Akteur besonders gegen Ende des betrachteten Zeitraums wurde Sergej
Djagilev, der sowohl mit den öffentlichen Institutionen und
deren Vertretern sowie den privaten Initiativen bestens vertraut und vernetzt war. Djagilev selbst hatte die Kunstzeit-
schrift *Mir iskusstva* mit seinem künstlerischen Zirkel herausgegeben, dessen Hauptakteure wiederum mit den erwähnten
Künstlerkolonien zu tun hatten, später zum Teil bei den Ballets Russes beteiligt waren und für die Entstehung von *Cléopâtre* eine wichtige Rolle spielten. Das Konzept der Ballets
Russes, Tanz und Musik mit einer besonderen Ausstattung
zu einem Gesamtkunstwerk zu verbinden, hatte vor Djagilev
bereits Savva Mamontov zu realisieren versucht. Auch an den
zaristischen Bühnen war es um die Jahrhundertwende keine Seltenheit, aktuelle Maler als Bühnenbildner zu verpflich-
ten. Bei den Komponisten, die Djagilev in Arenskijs Partitur
einfügte, handelte es sich in Bezug auf Michail Glinka, Modest Musorgskij und Nikolaj Rimskij-Korsakov um Namen,
die fester Bestandteil des russischen Konzert- und Opernre-
pertoires waren – mit Ausnahme von Čajkovskij.[96] Mit Musik
von Sergej Taneev und Aleksandr Glazunov waren zwar auch
zwei zeitgenössische Komponisten vertreten, wenn nicht sogar die Etabliertesten ihrer Zeit, nachdem Rimskij-Korsakov
und Čajkovskij gestorben waren. Ihre Ästhetik galt aber 1908,
als *Eine Nacht in Ägypten* zu *Cléopâtre* umgewandelt wurde,
längst als von jüngeren Komponisten überholt. Im Vergleich
zu den späteren avantgardistischen Werken der Ballets Russes gibt sich *Cléopâtre* in der musikalischen Auswahl also vergleichsweise konservativ. Das Anliegen Djagilevs und seiner
künstlerischen Mitarbeiter war offensichtlich viel eher, Arenskijs Partitur durch Musik zu ergänzen, mit der dem französischen Publikum ein Katalog russischer Komponisten ersten
Ranges aufgeblättert werden konnte.

---

96   Die Gründe, warum Djagilev ihn zunächst aussparte, wurden in
     Kapitel 2.1 bereits angesprochen.

2.3 Anton Arenskijs Ballett *Eine Nacht in Ägypten* op. 50

Die Rekonstruktion der Ballettmusik von *Cléopâtre* in Kapitel 2.2 zeigte bereits, dass verschiedene Teile aus *Eine Nacht in Ägypten* von Anton Arenskij gestrichen oder ausgetauscht worden waren. Die Gründe für diese Entscheidung blieben bislang allerdings ungeklärt. Nur vereinzelt wurde angedeutet, dass Veränderungen im Libretto den dramatischen Verlauf des Balletts verbessern sollten und dadurch auch Eingriffe in die musikalische Substanz notwendig wurden. Dies betraf aber nicht alle in Kapitel 2.2 identifizierten Veränderungen. Die nun folgende Analyse soll aufzeigen, inwiefern die ursprüngliche Ballettmusik selbst Anlass dazu gab, Teile in *Cléopâtre* nicht zu übernehmen. Gleichfalls ist sie für eine vollständige gedankliche Durchdringung des Balletts notwendig, da die spärliche Sekundärliteratur zu Anton Arenskij bisher keine Untersuchung von *Eine Nacht in Ägypten* beinhaltet, obwohl eine solche durchaus interessante Entdeckungen zu machen hätte.

Anton Arenskijs Ballettmusik *Eine Nacht in Ägypten* op. 50 setzt sich nicht mit den aktuellen künstlerischen Diskursen der Zeit auseinander, wie beispielsweise mit dem beginnenden Abschied von der Dur-Moll-Harmonik.[97] Das mag zum einen daran liegen, dass das Werk nicht für eine der privaten Bühnen, sondern für das Ballett des Mariinskij-Theaters entstand. Zum anderen gehörte der Komponist nicht zu jenem Kreis von Künstlern, die kontrovers über Realismus und Symbolismus in der Kunst diskutierten oder nach neuen kompositorischen Ausdrucksmöglichkeiten suchten. Ganz im Gegenteil: Arenskij stand den Ideen und Ideologien der Zeit eher gleichgültig gegenüber. Als Schüler Rimskij-Korsakovs und somit Sprössling des Sankt Petersburger Kreises war er zwar ursprünglich ein überzeugter Anhän-

---

97 In welchem künstlerischen und gesellschaftlichen Umfeld das Ballett entstand, wurde in Exkurs 2 bereits erläutert.

ger der »neuen russischen Schule«, wie sie von seinem Lehrer sowie von Milij Balakirev, Modest Musorgskij, Aleksandr Borodin und Cezar' Kjui vertreten wurde. Die Zeiten der Grabenkämpfe zwischen dem »mächtigen Häuflein« um Vladimir Stasov und einer gegenüber dem Westen offeneren Musiktradition waren jedoch vorbei, als Arenskij 1879 sein Studium bei Rimskij-Korsakov begann. Als er im Anschluss an sein Studium im Jahr 1882 eine Tätigkeit am Moskauer Konservatorium aufnahm und sich der Einfluss Čajkovskijs trotz weiterhin großer Verehrung für seinen Lehrer als außerordentlich stark erwies, mag Rimskij-Korsakov ihm dies dennoch verübelt haben. Die nicht immer gute Meinung, die er über seinen ehemaligen Schüler hatte, hing wohl einerseits mit diesem geografischen wie geistigen Wechsel in das ehemals feindliche Lager zusammen. Möglicherweise war dem stets disziplinierten Rimskij-Korsakov aber auch der lockere Lebensstil Arenskijs ein Dorn im Auge. In seinen Memoiren fasst Rimskij-Korsakov seinen Eindruck aus Anlass von Arenskijs Tod zusammen:

>*Im Herbst [1906; C. M.] wurde der russischen Musikwelt Arenski durch den Tod entrissen. Er war mein Schüler gewesen und dann als Professor ans Konservatorium nach Moskau gegangen, wo er mehrere Jahre verlebte. Noch zu seinen Lebzeiten waren alle Meinungen einig darin, daß er sein Leben mit Kartenspiel und Alkoholgenuß vergeudete. Nichtsdestoweniger entwickelte er eine fruchtbare Tätigkeit als Komponist. Eine Zeit lang war er das Opfer einer Nervenkrankheit, die jedoch spurlos wieder verging. In den neunziger Jahren gab er seine Stellung als Professor des Moskauer Konservatoriums auf und wurde zeitweilig als Nachfolger Balakirews Direktor der Hofsängerkapelle in Petersburg. Auch in dieser Stellung ergab er sich dem gewohnten ausschweifenden Lebenswandel, wenn auch in beschränkterem Maße. Als er seinen Direktorenposten bald wieder verließ, geriet er in eine beneidenswerte Lage; er wurde als >Beamter für besondere Aufträge< in den Listen des Hofministeriums weitergeführt, bezog eine Pension von 6.000 Rubel und war vollständig frei und unbehindert in seiner kompositorischen Tätigkeit. Nun ging das ruinöse Leben erst recht wieder an, doch arbeitete er dabei viel auf dem Gebiete der Komposition. Seine durch das wüste*

Leben erschütterte Gesundheit hielt nicht lange stand. Er erkrankte an der galoppierenden Schwindsucht, suchte vergeblich Heilung in Nizza und starb in einem Sanatorium in Finnland. Seit seiner Übersiedlung nach Petersburg war Arenski in freundschaftliche Beziehung zum Belajeffschen Kreise getreten, als Komponist jedoch hielt er sich, gleich Tschaikowski, abseits. Dem Charakter seines Talents und seiner Geschmacksrichtung nach stand Arenski A. Rubinstein wohl am nächsten, obwohl seine Schöpferkraft geringer war; in der Instrumentation jedoch übertraf er als Kind einer neuen Zeit Rubinstein ganz erheblich. Er entging nicht meinem Einfluß und später dem Tschaikowskis. Er wird bald vergessen sein...«[98]

Rimskij-Korsakov stand der Leichtigkeit, mit der Arenskij die ihm scheinbar zufliegenden Ideen in Kompositionen verwandelte, möglicherweise auch deshalb mit Skrupeln gegenüber, weil Arenskij seiner Meinung nach zu wenig selbstkritisch war. Dennoch förderte Rimskij-Korsakov seinen Schüler und dessen Kompositionen, indem er sie bis in die späten 1890er Jahre unter seinem Dirigat zur Aufführung brachte.

Auch wenn Arenskij im Laufe seines Schaffens Sinfonien, Solokonzerte sowie Opern komponierte, lag sein Schaffensschwerpunkt auf der kleinen Form, insbesondere bei Liedern und Klavierstücken. Andreas Wehrmeyer begründet dies auch mit charakterlichen Eigenschaften des Komponisten:

>»Arensky fehlte es anscheinend an Ehrgeiz und Beharrungsvermögen, um größere zyklische Werke auszuarbeiten – nach dem Kopfsatz erlahmt zumeist seine Energie (als äußeres Indiz läßt sich auf die häufig übertrieben kurzen Finalsätze hinweisen).«*[99]

---

98   Nikolai Rimski-Korsakow, *Chronik meines musikalischen Lebens 1844–1906*, Stuttgart (u. a.) 1928, S. 291. Weitere Einschätzungen anderer russischer Musiker und Komponisten finden sich bei Andreas Wehrmeyer, Anton Arensky – *Komponist im Schatten Tschaikowskys. Dokumente, Briefe, Erinnerungen, Werkbesprechungen*, Berlin 2001, S. 39–49.

99   Wehrmeyer, *Anton Arensky – Komponist im Schatten Tschaikowskys*, S. 13. Nach Rimskij-Korsakov brachtenwurde durch weitere Kritiker und Autoren das Werk Arenskijs immer wieder mit seiner

Als hervorstechende Eigenheiten von Arenskijs Kompositionsweise nennt er Klarheit des Satzes und Einfachheit der Melodie; seine Musik gewinne nicht durch gesteigerten Aufwand äußerer Mittel und komplexer Strukturen, sondern durch ihren unmittelbaren und unverfälscht ehrlichen Ausdruck:

> »*Er kommt dem Hörer entgegen und verzichtet auf alle unnötigen und ›anstrengenden‹ Umwege. Das Ergebnis ist eine Musik, die spontan für sich einnimmt und ein Gefühl der Sympathie hervorruft. ›Schwieriges‹ oder Mehrdeutiges fehlen, die sozialen und psychologischen Spannungen der Zeit bleiben ausgeklammert, treten zumindest nicht deutlich hervor; und dennoch gewinnt man den Eindruck, es würde unverstellt und aufrichtig gesprochen. [...] Daß sich dennoch der Eindruck des Salonhaften bei Arensky nicht vollständig von der Hand weisen läßt, rührt von einer eigentümlichen Glätte, die ihren Grund in der souveränen Beherrschung der Kompositionstechnik hat. Als Routinier gelingt Arensky stets ein glänzender Tonsatz, der leicht hingeworfen wirkt.*«[100]

Diese Leichtigkeit zeigt sich auch in seiner Arbeit mit musikalischen Motiven, die weniger eine Entwicklung im Sinne einer Durchführung erfahren, sondern sich variierend wiederholen und bei denen Arenskij aus Monothematik Kontraste herausarbeitet. Russisch-folkloristisches Material spielt bei Arenskij zwar eine Rolle, indem er Volksliedmelodien in verschiedenen Werken wie etwa der Oper *Traum auf der Wolga*, der ersten Sinfonie oder den beiden Streichquartetten verwendete. Sie sind bei ihm aber eher ein pittoreskes Mittel und transportieren nicht mehr eine ideologische Botschaft, wie dies beispielsweise bei Musorgskij der Fall war. Ein Beispiel hierfür ist die *Fantasie über Bylinenthemen von Rjabinin für Klavier und Orchester* op. 48 aus dem Jahr 1899, in der er als zweites Thema eine Bylina wählt, die von Musorgskij bereits in

---

Persönlichkeit in Verbindung gebracht. Auch bei Andreas Wehrmeyers Einschätzung des Komponisten ist dies ›zwischen den Zeilen‹ zu lesen.

100 Vgl. ebd., S. 12f.

Boris Godunow verwendet wurde. Hatte die Melodie bei seinem älteren Kollegen eine wichtige Rolle im revolutionären Schlussbild der Oper, verliert sie bei Arenskij alle semantische Funktion.[101]

In Moskau wurde Sergej Taneev trotz des geringen Altersunterschieds (Anton Arenskij war 1861, Taneev 1856 geboren) eine Art Mentor, aber auch enger persönlicher Freund. Taneev machte ihn schließlich mit Pëtr Čajkovskij bekannt, Arenskijs erklärtem Vorbild. Ihn bat Arenskij bisweilen um eine Beurteilung, die ihm Čajkovskij offenbar auch ohne Zurückhaltung gab, ohne dass dadurch die gute persönliche Beziehung belastet wurde. Nicht zuletzt durch diese Orientierung am Urteil und Werk Čajkovskijs wird Arenskij heute oft als dessen Epigone gesehen. Tatsächlich schien für ihn die Frage nach einem eigenen Personalstil wenig relevant gewesen zu sein:

>»Die Frage nach seinem künstlerischen ›Ich‹, seiner Identität als Komponist, spielte für Arensky keine wesentliche Rolle. Individualität mochte ihm als zweifelhafte Kategorie erscheinen, die nicht um ihrer selbst willen anzustreben sei. Vor diesem Hintergrund wäre Arenskys Rang in der besonderen Fähigkeit zu bestimmen, sein ›Ich‹ im Prozeß der Anverwandlung, der Übernahme der Sprache und Ausdrucksformen Tschaikowskys zu artikulieren – ohne sich dabei selbst zu verleugnen.«[102]

Aufgrund dieses erheblichen Interesses an Čajkovskijs Werk kann also davon ausgegangen werden, dass Arenskij dessen Ballettpartituren sehr wohl bekannt waren und er mit deren Struktur und Form vertraut war. Hinzu kam, dass als Choreograf für das Ballett *Ägyptische Nächte* zunächst Lev Iva-

---

101   Vgl. Redepenning, *Geschichte der russischen und sowjetischen Musik. Band 1: Das 19. Jahrhundert*, S. 413.

102   Wehrmeyer, *Anton Arensky – Komponist im Schatten Tschaikowskys*, S. 12.

nov vorgesehen war.[103] Dieser hatte gemeinsam mit Marius
Petipa Čajkovskijs *Schwanensee* choreografiert und von Petipa die Choreografie zum *Nussknacker* übernommen. Welchen
Anlass es gab, Arenskij mit der Musik für *Ägyptische Nächte* zu beauftragen, ist unklar, denn er hatte noch nie zuvor
ein Ballett komponiert und beschäftigte sich in jener Zeit eher
mit geistlicher Vokalmusik. Auch die Rahmenbedingungen
zu einer Ballettkomposition scheinen zu dieser Zeit eher ungünstig gewesen zu sein. Als Arenskij das Werk im Jahr 1900
vollendete, war er zwar schon zu einiger Bekanntheit gelangt
und weilte bereits seit fünf Jahren wieder in Sankt Petersburg.
Allerdings bekleidete er dort, wie Rimskij-Korsakov schreibt,
die Leitung der Kaiserlichen Hofsängerkapelle, des offiziel-
len russischen Zentrums für Kirchengesang und Chorkom-
position. Diese Stellung umfasste nicht nur die künstlerische
Leitung, sondern auch arbeitsintensive administrative Tätig-
keiten. Aufgrund zunehmender gesundheitlicher Probleme
und der aufwendigen Position, deren Arbeit Arenskij bald
über den Kopf wuchs, traten kompositorisch zwischen 1895
und 1901 sogar eher künstlerische Defizite zutage und seine
kompositorische Produktion ging zurück.

Als sich jedoch abzeichnete, dass er von der Leitung der Kapelle entbunden und die von Rimskij-Korsakov erwähnte beträchtliche jährliche Pension als »Beamter für besondere Aufträge« seine finanzielle Lage auffangen würde, begann
er offenbar wieder verstärkt zu komponieren. Benachbarte
Werke zum Ballett bilden etwa die Kantate *Die Fontäne von
Bachčisaraj* op. 46 (1899), die bereits erwähnte *Fantasie über
Bylinenthemen von Rjabinin* für Klavier und Orchester op. 48
(1899) sowie das Klavierquintett D-Dur op. 51 (1900). Mög-

---

103 Es sei noch einmal daran erinnert, dass die im Jahr 1900 von Arenskij vollendete Ballettpartitur *Eine Nacht in Ägypten* hieß, das Ballett selbst vor der Umbenennung in *Cléopâtre* aber unter dem Namen *Ägyptische Nächte* aufgeführt wurde.

lich ist, dass Arenskij mit der Ballettkomposition betraut wurde, weil Čajkovskij auf seinen Komponistenkollegen hingewiesen hatte. Auch im Falle der Oper *Nal' i Damajanti,* die Arenskij 1903 vollendete, hatte sich der Librettist Modest Čajkovskij damit zunächst an seinen Bruder gewandt, bevor der Stoff dann von Arenskij vertont wurde.[104] Konkrete Hinweise für eine Empfehlung durch Čajkovskij gibt es jedoch nicht. Ebenso wäre es möglich, dass sich Arenskij selbst um den Auftrag bemüht hatte, um eine möglicherweise prekäre Finanzlage aufzubessern.[105]

Das Libretto, von einem gewissen Lopuchin verfasst,[106] über den keine weiteren Informationen bekannt sind, zieht das 1837 erschienene Prosafragment *Ägyptische Nächte* Aleksandr Puškins und die Erzählung Théophile Gautiers *Une nuit de Cléopâtre* von 1845 zu einem gemeinsamen Handlungsstrang zusammen.[107] Am 11. April 1900 wurde das Ballett in der *Petersburger Zeitung* angekündigt. Es sollte zu Ehren des Schahs von Persien Muzaffar Ad Din aufgeführt werden, dessen Besuch ab dem 17. Juli 1900 in Russland vorgesehen war. Als Probenbeginn für das Ballett nennt die Zeitung den 20. April 1900. Am 2. Mai ruft das Blatt dem Leser das Ballett noch einmal in Erinnerung und gibt darüber hinaus die Besetzung der Rollen bekannt: Marie Petipa (die Tochter von Marius Petipa) sollte die Kleopatra, Matil'da Kšesinskaja die Rolle der Béré-

---

104 Vgl. Richard Taruskin, *Defining Russia musically. Historical and hermeneutical essays,* Princeton 1997, S. 240.

105 Andreas Wehrmeyer sei für seine zusätzlichen Hinweise zu Arenskij und die Beantwortung verschiedener Fragen für diese Arbeit herzlich gedankt.

106 Vgl. Roland John Wiley, *The life and ballets of Lev Ivanov. Choreographer of The Nutcracker and Swan Lake,* Oxford 1997, S. 202.

107 Weitere Informationen zur Entwicklung der Vorlagen zum Libretto siehe Kapitel 3.1 und 3.2.

nice tanzen.[108] Am 19. Juni 1900 ist in der Zeitung *Neue Zeit* auf Seite drei zu lesen:

>»*At the present time rehearsals are under way of the new ballet An Egyptian Night, the programme of which was written by Mr Lopukhin, author of the pantomime De la lunie au Japon, and the music by Mr Arensky. Production of the ballet is assigned to the balletmaster L. I. Ivanov. The new ballet will be given at Peterhof on Olga Island in a performance proposed for the visit of the Shah of Persia.*«[109]

Offenbar fanden zum Ballett also bereits Proben statt, was die Behauptung Fokins bestätigt, die Partitur sei vor der Entdeckung durch ihn bereits einmal für eine Vorstellung choreografiert, aber nicht aufgeführt worden.[110] Möglicherweise war

---

108 Der Name der Bérénice wurde erst später in Ta-hor geändert. Bérénice wird bisweilen auch als Bérénise oder Vérénice (bzw. Verenice) bezeichnet, was möglicherweise auf Probleme oder Ungenauigkeiten bei der Transliteration aus dem Kyrillischen zurückzuführen ist. Würde ihr Name mit einem lateinischen »B« beginnen, sieht die kyrillische Schreibweise Беренице vor. Beginnt ihr Name jedoch mit einem lateinischen »V«, so beginnt Веренице mit einem kyrillischen »В«. In dieser Arbeit wird die Vorgängerrolle der Ta-hor vereinheitlicht als Bérénice bezeichnet. Unabhängig von der Schreibweise ist es jedoch bezeichnend, dass in der Zeitung nur die Besetzung der weiblichen Hauptrollen genannt wurde. Wie bereits erwähnt, bildete die Ballerina im klassisch-romantischen Ballett, in dessen Tradition Lev Ivanov stand, den Mittelpunkt des Interesses. Bemerkbar machte sich dies auch bei der Erfassung der Ballette durch das Theater ganz allgemein. Tim Scholl weist auf eine Liste hin, die sämtliche zwischen 1828 und 1900 aufgeführten Ballette Petipas zusammenfasst. Neben den durchgängig gelisteten Informationen zum Titel des Werks und dem Datum der Aufführung findet sich auch der Name der Ballerina in der Hauptrolle. Männliche Tänzer bleiben unerwähnt. Vgl. Tim Scholl, *From Petipa to Balanchine. Classical Revival in the modernization of Ballet*, London, New York 1994, S. 12.

109 Wiley, *The life and ballets of Lev Ivanov*, S. 202.

110 Vgl. Fokin, *Gegen den Strom*, S. 146. Fokin schreibt allerdings, es habe sich um eine Volksvorstellung auf der Olgin-Insel in Peterhof in Carskoje Selo gehandelt. In Carskoje Selo befindet sich je-

Fokin bei diesen Proben sogar anwesend, denn er schreibt in seinen Erinnerungen, dass es angedacht war, Kleopatra in einer prunkvollen Galeere auf dem Wasser, das die Zuschauer von der Insel trennte, vorfahren zu lassen. Offenbar war das Ballett also auf einer Art Freilicht- oder Seebühne geplant. Am 28. Juli 1900 folgte ein weiterer Zeitungsbericht, in dem zu lesen war, dass die Aufführung auf der Olgin-Insel zwar weiterhin geplant sei, infolge von Änderungen aber neue Proben notwendig wären. Anstelle des neuen Balletts *Ägyptische Nächte* würde nun jeweils der dritte Teil aus den Balletten *Blaubart* und *Paquita* aufgeführt.[111] Die Pläne für die Aufführung müssen also sehr kurzfristig geändert worden sein, denn der Schah, zu dessen Besuch die Vorstellung gegeben werden sollte, war bereits seit einigen Tagen in Sankt Petersburg.

Das Werk sollte trotz der kurzfristigen Änderung für die Galavorstellung zu einem späteren Zeitpunkt aufgeführt werden. Am 5. August 1900 ist *Ägyptische Nächte* in der Zeitung als eine Neuaufführung im Rahmen der Wintersaison erwähnt. Der Musikkritiker German Laroš berichtet jedoch, es am 12. August 1900 bei Proben in Peterhof gehört und gesehen zu haben.[112] Seiner Meinung nach sollte das Ballett, das diesen Sommer aufgrund besonderer Umstände hätte entfallen müssen, besser nicht im Mariinskij-Theater aufgeführt werden, denn es sei für eine Vorstellung in einem Park kon-

---

doch der Katharinen-Palast, der auch über einen großen Park mit Wasseranlagen verfügte. Womöglich hat er hier lediglich die Orte verwechselt. Ob es sich um eine Volksvorstellung gehandelt hat, ist fraglich, denn Vorstellungen in Peterhof wurden meist exklusiv zu Ehren von hohen Staatsgästen gegeben.

111 Frau Anna Chitrik von der Theaterbibliothek Sankt Petersburg (Abteilung Rara) sei für diesen und die folgenden Hinweise auf Zeitungsberichte herzlich gedankt.

112 Wiley, *The life and ballets of Lev Ivanov*, S. 202.

zipiert. Am 20. August folgte dann die Nachricht, das Ballett werde tatsächlich auf das nächste Jahr verschoben. Es solle während des Sommers 1901 in Peterhof gegeben werden. Im März und April 1901 wurde die Aufführung von *Ägyptische Nächte* erneut angekündigt, das Ballett liege bereits fertig inszeniert vor und solle nun im Sommer in Peterhof gezeigt werden. Eine letzte Erwähnung findet sich dann am 8. Juli 1901, allerdings mit der Bemerkung, die Vorstellung werde nur bei geeigneten Witterungsverhältnissen stattfinden.[113]

Nach dieser Meldung fehlt vom Ballett jede Spur, bis sich Michail Fokin der Partitur zuwandte. Offenbar war es vorher tatsächlich zu keiner Aufführung gekommen. Ein naheliegender Grund für die Absage des Balletts im Jahre 1901 wären also schlechte Wetterverhältnisse gewesen, da ja gerade geeignete Wetterbedingungen als Voraussetzung für eine Aufführung genannt worden waren.[114] Der Grund für die Absage im Jahr zuvor ist jedoch ein anderer, da anstelle von *Ägyptische Nächte* andere Ballette für den Shah gegeben wurden. Roland John Wiley vermutet, dass das Ballett über eine exotische Königin, die ihren Liebhaber grausam ermorden lässt, von der Zensur oder den Beamten, die die Feierlichkeiten ausrichteten, als unpassend für eine festliche Gala zu Ehren des persischen Staatsoberhauptes erachtet wurde und man es daher kurzfristig durch Repertoirestücke ersetzte.[115] Warum

---

113 Vgl. Wiley, *The life and ballets of Lev Ivanov*, S. 202.

114 Im »Täglichen Wetterbericht der Deutschen Seewarte« aus dem Jahr 1901 finden sich auch Informationen zum Wetter in Sankt Petersburg. Insgesamt war die zweite Julihälfte 1901 sehr warm, der Himmel klar und auch die um 21 Uhr Ortszeit gemessenen Temperaturen lagen meist über 20° C. Stabil war dieses Wetter aber offensichtlich erst ab dem 16. Juli. Insbesondere der 9., 10. und 11. Juli, also die Tage direkt nach der Vorankündigung waren kühler, am 10. Juli waren es abends nur noch 16,5° C und die Wetterkarte zeigt ein deutliches Tief über Sankt Petersburg.

115 Vgl. Wiley, *The life and ballets of Lev Ivanov*, S. 202.

das Ballett dann von der Wintersaison 1900 auf den Sommer 1901 verschoben wurde, ist ebenso nirgends in den Quellen nachzuvollziehen. Allerdings scheint der von Laroš genannte Grund plausibel, das Werk sei für eine Aufführung in einer Parkanlage konzipiert. Das Schloss in Peterhof, dem geplanten Aufführungsort für 1901, liegt direkt am Ufer der Ostsee und ist mit dem Meer über einen geraden Kanal verbunden, so dass man von dort über einen Schleier von Fontänen direkt auf den Finnischen Meerbusen blickt. In der weitläufigen Parkanlage, u. a. mit einem englischen Landschaftsgarten, waren mehrere Seen und Wasserspiele angelegt. Das eindrucksvolle Ensemble von Parkanlagen mit diversen Bauten und der Paraderesidenz Peters des Großen direkt an der Ostsee wurde häufig für Galavorstellungen bei Staatsbesuchen genutzt. Möglicherweise wollte man die Open-Air-Konzeption, die märchenhafte Atmosphäre und den effektvollen Auftritt Kleopatras in der Barke also nicht für die Theaterbühne »verspielen«, sondern sich lieber für eine Aufführung im Sommer aufsparen.

Die Primaballerina assoluta des Balletts, Matil'da Kšesinskaja, berichtet von drei Galavorstellungen, in denen sie im Sommer 1897 mitwirkte. Anlass war jeweils der Besuch eines Staatsgastes in Russland. Am 23. Juli 1897 wurde für den König von Siam, »Samdetch-Fra-Paraminder-Maga-Tchula-Longorn«,[116] das Ballett *Coppélia* im Theater von Peterhof gegeben, am 28. Juli 1897 *Thétis et Pélée* (Musik von Ludwig Minkus und Léo Delibes) zu Ehren eines Besuchs von Wilhelm II.[117] Am 11. August 1897 tanzte sie in einer Vorstellung

---

116 H.S.H. The Princess Romanovsky-Krassinsky (Matil'da Kšesinskaja), *Dancing in Petersburg. The Memoirs of Kschessinska*, London 1960, S. 63.

117 Ihr erfolgreicher Auftritt in dieser Vorstellung verschaffte der Ballerina eine Gegeneinladung nach Berlin, die sie aber ablehnte, weil sie keine Lust auf eine lange Auslandsreise hatte.

mit Musik aus Glinkas *Ein Leben für den Zaren* sowie aus Felix Mendelssohn Bartholdys *Ein Sommernachtstraum* für den französischen Staatspräsidenten Félix Faure, mit dem der Zar das französisch-russische Bündnis von 1897 schloss. Wie die Aufzeichnungen Kšesinskajas vermuten lassen, war die zweite der drei Gala-Vorstellungen offenbar genauso konzipiert wie 1901 die geplante Aufführung von *Ägyptische Nächte*:

> »*The second gala, the most brilliant of the three, was danced on July 28th in the honour of the German Emperor, Wilhelm II, not at the Peterhof theatre, but on Olga Island, in the middle of the upper lake. Stands for the spectators had been arranged all round on the island itself, while the stage had been raised on piles above the water; the orchestra played in an enormous iron stand, below the level of the lake. The stage only had side scenery and wings: the magnificent view over the distant hills of Babigon served as a back-cloth. Not far from the stage was a little island, decorated with rocks and a grotto, in which I positioned myself at the very beginning of the performance. [...] The guests reached the islands in little boats. The whole scene was bathed in electric light and the ensemble had a truly fairy-like appearance. The ballet started with the opening of the grotto in which I was hidden: I then stepped on to a mirror, which began to slide towards the stage. This gave the audience the impression that I was walking on the water. The spectacle ended with the lighting up of the pavilions and far-off hills beyond the stage. This display was favoured with exceptionally fine weather, although there had been fears of rain in the morning (but all plans had been made, if the worst came to the worst, to transfer the show to the Peterhof Theatre; stage hands, carpenters and electricians were all standing by). Everybody gave deserved credit to the Administration of the Imperial Theatres for having arranged this gala performance with so much magnificent and taste. The organisation had called for two months' intense and difficult work. The electrical arrangements alone had cost a fabulous price.*«[118]*

Zur Zusammenarbeit zwischen Ivanov und Arenskij für das Ballett ist die Quellenlage dürftig. Eine Minutage, wie Marius Petipa sie etwa für Čajkovskij anfertigte und an der sich

---

118   H.S.H. The Princess Romanovsky-Krassinsky, *Dancing in Petersburg*, S. 63f.

Arenskij bei der Komposition hätte orientieren können, ist nicht erhalten. Im Hinblick auf die detaillierten Handlungs- und Spielanweisungen in den mimischen Passagen, die sich stark in der zugehörigen Musik spiegeln, scheint eine solche Arbeitsanweisung zunächst sehr wahrscheinlich, zumal nicht davon ausgegangen werden kann, dass der in der Komposition von Balletten unerfahrene Arenskij von sich aus die physischen Möglichkeiten der Tänzer sowie die Vorstellungen des Choreografen einzuschätzen vermochte.[119] In den wenigen Dokumenten, die zu Lev Ivanov überhaupt noch existieren, sind jedoch keinerlei Aufzeichnungen vorhanden, die darauf schließen lassen, dass der zweite Ballettmeister und Stellvertreter Petipas bei der Choreografie und ihrer Vorbereitung entsprechend systematisch vorging wie sein Vorgesetzter. Bei ihm ist unklar, ob der choreografische Prozess dem kompositorischen immer vorausging. Roland John Wiley, der einzige Autor, der sich Lev Ivanov bisher ausführlicher zugewandt hat, weist auf die Möglichkeit hin, dass dieser seine Werke ohne schriftlich ausgearbeitete Choreografien »improvisierte«, womit vermutlich die direkte Arbeit mit den Tänzern im Ballettsaal gemeint ist: »As for Ivanov's choreography, which appears to have been improvised, no cache of technical documents, such as Petipa left, has been publicly identified. That one ever existed is in doubt.«[120] Dies würde bedeu-

---

119 Es sei noch einmal auf die Bemerkung Michail Ivanovs aus Exkurs 1 verwiesen, in der er betont, dass es für Ballett-Neulinge ohne die Hilfe des Ballettmeisters nicht möglich war, ein Ballett zu komponieren.

120 Wiley, *The life and ballets of Lev Ivanov*, S. vii. Michail Fokin beschreibt in seinen Erinnerungen, wie er ein einziges Mal als Kind die Gelegenheit hatte, bei einem Ballett beteiligt zu sein, das von Ivanov zu einer Komposition von Riccardo Drigo gestellt wurde. Sein Bericht deckt sich mit dieser Annahme, denn laut Fokin hatte Ivanov vor der ersten Stellprobe keinen Takt der Musik gehört. Bei den Proben bat Ivanov Drigo, ihm 16 Takte vorzuspielen, die er dann stellte. Anschließend ging es mit den folgenden 16 Tak-

ten, dass die Musik entweder vor Beginn der Ballettproben bereits komplett fertig war oder sukzessive und Nummer für Nummer parallel zur Einstudierung nach Rücksprache zwischen Ivanov und Arenskij entstand. Um bei den Proben aber mit den Tänzern arbeiten zu können, musste die Komposition in einer üblichen Bearbeitung (für Ballettproben war das eine Version für zwei Violinen oder für Klavier) vorgelegen haben. Vermutlich hatte Ivanov Arenskij vorab mündlich irgendwelche Anweisungen erteilt. Ob der Komponist bei den Ballettproben zugegen war, um auf diesem Wege die musikalischen Bedürfnisse zu erfahren oder Änderungen nach Ivanovs Wünschen vorzunehmen, ist aufgrund von Arenskijs zeitlich noch immer aufwendiger Stellung bei der Hofsängerkapelle fraglich. Wie die Art der Zusammenarbeit zwischen Komponist und Choreograf für das ursprüngliche Ballett *Ägyptische Nächte* ausgesehen hat, muss also genauso offen bleiben wie die Beantwortung der Frage, warum die Partitur letztlich geprobt, aber unaufgeführt in der Theaterbibliothek verschwand. Denn dort fand sie Michail Fokin schließlich auf der Suche nach einem geeigneten Stoff für eine eigene Choreografie und brachte sie am 8. März 1908 im Mariinskij-Theater neu zur Aufführung. Diese Version von Fokin fand allerdings noch unter dem Namen *Ägyptische Nächte* und in der ursprünglichen Fassung statt, d. h. ohne die musikalischen Hinzufügungen und Änderungen am Libretto.

Auch wenn das Hauptaugenmerk der vergangenen Jahre auf den Grands spectacles Petipas gelegen hatte, war eine einaktige Ballettkomposition wie *Ägyptische Nächte* zu jenem Zeitpunkt nichts Ungewöhnliches. Wie in Exkurs 1 erläutert, choreografierte Marius Petipa 26 dieser kleinformatigeren Werke,

---

ten weiter, so dass das Ballett nie mit einer übergreifenden Vorstellung vom gesamten Werk oder der kompletten Nummer gestellt wurde. Nach der Probe komponierte Drigo die Takte, die am nächsten Tag geprobt werden sollten. Fokin, *Gegen den Strom*, S. 36.

von denen allein zwei im ursprünglich geplanten Aufführungsjahr von *Ägyptische Nächte* erstmals vorgestellt wurden. Es handelt sich dabei um *Ruses d'amour*[121] am 7. Januar und *Les Saisons* am 13. Februar 1900, beide zu Neukompositionen von Aleksandr Glazunov. Ein Blick auf die Uraufführungsorte dieser kleinen Werke zeigt, dass sie häufig zunächst an den kleineren Hoftheatern – bei den beiden Balletten Glazunovs handelte es sich um das Theater der Eremitage – aufgeführt und später ins Repertoire des Mariinskij-Theaters übernommen wurden.[122] Bei *Ägyptische Nächte* war dies ähnlich, hatte die Theaterleitung nach der geplatzten Aufführung in Peterhof doch zwischenzeitlich mit dem Gedanken gespielt, das Ballett während der Wintersaison im Mariinskij-Theater zu geben.

Die Anforderung eines einaktigen »Miniaturballetts« mag Arenskij als Liebhaber der kleinen Form entgegengekommen sein. Darüber hinaus orientierte er sich bei der Komposition deutlich an den Prinzipien, die sich im Laufe des 19. Jahrhunderts und insbesondere durch Petipa herausgebildet hatten.[123] Grundsätzlich lassen sich in seiner Partitur *Eine Nacht in Ägypten* rein tänzerische Partien von pantomimischen bzw. solchen unterscheiden, in denen die Handlung durch tänzerisch-mimische Mittel vorangetrieben wird. Deutlich ist diese Unterscheidung in den Noten nachzuvollziehen, da die rein tänzerischen Passagen musikalisch in sich geschlossene und homogene Nummern bilden, während sich in den mimischen Passagen zahlreiche Takt-, Tonart- und Tempowechsel finden. Sie schreiten meist formal frei voran, haben kein me-

---

121 Das Ballett ist auch unter den Titeln *Die Liebeslist, Die Prüfung der Damis* oder *Das Edelfräulein als Dienerin* bekannt.

122 Für einen Überblick über die von Marius Petipa in Russland produzierten Werke und ihrer Uraufführungsorte siehe: Rebling, *Marius Petipa. Meister des klassischen Balletts*, S. 365–379.

123 Vgl. hierzu Exkurs 1.

lodisches Zentrum und lassen die für tänzerische Passagen wichtigen Wiederholungen vermissen.

Arenskijs Einakter formal übergeordnet ist das Modell, das bereits für einzelne Ballettakte im Exkurs 1 vorgestellt wurde, insbesondere die mimischen Sequenzen zu Beginn und Schluss, zwischen denen Platz für tänzerische Entfaltung ist. In *Ägyptische Nächte* gestalten Bérénice und Amoûn diesen pantomimischen Rahmen. In *Nr. 1 Scène et danse de coquetterie* schildern sie tänzerisch und mimisch den Ausgangspunkt der Handlung, indem sie ihre Liebe füreinander verdeutlichen und durch den Hohepriester die bevorstehende Hochzeit durch entsprechende Zeichen angekündigt wird. Zu diesem pantomimischen Beginn gehören auch der Auftritt der Kleopatra und die hierdurch ausgelöste Verwirrung des Amoûn. Der mimische Rahmen schließt sich im Schlussteil des Finales (Nr. 12 *Finale, Danse d'ensemble*), in dem Amoûn erwacht, Bérénice ihm vergibt und die beiden sich wieder in die Arme fallen. Dieser Rahmen spiegelt sich deutlich in der musikalischen Struktur des Balletts wider: Im Finale erklingen nach dem Abgang von Kleopatra, Antonius und des Gefolges die Fanfarenklänge, die bereits in der Ouvertüre zu hören waren. Im Anschluss an diesen Teil »Départ de Cléopatre [sic!] et d'Antoine«, der sich motivisch nicht nur an der Ouvertüre, sondern auch durch den $4/4$-Takt alla breve noch deutlich am vorausgehenden Tanz aller orientiert, wechselt die Lautstärke vom feierlichen forte zum piano und es ändern sich Motive und Rhythmus. Anweisungen in der Partitur verdeutlichen den pantomimischen Charakter der letzten 47 Takte: »Amoun [sic!] revient à lui – il voit le départ de Cléopatre [sic!], comprend sa folie et se jette honteux aux pieds de Bérénice, qui lui pardonne.« Innerhalb dieses aufgespannten mimischen Rahmens finden mehrere Tänze und ein Pas de deux sowie kürzere pantomimische Sequenzen Raum.

Aber auch über das Modell eines einzelnen Aktes hinaus lässt sich in der Gesamtanlage von *Ägyptische Nächte* bzw. der Partitur von *Eine Nacht in Ägypten* die übliche Verteilung tänzerischer Schwerpunkte eines mehraktigen Balletts erkennen. Typischerweise finden bei einem abendfüllenden Werk im letzten Akt die ausgedehnten Divertissements statt, wie z. B. in Petipas *Raymonda*, *Dornröschen* oder im *Nussknacker*. Der Hauptteil der Handlung ist dann bereits vorüber, das Geschehen ruht über längere Zeit und der Choreograf hat die Möglichkeit, das tänzerische und technische Können bestimmter Tänzer und des gesamten Corps de ballets ausführlich zu zeigen. Wie bereits erwähnt, entfalten sich diese Divertissements innerhalb der Handlung üblicherweise im Rahmen eines Festes, bei *Raymonda* und *Dornröschen* anlässlich der Hochzeit der Protagonistinnen, oder zu Ehren eines Gastes, wie im *Nussknacker* und auch in *Ägyptische Nächte*. Während die dramatische Handlung nach der Liebesszene zwischen Kleopatra und Amoûn, der anschließenden Vergiftung und Bérénices Bitten um Gnade eigentlich nach der Hälfte des Balletts bereits vorüber ist, erscheint hiernach – für den weiteren Verlauf der Handlung vollkommen unerheblich – Antonius, der »eigentliche« Liebhaber Kleopatras. Er liefert den Anlass für das Divertissement mit mehreren unterhaltenden Tänzen, das die zweite Hälfte des Balletts bis auf die letzten, bereits erwähnten pantomimischen Takte einnimmt. Auch wenn am Ende des Balletts der Handlungsfaden durch die abschließende Pantomime wieder aufgenommen wird, zerfällt das Werk deutlich in eine erzählende und eine tänzerische Hälfte. Dies macht sich ebenfalls dadurch bemerkbar, dass fast nur in der ersten Hälfte musikalische Motive zu finden sind, die in Zusammenhang mit handelnden Personen, also Bérénice, Amoûn und Kleopatra stehen. Das mit Bérénice verbundene Thema (Notenbeispiel 2) ist erstmals in den Violinen in *Scène et danse de coquetterie* in G-Dur ab Takt 13 zu hören:

Notenbeispiel 2: Bérénices Thema.

Charakteristika sind der wiegende ¾-Takt, die Wiederholung des ersten Motivs erweitert als Triole und der »Seufzer«-Abgang. Eingebettet wird ihr Thema in dieser Nummer in zwei andere musikalische Themen (Notenbeispiele 3 und 4), die durch Triller, Sechzehntelgirlanden, große Intervallsprünge sowie zarte Instrumentierung in Flöte bzw. Solovioline Bérénice einen jugendlich verspielten Charakter zuweisen.

Notenbeispiel 3: Erstes Thema (Takte 1 bis 4) der Nr. 1 *Scène et danse de coquetterie*, von der Flöte vorgetragen.

Notenbeispiel 4: Zweites Thema (Takte 38 bis 45) der Nr. 1 *Scène et danse de coquetterie*, von der Solovioline vorgetragen.

Das erste Thema der *Scène et danse de coquetterie* (Notenbeispiel 3) erklingt kombiniert mit dem Bérénice zugehörigen Thema z. B. in Takt 25. Ab Takt 52 verwendet Arenskij es als Einschub im zweiten Thema (Notenbeispiel 4) und vernetzt dadurch die drei Themen auch im weiteren Verlauf dieser Nummer. Ab Takt 29 wird die Melodie durch einen den ¾-Takt überlagernden Marsch der Blechbläser unterbrochen, der sich durch den Auftritt Amoûns als ihm zugehörig herausstellt.

Notenbeispiel 5: Amoûns Thema.

Ab Takt 74 kündigt sich mit einem ⁴/₄-Takt im Adagio ma non troppo mit dem Hohepriester eine dritte Person an. Auch die Kleopatra zugehörige Melodie wird am Ende der ersten Nummer bereits mit dem Kopfmotiv ab Takt 93 angedeutet, wenn im plötzlich einsetzenden Allegro zum Forte-Tremolo ein Bote eintritt und Kleopatras Ankunft bekanntgibt. Es handelt sich zugleich um die Überleitung zur Nr. 2 *Entrée de Cléopâtre et scène*, in der nach vier einleitenden Takten dann das Thema der Kleopatra in den Violoncelli vollständig erklingt:

Notenbeispiel 6: Kleopatras Thema.

Nach Wiederholungen des Themenkopfes in den hohen und tiefen Streichern wird die Melodie überraschend von einem Agitato-Einschub mit Tremolo und Amoûns Motiv in dynamischer Steigerung unterbrochen. Noch deutlicher unterstreicht Arenskij Amoûns Gefühlsverwirrung ab Takt 65, über dem der Hinweis »Più mosso. Amoun [sic!] est au déséspoir« steht und hier die Melodie Bérénices in der Klarinette verzerrt erklingt und nach herabstürzenden Sechzehntelsextolen abbricht. Das Kopfmotiv aus Kleopatras Thema beendet schließlich diese Nummer. Mit Nr. 3 und Nr. 4 folgen zwei kurze Tänze zur Unterhaltung Kleopatras, *Danse d'Arsinoé et des esclaves* und *Danse de Bérénice et scène*. Beide sind in ihrer Struktur als dreiteilige Liedform symmetrisch aus regelmäßigen achttaktigen Gruppen aufgebaut und zeigen auch innerhalb der jeweiligen Teile eine oder mehrere Wiederholungen der motivischen Ideen. Bérénices Tanz in b-Moll, in dem sich der wiegende Charakter, die Achteltriolen sowie die Instrumentierung in Flöte und Violinen aus der ihr zugehörigen Melodie wiederholen, endet jedoch unerwartet und schafft den Übergang zur nächsten pantomimischen Szene. Dass Amoûn einen Pfeil mit einer Botschaft für Kleopatra in deren Richtung abgeschossen hat, ist lautmalerisch durch ein kurzes hohes Glissando der Harfe in Takt 47 der Nr. 4 angedeutet. Im folgenden Notentext ist deutlich ein Dialog zwischen Kleopatra und Amoûn zu hören, repräsentiert durch Motive ihrer jeweiligen Melodien und die begleitenden Tempowechsel zwischen Andante und Allegro. Wie in Exkurs 1 erläutert, waren solche unregelmäßigen Tempowechsel für pantomimisch gehaltene Szenen typisch.

Die Worte Amoûns im Klavierauszug »je t'aime et je donnerais ma vie pour un baiser de toi« machen deutlich, dass für das Ballett vor Michail Fokin wohl noch keine ausgedehnte Liebesszene geplant gewesen war. Entsprechend folgt sogleich die *Scène d'empoisonnement*. Sie bildet das dramatische Herzstück des Balletts und ist zum großen Teil als hochvirtuose Kadenz für eine Solovioline gestaltet, die vom Orchester begleitet wird. Zur szenischen Anweisung für Bérénice »[...] elle s'adresse à Amoûn, en le suppliant de se souvenir de l'amour qu'il avait pour elle et de renoncer à son funeste entraînement« erklingt in der Solovioline entsprechend die Melodie der Bérénice, die in der *Scène et danse de coquetterie* vorgestellt wurde. Das ausgedehnte Violinsolo der Nr. 5 endet in Takt 60 jedoch wie die vorausgegangene Nr. 4 mit dem Motiv der Kleopatra. Dass sich der Kuss während der Bitten der Bérénice vermutlich in Takt 49 aufgrund der langen Steigerung hin zu Fortissimo abgespielt haben muss, wird beim Blick in die Noten jedoch erst im Nachhinein offenbar. An das Violinsolo schließen sich nämlich bereits die Antonius ankündigenden Fanfaren an, und Amoûn trinkt in aller Eile das vermeintliche Gift, um dann bewusstlos zur Seite getragen zu werden.

Der Auftritt des Antonius gestaltet sich als ausgedehnte, aber motivisch übersichtliche dreiteilige Liedform mit sich häufig wiederholenden Abschnitten. Im A-Teil (Takte 1–88) werden zwei kontrastierende Themen in der Aufstellung a-b-a-b-a vorgestellt. Dieser Teil kehrt in verkürzter a-b-a-Form nach einem kurzen B-Teil (Takte 89–126) wieder, allerdings nicht in der harmonischen Abfolge B-Dur – A-Dur – B-Dur – As-Dur – F-Dur, sondern er verbleibt nach dem Mittelteil in F-Dur in dieser Tonart. Die bereits zu Anfang im forte ertönenden Marschklänge mit Blechbläsern und dominantem Becken werden in dieser Wiederholung des A-Teils noch verbreitert und ins Bombastische gesteigert. Zum Schluss erklingt nach einer Wendung zum ¾-Takt ab Takt 187 (mit Auftakt) wieder Kleopatras Motiv. Auffällig harmlos nehmen sich die teilweise kaum Motive zu nennenden Tonfolgen des B-Teils aus. Sie erklingen in Gruppen zu je vier Takten, wobei jeder Takt einen Tonraum von einer Terz mit den dazwischen liegenden Durchgangstönen umfasst. Die Streichung der Auftrittsmusik des Antonius war also nicht nur insofern konsequent, weil diese Figur in *Cléopâtre* nicht mehr auftaucht. Auch weil Kleopatras Thema von Arenskij in diese Nummer integriert wurde, machte es für Djagilev und seine Mitarbeiter wenig Sinn, diese Musik in *Cléopâtre* zu übernehmen. In der Version des Balletts von 1909 spielte ihr Thema keine Rolle mehr, denn Kleopatras Auftrittsmusik war ebenfalls nicht übernommen worden.

Die sich nun anschließenden fünf Tänze des Divertissements Nr. 7 *Danse des juives*, Nr. 8 *Danse des égyptiennes*, Nr. 9 *Danse des Ghazies*, Nr. 10 *Charmeuse des serpents* und der Nr. 11 *Pas de deux* sind sämtlich in ihrer Anlage symmetrisch und – bis auf *Charmeuse des serpents* und *Danse des égyptiennes* – in einer dreiteiligen Liedform aufgebaut, deren Teile jeweils aus regelmäßigen Viertaktgruppen bestehen. Der Tanz der Schlangenbeschwörerin (Nr. 10) ist zweiteilig, allerdings bietet der zweite Teil keine neuen motivischen Ideen, sondern die des ersten Teils in schnellerem Tempo. Der *Danse des égyptiennes* ist um die Wiederholungen der beiden Teile zu einer fünfteiligen Liedform erweitert. Alle Nummern sind harmonisch, rhythmisch und melodisch einfach strukturiert und beginnen mit den für das damalige Ballett üblichen einleitenden Takten für die »préparation« der Tänzer. Wie in einem typischen Divertissement des 19. Jahrhunderts waren auch für diese Tänze offenbar bestimmte Accessoires vorgesehen. Denn im *Danse des égyptiennes* sind leise Beckenschläge hörbar, die vermuten lassen, dass die Tänzerinnen beispielsweise Crotales (Fingerzimbeln) hielten, im *Danse des Ghazies* dagegen Kastagnetten und Glöckchen.

Die Bezeichnung der letzten Nummer des Divertissements, *Pas de deux*, bezieht sich offenbar nicht auf die übliche, von Petipa geprägte mehrteilige Form aus mehreren untergeordneten Nummern. Denn auch dieser Pas de deux ist in einer einfachen Liedform gebaut. Vielmehr bezieht sich die Bezeichnung lediglich darauf, dass diese Nummer von zwei Tänzern bzw. einer Tänzerin und einem Tänzer ausgeführt werden sollte. Wie es aber häufig der Fall war, steht der Pas de deux gleichfalls hier am bzw. gegen Ende einer Reihe von Tänzen.

Das Finale Arenskijs greift nach einleitenden Takten die beiden Motive aus dem *Danse des égyptiennes* auf, eine Tatsache, die sich mit der traditionellen Notwendigkeit einer Art Galopp am Ende eines Divertissements ergibt. Arenskij konnte hierfür nur auf das Ägypterinnen-Motiv zurückgreifen, da die übrigen Themen des Divertissements entweder in ungeradem Takt waren oder – wie der Tanz der Schlangenbeschwörerin – ihren Schwerpunkt nicht auf den geraden Taktzeiten hatten. Zum Abgang aller Beteiligten außer Bérénice und dem noch immer am Boden liegenden Amoûn erklingen die Fanfaren der Ouvertüre, bevor sich die bereits zuvor kurz beschriebene Schlusspantomime anschließt, die von den jeweiligen musikalischen Motiven der beiden Akteure Bérénice und Amoûn begleitet wird. Die Entscheidung, das Finale nicht in *Cléopâtre* zu übernehmen, hatte womöglich also auch mit der musikalischen Verwandtschaft mit der ebenfalls nicht für *Cléopâtre* verwendeten Ouvertüre zu tun.

Die Komposition unterwirft sich formal dem zu erwartenden Rahmen der damaligen Gattung und ist in ihrer Struktur relativ einfach aufgebaut. Die Hörerwartung, die sich angesichts der orientalisierenden oder antikisierenden Thematik aufdrängt, erfüllt sich jedoch nicht. Dies verwundert, zumal sich Arenskij mit Sicherheit der Bedeutung von Orientalismen für die damalige russische Musik und die vorangegangenen Komponistengenerationen bewusst war. Die typischen und häufig plakativ von russischen wie westeuropäischen Komponisten subsumierten Merkmale für den Orient oder Ägypten wie Melismen, Chromatik, Modalität, Orgelpunkte oder Bordunklänge sind in *Eine Nacht in Ägypten* überraschend selten zu hören.[124] Am »augen- oder ohrenfälligsten« widersetzt sich Arenskij den Erwartungen beispielsweise beim Auftritt der Kleopatra mit einem Walzer, dessen salonhaft-elegantes Thema zunächst in den Streichern, begleitet von Holzbläsern und Harfe, erklingt und bei einem solchen Sujet nicht zu erwarten gewesen wäre. In ähnlicher Weise überrascht die von

---

124 Eine Übersicht der Merkmale, wie sie mehr oder weniger differenziert für die Beschreibung bestimmter geografischer Regionen verwendet wurden, findet sich z. B. bei Derek B. Scott, *Orientalism and Musical Style*, in: *The Musical Quarterly*, 1998, Band 82/1, S. 309–335.

jeglicher Couleur locale freie Ouvertüre oder der Auftritt Bérénices, der allenfalls durch den Einsatz der Oboe mit Ägypten in Verbindung gebracht werden könnte. Nur wenige Teile kommen den Erwartungen an ein orientalisierendes Werk entgegen, z. B. die Nr. 8 *Danse des égyptiennes* durch die Instrumentierung mit Holzbläsern und Becken, durch den kleinen Tonumfang und die Sechzehntelverzierungen. Auch die bereits erwähnten Kastagnetten und Glöckchen in der Nr. 9 *Danse des Ghazies* erwecken einen ähnlich orientalischen Klangeindruck wie der Tanz *Charmeuse des serpents*, bei dem insbesondere von Oboe und Piccoloflöte die übermäßige Sekunde es-fis umspielt wird und die Melodie des zweiten Teils von zahlreichen Melismen durchwirkt ist.

Trotz dieser Beispiele zeigt das Ballett insgesamt nicht den orientalisierenden Tonfall, wie er z. B. aus den Opern Glinkas, Rimskij-Korsakovs oder Borodins bekannt ist. Umso mehr überrascht, dass Anton Arenskij durchaus mit Orientalismen arbeitete, aber hierbei nicht so sehr auf die üblichen stereotypen Mittel zurückgriff, nach denen soeben gesucht wurde. Die meisten Nummern seiner Komposition basieren vielmehr auf authentischen Melodien, deren Herkunft Arenskij an entsprechender Stelle im Klavierauszug mal genauer, mal nur sehr vage kenntlich machte. Bereits das achttaktige Thema der Ouvertüre entstammt einer Quelle mit Transkriptionen ägyptischer Melodien. Es handelt sich dabei um die 1836 in London erschienene Publikation *An account of the manners and custom of the modern Egyptians* von Edward William Lane (1801–1876). Lane hatte sich in den 1820er und 1830er Jahren in Ägypten aufgehalten und die Ergebnisse seiner Reisen in zwei Bänden zusammengetragen. Er beschränkt sich in seinen Abhandlungen nicht nur auf die Musik, sondern nähert sich dem Land gleichfalls in 28 Kapiteln unter Aspekten wie »the country and climate – metropolis – houses – population, personal characteristics, and dress, of the muslim Egyptians«, Aspekten der staatlichen Ordnung, des täglichen

Lebens und der ägyptischen Kultur. Das Kapitel zur Musik umfasst Beschreibungen zum System, zum ägyptischen Musiker (z. B. unterschiedliche Benennungen bei Männern und Frauen auch bezüglich ihres Grades an Professionalisierung, sozialer Herkunft und Instrument) und zu üblichen Instrumenten mit Abbildungen zu ihrem Aussehen und zur Spielpraxis. Darüber hinaus gibt Lane sechs Musikbeispiele. Diese Beispiele in *An account of the manners and customs of the modern Egyptians* hatte er nach eigenen Angaben aufgrund ihrer Bekanntheit innerhalb der ägyptischen Bevölkerung ausgewählt. Das zweite durch Lane überlieferte Beispiel – ein Liebeslied, dessen Text sich in ägyptischer und englischer Übersetzung unter der europäischen Notentranskription findet – taucht unverändert bei Arenskij in der Ouvertüre als erstes Thema auf.[125]

Notenbeispiel 7: Edward William Lane, *An account of the manners and customs of the modern Egyptians*, Beispiel für ein populäres ägyptisches Liebeslied.

Die Übersetzung dieses ersten Verses (es folgen noch mehrere Strophen) ist angegeben mit:

»O thou in the long-sleeved yelek!
O thou in the long-sleeved yelek!
The beloved is gone: my companion has not returned.«

Eine weitere Melodie des Balletts war ebenfalls ursprünglich in Edward William Lanes *An account of the manners and*

---

125 Vgl. Edward William Lane, *An account of the manners and customs of the modern Egyptians, written in Egypt during the years 1833, -34, and 35, partly from notes made during a former visit to that country in the years 1825, -26, -27, and 28*, London 1860, S. 370f.

custom of the modern egyptians aufgezeichnet worden, es findet sich dort drei Kapitel später im Abschnitt »Public recitations of romances«. Dieser Teil beschreibt, wie in ägyptischen Kaffeehäusern Rezitatoren auf bestimmte Art und unter Zuhilfenahme eines gestrichenen Saiteninstruments auswendig Prosa und Verse rezitieren. Meist wurde der Rezitator dabei zudem von einem weiteren Instrumentalisten begleitet. Lane gibt dem Leser ein Beispiel für die begleitende Musik:

Notenbeispiel 8: Edward William Lane, *An account of the manners and customs of the modern Egyptians*, Beispiel für eine musikalische Begleitung zur Rezitation

Diese übernahm Arenskij, rhythmisch und durch eine Wiederholung der ersten drei Takte geringfügig ergänzt, in die Nr. 8 *Danse des égyptiennes*:

Notenbeispiel 9: Anton Arenskij, erstes Thema der Nr. 8 *Danse des égyptiennes*.

Dass Arenskij bei der Suche nach orientalischen Musikbeispielen auf Edward William Lane zurückgriff, ist nicht verwunderlich. Lane galt als führender Orientspezialist und ausgewiesener Kenner seines Fachs. Später wurde er Herausgeber eines Arabisch-Lexikons, das zu seiner Zeit als höchst gelehrsam galt. Auch *An account of the manners and custom of the modern Egyptians* war als »the most perfect picture of a people's life that has ever been written«[126] bekannt, weswegen die erste Auflage innerhalb von zwei Wochen bereits ausverkauft war. Eine zweite Auflage mit 6.500 Exemplaren verkaufte sich ähnlich schnell. Neben diesem Klassiker der Reisebeschreibung veröffentlichte Edward William Lane außerdem 1840 die erste englische Übersetzung von *Tausendundeine Nacht*, die nicht aus der französischen Version, sondern direkt vom Arabischen ins Englische übertragen worden war.

Ein weiteres Motiv, das sich sowohl in der Ouvertüre als auch im *Danse des égyptiennes* findet, stammt aus den Studien Edme-François Jomards (1777–1862), allerdings konnte die genaue Quelle Jomards bisher nicht ermittelt werden. Arenskij notiert an entsprechender Stelle im Klavierauszug lediglich »Mélodie notée par Jomard«. Dass es sich bei jenem von Arenskij erwähnten Jomard um den besagten Edme-François Jomard handelt, ist insofern wahrscheinlich, da dieser ein einflussreicher französischer Geograf gewesen war, der als Mitglied des wissenschaftlichen Begleittrosses an Napoleons Ägyptenfeldzug teilgenommen hatte. Unter Jomards Leitung war die Erstausgabe der prestigeträchtigen *Description de l'Égypte* entstanden, eine umfassende Beschreibung Ägyptens, seines Altertums, der Kultur sowie der Tier- und Pflanzenwelt mit mehreren Hundert Kupferstichen.[127] Das Werk

---

126 Arthur John Arberry, *Oriental Essays. Portraits of seven scholars*, Richmond 1997, S. 87.

127 Der vollständige Titel lautet *Description de l'Égypte ou recueil des observations et des recherches qui ont été faites en Égypte pendant l'expedi-*

war von enormer Bedeutung, von ihm gingen entscheidende Impulse für die Begründung des Fachs der Ägyptologie aus. Außerdem konnte der militärische Misserfolg Napoleons, im Rahmen dessen die Recherchen zur *Description de l'Égypte* entstanden waren, durch den Glanz der wissenschaftlichen Ergebnisse etwas in den Hintergrund treten.

Jomard selbst war zunächst weniger an Musik als an Geografie interessiert gewesen. In den 1820er Jahren war er Mitbegründer einer geografischen Gesellschaft, deren Ziel es war, das geografische Wissen, die Erstellung von Karten und die Korrespondenz mit Forschungsreisenden zu fördern. Erst gegen Ende seines Lebens ging sein Interesse für die Sammlung von Informationen in Form einer geordneten Darstellung, wie sie eine Karte bot, über rein geografische Informationen hinaus und er wandte sich verstärkt der Völkerkunde zu. 1862 veröffentlichte er in Paris die Studie *Classification méthodique des produits de l'industrie extra-européenne*,[128] bei der er folgende Klassifikationen vornahm: »1. The study of man through his language. 2. The study of man through his physical condition. 3. The study of man through the works of his intelligence and industry.«[129]

Im Bewusstsein, dass über Sprache und Aussehen der Völker hinaus weitere Informationen von Interesse waren, suchte Jomard nach einer übergeordneten Struktur, mit deren Hilfe er seine Beobachtungen festhalten konnte. Gewisser-

---

     tion de l'Armée Française publié par les ordres de Sa Majesté l'empereur Napoléon le Grand.

128   Der vollständige Titel lautet *Classification méthodique des produits de l'industrie extra-européenne ou objets provenant des voyages lointains suivie du plan de la classification d'une collection ethnographique complète.*

129   Zitiert nach: Anne Marie Claire Godlewska, *Geography unbound: French geographic science from Cassini to Humboldt*, Chicago (u. a.), 1999, S. 141.

maßen als ein Schritt vor der Interpretation dieser Beobachtungen war es sein Ziel, anhand bestimmter (und nicht nur geografischer) Parameter eine Art allumfassende Karte über das Leben verschiedener Völker zu erstellen. Die zehn Kategorien, die er für dieses übergreifende Ordnungssystem festlegte, waren: »I. Images représentant la physionomie des indigènes, II. Objets et ustensiles propres à procurer la nourriture, III. Objets relatifs au vêtement, IV. Objets relatifs au logement et aux constructions, V. Économie domestique, VI. Objets propres à la défense de l'homme, VII. Objets relatifs aux arts divers et aux sciences, VIII. Musique, IX. Mœurs et usages, X. Objets de culte.«[130] Diesen »classes« ordnete er weitere »ordres« unter, die hier jedoch mit einer Ausnahme unerwähnt bleiben sollen: Innerhalb der »Classe VIII. Musique« nennt er vier »ordres«, nämlich Schlag-, Blas- und Saiteninstrumente, sowie »Chants notés«, also musikalische Beispiele.[131] Vorstellbar war für ihn diese Kartografisierung völkerkundlichen Wissens übrigens weniger in Form einer Karte aus Papier, sondern – worauf der Begriff »Classification« bereits hinweist – im Rahmen eines Museums.

Im Mittelteil der Nr. 6 *Entrée solennelle d'Antoine* vermerkt Anton Arenskij *Mélodies, tirées de ›L'histoire illustrée de la musique par Em. Naumann‹*. Er bezieht sich dabei auf den kurzen B-Teil mit den Takten 89–108, dessen melodischer Gehalt durch taktweise sich wiederholende Sekund- und Terzschritte auf einfachste Floskeln reduziert ist. Sowohl motivisch wie harmonisch sind die Takte höchst simpel gebaut:

---

130 Edme-François Jomard, *Classification méthodique des produits de l'industrie extra-européenne ou objets provenant des voyages lointains suivie du plan de la classification d'une collection ethnographique complète*, Paris 1862, S. 16.

131 Leider war in der zugänglichen Ausgabe der Anhang, auf den Jomard zur Einsicht in die Notenbeispiele verweist, nicht vollständig enthalten. Vermutlich ist hier die entsprechende Vorlage für die Melodie in Arenskijs *Eine Nacht in Ägypten* zu finden.

Notenbeispiel 10: Anton Arenskij, Takte 98–108, Nr. 6 *Entrée solennelle d'Antoine.*

Die Bausteine zu dieser sehr einfachen Melodie finden sich im zweiten Kapitel *Die Aegypter, Aethiopier und Vorderasiaten* des ersten Teils von Band 1 der *Illustrierten Musikgeschichte* von Emil Naumann, einem Enkel Johann Gottlieb Naumanns.[132] Dieser führt die ersten vier Takte als Beispiel für die Tatsache an, dass das Lied der Ägypter wie der Äthiopier die Grenzen eines Tetrachords nicht überschreite. Es handle sich, so Naumann, dabei um ein damals in Nubien und Abessinien gesungenes Rundlied:

---

132   Vgl. Emil Naumann, *Illustrierte Musikgeschichte. Die Entwicklung der Tonkunst aus den frühesten Anfängen bis auf die Gegenwart*, Berlin, Stuttgart 1885, S. 51. Es handelt sich hierbei um die erste Auflage der *Illustrierten Musikgeschichte*, denn nur diese Ausgabe erschien in zwei Bänden. Die folgenden Ausgaben wurden zu einem Band zusammengefasst auf Kosten insbesondere des ersten Buches »Die Entwicklung der Musik im classischen und vorclassischen Alterthum« und den darin genannten Musikbeispielen. In den folgenden Auflagen sind also genau jene Musikbeispiele nicht mehr nachzuvollziehen, die in Arenskijs *Eine Nacht in Ägypten* wieder auftauchen.

Notenbeispiel 11: Emil Naumann, *Illustrierte Musikgeschichte*,
Beispiel für ein Rundlied aus Nubien und Abessinien.

Die Takte 97 bis 108 entnimmt Arenskij den bei Naumann folgenden drei Beispielen für Melodien dreier verschiedener Orte, die lediglich einen Umfang von zwei oder drei Tönen aufweisen. Die Takte 97 bis 100 entsprechen einer Melodie aus Gonga:

Notenbeispiel 12: Emil Naumann, *Illustrierte Musikgeschichte*,
Beispiel für eine melodische Phrase aus Gonga.

Die Takte 101 bis 104 nehmen eine Melodie aus Tigre auf:

Notenbeispiel 13: Emil Naumann, *Illustrierte Musikgeschichte*,
Beispiel für eine melodische Phrase aus Tigre.

Die Takte 105 bis 108 entsprechen einem Gesang aus Amhara:

Notenbeispiel 14: Emil Naumann, *Illustrierte Musikgeschichte*,
Beispiel für eine melodische Phrase aus Amhara.

Den einfachen Charakter führt Naumann dabei als Beweis für die Primitivität und Naturnähe der jeweiligen Völker an: »Ist es nicht, als hörten wir die sich immer in derselben Weise wiederholenden Rufe gewisser Vögel, wie sie in tiefster Waldeinsamkeit, in halb heiteren, halb klagenden Tönen unser Ohr berühren?«[133] Arenskij gleicht in der Passage, in die er die Beispiele Naumanns übernommen hat, die Harmonisierung an und gestaltet den Mittelteil von Antonius' Auftrittsmusik somit überraschend schlicht.

Auch das Thema der Nr. 7 *Danse des juives* entnahm Arenskij der Musikgeschichte Emil Naumanns, worauf die Anmerkung »Chanson hebraïque ›Chant d'allegresse de Mariam‹« im Klavierauszug jedoch nicht hinweist. Dem soeben erwähnten Kapitel »Die Aegypter, Aethiopier und Vorderasiaten« folgt in Naumanns Musikgeschichte der Abschnitt »Die Israeliten«, in dem Arenskij für die Nr. 7 fündig wurde. Nach Erläuterungen zu den gebräuchlichen Instrumenten werden auch hier wenige musikalische Beispiele gegeben, die »zu jenen Resten musikalischer Traditionen aus früheren Zeiten zu gehören scheinen.«[134] Naumann vermutet, »das meiste Alte [als] sicher untergegangen, höchstens haben sich noch hier und da einige kümmerliche Reste der frühen Tonweisen erhalten.«[135] Der Triumphgesang der Mirjam, den Arenskij aus Naumanns Musikgeschichte für *Eine Nacht in Ägypten* übernahm, sei – so schreibt Naumann – in nahezu unveränderter Gestalt in den verschiedensten europäischen Ländern im Gottesdienst israelitischer Gemeinden zu hören. Den Hinweis, dass Beispiel sei »nicht ganz streng im Takte, sondern fast recitierend vorzutragen«, übergeht Arenskij hierbei und unterlegt die achttaktige Melodie mit einem wiegend-gleichbleibenden Rhythmus:

---

133 Naumann, *Illustrierte Musikgeschichte*, Band 1, S. 51.

134 Ebd., S. 76.

135 Ebd., S. 75.

Notenbeispiel 15: Emil Naumann, *Illustrierte Musikgeschichte*, Triumphgesang der Mirjam.

Notenbeispiel 16: Anton Arenskij, Takte 3 bis 10 der Nr. 7 *Danse des juives*.

In der Nr. 9 *Danse des Ghazies* findet sich eine Melodie, die bereits 1780 von Jean Benjamin de Labordes in seinem mehrbändigen Werk *Essai sur la musique ancienne et moderne* festgehalten wurde. Jean Benjamin de Laborde (1734–1794) war Komponist, Geiger, Musikschriftsteller sowie Schüler Rameaus und Dauvergnes. Er war befreundet mit Voltaire, dem Schriftsteller Pierre Augustin de Beaumarchais und mit der Schwester des Direktors der Opéra verheiratet, die im Dienst Marie-Antoinettes stand. Seine engen Verbindungen zum Hof kosteten ihn jedoch – im wahrsten Sinne des Wortes – den Kopf. Im Zuge der revolutionären Wirren in Frankreich wurden sein Haus und die darin befindliche große Bibliothek angezündet, er selbst wurde gefangen genommen, verurteilt und guillotiniert. In seiner umfangreichen und mit zahlreichen Notenbeispielen, Abbildungen und Tafeln aufwendig gestalteten Musikgeschichte beschreibt er systematisch die Entwicklung der Musik vom Altertum bis zur Gegenwart. Das »Livre Premier« umfasst beispielsweise die Kapitel »I. De la Musique, II. Sa division, III. Division de la Vocale & de L'Instrumentale, suivant les Anciens«,[136] denen sich Betrachtungen über die Musik der Juden, Chaldäer, Orientalen, Ägypter, Griechen und Römer sowie der Italiener, Gallier, Chinesen, Ungarn, Perser, Türken und Araber anschließen. Auch Aspekte der damaligen Form des Applauses und der Notation zwischen dem 14. und 16. Jahrhundert kommen zur Sprache. Das zweite Buch ist mit dem Titel »Des Instruments«, das dritte mit »Abrégé d'un Traité de Composition«, das vierte mit »Des Chansons« überschrieben. Livre V. und VI. sind Beschreibungen zu Dichtern, Musikern, Komponisten und Autoren von der Antike bis zur Gegenwart in Frankreich und Italien. Die bei *Eine Nacht in Ägypten* verwendete Melodie ist Kapitel 18 »Des Instruments Arabes« des zweiten Buches entnommen. Anschaulich und durchaus unterhaltsam schreibt de Laborde dort über die Eigenschaften von Musik, Tanz und Instrumenten der Türken, z. B. dass es dieser Musik an Vollkommenheit mangele, da Türken und Araber von sozial höherem Rang der Meinung seien, sich durch das Erlernen von Musik und Tanz zu entehren. Es folgen sechs Notenbeispiele,[137] deren letztes, der »Danse Turque«, die von Arenskij verwendete Melodie beinhaltet:

---

136   Jean Benjamin de Laborde, *Essai sur la Musique ancienne et moderne*, Nachdruck der ersten Ausgabe von 1870, New York 1978, S. 1.

137   Vgl. Ebd., S. 383 f. Sie sind mit den folgenden Titeln versehen: *Air Bédouin, Prélude pour le Mizmoune, Le Mizmoune* (mit dem Hinweis, dass es sich um eine bei den Beduinen berühmte Melodie handelt), *Air Maure, Danse Maure* und *Danse Turque*.

Notenbeispiel 17: Jean Benjamin de Laborde, *Essai sur la Musique ancienne et moderne*, Beispiel für einen türkischen Tanz.

Es fällt auf, dass Arenskij die Melodie in notierter Ton- und Taktart original für die Nr. 9 übernahm, jedoch den Rhythmus des Originals, dessen Notierung vom ³/₄- zum ⁴/₄- Takt wechselt, beim Taktwechsel glättete, indem er den ³/₄-Takt beibehielt und die im Original als punktierte halbe notierte Note verkürzte. Auch de Labordes Hinweis auf die übliche Instrumentierung mit einer Violine mit langem Hals und einem Hackbrett[138] schiebt er beiseite und instrumentiert die der Quelle entnommene Melodie, die sich auf den A-Teil des *Danse des Ghazies* und dessen Wiederholung beschränkt, im gesamten Orchester.

August von Adelburg (1830–1873), von dem Anton Arenskij die Melodie für die Nr. 10 *Charmeuse des serpents* übernahm, wurde als Sohn eines Diplomaten in der Türkei geboren und verbrachte seine Kindheit in Konstantinopel. Nach einem Geigenstudium in Wien bei Joseph Mayseder kam er 1858 nach Istanbul zurück, um dort vor dem Sultan des Osmanischen Reiches, Abdülmecid, zu konzertieren. Ihm, »Abdülmecid, dem Siegreichen«,[139] widmete August von Adel-

---

138 »Ils se servent principalement de deux instruments, dont l'un ressemble à un Violon à long col, qu'on touche comme le Rebabb, & l'autre ressemble à notre Tympanon, ayant des cordes de cuivre.« Ebd., S. 383.

139 Russland hatte versucht, sich die Situation des zerfallenden Osmanischen Reiches zunutze zu machen und die Kontrolle über die wichtigen Meerengen am Bosporus und den Dardanellen zu gewinnen. Darüber war es zum Krimkrieg (1853–1856) gekom-

burg seine Sinfonie-Fantasie op. 9 *Aux bords du Bosphore* mit den fünf Sätzen *Méditations et Rêveries, Chanson turque (Maneh), Tempo primo, Grand Marche du Médjidié* und *Final: Lever de la lune et Chant nocturne sur le Bosphore.* Nach einem gänzlich im westeuropäischen Stil komponierten ersten Satz mit motivischem Bezug zum zweiten Satz *Szene am Bach* aus Beethovens Sinfonie Nr. 6 *Pastorale* folgt ein türkisches Lied im Orchesterunisono.[140] Dessen Melodie bildet den ersten Teil von Arenskijs Nr. 10 *Charmeuse des serpents.* Nach vier einleitenden Takten – bei Adelburg eine liegende Note, bei Arenskij die Umspielung des g^2 – sind die folgenden 35 Takte von Adelburg durch Arenskij melodisch unverändert übernommen und werden im Allegretto der Oboe übergeben. Die einzige melodische Veränderung erfährt die Melodie durch die Auslassung der Takte 18 bis 28, die Arenskij zu einem Überleitungstakt zusammenfasst. Adelburgs Komposition greift im dritten Satz thematisch auf den ersten zurück, der *Grand Marche du Médjidié* folgt dem europäischen Marschmodell mit Trio, erfüllt in der Instrumentierung die Alla-turca-Erwartungen und verwendet den bereits aus dem *Chanson turque (Maneh)* bekannten übermäßigen Sekundschritt. Im letzten Satz, einem Notturno, erklingt das Thema vom Beginn des Werks.

Das letzte Motiv, das aus Originalquellen in *Eine Nacht in Ägypten* übernommen wurde, stammt aus den Schriften des Forschers Guillaume André Villoteau (1759–1839) und wurde in die Nr. 11 *Pas de deux* übernommen. Villoteau hatte wie Jomard an der französischen Expedition nach Ägypten teilgenommen und die musikspezifischen Teile der *Description de l'Égypte* verfasst, die später separat unter dem Titel *Recueil*

---

men, den die Allianz von Osmanischem Reich, Frankreich, Großbritannien und Piemont-Sardinien gegen Russland gewann.

140   Die vom Komponisten in Klammern gesetzte Bezeichnung *Maneh* bezieht sich auf die Form eines arabischen Vierzeilers mit typischerweise sieben Silben in jeder Zeile.

de tous les mémoirs sur la musique des Égyptiens et des Orienteaux veröffentlicht wurden. In dieser zweibändigen Ausgabe des *Recueil*[141] beschreibt er neben den Musikinstrumenten verschiedener Völker des Mittleren Ostens, Griechenlands und Ägyptens ebenso allgemeine Begebenheiten des kulturellen Lebens der modernen Ägypter und äußert sich zum Ursprung der dortigen Musik, zum System, zur Theorie, zu Melodiebildungen sowie zu den musikalischen Zeichen der Araber und der Orientalen. Im zweiten Band berichtet Villoteau unter »Première Parie: Des diverses espèces de musique de l'Afrique en usage dans l'Égypte, et principalement au Kaire. Chapitre Ier: De la musique arabe« im Abschnitt IV »Des chansons musicales en arabe vulgaire, exécutées par les alâtyeh ou musiciens de profession« von den Alâtyeh, professionellen Instrumentalistinnen, die ihren Gesang immer instrumental begleiten. Wie bei den anderen Autoren folgt eine Reihe von Beispielen in abendländischer Notation, deren Texte hier in arabischer Schrift, lateinischer Transliteration und französischer Übersetzung von Sylvestre de Sacy wiedergegeben sind. Eines dieser Beispiele, der »Chanson de Malbrouk, travestie en chant arabe par les Egyptiens«, ein Liebeslied, bildet weitgehend unverändert die Takte 1 bis 40 der Nr. 11 *Pas de deux*.[142]

Der Schein, Arenskij habe sich eingehend mit mehreren Autoren der frühen Orientwissenschaft auseinandergesetzt, trügt jedoch. Die Auswahl seiner Beispiele deutet stark darauf hin, dass er sie alle bis auf zwei Ausnahmen – die Melodi-

---

141 Die Namen der beiden Bände lauten: *Description historique, technique et littéraire, des Instruments de musique des Orientaux* und *État moderne. De l'État actuel. De l'art musical en Égypte, ou relation historique et descriptive des recherches et observations faites sur la musique en ce pays.*

142 Wie bei den übrigen Beispielen auch wurde die Melodie lediglich in die richtige Tonart transponiert, außerdem änderte Arenskij in diesem Fall das im ⁶/₈-Takt notierte Beispiel in einen ¾-Takt.

en von August von Adelburg und Guillaume André Villoteau in den Nummern 10 und 11 – einer einzigen Quelle entnommen hat, nämlich der bereits erwähnten *Illustrierten Musikgeschichte* von Emil Naumann aus dem Jahr 1885. Dabei muss er sich auf die erste Auflage dieser Publikation gestützt haben, denn nur sie enthält im Gegensatz zu den folgenden einbändigen Auflagen mehrere Musikbeispiele zum klassischen und vorklassischen Altertum.[143] Im bereits erwähnten Kapitel »Die Aegypter, Aethiopier und Vorderasiaten« findet sich als erstes Beispiel das Motiv Edward William Lanes, mit dem die Ouvertüre und somit das gesamte Ballett beginnt.[144] Die dann folgenden beiden Beispiele sind das Motiv Lanes aus der Nr. 8 *Danse des égyptiennes* und Jomards aus der *Ouverture*. Wenige Seiten später finden sich die bereits beschriebenen Vorlagen zum *Entrée solennelle d'Antoine* und zum *Danse des juives*. Wieder einige Seiten später, im Kapitel »Die Islamiten«, fand Arenskij de Labordes Beispiel für das Thema zur Nr. 9 *Danse des Ghazies*, das bereits Carl Maria von Weber für ein Ballett im ersten Takt seiner Oper *Oberon* übernommen hatte. Erklingt bei Weber das Thema im Horn und weist somit sämtliche Beschreibung zur eigentlichen Instrumentierung im originalen Umfeld zurück, so übernahm Arenskij zumindest die Kastagnetten, von denen Naumann schreibt, dass die Tänzerinnen in Kairo (Ghazies) ihren Tanz mit ihnen begleiten würden. In jenem Kapitel verweist Naumann auch auf Aufzeichnungen von Villoteau, wodurch Arenskij möglicherweise auf ihn aufmerksam wurde. August von Adelburg bleibt somit innerhalb der Quellen, derer sich Arenskij bediente, ein Au-

---

143 Die nächste, also zweite Auflage erschien zudem erst 1908, also nachdem Arenskij das Ballett komponiert hatte.

144 Vgl. Naumann, *Illustrierte Musikgeschichte*, Band 1, S. 41.

ßenseiter, weil Arenskij Adelburg aus einer anderen Quelle gekannt haben muss.[145]

Arenskij geht mit den Orientalismen in *Eine Nacht in Ägypten* auffällig unkonventionell um und verzichtet weitgehend auf die besonders aus der russischen Musik bekannten Klischees zur Darstellung von Couleur locale. Dafür greift er auf authentische Quellen zurück, die er »aus zweiter Hand«, also durch eine Musikgeschichte kennengelernt hatte und die ursprünglich von der französischen und englischen Wissenschaft des 18. und 19. Jahrhunderts aufgezeichnet worden waren. Hierin besteht ein bedeutender Unterschied zu seinen Komponistenkollegen, z. B. zu seinem Lehrer Rimskij-Korsakov, der – sofern er auf authentisches Material zurückgriff – sich auf den von Russland dominierten Kulturkreis beschränkte. In seinem kompositorischen Vorgehen folgte Arenskij dennoch den meisten russischen und westeuropäischen Komponisten, indem er die Melodien bzw. deren Vorlagen zwar passend zum Sujet wählte, allerdings den Regeln eines europäischen Tonsatzes unterwarf und in ein standardisiertes formales Gefüge der abendländischen Musiktradition einbettete. In diesem Fall handelt es sich bei dem formalen Gefüge, wie zuvor erläutert, um das Modell einer Ballettmusik, wie es sich bereits zur Zeit Arenskijs etabliert hatte.

Anton Arenskij konnte davon ausgehen, dass die Schriften, denen er die Melodien entnommen hatte, zumindest dem Namen nach einem Teil des Publikums bekannt sein würden. Dass die musikalischen Beispiele vom Zuhörer des Balletts erkannt und mit den Studien in Verbindung gebracht werden würden, konnte er jedoch nicht voraussetzen. Daher notierte er die Quellen der jeweiligen Motive und Themen in den Noten, so dass zumindest die Choreografen sich der orienta-

---

145 Möglicherweise war Arenskij auf ihn wegen eines Disputs um die Musik der Ungarn aufmerksam geworden, den August von Adelburg mit Franz Liszt geführt hatte und der publiziert worden war.

lisierenden Mittel des Komponisten bewusst wurden. Dennoch hatte er weitgehend auf Zugeständnisse an das Publikum, die eine klischeehafte Vorstellung und somit bestimmte klangliche Erwartungen von Ägypten und der Königin Kleopatra haben mussten, verzichtet zugunsten authentischer Motive und Themen, die vom Publikum ohne einen Hinweis auf ihren Ursprung mit Sicherheit nicht registriert worden wären.

Wie Sergej Djagilevs Vorgehen bei der Veränderung der Partitur von *Eine Nacht in Ägypten* war, wird im Nachhinein nun zusätzlich noch unter einem anderen Aspekt deutlich. Vor allem veränderte er die Teile des Balletts, die tänzerisch geschlossene Passagen enthielten. Musik zu ersetzen, in der Arenskij lautmalerisch von der Handlung erzählte, wäre problematisch geworden, so dass er sich offenbar auf die Nummern beschränkte, die weniger Handlung und dafür umso mehr Tanz beinhalteten. Zu den Veränderungen, die das geänderte Libretto auch für die Musik erforderte, strich Djagilev ebenfalls Passagen, die musikalisch wenig originell und einfallsreich waren, so etwa die langatmige Ouvertüre. Konsequenterweise musste das musikalisch verwandte Finale somit ebenso weichen. Die Nr. 2 *Entrée de Cléopâtre et scène* sowie die Nr. 3 *Danse d'Arsinoé et des esclaves* wurden vermutlich gleichfalls aus diesem Grund ausgetauscht. Die ebenso motivisch sehr simple Nr. 6 *Entrée solennelle d'Antoine* war bereits durch den Wegfall des Antonius überflüssig geworden.

Berücksichtigt man die Einfügungen für die Nummern 2 und 3, aber auch für die Nr. 11 *Pas de deux*, so wird deutlich, welches Manko die Partitur Arenskijs in den Augen Djagilevs und seiner Mitarbeiter noch hatte: Sie vermittelte zu wenig orientalisches Kolorit. Besonders der Auftritt der ägyptischen Königin und der folgende Tanz wurden durch die Musik Rimskij-Korsakovs zu einer opulenten Szene reich an musikalischen Exotismen, die näher in den folgenden Kapiteln besprochen werden sollen. Dies traf auch auf den Ersatz für die Ouvertüre, Taneevs Introduktion aus *Orestie*, und Glinkas *Türkischen Tanz* zu. Sehr wahrscheinlich wurden aus diesem Grund auch die Nummern 8 und 9 zu einem gemeinsamen Tanz zusammengezogen. Die Nr. 8 *Danse des égyptiennes* vermittelte durch den geringen Tonumfang und die in sich kreisende Melodik, vorgetragen von der Flöte in tiefer Lage, noch klangliche Exotik. Der schlichte Mittelteil ohne ebensolches Kolorit wurde gekürzt, der ähnlich problematische erste Teil der Nr. 9 *Danse des Ghazies* ausgelassen. Erst im zweiten Teil der Nr. 9, der für *Cléopâtre* an die verkürzte Nr. 8 als Trio angehängt wurde, stellte sich durch die Instrumentierung mit Tamburin wieder ein orientalischer Klangeindruck ein. Das Ballett *Cléopâtre* war klanglich den Erwartungen, die das Sujet hervorrief, also viel näher, als Arenskij dies in seiner Partitur von *Eine Nacht in Ägypten* vermochte, auch wenn er dafür originale Melodien verwendet hatte.

2.4 Die musikalischen Einschübe in *Cléopâtre* in ihrem ursprünglichen Kontext

In diesem Kapitel der vorliegenden Arbeit werden die Teile, die von Sergej Djagilev in die Partitur von Anton Arenskijs *Eine Nacht in Ägypten* eingefügt wurden, in ihrem ursprünglichen Kontext beschrieben. Ziel ist es, herauszufinden, welche Gemeinsamkeiten die Einschübe verbinden. Bereits Exkurs 2 zur politischen und kulturellen Situation in Russland um 1900 hat hierzu Ergebnisse gezeigt. Dabei lag das Augenmerk jedoch auf der künstlerischen und politischen Situation, in der *Eine Nacht in Ägypten* sowie einige Einschübe entstanden. Im Folgenden richtet sich der Fokus auf den unmittelbaren Kontext der entnommenen Passagen, um die Frage zu beantworten, ob ihre ursprüngliche semantische Funktion für Djagilev und die Übertragung in *Cléopâtre* eine Rolle spielte.

2.4.1 Introduktion zu Sergej Taneevs Oper *Orestie*

Für Sergej Djagilev war es keine leichte Aufgabe, die Ballett-musik *Eine Nacht in Ägypten* mit passenden Ergänzungen zu versehen, galt das antike Sujet in Russland für einen Opern-stoff doch als ungeeignet.[146] Erst gegen Ende des 19. Jahrhun-derts hatte Sergej Taneev als erster russischer Komponist eine Oper mit antikem Sujet in russischer Sprache geschrieben. Es verwundert insofern nicht, dass für *Cléopâtre* in diesem Werk nach geeigneten Einschüben gesucht wurde, auch wenn die Antike nicht zu den beliebten Epochen der russischen Opern-komponisten gehörte. Zur Problematik des antiken Stoffes schreibt German Laroš in seiner Kritik zu *Orestie* 1895:

> »Wie oft ist nicht hartnäckig von der strengen Ästhetik behauptet worden, die klassische Antike sei ihrem Wesen nach unmusikalisch und ihrer bildhaften klaren Poesie fehle ein lyrisches clair-obscur so-wie das üppige Schillern moderner Stimmungen. Daraus wurde ge-schlossen, daß alle Versuche einer Vertonung antiker Dichtung mit zeitgenössischen musikalischen Mitteln mehr oder minder mißlin-gen müßten.«[147]

Als Gegenbeweis berief sich Laroš jedoch nicht nur auf die antiken Stoffe der ersten Opern der Musikgeschichte, son-dern fügte als Seitenhieb auf seine Zeitgenossen noch hinzu: »Ich meinerseits finde, die strengen Ästheten haben unrecht. Es scheint mir noch immer erträglich, antike Helden und Göt-ter auf der Bühne *singend* zu erleben als in gleicher Weise sin-gende Zeitgenossen wie Fuhrleute, Weinhändler oder Arbei-ter aus der Tabakfabrik.«[148] Damit stand er als Kritiker jedoch

---

146 Zur Antike-Rezeption in der russischen Oper vgl. Braun, *Studien zur russischen Oper im späten 19. Jahrhundert*, S. 341–347.

147 Hermann Laroche, Sergej Taneevs Oresteja (1895), in: Andreas Wehrmeyer, *Sergej Ta-neev – Musikgelehrter und Komponist. Materi-alien zum Leben und Werk*, Berlin 1996, S. 268.

148 Ebd., S. 268.

nahezu alleine da, denn die Tagespresse verurteilte die Oper insbesondere wegen ihres unzeitgemäßen Stoffes.[149]

Allerdings lässt sich an diesem Kommentar nicht nur Laroš' eigene, sondern auch die Position des 1856 geborenen Sergej Taneev innerhalb der russischen Komponistenszene ablesen. Bereits als Student in der Kompositionsklasse Čajkovskijs und der Klavierklasse Rubinštejns hatte Sergej Taneev durch sein Können geglänzt und seine beiden Lehrer am Konservatorium schließlich abgelöst. Nicht wenige seiner zahlreichen Schüler wurden prominente Komponisten, wie z. B. Aleksandr Skrjabin, Sergej Rachmaninov und Rejngol'd Glièr. Er war nicht nur als einer der bedeutendsten Pianisten Russlands bekannt, sondern genoss ebenfalls den Ruf eines vorzüglichen Lehrers und Musiktheoretikers. Taneev unterrichtete bei seinen Schülern keinen strengen eigenen Stil, sondern förderte die unterschiedlichen jungen Begabungen ganz individuell, auch wenn sich seine musikalisch konservativen Ansichten sicherlich prägend auf seine Schüler ausgewirkt haben mögen. Dabei vertrat er die Meinung, dass Anknüpfungspunkt für eine russische Nationalmusik nicht die aktuelle und bereits im Verfall begriffene Musik des Westens sein könne, sondern sich diese organisch aus kontrapunktischen Bearbeitungen von Volks- und Kirchenliedern über die Fuge zu abstrakt instrumentalen Formen entwickeln müsse. Insofern habe Russ-

---

149   Dass die Oper nach acht Vorstellungen wieder vom Spielplan gestrichen wurde, hatte jedoch nicht nur damit zu tun. Zu bedenken ist, dass das Publikum sich mehr und mehr – wie in Exkurs 2 bereits angedeutet – für die Musikdramen Wagners begeisterte. Außerdem hatte sich Taneev mit dem Theater überworfen, weil innerhalb der sehr langen Oper Kürzungen ohne sein Einverständnis vorgenommen worden waren. Nach einer erfolgreichen Aufführung durch Sergej Simins Moskauer Opernensembles 1917 fand *Orestie* keine weitere Resonanz. Vgl. Lucinde Lauer, *Sergej Iwanowitsch Tanejew. Oresteja*, in: Carl Dahlhaus (u. a.), *Pipers Enzyklopädie des Musiktheaters. Oper, Operette, Musical, Ballett*, München 1997, Band 6, S. 250–252.

land also die Entwicklung der westlichen Musik, insbesondere das Zeitalter der Vokalpolyphonie, noch nachzuholen. Er selbst war dieser Meinung in seiner kompositorischen Praxis verpflichtet, beherrschte sein Handwerk durch das Studium alter westlicher Meister, deren Prinzipien – insbesondere den Kontrapunkt – er für die Gegenwart lebendig zu halten versuchte. Wegen seiner kritischen Sichtweise und moralischen Strenge, von der er sich selbst nicht ausnahm, verlangte er für private Unterrichtsstunden kein Honorar.[150] Er gab auch das von ihm erfolgreich ausgeübte Amt des Direktors am Konservatorium auf, um sich stärker dem eigenen Schaffen als Komponist und Pianist widmen zu können. Da der Schwerpunkt seines Wirkens auf der Komposition von Kammermusik lag, war die Bekanntheit seines Œuvres nicht mit dem von Rimskij-Korsakov vergleichbar. Auch Glazunovs Werke waren in Russland bekannter als die Taneevs, obwohl die beiden in Moskau und Sankt Petersburg vergleichbare Posten besetzten. Umso mehr ragt die Oper *Orestie* als einzige Komposition Taneevs für das Musiktheater hervor. Trotz der Bezeichnung *Musikalische Trilogie* handelt es sich um eine einzige Oper mit drei Akten, deren Werkgenese sich jedoch über 18 Jahre, von 1882 bis 1900, erstreckte.[151] Dabei wandte Taneev ein Verfahren an, das er selbst in einem Brief an Pëtr Čajkovskij beschrieb:

> *»Das System besteht darin, daß keine einzige Nummer zu Ende komponiert wird, ehe nicht der Entwurf des ganzen Werkes fertig ist; man könnte also sagen: in einer konzentrischen Kompositionsweise, bei der das Ganze nicht aus einzelnen einander folgenden Tei-*

---

150   Sergej Taneev lebte bis an sein Lebensende 1915 ohne fließendes Wasser, elektrischen Strom und Telefon und konsumierte weder Alkohol noch Tabak. Auch in dieser Hinsicht war er das Gegenteil zu seinem engen Freund Anton Arenskij (vgl. Kap. 2.3).

151   Weitere Details zur Entstehung der Oper finden sich bei Lucinde Lauer, *Eine klassische Oper für Rußland – Entstehung und Konzeption von Sergej Taneevs »Orestie«*, in: Werner Breig (Hrsg.), *Opernkomposition als Prozess*, Kassel (u. a.) 1996, S. 127–145.

> len zusammengesetzt wird, sondern vom Ganzen ausgehend hin zu
> den Details: von der Oper zu den Akten, von den Akten zu den Sze-
> nen, von den Szenen zu den einzelnen Nummern. Unter solchen
> Umständen kann man im voraus die wichtigsten Stellen des Dra-
> mas markieren, auf die sich vorzugsweise die Aufmerksamkeit des
> Komponisten zu konzentrieren hat, kann man die Länge der Szenen
> und Nummern im Verhältnis zu ihrer relativen Bedeutsamkeit be-
> stimmen, den Modulationsplan der Akte aufstellen, die Orchester-
> klänge über das ganze Werk verteilen usw.«[152]

Taneevs Partitur setzt sich durch die hohe harmonische und
motivische Durchdringung und Konstruktion von den episo-
disch angelegten Werken der früheren Generationen ab. Formale Orientierungspunkte erhielt der Komponist durch die
Opern Glucks und Mozarts, insbesondere durch *Don Giovanni* sowie die Oper *Pique Dame* seines Lehrers Čajkovskij.[153]
Auch das Libretto, dessen Vorlage Aischylos' *Oresteia* ist, weist
den zeitgenössischen Realismus oder das von Rimskij-Korsakov präferierte Modell der Märchenoper zurück. Von Aleksej
Venkstern nach Maßgabe Taneevs verfasst, unterscheidet es
sich nur an wenigen Stellen von der Vorlage, die die drei Teile
Agamemnon, Choephoroi[154] und *Eumenides* umfasst. Die Handlung dieser Vorlage wird in der Oper zu wenigen Bildern
konzentriert und jeweils einem der drei monumentalen Akte
zugeordnet. Im ersten, zwei Bilder umfassenden Akt kehrt
Agamemnon siegreich aus Troja zu seiner Frau Klytämnestra
zurück. Die in Troja erbeutete Sklavin Kassandra, Tochter des
Priamos, sieht jedoch Bluttaten voraus, und tatsächlich werden Agamemnon und Kassandra im Palast von Egist, dem

---

152 Braun, *Studien zur russischen Oper im späten 19. Jahrhundert*, S. 377.

153 Ein analytischer Vergleich zwischen *Orestie* und Taneevs Vorbildern findet sich bei Lucinde Braun: *Studien zur russischen Oper im
späten 19. Jahrhundert*. Er ist jedoch für das Verständnis des von
Djagilev verwendeten Vorspiels weniger relevant, weswegen hier
auf eine Vertiefung verzichtet werden soll.

154 In deutscher Übersetzung lautet der Titel *Die Opfernden am Grab*.

Cousin Agamemnons, ermordet. Dieser rächt damit ein altes Verbrechen von Agamemnons Vater an dessen Bruder, dem Vater Egists. Der Mörder und die Frau des toten Agamemnon, Klytämnestra, präsentieren sich daraufhin als die neuen Herrscher in Argos. Der zweite Akt umfasst drei Bilder. Im ersten Bild befiehlt Klytämnestra, die der Schatten Agamemnons peinigt, ihrer Tochter Elektra, am Grab Agamemnons ein Opfer zu bringen. Dort trifft Elektra auf ihren heimkehrenden Bruder Orest, mit dem sie beschließt, Rache an der Ermordung des Vaters zu nehmen. Orest tötet daraufhin im Palast die Mutter Klytämnestra und Egist. Der letzte Akt, *Eumenides*, bildet den Höhepunkt der Oper mit der Szene der Furien. Sie verfolgen nun Orest, weil er seine Mutter ermordet hat. Apoll kommt ihm zu Hilfe unter der Bedingung, dass er sich in Athen den Richtern des Areopags stelle. Dort erhält er nur ein unentschiedenes Urteil, wird jedoch von der aus den Wolken erscheinenden Athene freigesprochen.

Nur wenige dieser Ereignisse vollziehen sich während der beinahe vierstündigen Spieldauer sichtbar auf der Bühne. Meist werden sie in reflektierenden Erzählungen oder psychologisierenden Monologen dargestellt, wobei als zentrales Motiv die Gegenüberstellung unterschiedlicher Sphären dient. Insbesondere dem Kräftespiel zwischen den dunklen und hellen Elementen ist die Handlung und gesamte Anlage der Oper untergeordnet. Die dunklen Kräfte werden von der Vision der Sklavin Kassandra, dem Schatten Agamemnons oder den Furien verkörpert, die Hellen von Apoll oder den olympischen Göttern.

Das Werk wurde erstmals am 17. Oktober 1895 im Mariinskij-Theater Sankt Petersburg aufgeführt. Allerdings waren hierfür und im Anschluss diverse Umarbeitungen notwendig, da Taneev den traditionellen Rahmen nicht als Regulativ für seine Komposition anerkannt hatte. Zur in Russland untypischen Stoffwahl kam hinzu, dass das Werk über keine Ballettszene verfügte. Rein instrumentale Teile, die Sergej Djagilev in Arenskijs Ballettmusik hätte übernehmen können, waren also nur die Introduktion und die beiden Zwischenaktmusiken.[155] Darüber hinaus kam eine Verwendung außerhalb der eigentlichen Oper nur für die Introduktion infrage, weil die Zwischenaktmusik ihre Wirkung besonders durch ihre motivische Gegenüberstellung entfaltet. Beispielsweise heben sich in der Zwischenaktmusik Apolls gravitätisch choralartige Klänge in den Blechbläsern deutlich von der kleinteilig-schnellen Chromatik der Furien ab, die kurz zuvor zu hören sind. Die Introduktion hingegen exponiert das der Oper übergeordnete »Schicksalsmotiv«,[156] das eine Assoziation an das Schicksalsmotiv aus der Ouvertüre von Georges Bizets damals auch in Sankt Petersburg bekannter Oper *Carmen* zulässt:

Notenbeispiel 18: Sergej Taneev, Takte 1 bis 6 der Introduktion der Oper *Orestie*.

---

155   Das Fehlen einer Ballettszene wie auch von einprägsamen Arien und einer pittoresken Tableaufolge wurde als mangelnde Erfüllung der Opernkonventionen gewertet. Die fehlenden Tänze wurden bei Kritikern als dramaturgischer Mangel angesehen: »Schade, daß der Autor in die Oresteja keine Tänze eingeführt hat; sie würden als erfrischendes Element in der Tragödie dienen und in keiner Weise der historischen Wahrheit widersprechen, um so mehr als die Trilogie selbst nicht im klassischen, sondern im zeitgenössischen Opernstil geschrieben ist.« Zitiert nach Braun, *Studien zur russischen Oper im späten 19. Jahrhundert*, S. 119.

156   Richard Taruskin, *Sergey Ivanovich Taneyev*, in: Stanley Sadie (u. a.), *The New Grove dictionary of opera* London (u. a.) 1992, Band 4, S. 645.

Notenbeispiel 19: Georges Bizet, Andante moderato aus der Ouvertüre der Oper *Carmen*.

Taneev stellt in der Introduktion sein Schicksalsmotiv in drei Varianten vor, von denen die erste die Takte 1 bis 17 umfasst, das Motiv auf unterschiedlichen Tonstufen wiederholt und mit einer aufwärts strebenden Linie kombiniert. Die zweite Variante des Motivs verbindet von Takt 18 bis 42 das augmentierte Schicksalsmotiv mit dessen Diminution in Form einer Begleitfigur. Abschließend wird als dritte Variante die Begleitfigur aus der zweiten Variante in Terzen abwärts geführt, ein Verfahren, das bereits in der ersten Variante vorgestellt wurde. Ab Takt 46 wird der charakteristische Oktavsprung zu Beginn des Motivs ausgelassen, und die Introduktion läuft in Wiederholungen der vier übrig gebliebenen Noten des Schicksalsmotivs aus.

Der dynamische Spannungsbogen vom forte über piano und fortissimo zurück zum pianissimo und piano verstärkt gemeinsam mit der Harmonik den dramatischen Charakter dieser Introduktion. Im Vergleich zur übrigen Oper ist sie mit ca. einer Minute Länge ausgesprochen kurz. In Gestus und Dauer bildet sie somit einen Gegensatz zur ursprünglichen Ouvertüre von Arenskijs *Eine Nacht in Ägypten*, die in *Cléopâtre* Taneevs Vorspiel weichen musste. Bei Arenskij werden in der ca. fünfminütigen Ouvertüre Themen aus dem Ballett präsentiert, insbesondere die Fanfaren, zu denen im Finale Kleopatra und Antonius mit ihrem jeweiligen Gefolge die Bühne verlassen. Die Musik zu dieser Szene wurde allerdings ebenfalls gestrichen. Weiterhin erklangen in Arenskijs

Ouvertüre ein Motiv aus dem *Danse des égyptiennes* sowie das Thema der Kleopatra. Durch die zahlreichen Wiederholungen des Fanfaren-Motivs entstand jedoch innerhalb der Ouvertüre kein Spannungsbogen, der durch den Beginn der ersten Szene, die *Scène et danse de coquetterie*, hätte abgeschlossen werden können oder den diese dramatisch vorbereitet hätte. Zwar verband Arenskij Ouvertüre und erste Szene durch die einleitenden Takte der Nr. 1, schloss das Vorspiel aber durch nachhaltige Wiederholung des Wechsels von Dominante und Tonika hörbar ab. Durch die Verwendung der Introduktion aus *Orestie* erwirkte Djagilev nicht nur einen dramatischeren Auftakt für das Ballett, der mit größerer Spannung zur ersten Szene und insgesamt schneller zum Beginn des Tanzes überleitete. Auch der Kontrast zwischen dramatischer Introduktion und der ersten Szene mit den bukolisch-verspielten Klängen der Ta-hor unterstreicht deren Charakterisierung in besonderer Weise. Darüber hinaus bot sich Djagilev die Möglichkeit, mit Taneev eine »Schlüsselfigur der russischen Musik des späten 19. und frühen 20. Jahrhunderts«[157] vorzustellen.

2.4.2 Zweite Szene aus dem dritten Akt von Nikolaj Rimskij-Korsakovs Zauber-Ballett-Oper *Mlada*

Wie aus Kapitel 2.2 ersichtlich, ersetzte Sergej Djagilev gleich zwei Nummern aus Anton Arenskijs Ballett *Eine Nacht in Ägypten* durch eine Szene aus der vieraktigen Zauber-Ballett-Oper *Mlada* – die Nr. 2 *Entrée de Cléopâtre et scène* sowie die Nr. 3 *Danse d'Arsinoé et des esclaves*. Wie ebenfalls in Kapitel 2.2 beschrieben, erklang wahrscheinlich auch in der *Nr. 5 Scène d'empoisonnement*, die für *Cléopâtre* verschoben worden war, motivisches Material aus dieser *Mlada*-Szene. Es handelt sich hierbei um die zweite Szene aus dem dritten Akt, in der in-

---

157   Wehrmeyer, *Sergej Taneev – Musikgelehrter und Komponist*, S. IX.

nerhalb von Rimskij-Korsakovs Werk die Königin Kleopatra erscheint. Die Handlung von *Mlada* ist aber weder im alten Ägypten angesiedelt, noch handelt es sich um eine orientalisierende Oper. Das Werk spielt vielmehr an den slawischen Ufern der Ostsee und in der Stadt Rethra in Mecklenburg im 9. und 10. Jahrhundert. Es birgt starke Anklänge an das Mythisch-Märchenhafte und an die slawische Vorgeschichte, ein Sujet, das von Vladimir Stasov auf eine Traditionslinie zurückführt, an deren Beginn Michail Glinkas Oper *Ruslan und Ludmilla* steht. Die Handlung, in die sich die Erscheinung der Kleopatra innerhalb dieses Kontextes einbettet, beschreibt die Dreiecksbeziehung zwischen Mlada, einer stummen und durch eine Tänzerin zu besetzenden Rolle, der Fürstentochter Woislawa und dem Fürsten Jaromir. Die Hochzeit Mladas mit Jaromir war durch die eifersüchtige Woislawa dadurch verhindert worden, dass sie Mlada (vor dem eigentlichen Handlungsbeginn der Oper) mit einem todbringenden Ring umgebracht hatte. Ihr Plan, Jaromir nun für sich zu gewinnen, wird nicht nur von ihrem Vater unterstützt, der auf Jaromirs Besitztümer aus ist, sondern auch von der Unterweltgöttin Morena. Auf die Seite von Jaromir haben sich jedoch die guten Mächte geschlagen. Sie lassen dem jungen Fürsten die verstorbene Mlada erscheinen und enthüllen ihm, dass sie von Woislawa umgebracht worden ist.

Im zweiten Akt ist Jaromir dennoch im Rahmen eines rituellen Fests, das mit einem Jahrmarkt und Tänzen gefeiert wird, als Woislawas Bräutigam zu sehen. Der Fürst entdeckt aber unter den Tanzenden den Schatten Mladas und folgt ihm. In der ersten Szene des dritten Aktes, der *Nacht auf dem Berg Triglaw und Erscheinung der Schatten*, werden Jaromir Mladas Schatten und die anderer tanzender Toter sichtbar. Er bittet Mlada vergeblich, ihn mit sich ins Totenreich zu nehmen. Stattdessen erscheint die Unterweltgöttin Morena, um für Woislawas Absichten einzutreten, und es folgt ein Hexensabbat der finsteren Mächte. Jaromirs Seele soll dabei durch den

Schatten der schönsten Frau der Unterwelt, der Königin Kleopatra, von Mlada abgelenkt werden. Durch eine magische Beschwörung verwandelt sich die Bühne für die zweite Szene des dritten Akts in einen prunkvollen ägyptischen Saal, in dem Kleopatra umgeben von Sklavinnen und Musikanten einen verführerischen Tanz aufführt. Mlada versucht indessen, die auf einem Podest gebannte Seele Jaromirs vor Kleopatra zu schützen. Der Verführung Jaromirs kommt schließlich ein Hahnenschrei zuvor, durch den die gesamte Ägypten-Szene augenblicklich versinkt. Der Akt schließt mit dem dritten Bild, in dem Jaromir auf dem Berg Triglaw erwacht und beschließt, das Radegastheiligtum zur Traumdeutung aufzusuchen.

Im vierten Akt fordern Jaromirs Ahnen den Fürsten in einem weiteren Traum auf, Mladas Tod zu rächen, woraufhin Jaromir Woislawa ermordet. Empört entfacht Morena einen Sturm und ein Erdbeben, und alles versinkt in Ruinen. Im letzten Bild sind die Geister Mladas und Jaromirs zu sehen, die auf dem Gipfel eines Felsen vor einem Regenbogen zueinander finden.

Das gesamte Werk sollte ursprünglich eine kollektive Komposition des Komponistenkreises um Balakirev werden und war 1869/1870 vom damaligen Direktor der Kaiserlichen Theater Sankt Petersburg in Auftrag gegeben worden.[158] Auch in dieser frühen *Mlada* war bereits Ballettmusik vorgesehen, mit deren Komposition Ludwig Minkus beauftragt worden war. Als das Projekt jedoch scheiterte, weil der Direktor seinen Posten verließ, verloren die Komponisten Kjui, Borodin, Musorgskij, Rimskij-Korsakov und Minkus das gemeinsame Werk aus den Augen und verwendeten die teilweise schon

---

158 Vgl. hierzu Albrecht Gaub, *Die kollektive Ballett-Oper Mlada: ein Werk von Kjui, Musorgskij, Rimskij-Korsakov, Borodin und Minkus*, Berlin 1998.

entstandenen Kompositionsteile in eigenen Werken.[159] Rimskij-Korsakovs damalige Arbeit war über Skizzen zum Projekt nicht hinausgekommen, da ihm noch die Texte für die Chöre gefehlt hatten. Als er zwanzig Jahre später u. a. mit Stasov, Glazunov, Ljadov und Beljaev anlässlich Borodins zweiten Todestages in dessen früherer Wohnung zusammenkam, entschloss er sich nicht nur, Borodins Skizzen für das kollektive Projekt zu instrumentieren, sondern auch Ljadovs Vorschlag umzusetzen und eine eigene, ganz neue Oper über diesen Stoff zu schreiben:

> »*Inmitten der Gespräche über Borodin äußerte Ljadow ganz unvermittelt den Gedanken, die Mlada wäre eigentlich ein passender Opernstoff für mich. Kaum hatte er diese Worte gesagt, als ich ihm schon fest und entschlossen antwortete: ›Gut, ich werde diese Ballettoper komponieren und gleich damit beginnen.‹ Von Stund an bemächtigte der Stoff sich meiner Gedanken. [...] Ich beschloß, mir in bezug auf die musikalischen Mittel keinen Zwang anzutun und das Orchester der Wagnerschen Nibelungen in Anwendung zu bringen.*«[160]

In der Opernsaison 1888/1889 war in Sankt Petersburg erstmals Richard Wagners Ring-Tetralogie zur Aufführung gekommen. Rimskij-Korsakov besuchte mit Glazunov jede Probe und zeigte sich besonders von Wagners Orchester beeindruckt: »Die Orchesterbehandlung Wagners verblüffte mich und Glasunow, und von nun an machten wir uns seine Handgriffe der Instrumentation zu eigen.«[161] Dieser Vorsatz schlug sich tatsächlich in *Mlada* nieder, deren Besetzung

---

159 Beispielsweise komponierte Minkus aus den Ideen für das kollektive Werk ein eigenständiges Ballett *Mlada*, das als eine der wenigen Choreografien Marius Petipas über ein russisches Thema 1879 aufgeführt wurde. Hierzu und zur weiteren Verwendung des *Mlada*-Materials informiert die Studie von Albrecht Gaub, *Die kollektive Ballett-Oper Mlada*.

160 Nikolai Rimski-Korsakow, *Chronik meines musikalischen Lebens 1844–1906*, S. 213.

161 Ebd., S. 210.

die üblichen Ausmaße bei weitem übersteigt, eine Aufführung im heutigen Opernbetrieb sogar fast unmöglich erscheinen lässt.[162] Neben den sechs Gesangssolisten und einem großen Chor, der sich in mehrere kleinere Chöre aufteilen lassen muss, gibt es im zweiten Akt zehn weitere solistische Nebenpartien für Gesang. Außerdem wird ein Corps de ballet von 60 bis 80 Tänzerinnen und Tänzern benötigt sowie – ähnlich wie in Daniel-François-Esprit Aubers *La Muette de Portici* – für die stummen Partien der Mlada und Kleopatra jeweils eine solistische Tänzerin. Die Partitur erfordert darüber hinaus ein besonders in den Holzbläsern groß besetztes Orchester, zudem drei Harfen, eine Orgel (allerdings ad libitum), eine Orgel hinter der Szene und eine Bühnenmusik mit 12 Hörnern, zwei Panflöten, zwei Piccoloflöten, zwei Piccoloklarinetten, acht bis zehn Lyren, Pauke, großer Trommel, Becken und Tamburin.[163]

---

162 Lucinde Braun weist darauf hin, dass es zu den Klischees der russischen Musikgeschichtsschreibung gehöre, dass Rimskij-Korsakov das Wagner-Orchester in Russland eingeführt habe. Weitere interessante Hinweise zu *Mlada*, die für das Ballett *Cléopâtre* jedoch weniger relevant sind, sondern in Zusammenhang mit der russischen Wagner-Rezeption, slawischer Mythologie, der Gattung der Zauberoper und Rimskij-Korsakovs Übertragung von Farbvorstellungen auf die Tonarten insbesondere des dritten Akts stehen, finden sich im Kapitel *Rimskij-Korsakov, Wagner und die Zauberoper*, in: Braun, *Studien zur russischen Oper im späten 19. Jahrhundert*, S. 275 f.

163 Da selbst das damalige Opern-Orchester des Mariinskij-Theaters hierfür nicht ausreichte, wurden ausnahmsweise Musiker aus dem getrennt geführten Ballett-Orchester »ausgeliehen«. Eine derartig große Besetzung war also aufführungstechnisch an die Gattung der Ballett-Oper gebunden, mit der Rimskij-Korsakov versuchte, die Ressourcen des kaiserlichen Theaters voll auszunutzen. Es sei daran erinnert, dass Vsevoložskij, unter dessen Direktorat die Komposition und Uraufführung der *Mlada* fiel, durch Reformen versucht hatte, das Theater und seine Mitglieder mög-

Anregung für die Instrumente der Bühnenmusik hatte Rimskij-Korsakov auf einer Reise nach Paris gefunden, die seine Arbeit an der *Mlada* 1889 unterbrach. Der Musikverleger Beljaev hatte auf der Weltausstellung, bei der er sein Unternehmen präsentierte, Konzerte mit russischer Musik im Trocadéro-Palast veranstaltet. Rimskij-Korsakov war dafür als Dirigent eingeladen worden.[164] Der Komponist nutzte zwischen den Proben und Konzerten die Gelegenheit, die Ausstellung zu besichtigen und hörte im ungarischen Pavillon eine Panflöte sowie im algerischen Pavillon eine große Trommel zur Begleitung von Tanz. Sowohl die Panflöte als auch die große Trommel fanden daraufhin neben den Piccoloklarinetten und -flöten sowie den Lyren Eingang in die Kleopatra-Szene, die später von Djagilev in die Ballettmusik Arenskijs eingefügt wurde. Dass Rimskij-Korsakov dem Klangeffekt dieser Instrumentierung besonderen Wert beimaß, wird im Vorwort des Klavierauszugs der *Mlada* deutlich, in dem er ausdrücklich festlegt, dass weder Kürzungen, noch Tausch der Sonderinstrumente durch normales Instrumentarium erlaubt seien:

>*»L'opéra doit être représenté sans coupures ni abréviations [...] L'auteur attache beaucoup d'importance au côté descriptif de sa musique scénique, c'est pourquoi il ne saurait admettre la moindre altération sous ce rapport. [...] Les instruments spéciaux, exigé pour l'orchestre et pour la musique sur la scène, ne doivent pas être remplacer par les instruments ordinaires [...].«*[165]

Bewusst setzte er im dritten Akt auf den Effekt des klanglichen wie optischen Wechsels zwischen dem düsteren Berg

---

lichst ökonomisch auszulasten. Vgl. Braun, *Studien zur russischen Oper im späten 19. Jahrhundert*, S. 318.

164 Vgl. hierzu auch Kapitel 5.1.

165 Nikolaj Rimskij-Korsakov, *Mlada. Volšebnaja opera-balet v četyrech dějstvijach*, Leipzig: M.P. Belaieff 1891, S. iii, RISM-Sigel D Mbs, Signatur 2 Mus.pr. 10811.

Triglaw mit dem infernalischen Tanz der Unterweltwesen hin zum lichten ägyptischen Saal der Königin Kleopatra:

> »*Dieser plötzliche Wechsel des Kolorits und der Stimmung: nach dem wilden Rufen der bösen Geister und den Beschwörungen ihres finsteren Beherrschers in völliger Dunkelheit, das weiche Purpurlicht des ägyptischen Gemaches, das sich allmählich aus dem Dunkel emporhebt – hatte mir immer als einer der poetischsten Momente der Mlada vorgeschwebt.*«[166]

Auch der Musikwissenschaftler und Komponist Boris Asaf'ev beschreibt unter dem Pseudonym Igor' Glebov den besonderen Effekt, den die verschiedenen Sphären des dritten Aktes in ihrer Folge auf den Zuschauer machten:

> »*Die Klangmagie der Mlada ist überwältigend. [...] In der relativ kurzen Klangdauer des dritten Aktes (Nacht auf dem Triglaw-Berg) gelingt es dem Komponisten mit Hilfe von Tonart und Klangfarbe, den Hörer bald ins Licht, bald in Dunkelheit zu versetzen. Mal befinden wir uns in einer kalten Winterlandschaft, mal in der heißen Sinnlichkeit der Gemächer Kleopatras (einer Atmosphäre, die durch unersättliches weibliches Verlangen bestimmt ist), dann wieder auf der Erde in den Klangdüften des aufdämmernden Morgens – in einer Musik, in der sich Sonne und Natur begegnen.*«[167]

Durch die Gegenüberstellung dieser unterschiedlichen, den überirdischen Mächten zugeordneten Sphären ergibt sich eine Parallele zur drei Jahre später uraufgeführten Oper *Orestie*, die im vorangegangenen Abschnitt näher erläutert wur-

---

166   Rimski-Korsakow, *Chronik meines musikalischen Lebens 1844–1906*, S. 226. Tatsächlich finden sich im Klavierauszug Angaben zu dieser Szene, wie viele Sekunden von der völligen Dunkelheit bis zur vollständigen Ausleuchtung der ägyptisch dekorierten Bühne zu vergehen hatten. Auch andere Effekte wie das Auftauchen des Mondes oder des Regenbogens am Ende der Oper wurden von Rimskij-Korsakov mit genauen Taktangaben und Sekundenzahlen im Klavierauszug festgelegt.

167   Igor Glebow/Boris Assafjev, *Nikolaj Rimskij-Korsakov – Versuch einer Charakteristik (1923)*, in: Ernst Kuhn (Hrsg.), *Nikolaj Rimskij-Korsakov. Zugänge zum Leben und Werk. Monographien – Schriften – Tagebücher – Verzeichnisse*, Berlin 2000, S. 139.

de. Auch Rimskij-Korsakov schuf hier klanglich unterschiedliche Welten, deren Charakteristika denen in *Orestie* ähneln. Neben den Szenen des Volkes in *Mlada* mit volkstümlichen Klängen und orthodox anmutenden Unisono-Gesängen bei der Anbetung des Radegast im zweiten und vierten Akt existieren für die sich gegenüberstehenden Götter eigene Charakteristika. Die dunklen Mächte heben sich durch rhythmisch prägnante Tänze sowie schnelle und chromatische Motive von den sphärischen und auf Dreiklangsbrechungen aufgebauten Klängen der Welt der Mlada und der Göttin Lada ab. Die Szene von Mladas stummer Schattenwelt, in der die Toten von Tänzerinnen dargestellt werden, übernimmt zudem die Idee des Ballet blanc, wie sie z. B. auch im dritten Akt von *La Bayadère* (1877) verwendet wurde. Auch einzelnen Personen wie etwa der Mlada werden Motive zugeordnet. Ihr Motiv erklingt, sobald ihr Schatten sichtbar wird oder wenn Jaromir zu Beginn des vierten Aktes von seinen Träumen erzählt, in denen sie eine Rolle spielte.[168]

Neben dieser Kompositionsweise, die sich zwar nicht direkt auf Wagner bezieht, aber ähnlich seiner leitmotivischen Technik funktioniert, lehnt sich das Werk thematisch Wagners *Ring* an. In der Zauber-Ballett-Oper werden als Protagonisten verschiedene Figurationen unbewusster Triebe und Ängste vorgestellt – Personen, die glauben, selbstbestimmt zu handeln, tatsächlich aber abhängig von parteiergreifenden Göttern sind.[169] Darüber hinaus finden sich mehrere musikalische Anspielungen auf Wagners Opern auch außerhalb der

---

168 Eine detaillierte Beschreibung der Motive findet sich bei Steven Griffith, *A Critical Study of the Music of Rimsky-Korsakov, 1844–1890*, New York 1889, S. 263–292.

169 Vgl. Siegrid Neef, *Musik als Teil des klingenden Weltalls – Zu Rimsky-Korsakows Opernschaffen*, in: Kuhn (Hrsg.), *Nikolaj Rimskij-Korsakov. Zugänge zum Leben und Werk*, S. 199.

Ring-Tetralogie.[170] Der Wechsel zwischen großen Chortableaus, Ballettszenen, großen Gesangspartien für Solisten sowie dem Zusammenbruch der Welt Jaromirs am Ende der Oper lässt trotz aller Parallelen zu Wagner auch an das Modell der Grand opéra denken, dem sich eigentlich die Ästhetik des Balakirev-Kreises, in dessen Umfeld Rimskij-Korsakovs erste drei Opern entstanden, entgegenstellte. Im Gegensatz zu den drei früheren Opern hatte Rimskij-Korsakov bei *Mlada* das melodische Rezitativ wieder verlassen und orientierte sich stärker an Glinka, indem das Szenario als eine Reihe verbundener, aber doch eigenständiger Nummern abläuft. Insofern stellt *Mlada* insgesamt nicht nur einen gattungsgeschichtlichen Sonderfall, sondern für Rimskij-Korsakov eine Zwischenstufe der unterschiedlichen Lösungen dar, die er im Laufe seines Opernschaffens fand. Nach Vollendung des Werks geriet er in eine Krise, die ihn zunächst einige Jahre von der Komposition der übrigen elf Opern, die sein Œuvre weiterhin umfasst, abhielt. Nach dieser Krise blieb er seiner konzeptionellen Linie mit dem Interesse an alten Kulthandlungen und heidnischen Gottheiten aber weiterhin treu.

Der Erfolg des Stücks war bescheiden, wofür immer wieder das von Rimskij-Korsakov selbst verfasste Libretto und die dramatisch schwache Rolle der Mlada verantwortlich gemacht wurden. Eigentliches Herzstück des Werks ist daher auch nicht der zu dramatischen Höhepunkten kulminierende Handlungsverlauf, sondern es sind die orchestralen Teile, die großen Tableaus mit Chor und die als Traumsequenzen gestalteten Ballettszenen. Der episodische Charakter, den das Werk hierdurch erhält, lässt neben einer gezwungenermaßen aufwendigen und kostspieligen szenischen Gesamtaufführung auch die Aufführung einzelner Szenen in konzertanter

---

170   Um welche Anspielungen es sich im Detail handelt, siehe: Dorothea Redepenning, *Geschichte der russischen und der sowjetischen Musik. Band 1: Das 19. Jahrhundert*, S. 354.

Form zu, ein Vorgehen, das – in Anbetracht des Vorworts im Klavierauszug – sicherlich nicht im eigentlichen Interesse des Komponisten gewesen sein mag. Dennoch machte er sich diesen Umstand zunutze. Die Szene der Kleopatra wurde beispielsweise vor der eigentlichen Uraufführung bereits 1890 und 1891 in einer Choreografie von Enrico Cecchetti und Lev Ivanov mit Marie Petipa als Mlada gegeben, wodurch Rimskij-Korsakov die endgültige Annahme der Oper durch die Theaterdirektion erwirken konnte.[171]

Mlada war für Rimskij-Korsakov die erste Gelegenheit, eine Ballettmusik zu komponieren. Dass er sich dabei nicht vor der Anwendung klanglicher Exotik scheute, mag auch mit dem Erfolg seiner zuvor entstandenen sinfonischen Dichtung Scheherazade zusammenhängen. Allerdings verwendete er Orientalismen in *Mlada* bis auf einen Tanz indischer Kaufleute im zweiten Akt nur in Bezug auf die von Djagilev für *Cléopâtre* übernommene Kleopatra-Szene. Waren orientalische Klangfarben als Couleur locale bereits in der russischen Musik seit dem 18. Jahrhundert gebräuchlich, so wurden sie erst durch Glinka in der russischen Kunstmusik zum konventionellen Stilmittel.[172] Besonders Milij Balakirev, der sich stark mit der Musik des Kaukasus auseinandergesetzt hatte, vermittelte diese seinen Kollegen. Schließlich wurden die orientalisierenden Klangfarben in den Kompositionen der »russischen Fünf« so präsent, dass Vladimir Stasov sie als eines der vier Merkmale nannte, durch die sich die neue russische Schule differenzierte.[173]

---

171 Vgl. Braun, *Studien zur russischen Oper im späten 19. Jahrhundert*, S. 180.

172 Vgl. hierzu Kapitel 2.4.3 zu Michail Glinkas *Türkischem Tanz* aus *Ruslan und Ludmilla*.

173 Als die drei anderen Merkmale benannte Stasov: Skepsis gegenüber der europäischen Musiktradition, Streben nach einer spezifisch russischen Musik und die Tendenz zur Programmmusik.

Dabei wurden Orientalismen nicht nur zur Schilderung spezifisch orientalischer Sujets, Figuren oder Schauplätze, sondern allgemein auch für die Beschreibung von Fremdem und Feindlichem sowie von Märchen- und Zauberwelten verwendet. Die Parameter, mit denen in der Regel zur orientalisierenden Klangeinfärbung gearbeitet wurde, waren Melodik (z. B. Melismen, Verzierungen, kleine Intervalle, melodischer Umfang einer Quinte oder kleinen Septime, chromatische Verdoppelungen innerhalb von Skalen), Harmonik (tonales Schwanken zwischen parallelen Tonarten, Modalität und Kirchentonarten, Orgelpunkte und Bordunklänge) sowie die Instrumentation (durch den Einsatz von Schlaginstrumenten, Soli und Kantilenen insbesondere in Oboe, Englischhorn und Klarinette). Zum Teil schufen die Komponisten damit einen synthetischen, also rein ihrer Vorstellung entsprungenen Orient, teilweise ließen sie sich auch durch Sammlungen verschiedener authentischer Melodien anregen und verschmolzen dieses Material mit ihrer eigenen klanglichen Vorstellung. Diese waren wiederum von den Konventionen geprägt, die sich im Laufe der Zeit zu Orientalismen herausgebildet hatten.[174]

Vgl. Richard Taruskin, *Entoiling the Falconet. Russian Musical orientalism in Context,* in: Jonathan Bellman, *The Exotic in Western Music,* Boston 1998, S. 194f.

174   Richard Taruskin demonstriert die Herausbildung solcher Konventionen in Bezug auf die Verwendung von Orientalismen in Russland anhand verschiedener Vertonungen eines Puškin-Gedichts, das im Umfeld der Kaukasus-Eroberung entstand. Vgl. Taruskin, *Entoiling the Falconet,* S. 199. Dabei verwendete Balakirev für seine Vertonung Orientalismen, die auf armenische, persische und türkische Musik zurückgehen und sich in die oben genannten Parameter und Merkmale des Orientalismus perfekt einfügen. Dass es sich bei seinem georgischen Lied jedoch nicht um authentisches georgisches Material handelte, musste er aufgrund seiner eigenen Forschungen wissen. Die Orientierung an der originalen Melodie, wie eine Vertonung durch Glinka zeigt,

In zweifacher Hinsicht besteht hier ein Zusammenhang zwischen Orientalismen und folkloristischen Motiven, die sich ebenso häufig in der Musik des »mächtigen Häufleins« finden. Zum einen wurden folkloristische Passagen zur Bestimmung eines Ortes oder einer Figur anhand authentischer Volksliedmelodien komponiert oder »synthetisiert«. Zum anderen hängen Orientalismen und Folklore insofern eng zusammen, da sie sich durch die imperialistische Politik Russlands im 19. Jahrhundert in ihrer Gestaltung und den oben genannten Charakteristika oftmals stark ähneln. Insgesamt lässt sich jedoch sagen, dass die ethnografische Herkunft der verwendeten Melodien – insbesondere bei Nikolaj Rimskij-Korsakov – wenig relevant war, da es den Komponisten um Balakirev zwar um die Verwendung originaler oder nachgebildeter Motive des »nahen Orients« ging, also der Kaukasusvölker, Kalmyken, Kasachen, Usbeken, und des »fernen Orients«, wie Türken, Inder, Araber und Perser, jedoch nicht um eine musikalische Charakterisierung dieser Regionen. In den allermeisten Fällen beabsichtigten die Komponisten durch dieses musikalische Material eine Gegenüberstellung zwischen einer durch folkloristische Musik als russisch oder slawisch definierten Partie und einer fremden Welt, die in Orientalismen erklingt. Typischerweise handelt es sich in der russischen Oper dabei meist um eine männliche, tugendhafte und slawische Figur, deren Verkehrung ins Gegenteil eine fremdartige – das heißt in den meisten Fällen: orientalische – Frau ist. Deren musikalische Charakterisierung bildet

---

hätte die typischen Insignien des Orientalismus kaum hörbar gemacht. Insofern entschied sich Balakirev lieber für eine den Erwartungen entsprechende Vertonung, als eine originale Melodie zu nutzen, die jedoch gar nicht als fremdartig erkannt worden wäre. Das Beispiel erinnert im Kontext dieser Arbeit an die Verwendung originaler Melodien von Anton Arenskij, die in seiner Ballettmusik *Eine Nacht in Ägypten* auch wenig orientalisch, sondern eher konventionell klangen.

nicht nur einen rein klanglichen Gegensatz, sondern soll die Gefahren unterstreichen, die von dieser fremden Partei ausgehen. Eine typische »Gefahr« für den russischen Helden war dabei die mit dem Orient assoziierte Weiblichkeit und deren exotisch-erotische Anziehungskraft. Beispiele für diese und ähnliche Konstellationen in der russischen Oper für den Gegensatz zwischen russischer (männlicher) Tugend und orientalischer (weiblicher) Gefahr durch Verführung, Zauber oder Zerstreuung finden sich zahlreich.[175]

Vor diesem Hintergrund wird die Funktion der Kleopatra in *Mlada* ersichtlich. Rimskij-Korsakov genügte es nicht, einen Venusberg wie etwa in Wagners *Tannhäuser* zu konstruieren – eine Möglichkeit, die in Anbetracht der Eindrücke durch die Musik Wagners nahegelegen hätte. Gegen Ende des 19. Jahrhunderts ist es die erotische Ausstrahlung einer tanzenden Femme fatale, auf deren Reize die Götter der Unterwelt setzen, um Jaromir von der gänzlich unkörperlichen, sogar nur als Schatten erscheinenden Mlada abzubringen. Zwar bilden Mlada und Kleopatra insofern harsche Gegensätze, ihre jeweilige Übersetzung in gleichermaßen tänzerische Bewegungen ist in beiden Fällen jedoch plausibel. Mladas Schattenwelt greift auf die schwebend-unwirkliche Ästhetik des Ballet blanc zurück, in Kleopatras Tanz wird hingegen der körperlich-sinnliche Aspekt des Tanzes betont.[176]

---

175   Mehrere Beispiele für diese Konstellation finden sich im Kapitel *Orientalismen* bei Redepenning, *Geschichte der russischen und der sowjetischen Musik. Band 1: Das 19. Jahrhundert,* S. 289 f.

176   Dieser dramaturgischen Schicht, die der Tanz in Bezug auf die kontrastierenden Figuren der Kleopatra und Mlada einnimmt, wird noch eine weitere hinzugefügt, in der der Tanz nicht nur als Sprache der Schattenwelt verwendet wird. Typisch für die Gattung Ballett, mit der *Mlada* als Zauber-Ballett-Oper zumindest eng verwandt ist, sind die Szenen, in denen Tanz auch im inneren Kommunikationssystem des Werkes als tänzerische Bewegung verstanden wird. Beispiele in *Mlada* sind hierfür die Tänze

Innerhalb der Kleopatra-Szene der Zauber-Ballett-Oper werden drei Motive vorgestellt, die eine Mischung aus authentischem und synthetischem Material bilden: »It is typical of Rimsky's rather casual, far from pedantic, attitude to orientalism that of the two genuine eastern tunes associated with the Egyptian Queen, one is Persian and the other Caucasian.«[177] Zunächst erklingen jedoch die wellenartigen Triolenbewegungen, die harmonisch zwischen Des-Dur und des-Moll hin und her schwanken. Weiterhin ist ein Orgelpunkt auf *Des* zu hören, der über weite Teile der Szene erklingt, ihr einen statischen Charakter verleiht und auf die passiv auf einen Sockel gebannte Seele Jaromirs anspielt. Vor dem ersten melodischen Motiv ist zunächst Mladas Melodie bis Takt 29 zu hören, ein Umstand, der es möglich erscheinen lässt, dass die ersten 29 Takte in der Einfügung für *Cléopâtre* ausgelassen wurden, da das Motiv Mladas hier ohne jeglichen Zusammenhang erklungen wäre. Ab Takt 30 – der in Kapitel 2.2 bereits erwähnten Zahl 37 – beginnt die Triolenbegleitung mit dem Orgelpunkt von neuem, bevor ab Takt 33 das erste Motiv der eigentlichen Kleopatra-Szene in der Klarinette einsetzt. In der *Nr. 5 Scène d'empoisonnement* aus Arenskijs *Eine Nacht in Ägypten* findet sich der Hinweis, dass ein Teil der Szene ab dieser Stelle (also ab Takt 30, im russischen Klavierauszug mit der Nummer 37 bezeichnet) verwendet werden soll. Insofern ist davon auszugehen, dass auch für den Austausch der Nummern 2 und 3 aus der Ballettmusik die Szene erst ab dieser Stelle verwendet wurde, d. h. ohne die ersten 29 Takte, in denen immer wieder die Melodie der Mlada erklingt. Ein ähnlicher Fall liegt für das Ende der Szene vor, denn das sich gegen Schluss steigernde Tableau wird durch einen Hahnenschrei, intoniert von der Trompete in Takt 175, unterbrochen.

---

am Hof im ersten Akt. Vgl. Braun, *Studien zur russischen Oper im späten 19. Jahrhundert*, S. 123.

177   Vgl. Gerald Abraham, *On russian music*, London 1939, S. 120.

Anschließend fällt die Szene klanglich in sich zusammen und findet so ihren Abschluss. Ein Ende auf dem ersten Achtel von Takt 175, also kurz bevor der »Trompeten-Hahn« zu hören ist, wäre jedoch nicht nur harmonisch ungünstig, sondern auch in Anbetracht der Steigerung zuvor viel zu abrupt. Dass das Ende der Szene so belassen wurde, ist zwar möglich, wahrscheinlicher ist jedoch seine Änderung. Die Notizen in Grigor'evs Klavierauszug weisen immer wieder darauf hin, dass dies an verschiedenen Stellen vorgesehen war.[178]

Von den drei erwähnten musikalischen Motiven, mit denen Rimskij-Korsakov die Kleopatra-Szene gestaltete, ist das erste in der *Es*-Klarinette zu hören und wird von den bereits erwähnten Triolen-Wellenbewegungen sowie dem Orgelpunkt auf *Des* begleitet. Ähnlich dem Violin-Motiv aus *Scheherazade* entwickelt sich eine Figuration aus einem gehaltenen Ton heraus, wobei die angehängte girlandenartige Verzierung hier aus Skalen im Umfang einer Septime und chromatischen Umspielungen besteht. Dabei verschleiern die Appogiaturen den einfachen Kern des Motivs, einen Ganztonschritt abwärts:

---

178   Eine Möglichkeit für das Ende wäre z. B. gewesen, die Szene nach Takt 126 (Zahl 43), die analog zu den Takten ab 56 (Zahl 39) verlaufen, so auslaufen zu lassen wie vor dem Poco più animato in Takt 74 (Zahl 40).

Notenbeispiel 20: Nikolaj Rimskij-Korsakov, *Mlada*, dritter Akt, zweite Szene,
Takte 22 bis 39.

Verdichtet werden die Verzierungen ab Takt 56, indem sich Skalenzweiunddreißigstel und chromatische Umspielungen direkt abwechseln und die übrigen Instrumente der Bühnenmusik, insbesondere Panflöten und Lyren, deutlicher hinzutreten.

Das zweite Motiv ab Takt 74 entnahm Rimskij-Korsakov einer Liedsammlung Milij Balakirevs[179] und verlieh den Septolen, mit denen die Sekundschritte umsponnen werden, eine noch komplexere Verzierung, indem er jeweils das zweite C zu einem *Ces* erniedrigte. Charakteristisch an diesem Motiv ist auch die unregelmäßige synkopische Betonung der zweiten Zählzeit.

---

179   Vgl. Griffith, *A Critical Study of the Music of Rimsky-Korsakov, 1844–1890*, S. 282.

Notenbeispiel 21: Nikolaj Rimskij-Korsakov, *Mlada*, dritter Akt, zweite Szene,
Takte 74 bis 80.

Nach dem Vortrag dieses Motivs im Unisono setzt eine begleitende Pauke ein, die wieder an Rimskij-Korsakovs Inspiration durch den Besuch des algerischen Pavillons auf der Weltausstellung 1889 denken lässt.

Das dritte Motiv ab Takt 110 in der Oboe, das laut Gerald Abraham ursprünglich aus dem Kaukasus stammt, ähnelt erneut einem Motiv aus *Scheherazade*, nämlich dem Pocchissimo-più-mosso-Mittelteil des dritten Satzes:

Notenbeispiel 22: Nikolaj Rimskij-Korsakov, *Mlada*, dritter Akt, zweite Szene,
Takte 110 bis 117.

Notenbeispiel 23: Nikolaj Rimskij-Korsakov, *Scheherazade*, 3. Satz, Takte 70 bis 77.

Ab Takt 114 treten immer wieder »Sagana!«-Rufe der Hexen und Kobolde durch Sopran-, später auch durch Altstimmen des Chores hinzu. Diese bei *Cléopâtre* wegzulassen, war durchaus möglich, da sie jeweils über instrumentale Entsprechungen im Orchester verfügen. Bei der ursprünglichen Fassung von *Cléopâtre* wurden sie aber vermutlich vom Chor gesungen, der ebenfalls mit nach Paris gereist war, da neben den Balletten auch Opern aufgeführt wurden.[180] Ab Takt 126 erscheinen die Motive dann in wechselnder Kombination zum »Danse frénétique (quasi vivace)«, werden jedoch in ihrer äußeren Form nicht weiterentwickelt, bis nach dem Schrei des Hahns in Takt 175 alles durch chromatische Abwärtsbewegung hin zum *Des* geführt wird und klanglich regelrecht zu verpuffen scheint. Wie bereits zuvor angemerkt, wurde das Ende der Szene für die Übertragung in *Cléopâtre* vermutlich geändert.

Bezüglich der orientalisierenden Klangsprache zog Nikolaj Rimskij-Korsakov in dieser Szene also alle Register: Melodisch bestehen die Motive hauptsächlich aus Melismen, Appoggiaturen und chromatischen Girlanden und sind zum Teil

---

180 Auch in den folgenden Saisons waren in den Ballettmusiken Singstimmen enthalten, wie z. B. in Maurice Ravels *Daphnis et Chloë*, Igor' Stravinskijs *Pulcinella* oder *Les Noces*.

authentischen Melodien nachempfunden. Harmonisch ist die Szene einerseits mit einem Orgelpunkt unterlegt, schwankt aber dennoch durch die wellenartige Triolenbewegung zwischen den Tonarten. Sehr effektvoll setzt Rimskij-Korsakov außerdem mit Lyra, Panflöte und Becken Instrumente ein, die traditionell mit der Antike assoziiert werden, und kombiniert sie mit einem durch Oboen, Klarinetten und Schlagzeug exotisch-farbigen Orchesterklang.

An Extravaganz, sinnlichem Reiz und orientalischem Klangkolorit ließ diese Szene offenbar bei Djagilev keine Wünsche offen. Hinzu kommt, dass Kleopatra hier in einer Rolle präsentiert wird, die genau jener entspricht, die sie auch in *Ägyptische Nächte* und später in *Cléopâtre* einnimmt. Als erotische Attraktion soll Kleopatra in *Mlada* wie auch in Fokins Ballett einen jungen Mann von seiner eigentlichen Partnerin, Mlada bzw. Bérénice/Ta-hor, abbringen. Die Szene vermittelt eben jene überspannt exotisch-erotische Atmosphäre, die der Walzer in Arenskijs Auftrittsmusik für Kleopatra vermissen lässt und die genau dem Gestaltungskonzept Michail Fokins für diese Figur entsprach.[181]

2.4.3 *Türkischer Tanz* aus Michail Glinkas Oper *Ruslan und Ludmilla*

Wäre die Beschreibung des Umfelds der jeweiligen Einfügungen durch Djagilev nicht in der Reihenfolge ihres Erklingen in *Cléopâtre* erfolgt, hätte *Ruslan und Ludmilla* gemeinsam mit Glinkas erster Oper *Ein Leben für den Zaren* vor allen anderen russischen Musiktheaterwerken beschrieben werden müssen. Nicht nur, dass mit Glinkas Erstlingswerk ein neues Kapitel der russischen Musikgeschichtsschreibung begann, ja sogar behauptet wird, mit der Uraufführung dieser Oper

---

181   Vgl. hierzu Kapitel 4.3.

im Jahr 1836 habe die nationale russische Musikgeschichte erst begonnen. Die Rezeption der beiden Opern Glinkas,
ihre Gegenüberstellung und der sich daraus entwickelnde
Diskurs veranlasste darüber hinaus sämtliche nachfolgenden Komponisten bis zur Jahrhundertwende, für eine dieser
beiden Opern kompositorisch und stilistisch Stellung zu beziehen. Wie erbittert sich die Auseinandersetzungen zu der
Frage, welcher Oper Glinkas der Vorzug zu geben sei, auch
gestalteten – Einigkeit herrschte über den außerordentlichen
Stellenwert des Komponisten selbst über die unterschiedlichen ästhetischen Positionen der Schulen in Sankt Petersburg
und Moskau hinaus. Es galt bei den nachfolgenden Generationen als selbstverständlich, eigene kompositorische Ansichten auch als Konsequenz aus Glinkas Schaffen zu beschreiben.

Die Frage einer angemessenen Glinka-Nachfolge beschränkte sich jedoch nicht allein auf Aspekte des kompositorischen
Handwerks. Die Suche nach einer nationalen russischen Musik war zentraler Bestandteil im Schaffen der nachwachsen-
den Komponistengeneration Russlands. Bezüglich der Suche nach einer nationalen Musiksprache ist allerdings nicht
zu vergessen, dass zur Zeit Glinkas der Begriff des Nationalen in Russland noch recht jung war und nicht – wie etwa
im deutschsprachigen Raum – mit der Idee des Liberalismus
verbunden war. Allgemein handelte es sich dabei in Russland
um eine offizielle Doktrin des Zaren, wobei der Nationalis-
mus Autokratie und Orthodoxie untergeordnet war. Die Nation definierte sich somit nach religiösen und dynastischen
Prinzipien, das damalige russische Nationalbewusstsein
verstand sich hier auch als eine Form der Abgrenzung zur
Verwestlichung des Landes. Durch Konkurrenzdenken gegenüber anderen Nationen schien eine nationale Definition
notwendig, die im Hinblick auf die russische Expansionspoli-
tik und den Anschluss verschiedenster Stämme und Ethnien
an das Zarenreich jedoch nicht einfach zu verwirklichen war.

Umso begeisterter wurde Glinkas erste Oper *Ein Leben für den Zaren* aufgenommen. Das Publikum empfand sie als überzeugend russisch und gleichzeitig als ein solches Novum, dass alles bis dato Gehörte in den Hintergrund rückte. Auch die Kritiker maßen dem Werk besondere nationale Bedeutung bei:

> *Noch nie hat ein Bühnenwerk eine derartig lebendige, echte Begeisterung hervorgerufen wie das Leben für den Zaren. Die hingerissenen Zuhörer spendeten dem berühmten Maestro stürmischen Beifall. Herr Glinka hat diese Aufmerksamkeit vollauf verdient: eine nationale Oper zu schaffen – das ist eine Tat, die seinen Namen für immer in die Chroniken der vaterländischen Kunst einprägen wird...*[182]

Die Wurzeln des »russischen Charakters« in der Musik finden sich dabei im Kunstlied, der Romanze und dem Volkslied, das seinen Weg bereits in die Salons angetreten hatte.[183] Allerdings verwendet Glinka Folklore hier nicht als pittoresken Zusatz, sondern er verschmilzt Kunst- und Volksmusik zu einer eigenen, neuen Musiksprache. Wegweisend war neben der musikalischen Gestaltung dieser ersten Oper auch das Sujet. Hier wird beschrieben, wie der neu gewählte Zar vor den einfallenden Polen durch einen einfachen Bauern gerettet wird. Glinka schlug somit nicht nur einen neuen Weg in der Verwendung russischer Volksmusik im Musiktheater ein, sondern verband ein patriotisches Thema mit der Dramatik eines Einzelschicksals aus niedrigem Stand. Innovativ war zudem die durchkomponierte Form, denn bisher hatten russische Opern auch gesprochene Dialoge beinhaltet. Ebenso neu war für das Publikum der Einbezug leitmotivischer Techniken, wenn auch nicht bezogen auf die westliche Musiktheatertradition, mit der Glinka durch seine Reisen nach

---

182 Brief des Korrespondenten aus Sankt Petersburg an den Moskauer Beobachter vom 10. Dezember 1836, zitiert nach Redepenning, *Geschichte der russischen und der sowjetischen Musik.* Band 1: Das 19. Jahrhundert, S. 75.

183 Vgl. Marina Frolova-Walker, *On Ruslan and Russianness*, in: *Cambridge Opera Journal 9, 1*, S. 22.

Italien, Frankreich, Deutschland und Österreich vertraut war und die sein Schaffen nachhaltig beeinflusst hatte.[184]

Durch den großen Erfolg, den *Ein Leben für den Zaren* nach der Uraufführung 1836 errang, dachte der Komponist sogleich über ein Folgewerk nach und sprach mit dem Dichter Aleksandr Puškin über die Möglichkeiten einer Vertonung des Ruslan-Stoffes. Die gemeinsame Arbeit wurde jedoch durch den Tod des Dichters im folgenden Jahr beendet. Es folgte eine verwickelte Entstehungsgeschichte, die Glinka selbst absichtlich verwirrte, um weiterhin an Puškins Stoff festhalten zu können.[185] Die Erwartungen des Publikums auf ein weiteres national-historisches Drama wurden jedoch enttäuscht, denn mit *Ruslan und Ludmilla* komponierte Glinka dieses Mal eine fantastische Oper, in der einer folkloristischen Musiksprache eine exotisch-orientalisierende zur Seite gestellt wurde. Melodien russischer, kaukasischer, persischer, türkischer oder finnischer Herkunft verschmolz er in seiner zweiten Oper nicht wie in *Ein Leben für den Zaren* mit dem dramatisch-musikalischen Geschehen, sondern verwendete sie zum großen Teil im Sinne einer Couleur locale.[186] Außer der für

---

184   Weitere Informationen zu Glinkas Reisen und den jeweiligen Einflüssen finden sich bei David Brown, *Mikhail Glinka. A Biographical and Critical Study*, London (u. a.) 1974.

185   Der Dichter Puškin starb durch ein Duell, dessen Ursache das Interesse des Zaren an Puškins Frau gewesen war. Insofern durfte aus der Sicht Glinkas nicht der Verdacht entstehen, die Verwendung von Puškins Epos für das Libretto sei ein Kommentar zu diesem Vorfall. Glinkas eigene Beschreibung der Entstehung findet sich in seinen Memoiren: Michail Glinka, *Aufzeichnungen aus meinem Leben* (herausgegeben von Heinz Alfred Brockhaus), Wilhelmshaven 1969.

186   Beispielsweise bildet die Lezginka, der ursprünglich polnische Tanz, im zweiten Akt der Oper *Ein Leben für den Zaren* einen dramaturgischen Gegensatz zur Musik der Russen, während im vierten Akt von *Ruslan und Ludmilla*, im Zaubergarten Tschernomors,

Tschernomor charakteristischen Ganztonleiter verzichtete er zudem auf personengebundene Motive und stellte den russischen Weisen eine orientalisch klingende Musik entgegen, auf die später noch näher einzugehen sein wird.

Bereits vor der Uraufführung kündigte sich an, dass diese Oper weniger erfolgreich sein würde als das Vorgängerwerk: Zahlreiche Nummern mussten gekürzt und Sänger kurzfristig ausgetauscht werden, die Dekoration war wenig wirkungsvoll und gegen das Werk wurden Intrigen gesponnen. Schließlich verließ gegen Ende des fünften Akts auch noch die Zarenfamilie die Vorstellung, so dass die Oper damit als durchgefallen galt. Verantwortlich für den fehlenden Zuspruch wurde zumeist das Libretto gemacht, durch das die Dramaturgie in Einzelbilder zerfalle: »Here was the classical dilemma of operatic theory crystallized in practice: the best possible music seemingly wedded the worst possible libretto.«[187] Auch wenn die Musik der Oper als hoch innovativ angesehen wurde, schien der Handlungsverlauf zu verwickelt. Zudem wurde wider Erwarten die mit *Ein Leben für den Zaren* eingeschlagene patriotische Richtung nicht fortgesetzt. Die Befürworter der Oper begannen daher eine

---

die Lezginka auf den türkischen und arabischen Tanz folgt und somit eher die Fremdheit und Exotik der Umgebung beschreibt. Vgl. Richard Taruskin, *Glinka's ambiguous legacy and the birth pangs of Russian Opera*, in: *19th-Century Music*, 1977, Band 1, Nr. 2, S. 145.

187 Taruskin, *Glinka's ambiguous legacy and the birth pangs of Russian Opera*, S. 145. Taruskin selbst beschreibt das Libretto jedoch an anderer Stelle als »magnificently calculated embodiment of what Mikhail Bakhtin was later to call the epic chronotrope«, womit eine geschlossen-zirkuläre Anlage gemeint ist. Dabei beginnt und schließt die Oper mit der Hochzeitsfeier im Festsaal des Fürsten, die die exotisch-phantastischen Bilder somit einrahmt. Eine musikalische Klammer erhält das gesamte Werk durch die Wiederkehr der Ouvertüre am Ende des letzten Finales. Vgl. Richard Taruskin, *Ruslan and Lyudmila*, in: Sadie (Hrsg.), *The New Grove dictionary of opera*, London 1992, Band 4, S. 96.

intensive Suche, um das »Russisch-Sein« auch dieser Oper zu beweisen. Einer ihrer wichtigsten Vertreter war der Kritiker German Laroš, der *Ruslan und Ludmilla* kommentierte mit: »Ruslan is Russian music itself.«[188] Im Zuge dieser Suche spielte auch die Frage nach einer spezifisch russischen Harmonik eine Rolle. Tenor sämtlicher Kommentare war dabei die Unterscheidung zwischen der Kadenz westlicher Musik im Gegensatz zum plagalen System der russischen Klangwelt. Stasov und Balakirev stellten dabei sogar Überlegungen an, inwiefern die Harmonik russischer Volks- und Kirchenmusik mit griechischen Modi in Verbindung gebracht werden könne.[189] Die in *Ruslan und Ludmilla* häufig verwendete Changing-background-Technik wurde schließlich als Merkmal explizit russischer Musik beansprucht, obwohl Glinka das Verfahren gar nicht aus der russischen Folklore herausgelöst hatte.[190] Zudem war die Idee der als Ostinato geführten Melodie seit Jahrhunderten in der abendländischen Kirchenmusik bekannt und hatte von dort in der weltlichen Kunstmusik eine Weiterentwicklung erfahren.

Von Glinkas Opern und dem sich an ihnen entzündenden Diskurs ging ein solches künstlerisch-ästhetisches Prestige aus, dass sich andere russische Komponisten ermutigt fühlten, seine Ideen und Techniken zu übernehmen. Es entwickel-

---

188 Zitiert nach Frolova-Walker, *On Ruslan and Russianness*, S. 21.

189 Vgl. ebd., S. 26f.

190 Vor dem Zerfall der Sowjetunion wurde diese Technik auch als Glinka-Variation bezeichnet und meint eine für Glinka typische Ostinato-Technik, in der die Melodie unter Veränderung von Harmonik, Tonalität oder Klangfarbe präsentiert wird. Beispiele in *Ruslan und Ludmilla* für diese Changing-background-Technik sind etwa Finns Ballade im zweiten Akt oder der Persische Chor im vierten Akt.

te sich dadurch eine regelrecht von diesen Opern ausgehende Konvention:[191]

> »*It was not because Glinka followed whatever was thought of as Russian [...]. It was, in fact, this dialogue between Ruslan and the succeeding generation that played a large part in the creation of a Russian idiom recognisable in concert halls and opera houses anywhere in the world.*«[192]

Bemerkenswert ist, dass Glinka nur dann als »Vater der russisch-nationalen Musiksprache« gesehen werden kann, wenn berücksichtigt wird, dass er diese in seinen Werken eher antizipierte. Erst später wurde diese Musiksprache auf unterschiedliche Weise ausgeformt, wobei sich die jeweiligen Komponisten stets auf ihn als Vorbild beriefen. Hervorzuheben ist zudem der Umstand, dass sich eine spezifische Musiktheatertradition in Russland nicht durch den Erfolg der ersten, sondern eigentlich erst durch das Scheitern der zweiten Oper entwickeln konnte.[193] Nationale Sujets und der Einbezug von Folklore waren hierdurch zum Postulat geworden. Historische Dramen, wie etwa Modest Musorgskijs *Boris Godunow*, entstanden nach dem Vorbild von *Ein Leben für den Zaren*. Die Märchenopern Rimskij-Korsakovs lassen sich hingegen auf das Modell von *Ruslan und Ludmilla* zurückführen. Zentral in der Glinka-Rezeption ist daher auch der in den 1850er Jahren öffentlich und polemisch geführte Streit zwischen Aleksandr Serov und Vladimir Stasov um die Glinka-Nachfolge und die Traditionswege, die sich durch die beiden Opern eröffneten. Serov berief sich dabei auf die Problematik

---

191 Auch die Verwendung von chromatischer Musik für übernatürliche Wesen und diatonische Leitern für menschliche Wesen, wie sie bereits in Taneevs *Oresteya* und Rimskij-Korsakovs *Mlada* beschrieben wurde, geht in diesem Zusammenhang zurück auf Glinka.

192 Frolova-Walker, *On Ruslan and Russianness*, S. 32.

193 Vgl. Taruskin, *Glinka's ambiguous legacy and the birth pangs of Russian Opera*, S. 162.

des mangelhaften Librettos des *Ruslan,* dem gerade die bühnenwirksamen Szenen aus Puškins Epos fehlten. *Ein Leben für den Zaren* sei hingegen ein vollendetes historisches Drama, so Serov. Dieser Argumentation hielt Stasov jedoch Abhängigkeit von italienischer Operntradition und einen Mangel an dramatischen Szenen vor, so dass er *Ruslan und Ludmilla* als einem seiner Meinung nach vollendeten nationalen Epos den Vorzug gab.[194] Welche Bedeutung dieser Diskurs in der zweiten Hälfte des 19. Jahrhunderts hatte, ist auch an seinen Teilnehmern abzulesen, unter denen sich die vorderste Riege russischer Komponisten und Kritiker befand. Auch Čajkovskij nahm beispielsweise Stellung, indem er die musikalische Überlegenheit *Ruslans* beschrieb. Schließlich entschied er sich dann aber doch zugunsten der ersten Oper, da sie in ihrer formalen Gesamtanlage ausgewogener sei – für ihn das entscheidende Kriterium großformatiger Werke.[195] Nach 1868 verlagert sich die Auseinandersetzung zwischen Stasov und Serov dann auf das Musiktheaterkonzept Richard Wagners, angeregt durch die russische Erstaufführung des *Lohengrin.*

Das Libretto der verschiedenen Autoren, die an Glinkas zweiter Oper beteiligt waren, greift auf das Märchenpoem *Ruslan und Ludmilla* von Aleksandr Puškin zurück, mit dem der Dichter 1820 über Nacht berühmt wurde. Ähnlich wie später bei Glinka stand Puškins Poem im Mittelpunkt eines Kritikerstreits. Gegenüber der Vorlage reduziert, schildert das Libretto im Russland sagenhafter Vorzeit die Hochzeitsfeierlichkeit Ludmillas, der Tochter des Großfürsten Svjetosar, mit dem Ritter Ruslan. Die Feierlichkeiten werden jedoch

---

194 Vgl. Redepenning, *Geschichte der russischen und der sowjetischen Musik. Band 1: Das 19. Jahrhundert,* S. 195. Für eine detaillierte Beschreibung und Bewertung der Kontroverse siehe Taruskin, *Glinka's ambiguous legacy and the birth pangs of Russian Opera,* S. 142–162.

195 Vgl. ebd., S. 161.

zum Ende des ersten Akts unterbrochen, da Ludmilla vom Zwerg Tschernomor auf dessen Schloss entführt wird. Der Fürst beauftragt daraufhin Ruslan und die beiden abgewiesenen Heiratskandidaten, den Ritter Farlaf und den Chasarenfürst Ratmir, mit der Suche. Er stellt dem, der Ludmilla als erster nach Hause bringe, die Heirat mit ihr in Aussicht. In den folgenden Akten werden die Stationen der Suchenden beschrieben: In den drei Bildern des zweiten Aktes sind Ruslan in der Höhle des guten Zauberers Finn, Farlaf bei der bösen Zauberin Naina und abermals Ruslan bei einem Totenwächter in Form eines sprechenden Riesenkopfes zu sehen. Der dritte Akt spielt ausschließlich im Zauberschloss der bösen Naina, in das Wanderer durch verführerischen Gesang (den berühmten Persischen Chor) und Tänze gelockt werden – so auch Gorislawa auf der Suche nach ihrem Liebsten Ratmir. Bald finden sich auch Ratmir und Ruslan ein, jedoch muss erst der gute Zauberer Finn eingreifen, um die Suchenden aus dem Bann von Nainas Jungfern zu befreien und Ratmir und Gorislawa wieder zueinander finden zu lassen. Zu dritt nehmen sie erneut die Suche nach Ludmilla auf. Diese befindet sich in Tschernomors Zaubergärten, mit deren Beschreibung von unsichtbaren Feen, einer reich geschmückten Speisetafel sowie goldenen und silbernen Bäumen der vierte Akt beginnt. Diesem Akt entnahm Djagilev den *Türkischen Tanz*, den ersten von drei exotischen Tänzen, die der Zwerg Tschernomor zur Unterhaltung Ludmillas aufführen lässt. Als Ruslan jedoch erscheint, um ihn zum Zweikampf herauszufordern, versenkt Tschernomor Ludmilla in einen Zauberschlaf, wird aber anschließend vom Ritter besiegt. Ruslan, Ratmir und Gorislawa machen sich daher mit der schlafenden Ludmilla auf den Weg zurück zu ihrem Vater. Unterwegs, zu Beginn des fünften Akts, gelingt es jedoch Farlaf durch Nainas Macht, Ludmilla zu rauben und zu ihrem Vater zurückzubringen. Wieder greift der Zauberer Finn ein, indem er Ratmir einen Ring für Ruslan übergibt, der Ludmilla erwecken soll. Im letzten Bild kann die Hochzeit schließlich fortgesetzt werden, weil nur Ruslan Ludmilla mithilfe des Rings wiederzuerwecken vermochte.

Die Gegenüberstellung der Welt von Ruslan und Ludmilla mit den verschiedenen Zauberreichen erschließt sich bereits aus der Handlung. Um jedoch den *Türkischen Tanz* in seiner Stellung innerhalb der Oper zu verstehen, lohnt sich ein genauerer Blick auf die musikalische Gestaltung der Zauberreiche, also des dritten und vierten Aktes. Im dritten Akt wird zunächst Ratmir durch den Persischen Chor in Nainas Zauberschloss gelockt. Die Melodie des Frauenchores basiert auf einem authentischen Lied, das Glinka in Sankt Petersburg im Haus eines Freundes durch den persischen Prinzen Chozrev-mirza kennengelernt hatte.[196] Glinka verwendete es in der bereits erwähnten Changing-background-Technik, also mit wechselnder klanglicher Untermalung des Orchesters. Entscheidend ist dabei jedoch nicht die Tatsache der authentischen Melodie, sondern die sich aus der kompositorischen Gestaltung entwickelnde Konvention. Der Persische Chor, so Richard Taruskin in seiner Studie zum russischen Orientalismus, »set the tone for all the exercises in *nega* evocations […]. Here is the fount and origin, the passage that established the voluptuous undulation and the chromatic pass as emblems to be displayed by Oriental singing or dancing girls in future operas.«[197] Gemeint ist, dass von diesem Chor ausgehend eine bestimmte musikalisch-semantische Kombination musikalischer Elemente in Bezug auf das, was Taruskin als »nega« beschreibt, auch in späteren Opern- und Liedkompositionen immer wieder verwendet wurde. Die-

---

196   Vgl. hierzu und zur Verwendung der Melodie auch bei anderen Komponisten: Redepenning, *Geschichte der russischen und der sowjetischen Musik. Band 1: Das 19. Jahrhundert*, S. 87.

197   Taruskin, *Entoiling the Falconet*, S. 207.

se Kombination nennt Taruskin »syncopated undulation«.[198] Es ist die Verbindung der Wechsel innerhalb von begleitenden Zweier- oder Dreiergruppen zur jeweiligen Nebennote und zurück mit einem »drone (or drum) bass«,[199] weiterhin eine chromatisch abfallende Linie[200] sowie – als zentrales Motiv für »nega« – dem chromatischen Durchgang zwischen der fünften und sechsten Stufe. Von Glinka durch die nachfolgenden russischen Komponistengenerationen übernommen, entwickelte sich diese Koppelung musikalischer Elemente laut Taruskin zu einem Synonym für »not just the East but the seductive East that emasculates, enslaves, reders passive. In a word, it signifies the promise or the experience of *nega*, a prime attribute of the Orient as imagined by Russians. [...] In opera and song, *nega* often simply denotes *sex à la russe*, desired or achieved.«[201]

Die Naina umgebenden Jungfrauen werben also nicht nur durch ihren verheißungsvollen Text: »Kehre, Fremdling, bei uns ein! / Der Jungfrau'n Schönste zart und fein / Wird dich umschmeicheln, dich umkosen, / Berauschen wie der Duft der Rosen! / O, junger Wandrer, kehre ein! //« Sie sehen Ratmir als einen potenziellen Freier und werben durch Harmonik und Melodie für erotische Abenteuer. Der Chasarenfürst, ermattet von seiner Reise und auf der Suche nach – wie er in seiner Arie singt – »süßer Ruh«, ist somit leichte Beute. Er selbst ist von Glinka in seiner gesamten Arie mit eben jenen musikalischen Merkmalen ausgestattet, die als typisch für die Beschreibung von exotisch-erotischer Verlockung in russischer Musik gewertet werden können. Darüber hinaus legte Glinka die Figur des Ratmir als orientalischen Gegenpart

---

198   Taruskin, *Entoiling the Falconet*, S. 202.

199   Ebd.

200   Vgl. ebd. Taruskin beschreibt sie als »badge worn by exotic sexpots all over Europe (cf. a certain Habanera)«.

201   Ebd.

zu Ruslan an, was nicht nur in der Gegenüberstellung der exotischen und russischen Klangsprache verdeutlicht wird.[202] Auch die Besetzung weist darauf hin, indem Glinka für die Partie des Ruslan einen Bass vorsah, Ratmir jedoch als Hosenrolle für Alt konzipierte: »[...] The contralto timbre also symbolized the torpid and feminized East.«[203] Insgesamt schuf Glinka durch die Gestaltung des dritten Akts einen Prototyp an Klangsprache, der in der russischen Musikgeschichte nach *Ruslan und Ludmilla* immer wieder im Kontext von Exotik und Erotik bemüht werden sollte.

Dass Ratmir dem Zauber von Nainas Gefährtinnen nicht entkommt, vermittelt sich nicht nur in den »nega«-Merkmalen seines Gesangs, sondern auch in der allgemein häufig in diesem Kontext anzutreffenden Instrumentierung durch ein obligat geführtes Englischhorn, dem Text (»Träume, eure Liebesgluth / Wallt und siedet mir im Blut, / Thrän' um Thrän' dem Aug' entfällt, / Wonne mir die Lippen schwellt. //«) und der Gestaltung der Arie als Walzer: »Far from playing the character false, the walz is another locus classicus of Oriental languor seen through European (or perhaps Eurasian) eyes.«[204]

An diesen Walzer und seine Aufforderung an Nainas Jungfern, »O eilt zu mir herbei, o eilet, herrliche Wesen, herrliche

---

202   Die Chasaren waren ein Turkvolk umstrittener Herkunft, deren Reich im 7. Jahrhundert zwischen Wolga und Don lag. Ein Teil der Chasaren konvertierte zum Judentum. Das ehemalige Gebiet der Chasaren wurde 1817 dem russischen Zarenreich angeschlossen.

203   Taruskin, *Entoiling the Falconet*, S. 209. Dass Ruslan nicht als Tenor, sondern als Bass besetzt wurde, hat jedoch hauptsächlich damit zu tun, dass mit Osip Petrov, der den Ruslan in der Uraufführung singen sollte, zwar ein ausgezeichneter Bass, jedoch kein Tenor in ähnlicher Qualität zur Verfügung stand.

204   Ebd., S. 212. Dies mag unter Umständen auch die Begründung dafür sein, warum Arenskij den Auftritt der Kleopatra in *Eine Nacht in Ägypten* op. 50 als eleganten Walzer komponierte.

Wesen herbei«, schließt sich ein mehrteiliges Ballettdivertissement an, das stilistisch unerwartet eher in den Kontext einer französischen Grand opéra passen würde. Auf den ersten Blick entzieht es sich einer Deutung ähnlich der des Persischen Chors und der Arie des Ratmir. Selbst Stasov als einer der stärksten Befürworter der Oper, bezeichnet diese Tänze als »Schwachpunkte, an denen Glinka übrigens wenig Schuld trägt: Er mußte sie auf Bestellung des Ballettmeisters einfügen.«[205] Führt man sich aber die Funktion des Ballettdivertissements in der europäischen Operntradition des 19. Jahrhunderts vor Augen (mit der Glinka unter anderem durch seine Bekanntschaft mit Vincenzo Bellini, Gaetano Donizetti und Hector Berlioz vertraut war), so ergeben sich Parallelen zur Handlung des dritten Aktes: In den getanzten Divertissements insbesondere der Grand opéra sollte dem Publikum nicht nur die Gelegenheit gegeben werden, die tänzerischen Fähigkeiten der Ballerinen zu bewundern. Diese Einlagen frühestens ab der Mitte der Opern gaben den Herren der gehobenen Gesellschaft zudem die Möglichkeit, nach dem Abendessen gerade noch rechtzeitig in der Oper zu erscheinen, um ihre Favoritinnen zu beklatschen und sie im Foyer de la danse zu treffen – eine Praxis, die außerhalb der Bühne zunehmend an die Grenzen der Prostitution stieß bzw. diese überschritt.[206]

---

205 Redepenning, *Geschichte der russischen und der sowjetischen Musik. Band 1: Das 19. Jahrhundert*, S. 196.

206 Vgl. Knud Arne Jürgensen, *Zu den Balletten in Verdis Opern*, in: Markus Engelhardt (Hrsg.), *Giuseppe Verdi und seine Zeit*, Laaber 2001, S. 203–224. Überliefert ist in diesem Zusammenhang ein Ausspruch Verdis, der 1847 in Paris eine Vorstellung des Balletts *La fille de marbre* gesehen hatte und anschließend davon einer Freundin schrieb: »Gestern besuchte ich meine erste Ballettvorstellung in der Opéra. Das ist die unanständigste Sache, die man sich vorstellen kann« (Jürgensen, *Zu den Balletten in Verdis Opern*, S. 205.). Verdi unterschied zwischen Opernballetten, die kleinere Charaktertänze beinhalteten, und dem Divertissement

Gerade diese Anziehungskraft, die die damaligen Tänze-rinnen auf ihre Galane ausübten, übertrug Glinka auf den Handlungsverlauf seiner Oper und nutzte das Ballettdivertis-sement französischer Tradition als die Verkörperung des ver-lockenden Zaubers, dem Ratmir schließlich unterliegt. Gegen diesen im Persischen Chor musikalisch-motivisch und im Di-vertissement im Kontext der Operngeschichte zu verstehen-den erotischen Frontalangriff im Reich Nainas kann selbst die eigentliche Gefährtin Ratmirs, Gorislawa, »the most in-tegrally Russian character of the opera«,[207] nichts ausrichten. Glinka gelingt hierdurch jedoch eine erneute Gegenüberstel-lung einer russischen mit einer fremden Welt, wobei er unter Fremdheit nicht nur eine exotische Zauberwelt subsummiert, sondern durchaus auf Westeuropa anspielt.

Zu einer weiteren Ausdifferenzierung kommt es im folgen-den Akt, in dem Glinka der verführerisch-orientalisierenden Welt Nainas den verzauberten Märchengarten Tschernomors entgegensetzt. Hier steigen nicht nur Meerjungfrauen aus Ge-wässern und Feen aus Büschen, um Ludmilla zu trösten. Die Erde gebärt zudem noch eine Art »Tischlein-deck-dich« und aus den Bäumen erklingen Glockenspiele. Alle Bemühungen sind jedoch vergeblich. Ludmilla singt weiterhin von ihrem traurigen Schicksal und befürchtet, ihren Vater und Ruslan nie mehr wiederzusehen. Unter dem Schutz eines durchsich-tigen Zeltes und umfächelt von den Federn eines Wundervo-gels sinkt sie in Ohnmacht. Der Herrscher des Reiches – ob-wohl gleichfalls fantastischen Sphären entsprungen – könnte

---

in französischer Tradition, das die Handlung über einen länge-ren Zeitraum zum Erliegen kommen lässt. Entsprechend sprach sich Verdi gegen Letzteres aus. Zum weiteren sozialgeschichtli-chen Hintergrund der Tänzerin im 19. Jahrhundert vgl. Dorion Weickmann, *Der dressierte Leib. Kulturgeschichte des Balletts (1580– 1870)*, Frankfurt a. M. 2002.

207   Frolova-Walker, *On Ruslan and Russianness*, S. 34.

unterschiedlicher zu Naina nicht sein: Ein alter Zwerg, dessen übermäßig langer Bart von kleinen »Mohren« auf Kissen getragen wird, tritt gemeinsam mit Musikanten, Sklaven und Untertanen zu einem skurrilen Marsch im Fortissimo auf: Zu fanfarenartigen Blechbläsern mit ihren grotesk-überzeichnenden Vorhalten erklingen reichliche Becken- und Trommelschläge, die mit den hohen, quietschenden Holzbläsern die Vorstellung einer laut trötenden Zwergen-Blaskappelle geradezu provozieren und gleichzeitig in ihrer Instrumentierung an eine Alla-turca-Musik denken lassen. Komplett wird das türkische Instrumentarium, wiederum verkehrt in die märchenhafte Welt des Zwerges, durch das Glockenspiel im Trio des Marsches, wobei die Harmonik zwischen Des- und D-Dur-Akkorden hin und her pendelt.

Diese tonale Unbestimmtheit setzt sich im darauffolgenden *Türkischen Tanz* fort. Jede der sechs achttaktigen Phrasen endet auf H-Moll oder D-Dur, wobei diese in ihrer melodischen Struktur kaum verändert werden, Glinka sie stattdessen im Sinne der Changing-background-Technik in veränderter Instrumentierung und Lautstärke präsentiert. Lediglich in der zweiten und dritten Wiederholung werden die ersten zwei Takte der ursprünglich dort abwärts verlaufenden melodischen Linien durch zwei aufsteigende und eine abfallende Achtelgruppe ersetzt, die in den letzten acht Takten noch zweimal in den Hörnern erklingen. Insgesamt ist der *Türkische Tanz* durch seinen träge wiegenden Rhythmus im $^6/_8$-Takt geprägt, ein Parameter, der später innerhalb der Oper eine entscheidende Veränderung erfährt. Im Finale des letzten Akts wird die das gesamte Werk umrahmende Ouvertüre schließlich durch die Worte Ratmirs und – nach erneutem Einsatz des Ouvertürenbeginns – auch Gorislawas unterbrochen: »Ungetrübte Freude eh'lichen Glückes / Werde euch zeitlebens zu Theil! / Wollet eures Freundes liebreich gedenken / Dessen Herz für euch stets glüht! //« bzw.: »Freude bleibt ewig eur Theil / Doch denkt auch bisweilen an uns!

//« Nicht zufällig folgt der melodische Verlauf zu diesem Text genau der Melodie des *Türkischen Tanzes* aus dem vierten Akt, allerdings in einer zum $^4/_4$-Takt »begradigten« Form:

Notenbeispiel 24: Michail Glinka, Takte 1 bis 8 des *Türkischen Tanzes*, 4. Akt der Oper *Ruslan und Ludmilla*.

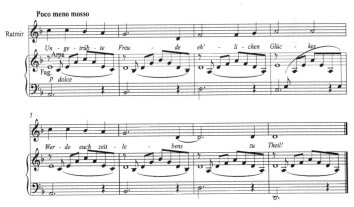

Notenbeispiel 25: Michail Glinka, Takte 1 bis 8 des Finales, 5. Akt der Oper *Ruslan und Ludmilla*.

Hier wird noch einmal die besondere Funktion des exotischen Fürsten Ratmir und der Unterschied zwischen den beiden geschilderten, orientalisierend gestalteten Welten deutlich: In Ratmir kommen alle drei Sphären insofern zur Deckung, indem er – vormals in den Fängen von Nainas Jungfern – eine Verbindung mit der russischen Figur Gorislawas eingeht und gleichzeitig seine exotischen Wurzeln nicht verbirgt. Dies lässt eine weitere Bedeutungsdimension der gesamten Oper offenbar werden:

> »[...] The Final presents the glorious Russia of the future, uniting the many nations that had long warred with it. Ratmir and Gorislava would then serve several functions. First, they are an international couple bound by love. Second, Ratmir has undergone a substantial change of character in the course of the opera: initially the promiscuous Khan of Khazaria, he has now become faithful husband to his Russian wife; having been Ruslan's former rival in love, he has now become his loyal friend. Third, the fact that the couple sings a version of the Turkish Dance (previously native to Chernomor's kingdom), rather that one of Ratmir's own melodies, allows the Khazar to represent the outlying nations in general, thus bringing the idea of loyalty to a new, higher level. Indeed, loyalty seems to be the main moral force motivating the entire opera [...]. Thus the finale of the opera promotes the tale of Ruslan and Lyudmila as a parable of Russia's own carefully constructed self-image.«[208]

Der Vorwurf, exotische Klänge seien in dieser Oper im Vergleich zu *Ein Leben für den Zaren*, in dem die Tänze im zweiten Akt deutlich dramaturgische Absicht haben, wieder auf ihre reine Couleur-locale-Funktion zurückgestuft, lässt sich vor diesem Hintergrund also nur zum Teil aufrechterhalten. Von der Hand zu weisen ist ein dekorativer Aspekt der Tänze im vierten Akt zwar nicht, besonders im Hinblick auf die Zusammenstellung eines türkischen und arabischen Tanzes und einer Lezginka.[209] Allerdings tragen diese Tänze durch

---

208   Frolova-Walker, *On Ruslan and Russianness*, S. 41f.

209   Inhaltlich fühlt man sich an das Divertissement im zweiten Akt des allerdings erst 1892 uraufgeführten Balletts *Der Nussknacker*

den Rückgriff auf den *Türkischen Tanz* im Finale der Oper zu einer übergreifend nationalen Aussage bei – auch wenn diese weniger vordergründig auf der Hand liegt wie beim vorausgegangenen Werk.

Von der Metaebene des *Türkischen Tanzes* konnte der Zuschauer in Paris, der 1909 das Ballett *Cléopâtre* sah, nichts ahnen. So schön die Behauptung gewesen wäre, Djagilev hätte eben dadurch die exotische Seite seiner Heimat unterstreichen wollen – vermutlich wäre dies zu viel der Deutung. Wahrscheinlicher ist, dass er im »Katalog« russischer Komponisten, wie er im vorangegangenen Exkurs für die Einfügungen in *Cléopâtre* festgestellt wurde, Glinka natürlich nicht auslassen wollte. Nichts hätte dabei nähergelegen, als auf einen der Tänze aus der Oper *Ruslan und Ludmilla* zurückzugreifen. Djagilev, der das russische Opernrepertoire seit seiner Kindheit kannte, war sich neben der orientalisierenden Gestaltung des Tanzes sicherlich der musikalischen Aussage in dieser für die russische Musikgeschichte so wichtigen Oper bewusst.

Wahrscheinlich wurde der Tanz ohne die einleitenden sieben Takte, die der gesamten Tanzszene aus *Ruslan und Ludmilla* vorangestellt sind, in *Cléopâtre* eingefügt. Wie in Kapitel 2.2 erläutert, gingen dem Pas de deux, der zum *Türkischen Tanz* getanzt wurde, weiterentwickelte Takte der Nr. 5 *Scène d'empoisonnement* voran.

---

erinnert, in dem zur Unterhaltung Klaras bzw. Maschas verschiedene Tänze repräsentativ für bestimmte Nationen bzw. Süßigkeiten in einer ähnlich fantastischen Umgebung präsentiert werden wie im vierten Akt von *Ruslan und Ludmilla*.

2.4.4 *Bacchanal* aus Aleksandr Glazunovs Ballett *Die Jahreszeiten* op. 67

Aleksandr Glazunovs Ballett *Die Jahreszeiten* wurde am 7. Februar 1900 uraufgeführt, also in dem selben Jahr, in dem Anton Arenskij die Ballettmusik *Eine Nacht in Ägypten* komponierte. Sergej Djagilev übernahm für *Cléopâtre* aus Glazunovs Komposition den Beginn der Herbst-Musik. Auch Glazunovs einaktiges Ballett war für eine der kleineren Bühnen Sankt Petersburgs, das Theater der Eremitage, entstanden, wurde vom Ballettensemble des Mariinskij-Theaters getanzt und kurz nach der Uraufführung ins Repertoire des größeren Hauses übernommen.[210] Ivan Vsevoložskij, der an der Verwirklichung der Ballette Čajkovskijs maßgeblichen Anteil hatte, wechselte 1899 vom Posten des Direktors der kaiserlichen Theater an die Eremitage. Sergej Volkonskij, der neue Direktor der kaiserlichen Theater, gab in der Folge erheblich weniger Aufträge an Marius Petipa, so dass der Choreograf in dieser Zeit häufiger Werke für das kleinere Eremitage-Theater choreografierte. Neben *Die Jahreszeiten* wurde im Jahr 1900 im Eremitage-Theater auch *Die Prüfung der Damis* uraufgeführt, ein weiteres einaktiges Glazunov-Ballett.[211] Zur Zusammenarbeit zwischen dem bereits damals renommierten wie betagten Choreografen (er stand kurz vor seinem 82. Geburtstag) und Aleksandr Glazunov war es bereits zwei Jahre zuvor für das abendfüllende Ballett *Raymonda* gekommen, einem erfolgreichen dreiaktigen Werk im Stil des Mittelalters. Dabei hatte Glazunov ausführlich Gelegenheit gehabt, sich mit den Anforderungen und der Arbeitsweise Petipas vertraut zu machen. Gleichfalls war Glazunov Čajkovskij in enger Freundschaft verbunden gewesen, von dessen Ballett-

---

210 Die Uraufführung war übrigens hervorragend besetzt, u. a. tanzte Matil'da Kšesinskaja, Anna Pavlova, Ol'ga Preobaženskaja, Aleksej Bulgakov, Nikolaj Legat und Pavel Gerdt.

211 Dieses Werk ist auch unter dem Titel *Ruses d'amour* oder *Die Dienerinnen als Herrinnen* bekannt.

musik und der dramaturgischen Geschlossenheit er höchst beeindruckt war.[212]

Trotz der engen Freundschaft zu Čajkovskij war Aleksandr Glazunov ein Schüler – eigentlich der Lieblingsschüler – Rimskij-Korsakovs und galt als Jugendlicher aufgrund seiner schnellen Entwicklung und Frühreife als kompositorisches Wunderkind. Umso verwunderlicher ist es, dass von ihm keine Opernkomposition vorliegt, sondern sein Schaffensschwerpunkt auf Sinfonien, Instrumentalkonzerten und Kammermusikwerken lag.[213] Neben seinem Violinkonzert ist das Ballett *Raymonda* nicht nur eines seiner bekanntesten Werke, er selbst bewertete es sogar als besonders glückliches Ereignis in seinem Leben und für seine künstlerische Entwicklung von außerordentlicher Wichtigkeit:

> »*Nach der Komposition der Ballette fiel mir alles leicht [...]. Die Notwendigkeit, mit den Bedingungen der Choreographie zu rechnen [...], legte mich fest, aber sie ertüchtigte mich auch für die sinfonischen Schwierigkeiten [...]; enthielten denn nicht die eisernen Fesseln die beste Schule für die Entwicklung und Erziehung des Formgefühls? Muß man nicht gerade in den engen Fesseln die Freiheit lernen?*«[214]

---

212 Vgl. Andrej Krjukow, *Alexander Konstantinowitsch Glasunow*, Berlin 1982, S. 91 f.

213 Rimskij-Korsakov hatte ihn zwar zur Komposition einer Oper oder zumindest von Vokalmusik mit Orchester gedrängt, jedoch waren »die Formen und Bilder der russischen Sagenwelt, die [...] N. A. Rimskij-Korsakov so begeisterten, nicht völlig meinem schöpferischen Talent gemäß [...]«, so Glazunov. Darüber hinaus sah er sich nicht in der Lage, ausreichend Zeit für die Komposition eines groß angelegten Werks aufzubringen. Zitiert nach: Dorothee Eberlein, *Russische Musikanschauung um 1900 von 9 russischen Komponisten dargestellt aus Briefen, Selbstzeugnissen, Erinnerungen und Kritiken*, Regensburg 1978, S. 49.

214 Detlef Gojowy, *Alexander Glasunow. Sein Leben in Bildern und Dokumenten unter Einbeziehung des biographischen Fragments von Glasunows Schwiegersohn Herbert Günther*, München 1989, S. 51.

Bei der Komposition von *Die Jahreszeiten* waren Glazunovs kompositorische Fähigkeiten bereits gereift und sein Schaffen produktiv, bevor er ab 1905 durch seine Tätigkeit als Direktor des Sankt Petersburger Konservatoriums immer weniger zum Komponieren kam. Seinen Pflichten am Konservatorium kam er offenbar sehr gewissenhaft und sich für seine Studenten engagierend nach. International hatte er sich als Komponist und Dirigent bereits Geltung verschaffen können, so etwa bei der Leitung eines Konzerts mit eigenen Werken und Kompositionen russischer Kollegen auf der Weltausstellung in Paris 1889. Bei den Proben in Paris waren verschiedene französische Komponisten anwesend, u. a. Claude Debussy, Léo Delibes, Jules Massenet, André Messager und Ambroise Thomas – sie alle zeigten sich höchst erfreut.[215] War Glazunov in seinem Kompositionsstil weniger auf eine der vormaligen »Schulen« festgelegt, äußerte er sich über die musikästhetische Neuausrichtung westlicher Komponisten wie auch eigener Schüler kritisch:

> *»[Er] nannte alle Neutöner [gemeint sind hier Claude Debussy, Richard Strauss und Dmitrij Šostakovič; C. M.] recherchés cacophonistes und sah als Juror seine Aufgabe erfüllt, wenn es gelang, kakophonische Kompositionen abzuwehren. So fand er auch für seine ihn vergötternden (direkten oder indirekten) Schüler wie Strawinsky, Prokofjew oder Schostakowitsch kaum ein Wort der Anerkennung: Strawinsky findet er untalentiert, Prokofjew, den er für sich ein häßliches junges Entlein tauft, gesteht er Talent zu, meint aber, der Mensch gehe damit nicht ernsthaft um. Richard Strauss (seinen um ein Jahr älteren Rivalen) bezeichnet er öffentlich als schädlich; Ferruccio Busoni kennt und schätzt er als Pianisten und widmet ihm eine Komposition, und selbst in der Emigration dauert der freund-*

---

215   Vgl. Ebd., S. 73. Wie bereits im Abschnitt zu Nikolaj Rimskij-Korsakovs *Mlada* erwähnt, handelte es sich um Konzerte, die der Musikverleger Mitrofan Beljaev initiiert hatte und bei denen auch Rimskij-Korsakov dirigierte. Weiteres zu diesen Konzerten und der Weltausstellung von 1889 siehe Kapitel 5.1.

schaftliche Kontakt zu seiner Witwe Gerda Busoni an, aber von seinem Versuch einer neuen Ästhetik der Tonkunst hält er wenig.«[216]

Bezeichnungen wie »erster russischer Klassizist«[217] oder »russischer Brahms«[218] beziehen sich daher auf seine besonders nach der Jahrhundertwende nicht mehr zeitgemäße musikalische Ästhetik, aber auch auf seine kompositorische, insbesondere thematisch-motivische Arbeit, bei der er unterschiedliche Themengruppen aus ein und demselben Motiv bildete und dadurch zyklische Formen schuf.

Sein allegorisches Ballett *Die Jahreszeiten* greift älteres Gedankengut auf und wurde von Marius Petipa choreografiert. Die Handlung, sofern man nicht von einem handlungslosen Ballett sprechen möchte, beschreibt in allegorischer Darstellung den Wechsel der Jahreszeiten. Die Tänzerinnen und Tänzer treten als Verkörperungen von Eis, Schnee, Hagel und Raureif, Vögeln, Blumen und Zephyr sowie Najaden, Satyrn, Faune und Bacchanten auf. Das Ballett nimmt dabei Bezug auf die frühen Hofballette des Barock. Bereits im *Ballet comique de la Reine* von 1581, das als erstes Ballett nachgewiesen ist, traten wie in *Les Saisons* mehrere Allegorien in einer weitgehend belanglosen Handlung zur puren Prachtentfaltung auf. Noch näher kommt *Les Saisons* inhaltlich einem besonders prominenten Werk der Tanzgeschichte, dem französischen Hofballett *Ballet royal de la Nuit* (1653). Dort wurde durch al-

---

216 Detlef Gojowy, *Letzter Klassiker – erster Klassizist. Zum Gedenken an Alexander Glasunow (1865–1936)*, in: Neue Zeitschrift für Musikwissenschaft, 1986 CXLVII/3, S. 10. Seine Schüler hingegen – insbesondere Šostakovič – berichteten, auf welch rührende Art Glazunov sich stets für sie einzusetzen bereit war, da er erkannt hatte, dass Komponisten wie ihnen die Zukunft gehöre, auch wenn sie ihm persönlich nicht zusagten.

217 Ebd.

218 Alexander von Andreevsky, *Dilettanten und Genies. Geschichte der russischen Musik*, Berlin 1951, S. 322.

legorische Darstellung, nämlich anhand der in vier Abschnitte aufgeteilten Nacht, der Verlauf der Zeit beschrieben. Das Ballett endete mit dem Aufgang der Sonne, verkörpert von Ludwig XIV., dem »Sonnenkönig«. Hintergrund der thematischen Verwandtschaft von *Die Jahreszeiten* mit dem absolutistischen Ballett Frankreichs war natürlich die Huldigung des russischen Monarchen. Zugleich beabsichtigte der Auftraggeber Vsevoložskij, die Verbindung zwischen der ursprünglichen Heimat des Balletts und des Choreografen Marius Petipa herzustellen. Als Einakter, im Gegensatz zu den barocken Balletten, die sich bisweilen über mehrere Stunden hinzogen, kam *Die Jahreszeiten* dem Zeitgeschmack des Publikums wie auch den Anforderungen des kleinen Eremitage-Theaters entgegen und nahm Fokins Beschäftigung mit einer bereits vergangenen Ballettästhetik vorweg.[219]

Sergej Djagilev übernahm aus dem Ballett das *Bacchanal* der Herbst-Musik für das Divertissement, das während der Liebesszene zwischen Kleopatra und Amoûn gezeigt wurde. Nach dem Pas de deux der Sklaven mit dem Schleier war noch ein Abschluss für das Divertissement notwendig, in dem alle hieran Beteiligten gemeinsam auftreten konnten, bevor sie die Bühne verließen und *Cléopâtre* tragisch enden würde. Der Beginn der Herbst-Musik aus Glazunovs Ballett fügte sich nicht nur inhaltlich gut in *Cléopâtre* ein. Günstig war auch, dass das *Bacchanal*, das schon von Glazunov für *Die Jahreszeiten* so bezeichnet worden war, einen schnellen, gradtak-

---

219 Im Jahr 1907 choreografierte Michail Fokin *Chopiniana*, das 1909 in Paris nach einigen Änderungen als *Les Sylphides* aufgeführt wurde. Zentrales Thema des Balletts war auch hier die Hinwendung zu einer anderen Epoche, denn er choreografierte *Chopiniana* nicht nur mit dem romantischen Bewegungsvokabular, sondern als ein Werk über diese Epoche. Als Musik wurden Chopins Klavierwerke verwendet, die – und das schlägt den Bogen zurück zu *Die Jahreszeiten* – von Aleksandr Glazunov orchestriert worden waren.

tigen Rhythmus vorsah.[220] Dem ruhigen und lyrischen Pas de deux folgt somit ein kurzer Abschluss von rhythmischer Prägnanz und vollem orchestralen Klang, der ein lebendiges Bühnengeschehen wie von Fokin geschildert vorstellbar werden lässt.[221]

Im Nachlass des Regisseurs und Kompaniemanagers Sergej Grigor'ev befindet sich neben dem Klavierauszug von Anton Arenskijs *Eine Nacht in Ägypten* op. 50, der für die Arbeit an *Cléopâtre* verwendet wurde, auch eine Ausgabe von Aleksandr Glazunovs *Die Jahreszeiten*.[222] Wie Eintragungen in den Noten belegen, handelt es sich hierbei gleichfalls um eine Ausgabe, mit der offenbar ähnlich wie mit dem Arenskij-Klavierauszug gearbeitet wurde. Die handschriftlichen Eintragungen beziehen sich aber ausschließlich auf das *Bacchanal* und machen Kürzungen am musikalischen Material deutlich, die einem Einschub in *Cléopâtre* sehr entgegengekommen wären. Insofern ist sehr wahrscheinlich, dass es sich um die Ausgabe handelt, die für die Arbeit an *Cléopâtre* verwendet wurde. Folgt man diesen Einzeichnungen, wurden folgende Teile aus Glazunovs Herbst-Musik verwendet: *Bacchanal* (Takte 1 bis 69) – *Entrée des saisons* (Takte 91 bis 148) – *Bacchanal* (Takte 1 bis 69). Dies ergibt sich aus den wenigen, aber eindeutigen Eintragungen der Wörter »fine« (mit eingezeichneter Fermate) über Takt 69 und »D.C.« für da capo neben Takt 148. Dass weitere Takte mit den Auftritten der Jahreszeiten in die Partitur Arenskijs eingefügt wurden, ist unwahrscheinlich. In der übrigen Herbst-Musik erklingen Motive der jeweiligen Jahreszeiten oder deren Fortspinnungen, zu denen die jeweili-

---

220   Traditionell wurden Divertissements durch einen Galopp beendet. Vgl. Exkurs 1.

221   Vgl. Kap. 2.2.

222   Vgl. Alexandre Glazounow, *Les Saisons. Ballet op. 67. Réduction pour Piano par l'auteur*, Leipzig: Belaieff 1901, RISM-Sigel US CAh, Signatur bMS Thr 465 (191).

gen Darsteller von *Die Jahreszeiten* nach und nach auf die Bühne kommen sollten. Innerhalb des weiteren Herbst-Verlaufs
sind also mehrere Motive zu hören, die bei einem Einschub
in *Cléopâtre*, d. h. ohne die Kenntnisse der vorausgegangenen
Jahreszeiten-Musiken, ohne jeden Zusammenhang gewesen
wären. Weiterhin spricht gegen die Verwendung der übrigen
Takte des Herbstes, dass am Ende der zuletzt wiederkehren-
den Jahreszeit, des Sommers, die Musik ruhig ausläuft, do-
minantisch auf E-Dur endet, um dann attacca direkt in das
sich anschließende *Petit Adagio* überzugehen.[223] Ein dominantischer Schluss hätte bei einem längeren Divertissement keinen Sinn ergeben, und er hätte auch nicht zu den bereits zitierten Schilderungen Fokins gepasst, in denen von »sausen«,
»rasen« und »heftiger Ekstase« die Rede ist.[224] Die sich erge-
bende A-B-A-Form mit den stürmischen A-Teilen und einem
zurückgenommenen Mittelteil entspricht dieser Schilderung
dafür umso mehr.

Anders als bei den orientalisierenden Einschüben Taneevs
und Rimskij-Korsakovs, bei denen das antike Sujet und eine
Kleopatra als Femme fatale sich für eine Einfügung anboten,
war es hier die Dynamik der Musik, die sich als Höhepunkt
für das Divertissement eignete. Der Aspekt, neben Rimskij-
Korsakov und Glinka auch Glazunov als Sankt Petersburger
Gegenpart zum Moskauer Taneev in das Ballett zu integrieren, hatte für Djagilev sicherlich ebenso eine Rolle gespielt.

---

223   Mit den einzelnen Auftritten der Jahreszeiten änderte sich jeweils
      die Tonart, von F-Dur des Herbstes zu d-Moll des Winters nach B-
      Dur für den Frühling und D-Dur für den Sommer.

224   Fokin, *Gegen den Strom*, S. 169.

2.4.5 Tanz der persischen Sklavinnen
aus Modest Musorgskijs Oper *Chovanščina*

Mit dem *Tanz der persischen Sklavinnen* aus Musorgskijs Oper *Chovanščina*, den Sergej Djagilev in das Ballett *Cléopâtre* einfügte, ging er innerhalb der russischen Musikgeschichte wieder einen großen Schritt zurück in Richtung der Debatte zwischen »Slawophilen« und »Westlern«. Bereits 28 Jahre vor der Uraufführung von Glazunovs Ballett hatte sich Modest Musorgskij erstmals auf Anregung Vladimir Stasovs mit dem historischen Stoff beschäftigt und anhand historischer Quellen in das Sujet eingearbeitet. Von 1872 bis 1879 komponierte er mit Unterbrechungen die Oper und schrieb parallel dazu das Libretto. Dabei zog er gemeinsam mit Stasov mehrere Ereignisse der russischen Geschichte aus dem späten 17. Jahrhundert zusammen, so dass das Libretto ein historisches Drama mit unterschiedlichen Handlungsebenen wurde. Die jeweiligen Interessen verschiedener in der Oper auftretender Gruppen sind hierbei ebenso historisch belegt wie die meisten Akteure, die als deren Repräsentanten vorgestellt werden. Allerdings wurden die zeitlich disparaten Ereignisse der Oper zu einer historisch nicht authentischen Gleichzeitigkeit zusammengefasst.[225]

Auf politischer Ebene treffen Fürst Iwan Chowanski, Fürst Wassili Golicyn sowie der Bojar Schaklowity aufeinander.[226] Bei Fürst Chowanski handelt es sich um den machthungrigen Führer der Strelitzen, einer militärischen Elitetruppe und

---

225 Vgl. zu den historischen Vorbildern und ihrem ursprünglichen Zusammenhang z. B. Richard Taruskin, *Musorgsky. Eight essays and an epilogue*, Princeton 1993, S. 313 ff.

226 Zwischen dem 15. und 18. Jahrhundert war »Bojar« in Russland die Bezeichnung für einen bestimmten Rang von Adligen im Staatsdienst. Zwar war der Titel auf bestimmte Familien beschränkt, also nicht für alle zu erreichen, dennoch handelte es sich nicht um eine Bezeichnung, die wie ein Adelstitel vererbt werden konnte.

Leibwache des Zaren. Dessen Verschwörung gegen den Zaren wird vom Bojar Schaklowity denunziert. Fürst Golicyn hingegen, ein Günstling der noch für Peter I. regierenden Regentin, gibt sich im Gegensatz zu Chowanski zwar aufgeklärt europäisch. Er schreckt vor Gewalt zur Durchsetzung seiner Absichten aber genauso wenig zurück wie Chowanski oder der Bojar. Zu diesem politischen Interessenkonflikt kommt noch ein religiöser hinzu, vertreten durch die »Altgläubigen« und ihren historisch eher nachempfundenen als bezeugten Repräsentanten Dosifei. Dieser vermag bei den Streitigkeiten aller zeitweilig schlichtend einzugreifen, wehrt sich jedoch gegen jegliche Neuerungen und vermutet in Peter dem Großen den Antichrist.

Diese übergeordneten Konflikte beziehen sich auf die zaristische Politik, die jedoch nie selbst in der Verkörperung des Zaren auf die Bühne tritt. Stattdessen spielen sich innerhalb des Volkes, das die politischen und religiösen Ränke nicht vollständig durchschaut, kleinere Episoden ab, die zum einen dem epischen Charakter der übergeordneten Thematik entgegenwirken, andererseits die Gruppen charakterisieren und die Szenen erzählerisch zusammenhalten. So versucht im ersten Akt Andrei, der Sohn Ivan Chowanskis, ein von ihm entführtes Mädchen zu vergewaltigen, wird jedoch von seiner ehemaligen Geliebten Marfa, einer Altgläubigen, daran gehindert. Marfa weissagt im zweiten Akt Golicyn die Verbannung und entgeht daraufhin selbst nur knapp Golicyns Mordanschlag. Der dritte Akt schildert, wie Peter der Große gegen den Aufstand seiner Strelitzen vorgehen lässt und der Strelitzenführer Iwan Chowanski daher seine Anhänger zu beruhigen versucht. Bevor im ersten Bild des vierten Akts dann der Untergang aller Akteure beginnt, versucht Iwan, sich durch Lieder der anwesenden Bäuerinnen aufzuheitern. Nachdem dies jedoch nicht zum gewünschten Ergebnis führt, befiehlt er persische Tänzerinnen herbei, deren Tanz Djagilev in *Cléopâtre* einfügte. Anschließend fällt Iwan dem Mordanschlag des Bojaren Schaklowity zum Opfer. Im zweiten Bild des vierten Akts beschließt Dosifei, der Verfolgung der Altgläubigen durch kollektiven Selbstmord zu entgehen, der im fünften Akt stattfindet. Andrei, der die Begnadigung der Strelitzen durch Peter I. aufgrund seiner Flucht nicht mitbekommt, stirbt mit Marfa und den Altgläubigen bei ihrer kollektiven Selbstverbrennung auf dem Scheiterhaufen.

In der Zeit der russischen Identitätssuche insbesondere der 1860er Jahre, die sich auch im Richtungsstreit zwischen Moskauer und Sankt Petersburger Komponisten bemerkbar machte, rückten Themen zu Wendepunkten der russischen Geschichte in das Interesse intellektueller Kreise und wurden dort kontrovers diskutiert. In diesen Kontext fügt sich der von Stasov vorgeschlagene Stoff ein. Musorgskij bezog in seiner Oper nicht Position für eine der geschilderten Figuren oder Gruppen, sondern charakterisierte sie sämtlich als höchst fragwürdig. Seine künstlerischen Standpunkte formulierte er auch in den zahlreichen, während der Komposition an *Chovanščina* verfassten Briefen an Stasov, so auch seine viel zitierte Aussage: »Das Vergangene im Gegenwärtigen – das ist meine Aufgabe«. Musorgskij bezog sich damit jedoch weniger auf formale kompositorische Prinzipien, sondern er betonte, wie sehr ihm daran gelegen war, die Mechanismen der Korruption und Unterdrückung anzuprangern, denen auch er sich persönlich – wenn auch in anderem Gewand – ausgesetzt sah. Entsprechend dieser Absicht wählte er den Untertitel seiner Oper, *ein musikalisches Volksdrama*, das zugleich Erwartungen hinsichtlich der musikalischen Gestaltung weckt:

> *Das historische Drama, das die Geschichte nicht als bloßes Reservoir von Stoffen, gewissermaßen als Steinbruch benutzt, sondern sich bemüht, durch ›kleine wahre Tatsachen‹, wie Denis Diderot sie nannte, historisches Kolorit und den Schein des Authentischen zu vermitteln, ist im 19. Jahrhundert als realistische Gattung begriffen worden. [...] Statt der Adelsintrigen, die als Relikt einer konventionell-klassizistischen Dramaturgie in Puškins Drama einen nicht geringen Raum einnehmen, tritt bei Musorgskij die wirkliche Ge-*

schichte, die Geschichte derer, die die Last der Politik tragen müssen, in den Vordergrund.«[227]

Carl Dahlhaus problematisiert hier die Musorgskij oftmals zugewiesene Außenseiterposition nicht anhand des ihm nachgesagten »Dilettantismus von Rang«, sondern durch seine dem Realismus nahestehende Kompositionsweise, die der musikalisch damals dominierenden Romantik oder Neo-Romantik und den zu dieser Zeit üblichen Opernstoffen entgegenstand. Damit folgte Musorgskij eher einer Tendenz in Literatur und Kunst. Entsprechend setzt *Chovanščina* Musorgskijs musikalische Sprache aus vorangegangenen Opernkompositionen fort und beinhaltet formal nicht konventionelle Nummern mit Rezitativen und Arien. »Was ich möchte«, so Musorgskij in einem Brief, »ist folgendes: Meine handelnden Personen sollen auf der Bühne so sprechen, wie lebendige Menschen reden, aber dabei so, daß Charakter und Kraft der Intonation der handelnden Personen, gestützt vom Orchester, welches das musikalische Gewebe ihres Sprechens bildet, ihr Ziel direkt erreichen, das heißt, meine Musik soll die künstlerische Nachbildung der menschlichen Rede in all ihren feinsten Biegungen sein. [...]«[228] Dies begründete auch die Ablehnung, die die Oper durch die Direktion des Kaiserlichen Theaters 1883 erfuhr. Zu dieser Zeit war die realistische Opernschule mit den Literatur- und Prosavertonungen nicht mehr gefragt.[229] Das durchkomponierte Rezitativ, das

---

227 Carl Dahlhaus, *Musorgskij in der Musikgeschichte des 19. Jahrhunderts*, in: *Modest Musorgskij. Aspekte des Opernwerks (Musik-Konzepte 21, hrsg. von Heinz-Klaus Metzger und Rainer Riehn)*, S. 21.

228 Brief Musorgskijs an Ljudmila Šestakova, zitiert nach Redepenning, *Geschichte der russischen und sowjetischen Musik. Band 1: Das 19. Jahrhundert*, S. 224.

229 Vgl. Braun, *Studien zur russischen Oper im späten 19. Jahrhundert*, S. 11. Forschungsbeiträge zur Ästhetik und Kompositionsmethode Musorgskijs siehe insbesondere: Richard Taruskin, *Opera and*

er in seinen vorangegangenen Opernkompositionen noch in stärkerem Maße verwirklicht hatte, prägt auch hier die Partitur, allerdings untergliedern sich die einzelnen Abschnitte formal deutlicher als bisher, vermeiden aber noch immer periodische Strukturen und herkömmliche Kadenzharmonik. Ähnlich wie in *Boris Godunow* beruhen wenige Passagen auf originalen Volksliedern, häufig sind Passagen aber Folklore nachempfunden.[230]

Für die Handlung scheint die Balletteinlage der persischen Tänzerinnen im vierten Akt also wenig relevant. Auch formal befremdet sie innerhalb des Werks. Es handelt sich dabei um eine der wenigen Passagen, die – bei aller Unterschiedlichkeit in der musikalischen Sprache – eine Orientierung Musorgskijs am von Vladimir Stasov als obsolet eingeschätzten Modell der Grand opéra erkennen lassen. Für diese Orientierung spräche nicht nur die fünfaktige Anlage mit großen Tableaus, sondern auch der thematisch spektakuläre Untergang am Ende, der kollektive Suizid der Altgläubigen, der mit dem schließlich über allen zusammenstürzenden Palast aus Meyerbeers *Le Prophète* oder dem finalen Vesuv-Ausbruch aus Aubers *La Muette de Portici* vergleichbar ist. Ein weiteres Merkmal der französischen Oper, das in *Chovanščina* übernommen wurde, ist die Balletteinlage mit Couleur locale. Aus dramaturgischer Sicht könnte Musorgskij mit dem *Tanz der persischen Sklavinnen* jedoch eine ähnliche Absicht verfolgt haben wie in *Boris Godunow*. Dort gestaltete er den (später hinzugefügten) Polen-Akt mit höfischem Tanz als eine Parodie auf die Konventionen der Grand opéra, um hierdurch das polnische Lager gegenüber dem russischen in bewusst unvorteilhafter Weise abzugrenzen. Eine inhaltlich analoge

---

Drama as Preached and Practiced in the 1860s. Rochester 1993; oder in dessen Publikation *Musorgsky: eight essays and an epilogue*.

230   Vgl. Braun, *Studien zur russischen Oper im späten 19. Jahrhundert*, S. 239.

Deutung für *Chovanščina* ist insofern möglich, als dass der Komponist den reaktionären Iwan Chowanski durch die von ihm gewünschten Tänze charakterisieren wollte. Insofern ist plausibel, warum diese Balletteinlage einem – aus Sicht von Musorgskijs Mentor Stasov – überholten, musikalisch-formalen Modell folgt.

Aber nicht nur in der Analogie zwischen politisch und musikalisch überholten Modellen und Vorstellungen würde Musorgskij die Charakterisierung Ivan Chowanskis unterstreichen, sondern auch durch die Gegenüberstellung der Ballettszene mit dem vorausgehenden Gesang russischer Bauernmädchen. Dieser Gesang ist eine der wenigen Passagen der Oper, die auf authentischem Volksliedgut beruhen. Entscheidend für die Charakterisierung des Fürsten ist, dass der Gesang Chowanski nicht abzulenken vermag, sondern nur die im Gegensatz dazu dekadent übersteigert scheinenden Tänze persischer Sklavinnen.

Formal liegt der Ballettszene ein einfaches, für eine Ballettmusik typisches Modell mit getragenem A-Teil, bewegterem B-Teil, verkürzter Reprise des A-Teils und einer Coda zugrunde, wobei alle Abschnitte aus viertaktigen bzw. achttaktigen Gruppen zusammengesetzt sind. Mehrfach wiederholt sich das erste fis-Moll-Thema und erfährt zwei Fortspinnungen (Takte 17 bis 20 bzw. 29 bis 34), deren zweite eine Überleitung zum B-Teil bildet und ein Motiv aus dem Thema des B-Teils, das übergebundene Achtel, bereits vorwegnimmt.

Notenbeispiel 26: Modest Musorgskij, Thema des A-Teils aus dem *Tanz der persischen Sklavinnen*, vierter Akt, erstes Bild der Oper *Chovanščina*.

Notenbeispiel 27: Modest Musorgskij, Thema des B-Teils aus dem *Tanz der persi-schen Sklavinnen*, vierter Akt, erstes Bild der Oper *Chovanščina*.

Gegenüber dem getragenen A-Teil im ⁴/₄-Takt und Moll ist der B-Teil (Takt 35 bis 181) im ²/₄-Takt, mit Vivo. Capriccioso überschrieben und beginnt in G-Dur. Innerhalb des B-Teils steigert sich mehrfach das Tempo zu Più agitato (Takte 67 und 107) bzw. Più mosso (Takt 147), wenn das Thema des B-Teils in einer Weiterentwicklung tonal zwischen Dis-Dur und e-Moll schwankt, um schließlich wieder in der ursprünglichen Form in G-Dur, allerdings mit veränderter Begleitung, zu erklingen (Takte 83 und 123). Die dritte Temposteigerung des B-Teils in Takt 147 erklingt in F-Dur, bevor das Thema des B-Teils in den erneuten Beginn des A-Teils (Tempo I, ⁴/₄-Takt, fis-Moll) überleitet. Die Coda ab Takt 193, die überwiegend auf die Motive des B-Teils zurückgreift, ist im Tempo gestrafft und erhält durch den ²/₄-Takt den für eine Ballett-Coda typischen Galopp-Charakter.

Die oben bereits angesprochene Gegenüberstellung der singenden Bauernmädchen und der persischen Sklavinnen wird verstärkt, indem Musorgskij dem auf Volksliedern beruhenden Gesang eine Ballettszene folgen lässt, die nicht nur an die entsprechenden Szenen der Grand opéra erinnert, sondern zudem mit den Merkmalen ausgestattet ist, die von Richard Taruskin für die russische Oper des 19. Jahrhundert als musikalische Gestaltung von »nega« beschrieben worden waren.[231] Sie kombinierten den chromatischen Durchgang von der fünften zur sechsten Stufe mit einem Orgelpunkt im unteren Register, den »syncopated undulations« (Wechsel innerhalb der begleitenden Zweier- oder Dreiergruppe zur Nebennote und zurück) und einer chromatisch abfallenden Linie. Bereits in den ersten zwei Takten des Hauptthemas begegnen dem Hörer der chromatische Durchgang von der fünften zur sechsten Stufe, also vom *cis* über *d* zum *dis*, das im tiefen Register liegende *fis* sowie eine – wenn auch nur kurze – chromatisch abwärts laufende Linie.

Sicherlich nicht ohne Zufall instrumentierte Rimskij-Korsakov den Beginn des *Tanz der persischen Sklavinnen* mit einem Englischhorn, das nicht nur den orientalischen Klangcharakter wiedergibt, sondern dem Klang durch den »Liebesfuß« genannten Schallbecher einen gedämpften, weichen und innigen Ton verleiht.[232] Bei der Wiederholung des Themas in den Streichern sind schließlich auch die »synkopated undulations« zu hören, auch wenn diese innerhalb der begleitenden Dreiergruppen eher im Ausnahmefall zur Nebennote, sondern meist zur Terz wechseln. Die Bewegung des Motivs im Quintraum, die kleinen Intervallschritte, Verzierun-

---

231 Vgl. hierzu Kapitel 2.4.2.

232 Beim *Tanz der persischen Sklavinnen* handelt es sich um einen Teil, der noch zu Musorgskijs Lebzeiten instrumentiert wurde. Im Winter 1879/1880 hatte Rimskij-Korsakov einige Passagen aus der zuvor noch nicht vollständig aufgeführten Oper *Chovanščina* in das Programm der Orchesterkonzerte der Musikalischen Freischule aufgenommen, nämlich den *Chor der Strelitzen*, das *Lied Marfas* und den *Tanz der persischen Sklavinnen*. Da Musorgskij mit der Instrumentierung der drei Teile aber nicht schnell genug vorankam, half Rimskij-Korsakov ihm und instrumentierte die Ballettszene. Musorgskij war angeblich mit dessen Arbeit sehr zufrieden. Vgl. Oskar von Riesemann, *Modest Petrowitsch Mussorgski (Monographien zur Russischen Musik, Band 2)*, München 1926, S. 343.

gen und später (z. B. ab Takt 29) die Sechzehntel-Melismen unter Legato-Bögen sind neben den genannten Merkmalen, wie Instrumentierung, Bordunklängen und Orgelpunkten, typische Mittel für musikalische Orientalismen, die die persischen Tänze durchziehen. Ähnlich wie bereits bei Glinka ist bei Musorgskij die Schilderung von Fremdem als Gegensatz zum russischen Volk zu verstehen. In *Chovanščina* singen die Bauernmädchen keusch von einem Burschen, der von seinem Mägdelein träumt, stattdessen jedoch nur ein Rehlein findet, und vom bangen Warten auf den Liebsten bei tröstendem Kerzenschein. Als Iwan Chowanski jedoch von seinem drohenden Untergang hört und trotzdem nicht ahnt, dass sein Mörder bereits vor der Tür steht, reicht ihm diese Aufmunterung nicht mehr aus, er verlangt nach Honigwein und persischen Tänzerinnen.

Der *Tanz der persischen Sklavinnen* ist an den vorausgehenden und sich anschließenden Notentext direkt und ohne Unterteilungs- oder Doppelstriche angebunden. Ihm geht lediglich ein dominantischer Cis-Dur-Akkord und eine Fermate voraus, der den Tänzerinnen Gelegenheit gibt, sich in ihre Ausgangsposition zu begeben. Dennoch weist die Ballettszene wie zuvor beschrieben eine weitgehend formale Geschlossenheit und Unabhängigkeit auf, die es Djagilev ermöglichte, sie aus ihrem Kontext zu lösen und in *Cléopâtre* einzugliedern. Mit dieser Szene schlug Djagilev eine Brücke zwischen Glinkas früherer, für die russische Musikgeschichte so grundlegender Oper über Rimskij-Korsakov hin zu den beiden noch lebenden Komponisten Taneev und Glazunov. Zugleich vervollständigte sich mit Musorgskij der kleine »Komponistenkatalog«, der dem französischen Publikum durch die Einfügungen in *Cléopâtre* präsentiert wurde. Eine Passage aus Musorgskijs *Boris Godunow*, den Djagilev außerordentlich schätzte, in *Cléopâtre* zu integrieren, hätte aus dieser repräsentativen Perspektive zwar noch nähergelegen. Eine entsprechend orientalisierende Passage wie den *Türkischen Tanz* aus Musorgskijs *Chovanščina*, einem ebenso politisch gefärbten Werk wie *Boris Godunow*, gab es in Letzterem aber nicht. Zudem kannte das französische Publikum diese Oper, weil sie in der russischen Saison 1908 bereits gezeigt worden war und auch 1909 wieder auf dem Spielplan stand.

Die Kriterien, nach denen Djagilev die Einfügungen in *Cléopâtre* auswählte, wurden im Verlauf des Kapitels also neben ihrem Bezug zum ursprünglichen Kontext deutlich. Zum einen wählte er für die russische Musik bedeutende und repräsentative Komponisten aus, wie insbesondere im Fall von Musorgskij, Glinka und Rimskij-Korsakov. Zum anderen suchte er nach einem passenden Sujet oder nach orientalisierenden Passagen, die der Ballettmusik Arenskijs das fehlende lokale Kolorit verliehen. Zusätzlich zu den bereits genannten Komponisten wurde er dabei bei Taneev und Glazunov fündig. Zugleich mag ihm nicht unwillkommen gewesen sein, dass er gerade durch diese beiden zwei der etabliertesten zeitgenössischen Komponisten in Paris präsentieren konnte. Dies war nicht nur aus künstlerischer Perspektive insbesondere im Hinblick auf die Schwächen der Arenskij-Partitur sinnvoll, sondern auch aus wirtschaftlichem Kalkül. Bevor der Hof sich finanziell aus dem Projekt zurückzog, musste Djagilev dem Großfürsten Vladimir Aleksandrovič stichhaltige Argumente für eine Unterstützung geben. Eine wirkungsvolle Präsentation russischer Komponisten von Glinka bis in die Gegenwart in *Cléopâtre* und anderen Werken der russischen Saison 1909 war dabei mit Sicherheit Teil seiner Strategie.

3 Entwicklung des Librettos und der Ausstattung

3.1 Von den Stoff-Vorlagen zum Libretto von *Ägyptische Nächte*

Am 19. Juni 1900 informierte die russische Zeitung *Neue Zeit* ihre Leser, dass ein Ballett *Eine Nacht in Ägypten* nach dem Libretto von Lopuchin aufgeführt werde.[233] Der Zeitungsvermerk bezog sich auf das von Lev Ivanov choreografierte Vorgänger-Ballett von *Cléopâtre*, das ausschließlich und noch ohne Einfügungen zu Anton Arenskijs Ballettmusik inszeniert worden war. Über Lopuchin ist jedoch außer seiner Nennung an entsprechender Stelle in Roland John Wileys Ivanov-Monografie nichts weiter bekannt.[234]

Wenn damit der Autor des Librettos selbst im Dunkeln bleibt und auch ein separat verfasstes Libretto bisher nicht aufgetaucht ist, so ist die Herkunft und Zusammensetzung des Stoffs dennoch nachzuvollziehen.[235] Wie bereits in Kapitel 2.3 erwähnt, zog Lopuchin zwei populäre Stoffe zu dem Libretto für *Ägyptische Nächte* zusammen. Dabei verwendete er ein

---

233 Michail Fokin erwähnt in seinen Erinnerungen in einer Fußnote Marius Petipa als Librettisten von *Ägyptische Nächte*. Vgl. Fokin, *Gegen den Strom*, S. 301.

234 Vgl. Roland John Wiley, *The life and ballets of Lev Ivanov*, S. 202.

235 Die Handlungen der Ballette *Ägyptische Nächte* und *Cléopâtre* sind im Anhang zusammengefasst.

Prosafragment von Aleksandr Puškin, erschienen 1837 unter dem russischen Titel *Egipetskie Noči* (in deutscher Übersetzung: *Ägyptische Nächte*), und die Erzählung Théophile Gautiers *Une nuit de Cléopâtre* von 1845. Die Werke beider Autoren waren für viele Librettisten und Komponisten des 19. Jahrhunderts Grundlage oder Anregung zu Opern und Balletten. Gautier selbst hatte vier Jahre vor *Une nuit de Cléopâtre* als Librettist und Ideengeber zu einem großen Erfolg beigetragen, den das Ballett *Giselle* in der Choreografie von Jean Coralli und Jules Perrot hatte. Auch zu Corallis Erfolgsstück *La Péri* hatte er das Libretto verfasst. Die Werke Puškins wurden besonders von russischen Komponisten in zahlreichen Werken als Librettovorlage verwendet, so etwa in Pëtr Čajkovskijs Opern *Eugen Onegin* und *Pique Dame*. Anton Arenskijs Kantate *Die Fontäne von Bachčisaraj* op. 46, ein der Ballettmusik *Eine Nacht in Ägypten* op. 50 zeitlich benachbartes Werk, geht ebenso auf einen Stoff Puškins zurück.

Lopuchin bediente sich bei beiden Stoffen jedoch in unterschiedlichem Ausmaß und übernahm in das Ballettlibretto erheblich mehr Motive aus der Novelle Gautiers. Dies ist wohl auch darauf zurückzuführen, dass sich Gautier dem Kleopatra-Thema viel ausführlicher widmete als Puškin. Die Episode um Kleopatra und den Preis des Todes ist bei Puškin als eine »Erzählung in der Erzählung« angelegt, also in eine Rahmenhandlung eingebettet. Im Prosafragment sollte weniger die farbenreiche und exotische Welt der Kleopatra im Mittelpunkt stehen, wie dies bei Gautier der Fall ist. Puškin diskutiert in seinem Text vielmehr anhand der beiden Künstler-Figuren des Carskij und eines namenlosen reisenden Improvisators aus Italien die Stellung des Künstlers innerhalb der Gesellschaft.[236] Die Handlung spielt in Sankt Peters-

236 Vgl. Ilse Mirus, *Egipetskie Noči*, in: Walter Jens (Hrsg.), *Kindlers Neues Literaturlexikon*, München 1996, Band 13, S. 738f. Puškin verfasste zu dieser Erzählung zwei Entwürfe, dessen erster im

200

burg, wo der Schriftsteller Carskij einem Gast aus Italien die Möglichkeit verschafft, bei einer Soiree über Themen, die das Publikum ihm vorgibt, Verse zu improvisieren. Dabei fällt die Wahl auf das Thema »Cleopatra e i suoi amanti«. Nur in den dann vom Italiener improvisierten Versen wendet sich der Text der ägyptischen Königin zu. Puškin lässt den Improvisator die Episode um Kleopatra erzählen, in der diese ihre Untertanen fragt, wer bereit sei, sein Leben für eine Nacht mit ihr hinzugeben. Dafür finden sich schließlich drei Bewerber, ein römischer Ritter, ein Epikuräer und ein Jüngling, in den sich Kleopatra verliebt. Für den Jüngling improvisiert der Italiener die Verse:

»[...] noch erblühend/
Dem Auge schön, dem Herzen lieb,/
Ein Knabe in Verzückung glühend,/
Doch unbekannt bis heute blieb/
Sein Name –, voller Leidenschaft/
Sein Ausdruck: unerprobte Kraft.//«[237]

Als Puškin das Ruhelager der Kleopatra beschreibt, bricht die gesamte Erzählung ab. Das Fragment bleibt sowohl in der Kleopatra-Improvisation des Italieners als auch in der Rahmenhandlung unvollendet.

Eine Bemerkung Carskijs innerhalb der Handlung lässt darauf schließen, dass auch Puškin sich für die Kleopatra-Episode durch Sextus Aurelius Victor inspirieren ließ, einem lateinischen Gelehrten des 4. Jahrhunderts. Dieser hatte über die historische Kleopatra VII. geschrieben, sie sei so schön, dass

---

Rom Neros und die Soiree in der Villa des Petronius spielt. Im zweiten Entwurf verlegt er die Handlung nach Sankt Petersburg und lässt einen der Charaktere die Frage stellen, ob sich noch immer Frauen finden ließen, die solch einen Preis für ihre Liebe verlangen würden. Hierzu entbrennt ein Disput verschiedener Mitglieder der Sankt Petersburger Gesellschaft.

237 Alexander Puschkin, *Ägyptische Nächte*, in: ders., *Die Erzählungen*, München 1986, S. 442.

viele Männer ihr Leben für eine Nacht mit ihr gelassen hätten. Aurelius Victor war damit zum Ausgangspunkt der Legende vom Preis des Todes für die Liebe der Kleopatra geworden. Lopuchin übernahm aus Puškins Prosa-Fragment jedoch nur wenige Elemente für sein Libretto. Am augenfälligsten ist dabei die Übereinstimmung im Titel, darüber hinaus sind aus dem Fragment die Grundkonstellation (Tod zum Preis der Liebesnacht) und der dritte Anwärter, der Jüngling, in das Libretto übernommen.

Viel stärker bediente sich der Librettist bei Gautiers Novelle *Une nuit de Cléopâtre*. Das Handlungsgerüst der Novelle stimmt in der Grundstruktur weitgehend mit dem Ballett überein, weshalb auch hier zunächst eine kurze Zusammenfassung der Vorlage gegeben werden soll. Gautier entwirft ein farbenprächtiges und sinnlich berauschendes Antikenbild, in dessen Mittelpunkt Kleopatra steht. Bevor sich die Novelle der Königin selbst zuwendet, gibt Gautier dem Leser einen detaillierten Eindruck von Landschaft, Farben und Düften sowie von einer königlichen Barke auf dem Nil. Gautier schildert eine Atmosphäre der Stagnation, Müdigkeit und Langeweile; kein Lufthauch rührt sich, die Segel der Barke hängen schlaff am Masten, Krokodile wälzen sich im Schlamm, der Nil fließt »wie zähes, geschmolzenes Blei«[238] zwischen verödeten Ufern dahin. Über allem liegt der glühende Himmel wie ein geschlossener Sargdeckel. Im Inneren der Barke ruht Kleopatra auf einem Diwan, ihre Lieblingssklavin Charmion fächelt ihr Luft zu und ein schwarzer Sklave reicht Erfrischungen. Kleopatra kommt von einem kultischen Fest, ist auf dem Weg zurück in ihren Palast und zu Tode gelangweilt: »Ich wollte, ich erlebte irgend etwas, ein seltsames, noch nie dagewesenes, unerwartetes Abenteuer!

---

238 Théophile Gautier, *Une nuit de Cléopâtre*, in: ders., *Le roman de la momie*, Paris 1967. Auch die folgenden Zitate aus *Une nuit de Cléopâtre* sind diesem Band entnommen.

Die Gesänge der Dichter, der Tanz der syrischen Sklavinnen, die Rosenfeste, die bis zum Morgengrauen dauern, die nächtlichen Wettkämpfe, die Lakonierhunde, die zahmen Löwen, die buckligen Zwerge, die Mitglieder der Brüderschaft der Unvergleichlichen, die Zirkusschlachten, die Schmucksachen und Byssusgewänder, die Perlenketten und Räucherwaren aus Asien, die ausgesuchtesten Speisen und die verschwenderischsten Kleinodien, das alles langweilt, ekelt mich, das alles ist mir lästig, widerlich, unerträglich!« Charmions Lösungsvorschlag aus diesem königlichen Dilemma weist bereits auf den weiteren Verlauf der Handlung hin:»Man sieht wohl, [...] daß die Königin seit einem Jahre keinen Geliebten gehabt und niemand umbringen lassen hat.« Schon erscheint Meiamun, ein junger Jäger, auf der Bildfläche. Er folgt Kleopatras Barke in einem kleinen Boot. Gautier beschreibt ihn als einen furchtlosen und ahnungslosen Parsival, der die Liebe der schönen Priestertochter Nephte übersieht, da er seine Augen nicht von Kleopatra abwenden kann.Während Meiamun nach Ankunft der Barke am Palast in den Garten eindringt, langweilt sich Kleopatra noch immer. Gautier beschreibt sie mit ironischem Tonfall:»[...] Auf ihrem Lager vor Langeweile verschmachtend, dachte sie daran, daß die Anzahl der Sinne begrenzt sei, daß die ausgesuchtesten Genüsse bald nur mehr Ekel erzeugen, und daß eine Königin wirklich genug daran hat, den Tag auszufüllen. Gifte an Sklaven ausprobieren, Menschen mit Tigern oder Gladiatoren miteinander kämpfen zu lassen, geschmolzene Perlen trinken, eine ganze Provinz bei einem Gastmahle verzehren, all das ist alltäglich und gemein!« Kleopatras Gedanken werden aber von Meiamuns Pfeil unterbrochen, über den er ihr eine Liebesbotschaft zukommen lässt. Zunächst kann der Jüngling den Palastwachen entfliehen, er wird jedoch gefasst, als er aus einem Versteck Kleopatra am nächsten Tag in ihrem Bad beobachtet. Obwohl die Königin ihn aufgrund seiner Attraktivität zunächst begnadigt, bittet er um seinen Tod. Kleopatra schlägt

ihm daher die Erfüllung seiner Wünsche zum Preis des Todes vor, denn sie findet an Meiamun Gefallen. Es folgt die Beschreibung des überdimensionalen Festsaals und der berau-
schenden Orgie, bei der Meiamun ein Feuerwerk, exotische
Speisen und betörende Musik erlebt. Nach ägyptischen und
griechischen Tänzerinnen bildet der Tanz der Kleopatra den
Höhepunkt der Nacht, bevor schließlich der Morgen graut
und Meiamun zum Giftbecher greift. Kleopatras Versuche,
ihn davon abzuhalten, wehrt er ab. Die Szene wird schließlich durch Trompetensignale unterbrochen. Sie kündigen Antonius an, dem sich Kleopatra schließlich zuwendet.

Gautiers Kleopatra-Beschreibung kommt also im Gegensatz
zu Puškins Version ohne Rahmenhandlung aus. Auch Gautiers Ziel war es aber nicht, lediglich eine Novelle überbor-
dender Sinnlichkeit und Farben zu entwerfen. Die Ironie in
der Beschreibung der Langeweile Kleopatras lässt einen kritischen Unterton durchscheinen, wie er ebenfalls bei Puškin
– wenn auch mit ganz anderen Mitteln – zu vernehmen ist.
Auch die *L'art-pour-l'art*-Idee, die Gautier zehn Jahre zuvor
im Vorwort zu seinem Roman *Mademoiselle de Maupin* formuliert hatte, schimmert durch dieses Erzählwerk hindurch.
Deutlich wird dies etwa bei der Schilderung von Kleopatras
herrlichem Palast, die der Autor unterbricht und darüber sin-
niert, warum eine solche Macht- und Prachtentfaltung bei seinen Zeitgenossen angeblich nicht mehr vorstellbar sei:

>*Die strahlenden Sonnen, die die Erde beschienen, sind auf immer*
>*in dem Nichts der Gleichförmigkeit erloschen; [...] Man muß sich*
>*wirklich wundern, daß die Menschen sich gegen diese Entziehung*
>*aller Reichtümer und aller lebenden Kräfte zum Besten einiger we-*
>*niger Bevorzugten nicht aufgelehnt haben, und daß so übertriebene*
>*Phantasien auf ihrem blutigen Wege nicht fortwährend aufgehalten*
>*wurden. Das kam daher, weil diese erstaunlichen Existenzen die tat-*
>*sächliche Verwirklichung der Träume waren, die jeder hatte, – Perso-*
>*nifikationen des allgemeinen Denkens, die mit Flammenlettern in die*
>*Geschichte eingegraben wurden. Heutzutage langweilt sich die Welt*
>*zum Verzweifeln, da sie dieses blendenden Schauspiels des allmäch-*
>*tigen Willens, dieser erhabenen Betrachtung einer menschlichen See-*

le, deren geringster Wunsch sich in unerhörte Taten umsetzt, in Un-
geheuerlichkeiten aus Granit oder Erz ausdrückt, beraubt ist. Der
Aufflug der menschlichen Phantasie ist vorbei für immer.«[239]

Solcherlei Gedankengut war für Lopuchin jedoch offenbar
nicht von Interesse, denn das Libretto ist weder kritisch noch
ironisch zu interpretieren. Dafür tauchen im Ballett zahlreiche von Gautier übernommene Details wieder auf. Dies betrifft zunächst den Auftritt der Kleopatra, der für die Inszenierung im Jahr 1900 genau wie in Gautiers Erzählung mit
einem Boot geplant war. Bereits auf dem Nachen wird die
Königin von der Sklavin Charmion begleitet, die im Ballett
dann zu Arsinoé wird.[240] Auch im Ballett ist sie die erste, die
in *Nr. 3 Danse d'Arsinoé et des esclaves* für ihre Herrscherin
tanzt und sie unterhält. Das Ereignis, mit dem Kleopatra und
ihre Sklavin auf den jungen Jäger aufmerksam werden, nämlich durch den Pfeil mit der Botschaft, ist ebenso von Gautier übernommen. Das retardierende Moment der Flucht des
Jünglings und seiner Gefangennahme im Bad wurde im Ballett ausgelassen. Dort springt die Handlung direkt vom Ab-
schuss des Pfeils zu Amoûns Verhaftung durch die Wachen.
Bérénice ist nicht in dieser Weise in der Vorlage zu finden. Lopuchin entwickelte sie aus der Nephte, der Tochter des Pries-
ters Afonnitis, die Gautier lediglich zur näheren Umschrei-
bung des Charakters Meiamuns nennt. In der Handlung der
Novelle spielt sie jedoch keine Rolle.

---

239   Gautier, *Une nuit de Cléopâtre.*

240   Eine Erklärung zu den Namen der jeweiligen Charaktere erfolgt
an späterer Stelle. Bei Ivanov hatte Arsinoé laut der Besetzungsliste noch keinen männlichen Gegenpart, wie er später bei Fokin,
getanzt durch Vaclav Nižinskij, existierte. Diese Figur taucht bei
Gautier jedoch bereits in Person des schwarzen Sklaven auf, der
gemeinsam mit Charmion und Kleopatra auf der Barke beschrieben wird.

Im Ballett ist Bérénice, Tempeldienerin und Amoûns Verlobte, als Gegenfigur zu Kleopatra angelegt. Nephtes Vater, der wie sie selbst nur beiläufig als Priester erwähnt wird, tritt ebenfalls im Ballett als eigener Charakter in Erscheinung. Zunächst besteht seine Rolle lediglich darin, vor Kleopatras Ankunft als Hohepriester dem Zuschauer die Verbindung von Amoûn und Bérénice zu signalisieren.[241] Später wird der Hohepriester den Verlauf der Handlung maßgeblich beeinflussen, indem er das Gift durch einen Schlaftrunk tauscht. Durch den eingefügten Charakter der Bérénice erhält Lopuchin also die typische Ausgangskonstellation eines Mannes zwischen zwei Frauen, aus der sich die dramatische Handlung entwickelt.

Der Handlungsort des Balletts zieht sämtliche Orte aus Gautiers Erzählung zusammen. Aus dem Heimweg vom Opferfest und den verschiedenen Räumen im Palast am Ufer des Nils wird eine einzige Szene bei einem Tempel am Nilufer. Kleopatra besucht diesen Ort für kultische Handlungen und lässt sich anschließend auf einem Diwan nieder. Dort kommt es auch zur Vereinbarung zwischen Kleopatra und Amoûn, allerdings bittet nicht Amoûn um seinen Tod, sondern Kleopatra fordert ihn als Preis ein. Anschließend wich Lopuchin stärker von den Vorlagen ab, denn zunächst tritt im Ballett wieder Bérénice auf, die für Amoûn um Gnade bittet. Dann änderte Lopuchin die Reihenfolge der Ereignisse. Bei Gautier stirbt Meiamun erst am Ende der Novelle kurz vor der Ankunft des Antonius. In *Ägyptische Nächte* ist die Vergiftung und die Ankunft nach vorne verlegt, beides findet vor den Tänzen statt, die in der Novelle für Kleopatra und Mei-

---

241 Inwiefern ein verwandtschaftliches Verhältnis zwischen Priester und Bérénice besteht, wird offen gelassen, da dies für den Verlauf der Handlung im Ballett auch nicht von Belang ist. Kompliziert wäre zudem die pantomimische Darstellung des Vater-Tochter-Verhältnisses geworden, denn für diese Konstellation besteht im klassischen Bewegungsvokabular kein Code.

amun in der gemeinsamen Nacht vorgeführt werden. Da im Ballett Amoûn schon vermeintlich tot ist, tanzen die Ägypterinnen und Griechinnen nun zu Ehren des neuen Gastes. Durch diese Verschiebung ergibt sich ein dramatischer Höhepunkt in der Mitte des Balletts, nämlich in der Kulmination der Dreiecksbeziehung mit dem vermeintlich tödlichen Ausgang für Amoûn. Diesem Höhepunkt folgt sodann das typische Ballettdivertissement. Im Gegensatz zur Novelle nimmt das Ballett einen guten Ausgang. Nachdem also Antonius und Kleopatra die Bühne verlassen haben, tritt noch einmal kurz Bérénice auf, die nach Amoûn sucht. Sie stellt fest, dass ihr vergiftet geglaubter Verlobter doch noch am Leben ist – Amoûn erwacht und das Paar ist wieder vereint. Sowohl von Puškin als auch von Gautier übernimmt Lopuchin also die grundlegende Handlungskonstellation. Während der Librettist von Puškin insbesondere den Titel verwendet, sind es bei Gautier zahlreiche Details der Novelle.

Für *Eine Nacht in Ägypten* und später *Cléopâtre* wurden die Namen mit Ausnahme von Kleopatra geändert. Meiamun wurde für *Eine Nacht in Ägypten* sowie für die Versionen Michail Fokins lediglich auf Amoûn verkürzt, wobei der Name an den ägyptischen Gott Amun denken lässt. Die Namen Charmion und Nephte wurden stärker verändert: Charmion wurde zu Arsinoé und Nephte zu Bérénice.[242] Möglich ist, dass die neuen Namen denen der Schwestern der historischen Kleopatra VII., Berenike IV. und Arsinoë IV., entlehnt wurden.[243]

---

242 Zum Namen Bérénice bzw. Vérénice oder Verenice vgl. auch Kapitel 2.3.

243 Kleopatra war das dritte von sechs Kindern des Ptolemaios XII. Ihre Geschwister waren Kleopatra VI., die jedoch bald starb, Berenike IV., Arsinoë IV., Ptolemaios XIII. und Ptolemaios XIV. Vater Ptolemaios ließ die ältere Schwester Berenike hinrichten, weil diese gemeinsam mit ihrer Mutter versucht hatte, den Vater zu stürzen, während er in Rom weilte. Nach dem Tod von Berenike IV. wurde Kleopatra zur Nachfolgerin des Vaters ernannt. Als

Warum dieser Wechsel vorgenommen wurde, ist nicht bekannt. In Fokins *Cléopâtre* wurde aus Bérénice schließlich Ta-
hor. Wer diese Veränderung veranlasste, ist unklar; möglich
ist jedoch, dass der neue Name von einer Figur aus Petipas
monumentalem Ägypten-Ballett, *Die Tochter des Pharaos*, inspiriert wurde. Dort verwandelt sich Lord Wilson in einem
Opium-Traum in einen Ägypter namens Taor, als dieser auf
die Pharaonentochter Aspicia trifft. Obwohl die Namen für
Figuren unterschiedlichen Geschlechts verwendet wurden,
wäre es möglich, dass derjenige, der die Änderung veranlasste, nach einem ägyptisch klingenden Namen in älteren Balletten mit Ägypten-Bezug gesucht hatte.

3.2 Von Ivanovs Ägyptische Nächte zu Fokins *Cléopâtre*

Die Handlung von *Ägyptische Nächte* wurde für die Umset-
zungen von Michail Fokin erneut verändert. Nachdem das
Ballett in der Version Lev Ivanovs unaufgeführt geblieben
war, hatte Fokin einige Jahre später die Partitur Anton Arenskijs in der Theaterbibliothek wiederentdeckt und das Ballett
unter dem Namen *Ägyptische Nächte* am 8. März 1908 mit einer neuen Choreografie im Mariinskij-Theater inszeniert. Die-

---

ihr Vater schließlich starb, übernahm sie nach ptolemäischer Tradition mit ihrem Bruder Ptolemaios XIII. in einer Geschwisterehe
den Thron. Es kam jedoch zum Zerwürfnis zwischen den beiden.
Nachdem sich Kleopatra mit Caesar verbündet und den militärischen Sieg über Ptolemaios XIII. errungen hatte, wurde sie mit ihrem jüngsten Bruder Ptolemaios XIV. vermählt. Arsinoë hatte sich
auf die Seite des besiegten Bruders geschlagen und musste daher
im Triumphzug Caesars durch Rom im Jahr 46 v. Chr. teilnehmen,
wo sie wohl großes Mitleid bei den Schaulustigen erregte. Eine
ausführliche Beschreibung der historischen Kleopatra VII., ihrer
Schwestern, den Beziehungen zu Julius Caesar und Marcus Antonius sowie der um sie gesponnenen Legenden findet sich bei Lucy
Hughes-Hallett, *Cleopatra. Histories, Dreams, Distortions*, London
1990.

se Fokin-Fassung von *Ägyptische Nächte* wurde schließlich zur Grundlage von *Cléopâtre* und in der Choreografie Fokins mit musikalischen Einfügungen am 2. Juni 1909 in Paris uraufgeführt. Für diese Version wurden erneut Veränderungen am Libretto vorgenommen, die ausgehend von Ivanovs *Ägyptische Nächte* hier erläutert werden sollen.

Für die Ivanov-Fassung wird davon ausgegangen, dass die Handlung sich so abspielt, wie im Klavierauszug von Arenskijs Ballettkomposition festgehalten. Grundlage dieser Annahme ist, dass es zwischen Lev Ivanov und Anton Arenskij eine Zusammenarbeit gegeben haben muss.[244] Da Arenskij noch nie zuvor ein Ballett komponiert hatte und dieses erste Ballett viele Passagen enthält, in denen das dramatische Geschehen auf der Bühne durch lautmalerische oder sonstige musikalische Ausgestaltung unterstützt wird, muss davon ausgegangen werden, dass Ivanov ihn instruiert hatte, was zu welchem Zeitpunkt in der Musik zu erklingen hatte. Außerdem wurde bereits auf die Anmerkung Fokins hingewiesen, dass Ivanov seine Choreografien sukzessive stellte, indem er – ohne die Gesamtkomposition zu überblicken – den Komponist bat, ihm jeweils Taktgruppen nach und nach vorzuspielen. Es besteht also kein Grund zu der Annahme, Arenskij habe eine Partitur komponiert, die nicht einem von Lopuchin und Ivanov vorgegebenen Handlungsablauf folgte.

Aus den Memoiren Fokins lässt sich schließen, dass er bereits für seine erste, noch in Sankt Petersburg aufgeführte Choreografie von *Ägyptische Nächte* Änderungen im Handlungsablauf vornahm. Darin beschreibt er, wie er die Idee, Arenskijs Partitur neu zu choreografieren, mit Aleksandr Benua besprach:

> »Für die Ägyptischen Nächte riet er [Benua] mir, Cleopatra in der Mitte der Bühne zu platzieren und sie und Amoun im Augenblick der Liebesszene mit Schleiern zuzudecken. [...] Aber ich verwirk-

---

244 Vgl. Kapitel 2.3.

> *lichte dieses Projekt etwas anders, als er es vorgeschlagen hatte. Ich setzte Cleopatra nicht in die Mitte, sondern auf eine Bühnenseite. Erstens schien es mir unumgänglich, daß sich die Schleier bewegten, daß sie von tanzenden Sklavinnen getragen und über sie Blumen auf die Liebenden gestreut wurden, und, endlich, sollten sich die Schleier öffnen und die Liebesszene dem Zuschauer sichtbar werden. Alle diese Bewegungen wären durch eine Serie von Tänzen, die auf dem Fest getanzt wurden, verborgen geblieben, und andererseits wären zweifellos solche Tänze im Hintergrund der Bühne szenisch falsch.«*[245]

Fokin spricht also bereits bei seiner ersten Fassung aus dem Jahr 1908 von einer durch Schleier verborgenen Liebesszene. Indem er sich mit der Problematik der Platzierung der verborgenen Liebenden beschäftigt, wird deutlich, dass parallel dazu eine Reihe von Tänzen stattfinden sollte. Der Choreograf muss also die bei Ivanov vorgesehene Reihenfolge der Handlung (Vergiftung des Amoûn, Ankunft des Antonius, Feierlichkeiten mit Tänzen) geändert haben, so dass schon in der Fassung von 1908 die Tänze während der Liebesszene stattfanden. In beiden Versionen Fokins, in *Ägyptische Nächte* (1908) und *Cléopâtre* (1909), wurde Amoûn erst nach den Tänzen vergiftet. In Fokins *Ägyptische Nächte* trat Antonius erst anschließend, d. h. nach den Tänzen und der Vergiftung, in Erscheinung. Insofern kehrte Fokin also zur Reihenfolge zurück, wie sie in der Libretto-Vorlage von Gautier zu finden war. Auch Aleksandr Benua spielte in seinen Memoiren darauf an, dass Fokin in seiner Version von *Ägyptische Nächte* aus dem Jahr 1908 Änderungen zugunsten eines logischeren Handlungsverlaufs vorgenommen hatte. Er nennt dabei allerdings keine konkreten Veränderungen:

---

245 Michail Fokin, *Gegen den Strom*, S. 144. Michail Fokin und Aleksandr Benua waren zu diesem Zeitpunkt bereits miteinander bekannt, denn Benua hatte ihm das Libretto zu *Der lebendige Gobelin* (1907) geschrieben sowie die Ausstattung für das Nachfolgewerk *Der Pavillon Armidas* (1907) entworfen.

>*There was still more for me to do in the creation of Une Nuit d'egypte (a ballet to the music of Arensky), not of course, as far as the dancing was concerned, but in the reconstruction of the subject, with both Fokine and I had found to be impossible in its original form. The much-discussed idea of concealing the ›love duet‹ of Cleopatra and the unfortunate Amoûn behind curtains, drawn by women slaves in front of the regal couch, belonged to me. The alterations in the subject were limited to the regroupings of some of the numbers, so as to give the action a logical development; but afterwards, for the Paris performances, I insisted on a radical change, making the final scene of the ballet a tragic one instead of the original happy ending.«*[246]

Fokins Version von *Ägyptische Nächte* hatte 1908 noch den glücklichen Ausgang wie bei Ivanov. Das Ende wurde erst für *Cléopâtre*, also die zweite Fokin-Version von 1909, geändert.[247] So war die Rolle des Antonius in Fokins *Ägyptische Nächte* von 1908 noch besetzt, weist doch der Choreograf in seinen Memoiren explizit darauf hin, dass dieser 1908 von Pavel Gerdt getanzt und die Rolle später für *Cléopâtre* gestrichen wurde.[248]

Eine wesentliche Veränderung erfuhr die Ivanov-Version durch die neue Besetzung der Rollen, die Fokin bereits für seine Version im Jahr 1908 vornahm. Roland John Wiley fand im historischen Archiv Sankt Petersburg folgende Besetzungsliste für die geplante Ivanov-Version von 1901:[249]

Kleopatra	Marie Petipa
Bérénice	Matil'da Kšesinskaja

---

246 Benois, Alexandre, *Reminiscences of the Russian Ballet*, S. 275 f.

247 Als Urheber dieser Änderung nennt Sergej Grigo'ev in seinen Memoiren Sergej Djagilev. Wer genau die Initiative zur Änderung des Schlusses gab, oder ob es sich dabei um einen gemeinsamen Entschluss gehandelt hat, kann letztlich nicht abschließend geklärt werden. Vgl. Kapitel 2.1.

248 Vgl. Fokin, *Gegen den Strom*, S. 149.

249 Vgl. Wiley, *The life and ballets of Lev Ivanov*, S. 203.

Antonius	Pavel Gerdt
Amoûn	Sergej [oder Nikolaj] Legat
Hohepriester	Victor Gillert[250]
Arsinoé, eine Sklavin	Vera Trefilova

Zusätzliche Damen:
6 Ägypterinnen
6 Jüdinnen
8 Griechinnen
9 Philisterinnen
4 Damen aus Kleopatras Gefolge
12 Damen aus dem Volk

Zusätzliche Herren:
4 Wachen der Kleopatra
18 römische Soldaten
8 Gladiatoren
8 Patrizier

Die Besetzung der beiden weiblichen Hauptrollen bei Ivanov war bereits in der Zeitung vom 19. Juni 1900 angekündigt worden.[251] Es handelte sich bei ihnen um die beiden führenden Ballerinen des Mariinskij-Theaters: Marie Petipa, für
die ihr Vater Marius Petipa zuvor beispielsweise die Rolle der
Fliederfee im Ballett *Dornröschen* (1890) geschaffen hatte, und
Matil'da Kšesinskaja, die u. a. aufgrund ihrer engen Bindung

---

250 Der Vorname Gillerts ist wie der von Legat in der Quelle nicht genannt. Vermutlich handelt es sich aber um Victor Gillert, denn
dieser unterrichtete zu dieser Zeit u. a. an der kaiserlichen Ballettschule Sankt Petersburg. Eine seiner Schülerinnen war dort Bronislava Nižinskaja. Möglich ist aber auch, dass es Arnold Gillert
ist, der 1877 die Rolle des Siegfried in der erfolglosen Uraufführ-
rung von Wenzel Reisingers Choreografie zu Čajkovskijs *Schwanensee* getanzt hatte.

251 Vgl. Kapitel 2.3.

zum Zarenhof den Titel »Primaballerina Assoluta« erhalten hatte. Bei Pavel Gerdt, der für die Rolle des Antonius vorgesehen war, handelte es sich nicht nur um einen »Premier Danseur Noble« des Kaiserlichen Balletts, sondern zugleich um einen der wichtigsten Tänzer Russlands in der zweiten Hälfte des 19. Jahrhunderts. Für ihn hatte Marius Petipa z. B. die Rollen des Prinzen Désiré in *Dornröschen* oder des Siegfried in *Schwanensee* (1895) geschaffen. Die Besetzung bei Ivanov gibt erneut einen Hinweis, dass die Tänze, die bei Fokin vor dem verschleierten Liebespaar stattfanden, noch zu Ehren des Antonius geplant waren. Schlusspunkt der Tänze bildete nämlich ein Pas de deux, der in Ivanovs Version von Pavel Gerdt als Antonius und Marie Petipa als Kleopatra getanzt werden sollte.

Fokin übernahm für seine Version des Balletts im Jahre 1908 nur Pavel Gerdt in der Rolle des Antonius. Die Besetzung der beiden weiblichen Partien beschreibt er in seinen Memoiren ausführlicher:

> *»In den Ägyptischen Nächten stellte die Pawlowa die weibliche Hauptpartie [der Bérénice] dar. Sie war rührend in ihrer Liebe zu dem jungen Jäger und, nachdem er ihr untreu wurde und seine Liebe und sein Leben Cleopatra weihte, auch in ihrem Schmerz. Die Cleopatra wurde von der Time gespielt, die noch eine Schauspielschülerin war. Es schien mir, daß eine Künstlerin, die nicht zum Ballett gehörte, diese Rolle leichter gestalten könne, weil sie große Leidenschaft, verschiedene Nuancen an Liebesgefühl und überhaupt keinen Tanz verlangte.«*[252]

Aleksandr Benua nennt zwar einen anderen Namen für die Darstellerin der Kleopatra von 1908, erinnert sich aber ebenfalls, dass es sich um keine (oder zumindest keine gute) Tänzerin gehandelt habe.[253] Die Rolle der Kleopatra wurde in ihrer Anlage also stark verändert, worauf in Kapitel 4.3 noch

---

252 Fokin, *Gegen den Strom*, S. 149.

253 Benua schreibt: »The part of Cleopatra was taken by Ludmilla Barasch – a beautiful young woman but a poor dancer. She only

näher eingegangen werden soll. Der Pas de deux, der in der Version von 1908 noch zur Musik von Arenskij getanzt wurde, musste also aus gleich zwei Gründen eine neue Besetzung finden. Erstens fand er, gelegen gegen Ende einer Serie von Tänzen, während der Liebesszene von Kleopatra und Amoûn statt, also zu einem Moment, zu dem Antonius, der ihn vormals getanzt hatte, noch gar nicht auf der Bühne war. Zweitens war die Rolle der Kleopatra nun mit einer Schauspielerin besetzt, die für Amoûn keine adäquate Partnerin für einen Pas de deux war. Außer dem Corps de Ballet waren als mögliche Partnerinnen nur Anna Pavlova in der Rolle der Bérénice sowie Ol'ga Preobraženskaja auf der Bühne, die 1908 die Arsinoé tanzte.[254] Hätte Amoûn während der Liebesszene mit Kleopatra einen Pas de deux mit einer anderen Partnerin als Kleopatra getanzt, wäre dies wenig im Sinne der Handlung gewesen. Michail Fokin musste also 1908 eine neue Figur in *Ägyptische Nächte* einfügen. Er schuf daher einen weiteren Sklaven der Kleopatra, einen männlichen Gegenpart zu Arsinoé, der bereits 1908 von Vaclav Nižinskij getanzt wurde. Der Pas de deux wurde daher auf diese beiden als Tanz zweier Sklaven mit einem Schleier übertragen.

Nachdem also 1908 die beiden Ballerinen Petipa und Kšesinskaja nicht mehr an Fokins Choreografie zu *Ägyptische Nächte* beteiligt gewesen waren, wurde für *Cléopâtre* 1909 auch noch Pavel Gerdts Rolle des Antonius gestrichen. Somit waren 1909 in *Cléopâtre* nur noch Tänzer der jüngeren Generation besetzt: Anna Pavlova[255] tanzte die Bérénice (bzw. Ta-hor),

---

just managed not to spoil the part.« Benois, *Reminiscences of the Russian Ballet*, S. 277.

254 Vgl. Buckle, *Diaghilew*, S. 124.

255 Anna Pavlova war allerdings bereits 1905 zur Solistin befördert worden, eine erneute Beförderung folgte 1906. Im folgenden Jahr wurde ihr pro Vorstellung jeweils ein Extra-Betrag gezahlt, 1908 erhielt sie bereits ein Jahresgehalt von 8.000 Rubel. Außerdem

Vaclav Nižinskij den Sklaven der Kleopatra, Fokin selbst trat als Amoûn auf, Tamara Karsavina, die 1908 als jüdische Tänzerin in der *Nr. 7 Danse des Juives* aufgetreten war, tanzte nun als Arsinoé gemeinsam mit Nižinskij den Pas de deux. Die Rolle der Kleopatra wurde von Ida Rubinštejn übernommen, die weder professionelle Tänzerin noch Schauspielerin war. Sie entstammte einer reichen jüdischen Familie, die wenig von ihrem Ehrgeiz zu einer professionellen Theaterlaufbahn hielt. Dennoch nahm Ida Rubinštejn Schauspielunterricht und seit 1907 Ballettstunden bei Michail Fokin, dem sie in den Sommern 1907 und 1908 sogar in den Urlaub nachgereist war, um dort weiter mit ihm zu arbeiten. Ihr Ziel war es, 1908 in einer Inszenierung von Oscar Wildes *Salome* den *Tanz der sieben Schleier* zu interpretieren. Von dieser Arbeit berichtete Fokin:

Abb. 3: Ida Rubinštejn in Oscar Wildes *Salome* (SJN).

»Das [Ziel, in Salome aufzutreten; C. M.] führte dazu, daß sie täglich und sehr fleißig mit mir arbeitete. [...] Ich muß der Künstlerin meine Anerkennung aussprechen. Eine derartige Energie, ja Hartnäckigkeit in der Arbeit trifft man sehr selten. [...] Die Arbeit an der Salome war völlig ungewöhnlich und einmalig in meinem Leben. Gleichzeitig mußte ich Ida Lwowna in der Tanzkunst unterrichten und zusammen mit ihr den Tanz der Salome erschaffen. Zuvor hatte sie sich sehr wenig mit Tanz beschäftigt und keinerlei Erfolge aufzuweisen. So stand vor uns die Aufgabe, für die Vorstellung nicht nur den Tanz der Salome, sondern auch die Tänzerin zu er-*

---

verfügte sie über das Privileg, ins Ausland reisen zu dürfen. Auch wenn sie also noch zur »jüngeren« Tänzergeneration gehörte, war sie schon eine etablierte Künstlerin des Mariinskij-Theaters.

schaffen. Ihre Energie und ihr Äußeres kamen mir sehr zu Hilfe. [...]
Groß, schlank und schön, brachte sie beste Voraussetzungen mit, aus
denen ich eine interessante Bühnenerscheinung zu formen hoffte.
Wenn sich diese Hoffnung bei der Salome nicht ganz erfüllte, dann
jedoch in Cléopâtre und Scheherazade.«[256]

Durch die Besetzung mit einer Laiendarstellerin und die besonders ins Auge stechende Erscheinung der Ida Rubinštejn, die sich durch ihre Größe, erotische und exotische Ausstrahlung von allen anderen Darstellern deutlich abhob, wurde die Rolle der Kleopatra ausgehend von Lev Ivanovs *Ägyptische Nächte* bis hin zu Fokins *Cléopâtre* stark verändert.[257]

Festzuhalten in Bezug auf das Libretto bleibt also, dass für Ivanovs Version von *Ägyptische Nächte* aus den beiden literarischen Vorlagen ein Libretto entwickelt wurde, das weder die kritisch-ironische Sichtweise noch das Exotisch-Rauschhafte von Gautier übernahm, sondern nur die Eckpunkte der Handlung. Aus Puškins Prosafragment entnahm der Librettist Lopuchin für das Ballett insbesondere den Titel *Ägyptische Nächte*. Für die Version von 1900, die letztlich unaufgeführt blieb, verfasste er ein konventionelles Ballettlibretto mit der typischen Konstellation eines Protagonisten zwischen zwei unterschiedlichen Frauentypen. Bei Fokin änderte sich das Libretto vor allem durch die unkonventionelle Besetzung mit einer gattungsfremden Akteurin. Das hatte zunächst weniger Auswirkungen auf die eigentliche Handlung. Weil Kleopatra dann aber nicht mehr für tänzerische Szenen einsetzbar war, wurde eine weitere Figur im Ballett notwendig. Der Sklave war als Arsinoés männlicher Gegenpart zwar marginal, tanzte in den beiden Versionen Fokins mit Arsinoé aber den Pas de deux. Insgesamt kehrte Fokin wieder zur Reihenfolge der Librettovorlage Gautiers zurück, bei der Amoûn bzw. Meiamun erst am Ende stirbt. Auch dadurch wandte er

---

256   Fokin, *Gegen den Strom*, S. 163.
257   Weitere Details zum Konzept der Rolle folgen in Kapitel 4.3.

sich gegen die konventionelle Form des vormaligen Librettos und verzahnte den handlungsorientierten ersten mit dem zweiten, vom Tanz beherrschten Teil des Balletts. Die Absicht, die bereits im Hinblick auf die Partitur deutlich wurde, nämlich das Werk insgesamt zu »orientalisieren«, verfolgten die Ballets Russes auch bei der Namensgebung der Protagonisten. Bérénice, ein Name, der zumindest historisch zu Kleopatra und Arsinoé gepasst hatte, wurde beispielsweise in Ta-hor verändert. Die sinnliche Exotik, die Gautiers Vorlage beinhaltet, sollte in der Version von 1909 aber insbesondere vom Bühnenbild und den Kostümen transportiert werden, denen sich das folgende Kapitel zuwendet.

3.3 Von *Ägyptische Nächte* zu *Cléopâtre* – Bemerkungen zur Ausstattung

Mit der Entwicklung der Handlung, der Choreografie und der Besetzung von *Ägyptische Nächte* zu *Cléopâtre* änderte sich auch die Ausstattung des Balletts. Obwohl das Ballett im Jahr 1900 zunächst unaufgeführt geblieben war, hatten die Werkstätten bereits Kostüme angefertigt, die Fokin für seine Neueinstudierung im Jahr 1908 auch begutachtete. Seinen Angaben zufolge fand er darunter aber kaum etwas, das seinen Vorstellungen entsprach: »Ich wußte schon, daß ich nur wenig Ägyptisches sehen würde. Aber ich war dann sehr betroffen, als mir der Gewandmeister eifrig einen Haufen kurzer Ballettröckchen herauslegte, die aber auch gar nichts mit Ägypten gemein hatten! Nur einige Schürzchen mit ägyptischen Ornamenten, die über den Ballettröckchen zu tragen waren, deuteten auf den Inhalt hin. Stirnreifen mit imitierten kleinen Schlangen – das war alles!«[258] Er verwarf daher die noch neuen und unbenutzten Kostüme, die für das Ballett Ivanovs gedacht waren, und suchte gemeinsam mit seiner

---

258 Fokin, *Gegen den Strom*, S. 143.

Frau Vera im Fundus des Theaters Hemden, Gürtel, Armreifen, Schleier und Kragen aus Balletten und Opern mit ägyptischem Sujet zusammen. Diese kombinierten sie mit der passenden Schminke. Inwieweit für das Ballett im Jahr 1900 ein Bühnenbild geplant gewesen war, ist nicht bekannt. Da Ivanovs *Ägyptische Nächte* ursprünglich jedoch für eine Aufführung im Park angelegt gewesen war, sollte vermutlich die natürliche Kulisse genutzt werden, so dass kein aufwendiger Prospekt notwendig gewesen war.

Auch Aleksandr Benua berichtet über Fokins Auswahl der Kostüme, schreibt aber auch, dass zur Version von *Ägyptische Nächte* von 1908 bereits einige Kostüme in den Entwürfen von Bakst vorlagen:

> »The production of Une Nuit d'egypte presented greater difficulties. It demanded first of all a great number of costumes. It was possible to use some from Aida and La fille du Pharaon; but it proved necessary to have a few perfectly new ones. They were made from the designs by Bakst, and were incomparably more graceful and more in keeping with the dress and ancient Egypt. Levushka [Leon Bakst] was particularly successful with his heavy, pleated brown and blue costumes for the Jewish dance, which, one felt, bore traces of atavistic influence. The décor for Une Nuit d'egypte proved satisfactory. It consisted, if I am not mistaken, of the wings taken from another ballet, to which Allegri had added a palm-tree grove of his own invention. The moonlight produced the required atmosphere of mystery.«[259]

Für die Produktion von 1908, die nicht mehr im Freien, sondern im Mariinskij-Theater stattfand, war demnach ein Bühnenbild verwendet worden, das entweder speziell für ein anderes Ballett geschaffen worden war, oder bei dem es sich um eines der Typen-Dekors handelte, die für verschiedene Stücke des gleichen Sujets verwendet werden konnten. Für *Cléopâtre* von 1909 schuf Bakst neben weiteren Kostümen schließlich ein eigenes monumentales Bühnenbild, das die von Benua genannte Szene Allegris ersetzte (Abb. 4). Möglich

---

[259] Benois, *Reminiscences of the Russian Ballet*, S. 276f.

ist, dass sich Leon Bakst für sein Bühnenbild an den Farben orientierte, die Théophile Gautier detailliert zu Beginn seiner Novelle beschreibt. Das heiße Sonnenlicht fällt in Baksts Szene in eine Tempelanlage, um die durch hereinragende Pflanzen eine ähnlich trockene Dürre und Verödung vorstellbar ist wie in der Novelle. Bei Gautier gleitet die Barke der Kleopatra an den ockergelben Flussufern und massigen Palästen vorbei. Auch bei Bakst stehen die riesigen Steinfiguren, die die Tempelanlage andeuten, im Gegensatz zur ansonsten trostlosen Dürre und Verödung.

Im Hintergrund verschwimmen die Farben des Nilwassers mit dem Himmel, so dass auch bei Bakst kaum zu unterscheiden ist, »ob der Himmel sich im Nil widerspiegelte oder ob der Nil vom Himmel zurückgeworfen« wird, wie Gautier schreibt. Ein zeitgenössischer Beobachter schildert den Eindruck von Baksts Bühnenbild:

> »We are transported to a temple on the banks of the Nile. This scene is the supreme achievement of M. Bakst's art. It represents an immense stone forecourt which might be none other than the great Hall of Columbus built by the father of Ramses the Great. But the artist is contemptuous of pedantic archæological detail – he seeks only to impress, one might rather say to stun, the senses by a vision of grandiose and sinister masonry. This effect is obtained by simple lines and cast proportions. The towering wall, the procession of squat, colossal columns, the gigantic intimidating statues on either flank, fill the scene with a sense of awe and a premonition of disaster. It is noteworthy that M. Bakst himself has said that the painters of the future will take for their subjects man and stone. In this scene he has given to the dumb and eternal stone a voice of tragedy. He has made of these sexless caryatides a kind of chorus, the immortal and ironic spectators of the comedy of human life.«[260]

---

260   John Ernest Crawford Flitch, *Modern dancing and dancers*, Philadelphia 1912, S. 145.

Abb. 4: Leon Bakst, Bühnenbild zu *Cléopâtre* (1909).

Ähnliche Analogien lassen sich bei den Kostümen jedoch kaum ziehen. Bei Gautier werden lediglich Kleopatra und Amoûn in ihrem Äußeren genauer beschrieben. In Baksts Entwurf finden sich weder der luftige goldene Helm in Form eines Sperbers, noch das kurzärmelige Leinenkleid Kleopatras. Lediglich der mit Schmucksteinen verzierte Kleopatra-Kragen, die vorn herabfallenden Enden des Gürtels und die Sandalen ähneln sich. Amoûn übernimmt von Meiamun lediglich Pfeil und Bogen, die übrigen Waffen und das Tigerfell spart Bakst aus. Für die Kostümskizzen nennt Charles Spencer, der sich mit dem Gesamtwerk Leon Baksts eingehend befasst hat, andere Inspirationsquellen: »The prototypes for these images were Oscar Wilde's *Salome*, the perfumed exoticism of Huysmans and the Symbolists, the disturbing ambivalence of Aubrey Beardsley, the vampirish heroines of Gustave Moreau. The underlying force which set these different images into a Bakstian mould was undoubtedly Vrubel, who as early as 1900 had designed Egyptian costumes.«[261] Auch Sabine Bongartz sieht für Baksts Kostüm der Kleopatra den Vorläufer in dessen Entwurf für Ida Rubinštejns *Tanz der sieben Schleier* in *Salome* aus dem Jahr zuvor.[262]

Abb. 5: Ida Rubinštejn im von Bakst entworfenen Kostüm für den *Tanz der sieben Schleier* in Oscar Wildes *Salome*.

261 Charles Spencer, *Leon Bakst and the Ballets Russes*, London 1995, S. 76.

262 Vgl. Sabine Bongartz, *Bühnenkostüm und Bildende Kunst im frühen 20. Jahrhundert*, München 1985, S. 195f. Die beiden Kostüme waren sogar so ähnlich, dass Ida Rubinštejn im Salome-Kostüm auf einem Werbefoto für die »Saison Russe« abgebildet war (Abb. 5).

Abb. 6: Leon Bakst: Kostümentwurf
für Ida Rubinštejn in *Salome*.

Abb. 7: Ida Rubinštejn in
Leon Baksts Kostüm für *Salome*.

Abb. 8: Leon Bakst: Kostümentwurf
für Ida Rubinštejn in *Cléopâtre*.

Abb. 9: Ida Rubinštejn
in Baksts Kostüm
für die Titelrolle von *Cléopâtre*.

In beiden Kostümen waren nur wenige textile Teile vorgesehen. Der Stoff war scheinbar nur um die Hüften geschlungen und wurde von einem Gürtel zusammengehalten, dessen Enden in beiden Fällen vorne herabfielen und an dem Perlenschnüre und Tücher befestigt waren. Das Oberteil schien nicht viel mehr als ein aufwendig gearbeiteter Büstenhalter, der durch zahlreiche Ketten oder Perlenschnüre mit dem Gürtel verbunden war. Gemeinsam ist beiden Kostümen auch die schwarze Lockenperücke mit Stirnband. Einem authentischen Vorbild folgte Bakst hierbei jedoch nicht:

> »Vergleicht man die **Salome**-Figurine mit der Bühnenaufnahme, die Ida Rubinstein in der Titelrolle der **Cléopâtre** zeigt, fällt die Ähnlichkeit sofort auf; der Unterschied ist aufgehoben, den es in der Gestaltung der Frau geben müßte, denn die Salome gehört in den vorderen Orient, Cléopâtre nach Nordafrika, nach Ägypten. Daß es keinen Unterschied gibt, erklärt sich daraus, daß es bei der Gestaltung einzig um Phantasie und um Atmosphäre ging, darum, die Fin de siècle-Gesellschaft mit den exotischen Bildern zu bedienen, die sie sehen wollte. Es waren die unterschiedlichsten Wünsche und Vorstellungen, die sich in einem völlig undifferenzierten Orientbild sammelten. Genährt worden waren die Vorstellungen zum Teil von den Malern des frühen 19. Jahrhunderts [...].«[263]

Auch eine Inspiration durch kommerzielle Theater für das Kostüm der Ida Rubinštejn ist sehr wahrscheinlich.[264] So freizügig und erotisch, wie die Kostüme zunächst auf den Entwürfen Baksts erscheinen, waren sie jedoch – zumindest zunächst – nicht:

> »Hardly surprisingly, the completed costumes lack the eroticism that ooze from the designs, in which wisps of fabric barely cover breasts, thighs and body hair. In fact, the dancers in Cléopâtre, Schéhérazade and Le Dieu bleu were covered, neck to ankle, with prosaic silk for the principals and cotton for the corps de ballet. Although creases at elbows or knees are clearly visible on un-retouched photographs, on

---

263 Bongartz, *Bühnenkostüm und Bildende Kunst im frühen 20. Jahrhundert*, S. 196.

264 Vgl. Kapitel 5.1.

stage and in movement, audiences ›saw‹ bare flesh, as proved by the
impact of Cléopâtre and the scandalous success of Schéhérazade.«[265]

Es handelte sich dabei gewissermaßen um ein Erbe des kaiserlichen Theaters, wo es den Tänzern verboten war, mit nackten Beinen oder Füßen aufzutreten – ein Gesetz, mit dem Fokin bei seinen Choreografien in Sankt Petersburg seine Mühe gehabt hatte. Um diese Problematik zu umgehen, benutzte man Strumpfhosen, die wie Handschuhe »Finger« aus Strumpf für jede einzelne Zehe hatten, so dass von der Ferne kaum zu unterscheiden war, ob der Tänzer barfuß oder in Strumpfhosen auftrat.

>»Costume inventories reveal that differently toned all-overs were
>integral to the design. In Cléopâtre Nijinsky's fleshings were grey
>silk, those of the Male Egyptians, Servants and Slaves chestnut-coloured cotton, Amoun's were hazel-colored silk, the Priest and Female
>Slaves' ›yellowish‹ silk, the Priestesses' olive silk, and the Negroes'
>dark grey cotton. In Le Dieu bleu tones included blue-black, olive-black and brown-olive.*«[266]

Aber auch aus praktischen Erwägungen waren diese Ganzkörpertrikots, die bis 1912 unter den eigentlichen Kostümen getragen wurden, außerordentlich sinnvoll, denn viele Tänzerinnen und Tänzer der Ballets Russes traten in drei oder vier Balletten pro Abend auf. Das bedeutete, dass nicht nur das Kostüm, sondern auch das Make-up und die Haare mehrfach verändert werden mussten. Durch das bedeckende Trikot brauchten die Tänzer die damalige Fettschminke lediglich auf Hände und Gesicht aufzutragen. Da damals nicht alle Theater über adäquate Waschmöglichkeiten verfügten, war dies eine große Erleichterung bei schnellen Kostümwechseln. Im Frühjahr 1912 änderte Djagilev diese Regelung, schaffte

---

265   Sarah Woodcock, *Wardrobe*, in: Jane Pritchard (Hrsg.), *Diaghilev and the golden age of the Ballets Russes 1909–1929*, London 2010, S. 143.

266   Ebd.

die Ganzkörpertrikots ab und nahm dabei den Protest seiner Tänzer in Kauf. Obwohl auch dann eine scheinbar nackte Taille noch immer aus eingesetztem Stoff bestand und somit Teil des Kostüms war, sollten die Tänzerinnen und Tänzer nun dort, wo es das Kostüm ansonsten vorsah, mit nackten Armen und Beinen auftreten, die geschminkt werden mussten. Welche Probleme dies verursachte, beschrieb Lidija Sokolova (Abb. 10), die an einem Abend zunächst als Ta-hor und direkt danach als das Mädchen aus *Spectre de la Rose* auf der Bühne stand. Sie musste sich in höchster Eile von einer Ägypterin mit dunklem Teint und Perücke zu einem blass gepuderten Mädchen der Biedermeierzeit verwandeln:

> *»Tired and hot, I had to undo the thirty safety-pins with which my long, thick sash was fixed tightly around me. I was standing in a hot bath, scrubbing the brown make-up and dirt off my feet and legs, when the stage manager flew into my dressing-room [...]. How I got myself cleaned up or put on the new white make-up with tights and ballet shoes, on order to open Spectre looking like a débutante radiant after her first ball, I simply do not know. It is the sort of thing that still happens to me in nightmares.«*[267]

Auch Cyril W. Beaumont erinnert sich, dass bei Vorstellungen, in denen *Cléopâtre* gegeben wurde, für die Tänzer hinter der Bühne mehrere Badewannen aufgestellt waren, damit diese gleich nach ihrem Auftritt die Farbe vom Körper abwaschen konnten.[268]

Für Leon Bakst und Michail Fokin, die beide bereits im Jahr 1908 bei *Ägyptische Nächte* zusammenarbeiteten, war die

---

267 Woodcock, *Wardrobe*, S. 150. Lidija Sokolova hieß eigentlich Hilda Munnings. Im Jahr 1913 war sie die erste von mehreren nichtrussischen Tänzerinnen, die zu den Ballets Russes hinzukam. Alle erhielten einen neuen russifizierten Namen, unter dem sie auftraten, denn Djagilev wollte den Schein wahren, die Ballets Russes bestünden nur aus russischen Tänzerinnen und Tänzern.

268 Vgl. Cyril William Beaumont, *The Diaghilev Ballet in London*, London 1940, S. 147.

Schminke – ob mit oder ohne Ganzkörpertrikot unter dem eigentlichen Kostüm – außerordentlich wichtig. Fokin glaubte 1908, dadurch eine revolutionäre Entwicklung in Gang gebracht zu haben, die weg vom klassischen Ballettkostüm führte. Im Gegensatz zu Benua würdigt Fokin in seinen Erinnerungen den Beitrag Baksts dazu nicht und sieht in der Hauptsache sich und seine Frau daran beteiligt:

> »Gibt man den Tänzern [...] passende Perücken, schminkt sie richtig und vertauscht die Ballettschuhe mit Sandalen, so erhält man ein völlig anderes Ägypten. Bei der Vorstellung bat ich alle Tänzer und Tänzerinnen, sich mit dunkler Farbe zu schminken. Ich selbst malte allen verlängerte Augen und gerade, schwarze Augenbrauen. Den Lippen gab ich scharf umrissene Konturen, wie wir sie von den Sphinxen her kennen. Ich ordnete auch entsprechende Perücken an. Als die Tänzer auf die Bühne kamen, war ein Ägypten zu sehen, wie man es bis zu diesem Zeitpunkt auf dem Theater noch nicht kannte. Weder im Ballett noch in der Oper noch im Schauspiel war es zu solchen Stilisierungen gekommen. Ich betrachte das als eine echte Reform des Ballettkostüms. Sie war ohne Mitwirkung eines Bühnenbildners und ohne jegliche finanzielle Ausgaben verwirklicht worden.«[269]

Auch bei *Cléopâtre* sind trotz mehrerer Bakst-Veröffentlichungen und speziellen Arbeiten zu den Kostümentwürfen Details zu den Kostümen noch nicht vollständig geklärt.[270] Verwir-

---

269   Fokin, *Gegen den Strom*, S. 147.

270   Verwiesen sei hier insbesondere auf folgende Werke, die sich dem Werk Baksts, seinen Kostümentwürfen für die Ballets Russes allgemein oder speziell für *Cléopâtre* widmen: Elisabeth Ingles, *Bakst. Die Zauberwelt des Theaters*, London 2000; Charles Spencer, *Leon Bakst and the Ballets Russes*, London 1995; Alexander Shouvaloff (Hrsg.), *Sensualism Triumf*, Stockholm 1993; Irina Prushan (Hrsg.), *Léon Bakst. Bühnenbild- und Kostümentwürfe, Buchgrafik, Malerei und Grafik*, Leningrad 1986; Sabine Bongartz, *Bühnenkostüm und Bildende Kunst im frühen 20. Jahrhundert*, München 1985; Charles Steven Mayer, *The Theatrical Designs of Léon Bakst*. Dissertation der Columbia University 1977; ders., *Bakst. Centenary 1876–1976*, London 1976; André Levinson, *Ballets Russes. Die Kunst des Léon Bakst*, Dortmund 1992 (Nachdruck der Ausgabe von 1922).

rung stiften bei erster Betrachtung vor allem Fotoaufnahmen von Serafina Astafieva und Flore Revalles jeweils in der Rolle der Kleopatra. Die Kostüme, die die beiden Tänzerinnen tragen, weichen stark von Baksts ursprünglichem Entwurf für Ida Rubinštejn ab. Beide Kostüme sind schulterfrei, knöchellang und bedecken den Körper durchgehend vom Oberteil bis zum Knie, ohne dabei durch hautfarbene Stoffe Nacktheit zu suggerieren. Beide Kleider verfügen über einen bis zum Knie eng anliegenden Rock, an den ein transparenter Stoff angesetzt ist, der zumindest eine gewisse Bewegungsfreiheit der Unterschenkel ermöglicht. Dass Serafina Astafieva in diesem Kostüm die Kleopatra verkörperte, ist sehr wahrscheinlich: Die Tänzerin schenkte Cyril Beaumont 1914 ein Foto von sich in diesem Kleid und versah es mit einer handschriftlichen Widmung (inklusive der Jahreszahl). In dieser Saison tanzte sie am 30. Juni und 8. Juli 1914 im Royal Theatre Drury Lane die Kleopatra. Cyril Beaumont schrieb außerdem in seinen Erinnerungen von Vorstellungen der Ballets Russes in London, in denen er Serafina Astafieva bereits im Jahr zuvor in der Rolle der Kleopatra erlebt habe. Dabei beschrieb er sie in jenem Kleid, mit dem die Astafieva auf dem geschenkten Foto abgebildet ist.[271]

---

271 Vgl. Beaumont, *The Diaghilev Ballet in London*, London 1940, S. 60f.

Abb. 10: Leon Bakst, Kostümskizze (1914)
»Costume egyptiene pour Mme. Lydia«.

Abb. 11: Leon Bakst, Kostümentwurf
für Flore Revalles in der Titelrolle
von *Cléopâtre*.

Sowohl in den White Studios New York als auch im Studio von Ira Hill entstand jeweils eine Serie von Aufnahmen, die Flore Revalles im Kleopatra-Kostüm zeigt, das ebenfalls von Ida Rubinštejns Kleid abweicht.[272] Wie bereits erwähnt, ist ihr Kostüm im Schnitt dem von Serafina Astafieva sehr ähnlich und mit einem Dekor aus goldenen, ägyptisch anmutenden Figuren versehen. Das Dekor ist dem auf einem Sklavinnen-Kostüm aus der Produktion von 1909 sehr ähn-

---

272   Die Fotos sind über die Digital Library Collection der New York Public Library einzusehen. Vgl. RISM-Sigel US NYp, Signaturen *MGZE (Revalles, Flore, no. 5), *MGZE (Revalles, Flore, no. 16), *MGZE (Revalles, Flore, no. 26), *MGZE (Revalles, Flore, no. 29), *MGZE (Revalles, Flore, no. 39).

lich.[273] Dass es sich bei Flore Revalles' Kleid auch um einen Entwurf von Leon Bakst handelt, steht außer Frage. Mehrere Publikationen bestätigen dies, indem sie Entwürfe des Kostüms zeigen, es allerdings neutral z. B. als »Kostümentwurf für ein Schauspiel«,[274] »a costume for the stage«[275] oder als einen Entwurf für das Ballett *Artemis troublée* bezeichnen.[276] *Artemis troublée* wurde jedoch erst 1922 von Ida Rubinštejn zu Musik von Paul Paray getanzt. In einem Souvenir-Programm der Ballets Russes aus der Metropolitan Opera New York von 1916 ist Flore Revalles in der Titelrolle von *Cléopâtre* jedoch schon in diesem Kostüm abgebildet.[277] Dass es sich bei diesem Kleid um ein Kostüm für das Ballett *Cléopâtre* handelt, ist aber auch aus einem weiteren Grund ersichtlich. Auf einigen Bildern der White-Studio-Serie ist eine zusätzliche Person abgebildet, die Flore Revalles flehentlich zu Füßen liegt. Dabei handelt es sich um die oben zitierte und von Kopf bis Fuß geschminkte Lidija Sokolova (bzw. Hilda Munnings) in der Rolle der Ta-hor. In der Dance Collection der Stiftung John Neumeier befinden sich noch weitere Fotos von der Sokolova in diesem Kostüm, die aus der gleichen Fotoserie stammen, u. a. stehend mit Amoûn (Abb. 12) und in ähnlich liegender Pose (Abb. 13) wie auf den Fotos mit Flore Revalles, die in der New

---

273 Eine Abbildung des Kostüms der Sklavin ist neben weiteren Kostümen aus der Produktion von 1909 zu finden bei Alexander Shouvaloff (Hrsg.), *Sensualism Triumf*, Exponat-Nr. 102.

274 Carl Einstein, *Leon Bakst*, Berlin (o. J.), Tafel 30.

275 Valerian Svetlov, *The Art of Bakst. Inedited Works of Bakst*, New York 1927, Tafel 23.

276 Charles Spencer, *Léon Bakst and the Ballets Russes,* S. 159. Bei Svetlov und Spencer findet sich jeweils eine Kostümskizze von Bakst, bei Svetlov ist diese in Farbe wiedergegeben, so dass ein Vergleich mit dem Kostüm der Sklavin möglich ist, das bei Alexander Shouvaloff (Hrsg.), *Sensualism Triumf* abgebildet ist.

277 Vgl. Gest, *[Souvenir program] Serge de Diaghileff's Ballet russe*, RISM-Sigel US NYp, Signatur *MGZB-Res. 99–1116 no. 1.

York Public Library liegen. Ein Foto aus der Stiftung John Neumeier ist von Lidija Sokolova handsigniert und mit der Jahreszahl 1920 versehen. Dass es sich bei dem Kostüm von Flore Revalles um einen Entwurf für *Artemis troublée* handelt, das erst 1922 uraufgeführt wurde, ist also ausgeschlossen. Offenbar wurden aber für alle der Rubinštejn nachfolgenden Interpretinnen der Kleopatra-Rolle jeweils neue Kostüme angefertigt. Auch das Kostüm der Anna Pavlova in der Rolle der Ta-hor wurde für Lidija Sokolova durch ein neues, wenn auch sehr ähnliches, ersetzt.

Abb. 12: Adolf Bolm als Amoûn mit Lidija Sokolova als Ta-hor (SJN).

Anders als im Falle der Kleopatra ist der Schnitt von Lidija Sokolovas Kostüm jedoch dem Vorbild von 1909 nachempfunden, auch wenn andere Stoffe verwendet wurden.[278] Auch das Kostüm von Adolf Bolm in der Rolle des Amoûn unterscheidet sich nur hinsichtlich einiger Details in der Ausarbei-

---

278 Eine Abbildung des Kostüms der Ta-hor, die 1909 von Anna Pavlova getanzt wurde, findet sich bei Shouvaloff (Hrsg.), *Sensualism Triumf*, Exponat 100.

tung von dem, das Michail Fokin in dieser Rolle im Jahr der Uraufführung trug. Zu dem Ergebnis, dass mit einem Besetzungswechsel auch immer ein Kostümwechsel einherging, kommt Sarah Woodcock, die sich allerdings allgemein auf sämtliche Kostüme der Ballets Russes bezieht: »Few costumes were duplicated, so any cast change meant altering the existing costume.«[279] Im Falle der Neubesetzungen von Ta-hor und Amoûn sowie dem Besetzungswechsel von Serafina Astafieva zu Flore Revalles wäre das Kostüm des Rollenvorgängers jeweils Vorbild für die neue Anfertigung gewesen.

Abb. 13: Lidija Sokolova als Ta-hor, handschriftliche Widmung: »Yours Sincerely Lydia Sokolova, Russian Ballet 1920« (SJN).

Das Kostüm der Astafieva unterschied sich jedoch stark von dem, das Ida Rubinštejn 1909 trug. Möglich ist, dass auch die Choreografie dahingehend geändert wurde, dass Kleopatra, die nun jeweils durch eine Tänzerin besetzt war, mehr Schrittmaterial bekam. Allerdings scheinen auch die Kostüme von

---

279 Woodcock, *Wardrobe*, S. 150.

Flore Revalles und Serafina Astafieva durch die eng anliegende obere Rockpartie nicht sonderlich zum Tanzen geeignet. Wahrscheinlich richtete man die jeweils neuen Entwürfe danach aus, dass die besonders vorteilhaften Seiten der jeweiligen Interpretin durch ein entsprechendes Kostüm unterstrichen wurden.[280]

Wegen eines Unfalls während einer Tournee im Jahr 1917 wurde für *Cléopâtre* ein neues Bühnenbild notwendig. Da Djagilev aufgrund des Krieges in Europa keine Engagements bekommen hatte, tourte die Kompanie 1916 zunächst durch die USA und im folgenden Jahr auch durch Südamerika. Nachdem das Ballett am 16., 17. und 18. August 1917 im Teatro Municipal von Rio de Janeiro in der Ausstattung von Bakst gegeben worden war, fuhr das Ensemble wie gewohnt mit dem Zug weiter nach São Paulo, wo *Cléopâtre* am 2. September getanzt wurde.[281] Als der Zug durch das Mantiqueira-Gebirge fuhr, flog in einem Tunnel ein Funke der noch vom Holzfeuer angetriebenen Lokomotive bis zum Waggon, auf

---

280 Valerian Svetlov und Charles Spencer schreiben beide in ihren Publikationen, auf der Kostümskizze des Kleides, das Flore Revalles auf dem Foto trägt, sei Ida Rubinštejn dargestellt, was jedoch anhand der Jahreszahl 1920 widerlegt wird. Vgl. Svetlov, *The Art of Bakst*, Tafel 23 und Spencer, *Léon Bakst and the Ballets Russes*, S. 159.

281 In der Regel reisten die Ballets Russes mitsamt Orchester und Sängern in einem eigenen Zug, in dem auch sämtliche Kostüme und Kulissen untergebracht waren. Die Bedingungen, unter denen die Künstler reisten, waren meist nicht besonders komfortabel. Sofern die Truppe kleinere Aufführungsorte wie im Jahr 1918 bei der Tournee durch Spanien nicht per Zug direkt erreichen konnte, mussten alle mit Pferdefuhrwerken vom nächsten Bahnhof bis zum Theater gebracht werden. Dabei konnte jedoch nur das mitgenommen werden, was die Tänzer selbst zu tragen vermochten. Eine komplette Kulisse war an diesen Orten also nicht möglich, diese konnte daher nur in größeren Städten gezeigt werden. Vgl. Kristian Volsing, *Travel*, in: Pritchard (Hrsg.), *Diaghilev and the golden age of the Ballets Russes 1909–1929*, S. 30 f.

dem die Kulissen für *Spectre de la Rose* und *Cléopâtre* transportiert wurden, und setzte diesen in Brand. Der Zug musste mitten auf der Strecke anhalten und die Reisenden bemühten sich, aus dem Waggon zu retten, was noch zu retten war. Das Bühnenbild von *Cléopâtre* wurde jedoch zerstört. Für die nächsten Aufführungen von *Cléopâtre* kam der Gruppe zugute, dass von Leon Bakst ein Bühnenbild für *La Péri* angefertigt worden war, ein Ballett, das von Djagilev 1911 in Auftrag gegeben worden war, aber aus verschiedenen Gründen niemals eine choreografische Umsetzung erlebte.[282] Der Impresario beauftragte daraufhin Robert Delaunay mit einem neuen Bühnenbild, mit dem das Ballett ab 1918 gezeigt wurde. Delaunays Frau Sonia kre-

Abb. 14: Plakatankündigung aus der Südamerikatournee der Ballets Russes im Jahr 1917 (SJN).

ierte außerdem ein neues Kleid für Kleopatra (Abb. 15 und 16) und den Hohepriester.[283] Das Design des neuen Bühnenbilds und der neuen Kostüme orientierte sich weniger am üp-

---

282 Vgl. Buckle, *Nijinskij*, S. 143. Die Partitur hatte Djagilev bei Paul Dukas bestellt.

283 Sonia war russische Jüdin und hatte Djagilev während des Krieges in Spanien kennengelernt. Er machte sie mit kaufkräftigen Kunden bekannt, denen sie Kleider entwarf. Sie eröffnete in Madrid eine Boutique, mit der sie später nach Paris umzog, wo sie auch für andere Theaterproduktionen tätig war.

pigen Orientalismus Baksts, sondern war in Regenbogenfarben gehalten und erinnerte an die abstrakten Formen der Ballette *Parade* oder *Feu d'artifice* von 1917. Der Prospektvorhang zeigte statt des monumentalen Tempels drei ockerfarbene Pyramiden, die sich in abstrakter Schärfe und farbigen Abschattierungen von einem blau und beige schraffierten Himmel abhoben. Laut dem Maler und Autor Charles Ricketts, einem treuen Gefolgsmann der Ballets Russes, gehörten zum weiteren Dekor noch rosafarbene und rote Säulen sowie eine erbsengrüne Darstellung der ägyptischen Himmels- und Liebesgöttin Hathor als Kuh.[284] Die übrigen, nicht neu entworfenen Kostüme waren aus den Balletten *Le Dieu Bleu*, *Thamar* und *Joseph* ergänzt. Kleopatras Kleid von Sonia Delaunay war lediglich im körpernahen, knöchellangen Schnitt an Baksts Entwurf angelehnt. Mit rosa Kreisen waren auf dem gelben Untergrund des Oberteils Brüste angedeutet, über den Bauch verlief ein Regenbogen, der sich in zwei, von der Taille herabfallenden Stoffbahnen fortsetzte. Die Kopfbedeckung der Kleopatra war in ebenso bunten Farben gehalten wie das übrige Kleid und lief von der Stirn ausgehend in einem violetten Horn nach vorne oben aus. Cyril Beaumont berichtet von der Aufführung im neuen Dekor in London und weist darauf hin, dass einige Kostüme aus anderen Werken der Ballets Russes eingefügt wurden:

> »*Later in the week [1918] I went to see* CLÉOPÂTRE, *now deprived of its original setting by Bakst, which always hilled you with a sense of impending tragedy the moment you saw it. In its place was a new setting by Robert Delaunay, conceived in the violently contrasted colours and cubist shapes then regarded as the most advanced artistic expression. The setting was certainly striking and theatrically effective, but the colouring was strident and irritating. It contributed no mood and detracted from the ballet as a whole, since the blinding colours continually intruded upon one's vision. The majority of the Bakst costumes were not those of the original production, but a medley of dresses adapted from Le Dieu Bleu and other ballet, which,*

---

284   Vgl. Buckle, *Diaghilew*, S. 354.

naturally, did not harmonized with the new setting. There was also
a new costume for Cleopatra, designed by Sophie Delauny [sic!]; it
was another vivid conception in yellow, red, and gold, not improved
by a segment of mirror-glass affixed to the girdle, which winked like
a heliograph every time it caught the light.«[285]

Abb. 15: Vera Petrovna, Tchernicheva   Abb. 16: Laura Knight, *Cléopâtre*
in *Cléopâtre* (SJN).   (SJN).

Im Dansmuseet Stockholm befinden sich wenige Kostüme
aus der *Cléopâtre*-Version von 1909.[286] Durch den Brand während der Zugfahrt durch Südamerika wurden also nicht alle

---

285 Beaumont, *The Diaghilev Ballet in London*, S. 109 f. In der Vorstellung, von der Cyril Beaumont berichtet, war Ljubov' Černyševa
in der Rolle der Kleopatra zu sehen. Amoûn wurde von Léonide
Massine, Ta-hor von Lidija Sokolova getanzt.

286 Vgl. Erik Näslund, *Ballets Russes. The Stockholm Collection*, Stockholm 2009. Im Vergleich dazu, wie viele Kostüme die Ballets Russes jeweils für ihre Ballette benötigten (siehe unten), sind nur
wenige erhalten geblieben. Von *Les Sylphides*, einem der erfolg-
reichsten Ballette, existiert lediglich noch ein Tutu. Die bestehenden Reste sind zudem über die Welt verstreut. Von *Cléopâtre* sind ebenfalls nur einzelne Stücke vorhanden. Mehr Kostüme,
die nach Entwürfen von Bakst angefertigt wurden, existieren bei-

Kostüme zerstört, möglicherweise betraf die Zerstörung sogar nur die Kulisse. Dass *Cléopâtre*-Kostüme durch einige aus anderen Balletten ausgetauscht wurden, lag vermutlich auch am Verschleiß. Allein in der Zeit von 1911 bis 1918, in der die Ballets Russes fast ständig unterwegs waren, gab es über 100 Vorstellungen von *Cléopâtre*, denn das Ballett war Teil des Programms, das zwischen August 1916 und September 1918 in Nord- und Südamerika gezeigt wurde. Die Ballets Russes hatten in diesen Jahren noch keine feste Heimstätte, so dass sie immer alles mit sich führten – ein enormer logistischer Aufwand auch im Hinblick auf mehrere Hundert Kostüme.[287] Da die Kompanie nicht ständig von ausreichend Ankleiderinnen und Näherinnen begleitet werden konnte, mussten diese an allen Tourneestationen neu gefunden und verpflichtet werden. Kostüme wollten durchgesehen, gereinigt und wieder gebügelt, vorab repariert oder während der Vorstellung in aller Eile hinter der Bühne ausgebessert werden.[288] Djagilevs eisernes Gesetz war es, dem Publikum ein perfektes Kunstwerk zu präsentieren, weshalb nicht nur das Kostüm, sondern auch die Schminke und Frisur jeder Tänzerin und jedes Tänzers vor Beginn der Vorstellung überprüft wurden. Wie am Mariinskij-Theater in Sankt Petersburg üblich, gab es auch bei Djagilev Bußgelder für eigenmächtige Ver-

---

spielsweise noch von *Daphnis et Chloe* sowie von *Le Dieu Bleu* und *Dornröschen*.

287 Durch Inventarlisten lässt sich nachvollziehen, dass die Gruppe wohl mit über 1.000 Kostümen reiste. Deutlich wird das an der Anzahl der Kostüme für lediglich zwei der »Klassiker« des Repertoires: Für *L'Oiseau de feu* waren rund 150 Kostüme notwendig, ca. 100 für *Petruschka*.

288 Von den Kostümen abgesehen, mussten die Tänzerinnen und Tänzer auch die Möglichkeit haben, ihre tägliche Wäsche zu waschen, insbesondere ihre Strumpfhosen, Trikots (bzw. Hemden und Tuniken, in denen damals trainiert wurde) sowie etliche Handtücher, was den logistischen Aufwand noch vergrößerte.

änderungen am Kostüm. War etwas kaputt oder verschlissen, wandten sich die Tänzer an den Regisseur Sergej Grigor'ev, der dann entschied, ob etwas erneuert oder durch ein anderes Teil aus den Kostümbeständen ersetzt werden sollte. Da die Kostüme in der Regel in Paris, London und Monte Carlo gefertigt wurden, war es kompliziert, Teile, die beispielsweise für eine laufende Tournee in Übersee benötigt wurden, in Europa neu anfertigen zu lassen und zur Kompanie zu schicken. Es hätte nicht nur einen kostspieligen Aufwand bedeutet, sondern wäre auch aufgrund des Ersten Weltkriegs erschwert worden. Die zusätzlichen Kostüme aus *Le Dieu Bleu* und *Josephslegende*, die Charles Ricketts und Cyril Beaumont 1918 in London als Ergänzungen zur Ausstattung von *Cléopâtre* sahen, waren vorher wenig benutzt worden. *Le Dieu Bleu* war nur in den Jahren 1913, 1914 und 1915, *Josephslegende* sogar nur im Jahr 1914 aufgeführt worden. Es lag daher nahe, dass Grigor'ev das, was aus *Cléopâtre* nicht mehr verwendet werden konnte, durch Kostüme dieser ebenso orientalisierenden Werke übernahm.

Als Michail Fokin und seine Frau Vera sich von den Ballets Russes trennten, führten sie neben anderen Werken auch *Cléopâtre* mit fremden Kompanien oder in veränderter Fassung zu zweit weiter auf.[289] Hierfür entstanden ebenfalls wieder neue Kostüme, deren Entwürfe von Boris Anisfeld denen von Bakst entlehnt waren (Abb. 17). Fokin trug einen ähnlichen

Abb. 17: Michail Fokin und Vera Fokina als Amoûn und Ta-hor in *Cléopâtre* (1913).

---

289 Vgl. Kapitel 4.4.

Schurz und verzierte Riemen um den Oberkörper. Das gestreifte Kleid seiner Frau Vera ähnelte durch den eng um die Hüften liegenden, vorne zusammengefassten Stoff und das schulterfreie Oberteil dem Entwurf für Anna Pavlova.

Die Kostüme, die für *Cléopâtre* verwendet wurden, waren für ein Ballett unkonventionell, zumal für die frühe Version *Eine Nacht in Ägypten* von 1900 schon traditionelle Tutus angefertigt worden waren. Wie Michail Fokin in seinen Memoiren schreibt, hatte er aber schon vor *Cléopâtre*, also bei der Produktion von *Ägyptische Nächte* im Jahr 1908 in Sankt Petersburg, den Schritt in diese Richtung und weg vom konventionellen Kostüm gewagt. Er hatte dafür vorhandene Teile aus dem Fundus des Mariinskij-Theaters verwendet, die im Stil nicht aufeinander abgestimmt waren wie die Entwürfe Leon Baksts für die Vorstellung im Jahr 1909. Auch wenn Baksts Kostüme und das Bühnenbild wichtige Erfolgsfaktoren des Stücks waren und insgesamt die Werke der Ballets Russes immer wieder als Gesamtkunstwerke konzipiert wurden, hinderte dies Djagilev offenbar nicht daran, mit den ersten Umbesetzungen von Baksts Entwürfen abzuweichen. Schon nachdem Ida Rubinštejn die Ballets Russes verlassen hatte, änderte sich das Kostüm der Kleopatra, das sich zuvor von den übrigen Kostümen deutlich unterschieden hatte. Dieser Effekt und damit auch die erotische Wirkung des Arrangements aus Perlen und Tüchern, das Ida Rubinštejns Körper 1909 so betont hatte, wurden mit einer neuen Besetzung zunichte gemacht. Die nachfolgenden Tänzerinnen traten weitaus bedeckter auf, ihr Kostüm unterschied sich im Schnitt weniger von dem der Arsinoé oder der Ta-hor. Die letzten Vorstellungen, die die Ballets Russes von *Cléopâtre* gaben, unterschieden sich offenbar in ihrer Ausstattung fast vollständig von dem, was im Jahr 1909 zu sehen gewesen sein muss. Große Teile von Baksts Ausstattung waren darin nicht mehr enthalten, das Bühnenbild war verbrannt, viele Kostüme vermutlich zu verschlissen, um weiter verwendet werden zu können. Das neue Bühnenbild und die wenigen Kostüme der Delaunays waren daher um Teile aus anderen Balletten ergänzt worden, das Konzept eines Gesamtkunstwerks, wie die Ballets Russes es vertraten, in *Cléopâtre* also schließlich aufgegeben.

4 Choreografische Aspekte Michail Fokins und seines Balletts *Cléopâtre*

4.1 Michail Fokins »neues Ballett«

»Der Zweifel daran, daß im Ballett alles in Ordnung sei, daß der Tanz den man mich gelehrt hatte, wirklich auf unveränderlichen Gesetzen beruhen würde, der Zweifel an den Kanons und Dogmen des alten Balletts, entstand in mir durch die Vergleiche des Ausdrucksvermögens des Balletts, der Ballettposen und Bewegungen mit dem, was ich an anderen Künsten beobachtete. Das geschah, als ich mich für die Malerei begeisterte und in der Ermitage und in den Museen Alexanders III. Bilder kopierte. [...] Manchmal stellte ich mir die Frage: Was würde geschehen, wenn auf diesem Bild alle Figuren ihre Beine ›en dehors‹ gestellt hätten, wie ich es im Ballett lernte? Die Antwort war klar: Sie wären mißgestaltet. Was würde sein, wenn alle Figuren auf diesem Gobelin den ›Rücken geradehielten‹? Das wäre abscheulich. Was wäre, wenn die marmornen Götter ihre vom Standpunkt der Ballettästhetik aus falschen Posen korrigieren und ›gerundete‹ Positionen der Arme einnehmen oder die Arme wie ›Kränzchen‹ über dem Kopf halten würden? Das wäre schrecklich dumm.«[290]

Gegen Ende seiner Ausbildung in der kaiserlichen Ballettschule begannen Michail Fokin Zweifel an den Prinzipien seiner Kunst zu kommen. Zunächst war es die Diskrepanz zwischen der Ästhetik des klassisch-akademischen Ballettstils und der von ihm bewunderten Kunstwerke Michelan-

---

290   Fokin, *Gegen den Strom*, S. 39 f.

gelos, Raffaels und der klassischen Antike, zwischen denen sich für Fokin keine Übereinstimmung herstellen ließ. Die Grundregeln des Balletts – auswärts gedrehte Beine, gestreckte Füße und Rücken, gerundete Armbewegungen, der festgelegte Kanon an Schritten – waren ihm in Fleisch und Blut übergegangen. Dennoch musste er feststellen, dass die Körperdarstellungen der bildenden Künste, die auf ihn wegen ihrer Ausdruckskraft große Faszination ausübten, gegen eben jene Regeln verstießen. Er sah sich somit einem Problem ausgesetzt, das bereits Théophile Gautier einige Jahrzehnte zuvor formuliert hatte: »Was uns betrifft, so verstehen wir nicht, welche Anmut Füße besitzen sollen, die so parallel stehen wie der Horizont. Kein Bildhauer, kein Maler hat jemals diese Position aufgenommen, die sich der Natur, der Eleganz und dem gesunden Menschenverstand widersetzt.«[291] Bereits im 18. Jahrhundert hatte Jean Georges Noverre das barocke Ballett durch seine Forderung nach Handlung, Bewegung und Ausdruck reformiert und somit den Weg für das romantische Ballett geebnet. Fokins Suche nach der Expressivität der bildenden Kunst, die er im Tanz bisher vermisste, führte über 200 Jahre nach Noverre erneut zu einer Reform des Balletts, die weit in das 20. Jahrhundert ausstrahlen sollte. Welche Umstände innerhalb des Balletts Fokins Zweifel hervorriefen, welche Konsequenzen der Choreograf daraus zog und wie seine Ästhetik auch durch Erlebnisse außerhalb der kaiserlichen Theater geprägt wurde, soll hier zusammenfassend nachgezeichnet werden. Fokins Choreografie von *Cléopâtre* entstand bereits ganz im Sinne dieser Überlegungen und Fragen, mit denen der Choreograf sich damals konfrontiert sah. Für das folgende Kapitel ist es also zunächst sinnvoll, sich zu vergegenwärtigen, welchen Bezug zur Balletttradition Fokin hatte und wie sich dieser weiterentwickelte.

---

291   Zitiert nach Weickmann, *Der dressierte Leib*, S. 245.

Als Michail Fokin 1889 seine Ausbildung an der kaiserlichen Ballettschule in Sankt Petersburg abschloss und nach einem erfolgreichen Debüt in die Balletttruppe des Mariinskij-Theaters übernommen wurde, war dort noch immer Marius Petipa tätig. Petipa hatte den wesentlichen Anteil dazu geleistet, das russische Ballett zu einer eigenen nationalen Schule zu entwickeln. Eine weitere stilbildende Persönlichkeit war damals der Italiener Enrico Cecchetti, zunächst selbst ein als höchst virtuos geltender Tänzer und später Lehrer an der Ballettschule. Cecchetti gab auch Solistinnen wie Anna Pavlova private Lektionen, bevor er sich später als Ballettmeister den Ballets Russes anschloss. Während Fokins Ausbildung war für das damalige russische Ballett auch der Tänzer und Pädagoge Christian Johansson (1817–1903) prägend, ein Schüler August Bournonvilles.[292] Wenngleich Johansson bereits aus seinem Dienst an der Ballettschule ausgeschieden war, hatten viele damalige Tänzer bei ihm gelernt und seinen Stil übernommen. Die Wurzeln des russischen Balletts reichten durch Petipa, Cecchetti, Johansson und weitere demzufolge bis in die wichtigsten europäischen Ballettzentren des 18. und 19. Jahrhunderts. Insbesondere gegen Ende der Amtszeit Petipas, die Fokin als Tänzer miterlebte, verfügten die kaiserlichen Bühnen in Sankt Petersburg über eine außerordentlich gut trainierte und stilistisch homogene Ballettkompanie, waren doch die meisten Tänzer aus der eigenen traditionsreichen Schule hervorgegangen. Die Gattung selbst war aber gerade in der Zeit, als Fokin seine Ausbildung abschloss und als Tänzer debütierte, im Begriff, ihren Zenit stilistisch zu überschreiten. In vielen Stücken des Repertoires spiegelte der musikalische Gehalt nicht notwendigerweise den Inhalt des Werkes wider, bis auf wenige Ausnahmen war die Verwendung zweit- oder drittklassiger Kompositionen für das Ballett ak-

---

292   August Bournonville war der Sohn Antoine Bournonvilles, Leiter des königlich-dänischen Balletts und Schüler Jean Georges Noverres.

zeptiert. Die Tendenz, aus Oper und Sprechtheater historisch getreue Ausstattungen für die Inszenierungen zu schaffen, hatte sich nicht auf das Ballett übertragen:

> »*Je historisch getreuer die Kostüme der Mimen, der Charaktertänzer und der Statisten waren, desto dümmer erschien mir das Aussehen der ›Klassiker‹. Auf ein und derselben Bühne traten gleichzeitig Damen in langen Kleidern mit Schleppen, mit hohem Kopfputz auf, die an mittelalterliche Miniaturen oder lebendig gewordene Skulpturen aus gotischen Domen erinnerten und daneben ... Tänzerinnen mit rosa Beinen in kurzen Röckchen, die wie offene Schirmchen aussahen. Wie war es möglich, daß man diese Unstimmigkeiten nicht merkte? Warum war man damit einverstanden?*«[293]

Hinzu kam die Entwicklung der Gattung weg vom Ballet d'action zugunsten von Divertissements, in denen die tänzerischen Rollen meist dekorativ und zugunsten von Virtuosität angelegt waren, dagegen überzeugender Mimik oder visueller Illusion weniger Wert beigemessen wurde:

> »*Kann man nicht Erfolge ohne diesen Trommelwirbel, ohne Drehung auf Spitze am Schluß jedes Adagios, ohne schnelles Châiné am Ende der Damen-Variation, ohne Pirouetten oder zwei Lufttouren am Schluß der Herren-Variation erzielen?*«[294]

Die Rollenverteilungen und Aufgaben von Ensemble und Solisten waren strengen hierarchischen Prinzipien unterstellt, die die Dramaturgie der Stücke lähmten, wie Serge Lifar, einer der Nachfolger Fokins bei den Ballets Russes, bemerkt:

> »*The prima ballerina's part had become increasingly important at the expense of the corps de ballet which was regarded as a cumbersome accessory. The immediate need, therefore, was for a stable solid union an ideal fusion of soloists and corps de ballet, of drama and pure dancing – in fact a choreographic drama and a danced poem, impressionistic by nature, but united in its style.*«[295]

---

293 Fokin, *Gegen den Strom*, S. 57.

294 Ebd., S. 54.

295 Serge Lifar, *A history of russian ballet from its origins to the present day*, London 1954, S. 175.

Ähnlich der Kritik Serge Lifars an der Präsentation von Solisten und Corps de ballet äußert sich auch Fokin:

>*Man muß verstehen, daß die Tänzerin gern so aussehen möchte, wie es ihr am besten steht. Sie ist es gewohnt, den Pas auszuführen, der ihr am allerbesten und am eindrucksvollsten gelingt, ist es gewohnt, mit einem effektvollen Auftritt auf die Bühne zu kommen, mit Applaus empfangen zu werden, sich nach jedem Tanz lange zu verbeugen, die Hände an die Brust gedrückt, und natürlich ist sie es gewohnt, ihre Nummer da capo zu geben, stets in ein und derselben Frisur zu erscheinen, mit denselben Brillanten im Haar, in den Ohren, um den Hals...«[296]*

Bereits zuvor hatte er auf Punkte hingewiesen, die die wirkungsvolle Kommunikation zwischen Tänzern und Publikum zunichtemachten:

>*Das Kostüm der Ballerina, das Verhältnis zum Publikum und die ständige Unterbrechung der Handlung – dies alles überzeugte mich davon, daß im Ballett das Hauptsächlichste fehlt: der Wunsch, auf das Publikum mittels der erschaffenen künstlerischen Figur einzuwirken.«[297]*

Bezüglich der Privilegien für die Ballerina war es insbesondere die Unterbrechung des Balletts durch die Verbeugung der Künstlerin zum Applaus des Publikums, an der sich Fokin stieß. Dadurch sei nicht nur der Fortgang der Handlung und der Musik unterbrochen, sondern die Tänzerin verlasse durch die Verbeugung auch die Rolle innerhalb des Stücks. Somit würde das Ballett während des eigentlichen Ablaufs als theatrale Illusion entlarvt, Zuschauern wie Tänzern werde es erschwert, sich emotional in ein Stück hineinzuversenken. Ebenso hinderlich sei es, Musik zu verwenden, die aus mehreren Einzelnummern, Polkas, Walzern oder Galopps bestehe,

---

296   Fokin, *Gegen den Strom*, S. 148.

297   Ebd., S. 56.

denn sie müsse »den Inhalt des Balletts ausdrücken, hauptsächlich seinen emotionalen Kern.«[298]

Als Fokin 1902 an der Ballettschule zu unterrichten begann, an der er selbst ausgebildet worden war, und schließlich auch mit den höheren Klassen arbeitete, erweiterten sich seine Möglichkeiten, die eigenen Vorstellungen vom Ballett zu verwirklichen. Seine Unterrichtsmethode basierte jedoch weiterhin auf der klassisch-akademischen Technik, von der er als Grundlage für jegliche Form tänzerischer Bewegung und Kräftigung des Körpers überzeugt war:

> *»Ich bemühte mich sehr, ihnen im Ballett jenes Fundament zu geben, auf dem ich selbst fest stand. Meine Begeisterung für alles Lebendige in der Kunst, mein Temperament, meine Vorstellung vom Schöpferischen als erste, unabdingbare Voraussetzung für die Kunst verbanden sich mit einer pedantischen, den Schülern alles abverlangenden, harten Disziplin. Diese Härte zählte ich nicht zur Kunst, aber zu ihrer notwendigen Vorbereitung. [...] Getreu den Methoden meines Lehrers Wolkow verlangte ich jedes Battement mit mechanischer Genauigkeit. Ich achtete darauf, daß die ›fünfte Position‹ einem Schächtelchen glich, daß die Beine völlig entgegengesetzt auswärtsgedreht wurden, daß der Spann wie eine Saite vollständig gestreckt wurde. Ich tat das nicht, um mich dem Schulprogramm unterzuordnen. Nein, ich glaubte an die Notwendigkeit dieser klassischen Grundausbildung, wie ich bis jetzt an sie glaube. Die Fähigkeit, die Beine auswärtszudrehen, muß man ja nicht benutzen, wenn der Tanz es nicht verlangt; ebensowenig starke, kräftige Beine. Mit einem geraden Rücken kann man leicht geschmeidige und ausdrucksvolle Bewegungen zeigen. Aber es führt zur Katastrophe, wenn man nicht von Anfang an darauf achtet!«[299]*

Einen ersten Versuch, auf die Gattung und das Publikum im Sinne seiner sich formenden Vorstellungen einzuwirken, un-

---

298   Fokin, *Gegen den Strom*, S. 89. Fokin trat mehrere Male in der Presse hervor, so z. B. in der *Petersburger Zeitung* am 13. September 1909 in einem Interview mit ihm und Nikolaj Legat, in dem die beiden Opponenten ihre gegenteiligen Anschauungen zum Applaus und zu Da-capo-Gebräuchen darlegten.

299   Ebd., S. 84.

ternahm Fokin 1904, als er dem Direktor der kaiserlichen Theater, Vladimir Teljakovskij, ein selbstverfasstes Libretto nach Longos' antikem Hirten- und Liebesroman *Hirtengeschichten von Daphnis und Chloe* schickte. Diesem Libretto für ein Ballett *Daphnis und Chloe* legte er ein Schreiben bei, in dem er erstmals Gedanken zu seiner späteren Ballettreform formulierte und das Ideen aus dem späteren Brief an die Zeitung *Times* von 1914 bereits vorwegnahm.[300] Fokin schlug in jenem Schreiben an Teljakovskij vor, zugunsten der notwendigen Stimmung und eines geschlossenen Eindrucks mit einer Verbeugung bis an das Ende eines jeweiligen Akts oder Balletts zu warten. Tänze und Mimik sollten zudem mit dem hellenistischen Sujet in Übereinstimmung gebracht werden. Vorbild für den Charakter griechischer Bewegung sollten, so Fokin, antike Vasenmalereien und Skulpturen sein. Als Kostüme wollte er auf das traditionelle Tutu und Spitzenschuhe zugunsten von leichten Tuniken und Sandalen verzichten. Musikalisch dürfe der Tanz nicht von den üblichen Tempi und Formen begleitet und nicht unterbrochen werden. Selbst für die Beleuchtung und das Bühnenbild machte er Vorschläge. Dabei kam es ihm darauf an, eine möglichst geschickte Theaterillusion herzustellen, die auch nicht durch Bühnenarbeiter zerstört werden dürfe, die auf der dunklen Bühne meist doch im Lichtschein des Orchestergrabens schemenhaft zu sehen seien. Zudem forderte er ein zum Werk passendes individuelles Bühnenbild, das nicht durch allgemeine Motivik immer wieder in unterschiedlichen Stücken eingesetzt würde.

Michail Fokins Schreiben beinhaltete noch kein vollständiges und allgemeines »Reform-Programm«, sondern lediglich

---

300   Es handelt sich bei dem Brief an die Zeitung *Times* um einen dort am 6. Juli 1914 veröffentlichten Artikel *The New Russian Ballet-Conventions in Dancing – M. Fokine's Principles and Aims*, auf den später noch näher eingegangen wird.

Vorschläge für die Umsetzung eines einzelnen Werks.[301] Enttäuscht musste er jedoch feststellen, dass er keine Antwort erhielt.[302] Deutlicher formulierte er seine künstlerischen Absichten zehn Jahre später im zuvor erwähnten Schreiben, das am 6. Juli 1914 in der Zeitung *Times* veröffentlicht wurde. Zusätzlich zu den Gedanken, die sich bereits als Vorschläge zu *Daphnis und Chloe* finden, erklärte er sich hier als russischer Choreograf einem internationalen Publikum. Er grenzte sich damit nicht nur von anderen alternativen Bewegungskünstlern wie insbesondere Isadora Duncan ab, sondern machte zudem deutlich, dass er sich als Vertreter eines neuen russischen Balletts verstand. Dabei fiel auch der Begriff des »neu-

301 Fokin fasste die Vorschläge zu *Daphnis und Chloe* beim Verfassen seiner Memoiren aus dem Gedächtnis zusammen, weil ihm damals kein Original mehr vorlag. Daher erscheint seine Beschreibung in *Gegen den Strom* dem in der *Times* veröffentlichten und allgemein zu verstehenden Programm schon sehr ähnlich. Vgl. Roslavleva, *Era of the russian ballet 1770–1965*, S. 175.
Vera Krasovskaja nimmt an, dass Fokin die Ideen erst drei Jahre später, also 1907 formulierte, da sein Ballett *Acis und Galathea* von 1905 eher konventionell gestaltet war und Fokin seine Ideen erstmals in *Eunice* aus dem Jahr 1907 auf der Bühne umsetzte. Vgl. Elisabeth Souritz, *Isadora Duncan and Prewar Russian Dancemakers*, in: Lynn Garafola, Nancy Van Norman Baer, *The Ballets russes and its world*, New Haven, London 1999, S. 109.

302 Zeitgleich stellte Fokin allerdings fest, dass es im Opernfach verboten wurde, sich während der Vorstellungen zu verbeugen. Ob dies durch sein Schreiben an Teljakovskij angeregt worden war, konnte er selbst nicht mit Sicherheit sagen. Immerhin fand in der Lehrerversammlung der Theaterschule seine Kritik Gehör, es würde den Ballettschülern keine Kunst-, Theater-, Ballett- oder Tanzgeschichte gelehrt und in der Bibliothek fänden sich kaum Bücher, durch die sich die Schüler selbst weiterbilden könnten. Nach Fokins Aussage wurde daraufhin das Unterrichtsfach Ästhetik in den Lehrplan der Ballettschule aufgenommen.

en Balletts« bzw. »der neuen Schule«[303] – für Fokin ein Gegenkonzept zum traditionellen Ballett nach seinen Vorstellungen:

>*The misconceptions are these, that some mistake this new school of
art, which has arisen only during the last seven years, for the traditi-
onal ballet which continues to exist in the Imperial theatres of St. Petersburg and Moscow, and others mistake it for a development of the
principles of Isadora Duncan, while as a matter of fact the new Russian ballet is sharply differentiated by its principles both from the ol-
der ballet and from the art of that great dancer.*«[304]

Wichtig für das Verständnis seiner Ästhetik ist, dass Fokin
den klassischen Tanz nicht grundsätzlich ablehnte, wie Isadora Duncan dies tat. Insignien des »alten Balletts« waren für
ihn der Spitzenschuh, auswärts gedrehte Beine, Korsett und
Tutu sowie ein festgelegtes System an Schritten und Körperhaltungen. Er selbst nutzte diese zwar, kritisierte aber deren
selbstverständliche Verwendung unabhängig vom Sujet, die
seiner Meinung nach lediglich aus Konvention und Tradition herrühre. Sein Ziel in der Gestaltung von Bewegung war
Expressivität. Ob sich dabei die Mittel des bisherigen klassischen Balletts anboten oder nicht, richtete sich für ihn nach
dem Sujet des Stücks und nach dem Ausdruck, den er mit seiner Choreografie erreichen wollte. Hinderlich für sein Ziel eines expressiven Balletts waren für Fokin weniger bestimmte
Tanztechniken, sondern vor allem stilistische Brüche:

>*Every form of dancing is good in so far as it expresses the content
or subject with which the dance deals; and that form is the most na-*

---

303   Mit dem Begriff »neues Ballett« bezeichnete Fokin auch später immer wieder seine Vorstellungen vom Tanz. Der Terminus geht
also auf ihn selbst zurück und wurde von Publikationen aufgegriffen, die zwischen 1909 und 1911 entstanden. Der Autor André
Levinson bezieht sich mehrfach auf das »neue Ballett« in seinen
Aufsätzen *On the New Ballet* von 1911, *On the Old and New Ballet*
von 1913 sowie im Titel seines Buches *The Old and New Ballet* von
1918. Vgl. Scholl, *From Petipa to Balanchine*, S. 55.

304   Michail Fokin, *Letter to The Times 6. Juli 1914*, in: Beaumont, *Michel
Fokine & his ballets*, S. 144.

tural which is the most suited to the purpose of the dancer. [...] No one form of dancing should be accepted once and for all. Borrowing its subjects from the most various historical periods, the ballet must create forms corresponding to the various periods represented. I am not speaking of ethnographical or archæological exactitude, but of the correspondence of the style of the dancing and gestures with the style of the periods represented.«[305]

Insofern schloss er beispielsweise die Verwendung des Spitzenschuhs auch nicht gänzlich aus, verwendete ihn für seine eigenen Werke jedoch nur, sofern er ihm stilistisch passend erschien. Bekannte Beispiele hierfür sind *Les Sylphides*, ein einaktiges und weitgehend handlungsloses Werk über den romantischen Ballettstil zur Zeit Marie Taglionis, oder *Petruschka*, worin Fokin durch Spitzenschuh, Tutu und virtuose Schritte u.a. die Karikatur einer Ballerina schuf. Laut Fokin sollten der Tanz, die Musik und die Ausstattung stilistisch deckungsgleich sein, weshalb ihm Studien über Volkstänze, über Literatur und Kunst der dargestellten Zeit höchst notwendig für eine Choreografie schienen. Seine Vorstellungen fasste er in fünf Prinzipien zusammen:

»*To create in each case a new form corresponding to the subject, the most expressive form possible for the representation of the period and the character of the nation represented – that is the first rule of the new ballet.*

The second rule is that dancing and mimetic gesture have no meaning in a ballet unless they serve as an expression of its dramatic action, and they must not be used as a mere divertissement or entertainment, having no connection with the scheme of the whole ballet. The third rule is that the new ballet admits the use of conventional gesture only where it is required by the styles of the ballet, and in all other cases endeavours to replace gestures of the hands by mimetic of the whole body. Man can be and should be expressive from head to foot.

The fourth rule is the expressiveness of groups and of ensemble dancing. [...] The new ballet [...] in developing the principle of expressiveness advances from the expressiveness of the face to the expressive-

---

305   Fokin, *Letter to The Times* 6. Juli 1914, S. 144.

ness of the whole body, and from the expressiveness of the individual
body to the expressiveness of a group of bodies and the expressiven-
ess of the combined dancing of a crowd.
The fifth rule is the alliance of dancing with other arts.«[306]

Fokins unbedingtes Streben nach einer expressiven Form
des Balletts und nach inhaltlicher sowie dramaturgischer Geschlossenheit verbinden sein frühes Schreiben zum Libretto von *Daphnis und Chloe* mit der Veröffentlichung aus dem
Jahr 1914. Eine dekorative Ensemble- und Solistenführung
kam für ihn ohne inhaltliche Begründung ebenso wenig infrage wie die pantomimisch kodifizierte Zeichensprache zur
Inhaltsvermittlung, auf die er sich im zweiten und dritten
Punkt bezieht. Sein Anliegen war, nicht durch die pantomimische, sondern durch die getanzte Bewegung den Inhalt des
Balletts zu vermitteln. Gesten durften für ihn nicht zum Ersatz für gesprochene Worte werden; es waren lediglich solche erlaubt, »mit denen wir unsere Rede begleiten. […] Das
sind keine Gesten von Taubstummen, keine Gesten anstelle
von Worten, sondern zusätzlich zu Worten, die ausgesprochen zu sein scheinen und die verständlich waren, obwohl
wir sie nicht hörten.«[307] Ein Beispiel für eine solche Pantomime, wie sie in traditioneller Weise im Ballett *Scheherazade* gestaltet worden wäre, gab Michail Fokin selbst und erklärte
anhand dessen die Veränderungen und Auslassungen für
sein Konzept der Inhaltsvermittlung. Es handelt sich bei diesem Beispiel um den Augenblick im Ballett *Scheherazade*, in
dem der Schah in den Harem zurückgekehrt ist und die un-
treuen Frauen und ihre Liebhaber hat umbringen lassen. Weil
er noch zögert, auch seine Lieblingsfrau Zobeïde erstechen zu
lassen, wirkt sein Bruder auf ihn ein:

306　Fokin, *Letter to The Times 6. Juli 1914*, S. 146f. In ähnlicher Wei-
　　se äußerte sich Fokin 1916 in der Zeitschrift *Argus*. Der Artikel
　　ist ebenso abgedruckt bei Beaumont, *Michel Fokine & his ballets*,
　　S. 135–143.

307　Fokin, *Gegen den Strom*, S. 185.

>*Was hätte er [der Bruder des Schahs] nach der alten Balletttra-*
dition gemacht? Er wäre im Kreis auf der Bühne umhergegangen
(eine sehr verbreitete Methode, mit deren Hilfe der Künstler die Auf-
merksamkeit auf sich lenkt), hätte mit einer Hand nach rechts ge-
zeigt, das bedeutet: ›Sie!‹ Mit der anderen nach links, das bedeutet:
›Und Sie!‹ Dann mit heiden [sic!] Händen auf seine Brust, das be-
deutet: ›Mich.‹ Zwei Hände an die Ohren: ›Hören Sie!‹ Und wieder
auf sich: ›Ich.‹ Ein paar Bewegungen vor dem Mund, die besagen
sollten: ›Ich werde alles erzählen.‹ Danach würde dieser ›Monolog‹
folgen: Wenn (für sich gesagt) es Nacht sein wird (man macht ein
finsteres Gesicht, der Künstler beugt sich ein bißchen vor und legt
die Arme über den Kopf, das bedeutet: Nacht, Dunkelheit, Finster-
nis), wird man hierher (man zeigt mit dem Finger auf den Fußbo-
den) kommen (man macht ein paar Schritte, zeigt mit den Händen
auf verschiedene Stellen des Fußbodens, wo jeder Schritt endet), ein,
zwei, drei (man zeigt erst einen, dann zwei, dann drei Finger) Ne-
ger (man verdüstert sein Gesicht noch mehr, um schwarze Hautfar-
be anzudeuten, man streicht mit der Hand von oben nach unten, das
bedeutet, der ganze Körper ist dunkel). [...] Statt dessen ging mein
Schah mit düsterem Blick zu der Leiche eines getöteten Negers, des
Geliebten der Zobeïde, stieß den toten Körper mit dem Fuß an, und
als dieser herumrollte, wies er seinen Bruder mit der Hand darauf
hin. Das war alles. Völlig ausreichend, um die wahnsinnige Eifer-
sucht des unglücklichen Mannes beim Anblick des schönen Männer-
körpers, der noch vor kurzem seine Frau liebkoste, zu zeigen, die ihn
zwang, die ungetreue Frau den Dolchen der bereitstehenden Eunu-
chen und Soldaten zu überlassen.«[308]

Über die Gestaltung der tänzerischen Bewegung hinaus bezog Fokin in seine Bemühungen auch die übrigen Künste mit
ein, blieb in seinem fünften Prinzip jedoch vage, da er weder
Musik noch Bühnenbild konkret benennt.

Die Gedanken zum frühen Libretto zu *Daphnis und Chloe* machen deutlich, dass ihn schon vor der Entstehung der Ballets Russes die Idee beschäftigte, eine neue, expressivere Art
des Balletts zu zeigen. Neben der Entwicklung, die die Gattung selbst genommen hatte, gab es aber auch eine Reihe von
Umständen das Mariinskij-Theater und Russland betreffend,

---

308   Fokin, *Gegen den Strom*, S. 184.

die die Entwicklung des Balletts im Allgemeinen und Fokins als Choreograf im Besonderen beeinflussten. Marius Petipas Ausscheiden als Ballettmeister im Jahr 1903, also kurz nach dem Eintritt Fokins in das Ballettensemble des Mariinskij-Theaters, war für das Ballett ein Einschnitt, der zur Verunsicherung innerhalb der Tänzer führte. Die Kompanie verfügte zwar über ein Repertoire von über fünfzig Balletten, es fehlte jedoch eine Galionsfigur ähnlich der Petipas, die nicht nur das Repertoire zu pflegen vermochte, sondern auch neue künstlerische Ideen einbringen würde. Für Petipas Nachfolge kamen verschiedene Kandidaten in Betracht, von denen sich jedoch keiner richtig durchsetzen konnte. Als Petipa unter Volkonskijs Theaterdirektion kaum mehr Aufträge für das Mariinskij-Theater erhielt, war Lev Ivanov, der auch für die Umsetzung von Arenskijs Partitur *Eine Nacht in Ägypten* vorgesehen war, noch choreografisch tätig. Ivanov starb allerdings bereits 1901, also noch vor dem endgültigen Ende der Karriere Petipas. Nikolaj Legat, der einige Werke mit seinem Bruder Sergej choreografiert hatte, galt zwar als hervorragender Tänzer und Lehrer, kam aber für eine Nachfolge Petipas aus verschiedenen Gründen nicht in Betracht. Die Suche nach neuen Ballettmeistern im Ausland hatte sich ebenfalls als wenig erfolgreich herausgestellt. Achille Coppini (»whose main forte consisted in arranging parading groups in Manzotti-like revues«[309]) oder August Berger fanden beide keine Zustimmung: »[Berger] had to be asked to leave after the first rehearsal with the company. The most insignificant member of the local company knew more about classical ballet than they did.«[310] Coppini choreografierte zwar noch das Ballett *La source* zur Musik von Léo Delibes, die Besprechung von Sergej Djagilev in der Zeitschrift *Mir iskusstva* fiel jedoch nicht günstig aus:

---

309   Roslavleva, *Era of the russian ballet 1770–1965*, S. 170.

310   Ebd., S. 171.

>*There is not much to say about this ballet. The production is even uglier than it was ten years ago. But there is one novelty: the dances are no longer arranged in Petipa's old-fashioned style, but more like the cages in the Zoological Gardens. For the whole evening the corps de ballet marched in well-ordered ranks from one end of the stage to the other, performing physical exercises while a ballerina danced in the foreground. The management can say with complete justification, >Another two or three performances of this kind, and farewell to all the artistic traditions of our ballets<.«*[311]

Ein anderer Kandidat für die Nachfolge war Aleksandr Širjaev, der sich bei der Einstudierung und den Proben von Petipas Werken als sehr nützlich erwiesen hatte. Nachdem sich dieser jedoch Teljakovskij gegenüber geweigert hatte, in Petipas Werken Änderungen vorzunehmen und Širjaev selbst der Meinung war, ihm fehle das Talent zum Choreografieren, wurde dieser Plan nicht länger verfolgt. Auch die Bemühungen, den Moskauer Choreografen Aleksandr Gorskij nach Sankt Petersburg zu holen, der sich Anfang des 20. Jahrhunderts einen Ruf als Ballettreformer erworben hatte, wurden wieder aufgegeben. Seine Reformen, die in eine ähnliche Richtung wie bei Fokin gingen, kamen in Sankt Petersburg beim Publikum nicht besonders gut an. Als ein ehemaliger Tänzer des Sankt Petersburger Balletts hatte er Petipas Werke in Moskau zunächst getreu des Schöpfers auf die Bühne gebracht, diese nach und nach jedoch revidiert, um sie in ihrem dramatischen Verlauf logischer und verständlicher zu machen. Gorskij war darin stark von Stanislavskij beeinflusst und ermutigte die Tänzer, sich mit den Figuren, die sie darstellten, inhaltlich auseinanderzusetzen. Er legte großen Wert auf realistisch gestaltete Bühnenbilder und Kostüme, die den individuellen Charakter der Figuren stärker betonten. Aufgrund der stringenteren Handlungsverläufe durch seine Re-

---

311 Zitiert nach Serge Lifar, *A history of russian ballet from its origins to the present day*, S. 203f.

visionen bezeichnete er seine Werke als Choreodramen.[312] Für Michail Fokin war er sicherlich kein Unbekannter, denn Aleksandr Gorskij hatte neben seinen Versionen von *Giselle*, die u. a. 1901 und 1907 in Sankt Petersburg aufgeführt wurden, auch seine Revision des *Don Quijote* von 1900 nach Sankt Petersburg gebracht. Anstelle von Tutus trugen die Tänzerinnen des Corps de ballet spanisch aussehende Kleider. Mit einem Bühnenbild von Konstantin Korovin und Aleksandr Golovin bestanden die Massenszenen im ersten Akt nicht mehr aus hierarchisch durchorganisierten Staffelungen von Darstellern, sondern aus individuellen Charakteren und schauspielernden Tänzern in asymmetrischen und sich ständig bewegenden Gruppen. Gerade dies schien Aleksandr Benua jedoch zu missfallen, denn in *Mir Iskusstva* schreibt er:

> *»Gorskys neue Vision wurde durch einen abscheulichen Mangel an Disziplin verdorben, der bei Laienbühnen vielleicht verzeihlich gewesen wäre. Seine ›Neuerungen‹ erschöpften sich damit, das Corps ziellos auf der Bühne herumzappeln zu lassen. Die Handlung war ein Brei, die dramatischen Möglichkeiten wurden vertan, und die Tänzer selbst hatten ein unsäglich durchschnittliches Niveau. Der Don Quixote ist noch nie eine Zierde der kaiserlichen Bühne gewesen, aber in dieser Form ist er beinahe eine Schande für sie.«*[313]

Die *Giselle*-Version, die Gorskij 1907 für Vera Karalli schuf, wurde sogar für ihren zu starken Realismus kritisiert, da die Tänzerin in der Wahnsinnsszene tatsächlich laut auflachte. Aleksandr Benua, der Gorskij sonst eigentlich wohlgesinnt war, schrieb über ihn:»Good heavens, it was really not worth ousting Petipa's classicism for a decadence that is already es-

---

312 Vgl. Tim Scholl, *The ballet avant-garde II: the ›new‹ Russian and Soviet dance in the twentieth century*, in: Kant, *The Cambridge Companion to Ballet*, S. 212–223.

313 Zitiert nach Buckle, *Diaghilew*, S. 67. Die Rolle der Kitri tanzte immerhin Matil'da Kšesinskaja.

tablishing cliches of its own – absurd, ridiculous cliches.«[314] Gorskijs vorsichtiges Durchkreuzen alter Ordnungen war in Sankt Petersburg also wenig gefragt. Michail Fokin hatte insofern während seiner frühen Jahre als Mitglied im Ensemble des Mariinskij-Theaters an seinem Beispiel miterleben können, welche ästhetischen Verkrustungen in Sankt Petersburg in Bezug auf das Ballett bestanden und auf welche Widerstände man bei Neuerungsversuchen stoßen konnte. Im Jahr 1905, also drei Jahre vor Fokins Choreografie von *Ägyptische Nächte*, hatte Aleksandr Gorskij Petipas frühes Werk *Die Tochter des Pharaos* wieder aufgeführt. Für diese Choreografie hatte sich bereits Petipa mit ägyptischer Geschichte beschäftigt, auch wenn dessen Ergebnis den Recherchen kaum Tribut zollte. Gorskij versuchte hier ebenso sein Glück mit sachten Reformen, verzichtete bei verschiedenen Charakteren auf Tutus und choreografierte einige Tänze stilistisch neu, so dass hier bereits Profilposen zu finden waren, die später auch in *Cléopâtre* ein wichtiges Gestaltungsmoment sein sollten.[315]

Während für das Ballett des Mariinskij-Theaters nach einem neuen Ballettmeister gesucht wurde und man verschiedene Optionen ausprobierte, bot sich für Fokin die Möglichkeit, selbst mehr und mehr für Wohltätigkeitsveranstaltungen und Schulaufführungen zu choreografieren. Dass das Ende der Ära Petipa mit seinem Heranreifen als Choreograf zusammenfiel, war für Fokins weitere Entwicklung sicherlich von Vorteil. Die Umbruchsituation bereitete den Boden für eine künstlerische Weiterentwicklung des Balletts, die in Sankt Petersburg allerdings – das zeigt das Beispiel Gorskij – behutsam angegangen werden wollte.

---

314 Lifar, *A history of russian ballet from its origins to the present day*, S. 178.

315 Elisabeth Souritz, *Soviet Choreographers in the 1920s*, Durham, London 1990, S. 27.

Im Zusammenhang mit Fokins künstlerischer Entwicklung standen auch die Ereignisse im Revolutionsjahr 1905. Der Streik der Arbeiter für die Beendigung des Krieges mit Japan, für mehr Selbstbestimmung und individuelle Freiheit sowie den Abbau zaristischer Bürokratie erreichte im Frühjahr auch das kaiserliche Ballett. Die Tänzerschaft spaltete sich in einen dem Zaren loyalen und einen linken Flügel. Die der Revolution nahestehenden Tänzer hatten neben der Forderung nach wirtschaftlichen Verbesserungen wie höheren Löhnen, einer Fünftagewoche sowie Mitentscheidungsrecht über das Budget vor allem künstlerische Anliegen. Angestrebt wurde – wohlgemerkt vom revolutionären Flügel –, Petipa erneut als ersten Ballettmeister zu berufen sowie seinen Assistenten und bestimmte Lehrer, die das Theater aus politischen Gründen verlassen mussten, wieder einzustellen. Zusätzlich forderten sie ein Mitspracherecht bei der Auswahl der Regisseure und der Personen, die ihre tägliche Arbeit bestimmten. Sogar die Schüler der Theaterschule diskutierten über die Möglichkeiten zur Verbesserung der Ausbildung und über mögliche größere Freiheiten. Unter den zwölf Delegierten, die aus der Reihe der Streikenden gewählt wurden, befanden sich Anna Pavlova, Tamara Karsavina und Michail Fokin; auch andere Tänzer, die später Mitglieder der Ballets Russes wurden, waren unter jenen, die aufgrund ihres politischen Engagements Repressionen oder sogar Entlassungen zu erleiden hatten. Einige Tänzer wie Adolph Bolm und Anna Pavlova suchten sich aufgrund der unbefriedigenden Situation verstärkt Auftrittsmöglichkeiten im Ausland. Dies war jedoch nur bestimmten, in der Hierarchie sehr weit oben stehenden Künstlern möglich. Wichtigste Vertreterin der »alte Schule« und loyal dem zaristischen System war Matil'da Kšesinskaja, die einflussreiche Primaballerina assoluta und Mätresse des späteren Zaren Nikolaj II. Zum konservativen Flügel gehörte auch Konstantin Sergeev, Chefregisseur am Ballett des Mariinskij-Theaters.

Je größer der Graben zwischen dem linken Flügel und den loyalen Tänzern wurde, umso enger rückten die Künstler innerhalb des linken Flügels zusammen. Lynn Garafola weist darauf hin, welch produktive Auswirkungen diese politischen Unruhen auf Fokins frühes choreografisches Schaffen hatten und wie eng sein künstlerisches Fortkommen, bei dem sich der Kern des Ensembles von 1909 formte, an die politische Situation geknüpft war: »Although Fokine's impatience with the artistic and bureaucratic structures of the Imperial Ballet anticipated the Revolution, the events of that tumultuous time goaded him to action. Between February 1906 and March 1909 he choreographed at least two dozen ballets and dances, an astonishing output considering that previously he had only three to his credit.«[316] Allerdings wurden diese Werke fast ausnahmslos im Rahmen von Wohltätigkeits- oder Schulvorstellungen außerhalb des regulären Repertoires des Mariinskij-Theaters aufgeführt und in Zusammenarbeit mit ihm politisch nahe stehenden Kollegen verwirklicht. Anna Pavlova und Tamara Karsavina waren bei diesen Aufführungen fast immer beteiligt.

Getreu seinen fünf Prinzipien war es Fokins Ziel, die dargestellten Charaktere und Epochen möglichst nah an einem authentischen Vorbild zu orientieren. Meist ging seinen Genre-Balletten eine Reihe von Studien und Museumsbesuchen voraus; die Choreografie sollte von empirischer Beobachtung und Recherche gestützt sein, da er ein Werk als umso expressiver empfand, je mehr es auf authentischen Vorlagen beruhte. Insofern war es ihm sehr wichtig, dass jeder Mitwirkende die Motivation seiner Rolle und den Sinn der Bewegungen verstand. Zugleich sollte keinem die eigene individuelle Körpersprache und der natürliche Bewegungsablauf genommen werden:

---

316   Garafola, *Diaghilev's Ballets Russes*, S. 7.

»His methods were entirely different from conventional teaching. Apart from the ›barre‹ which is a daily necessity in the training of every dancer, however old, Fokine's aim was to develop our creative faculties. He explained the exact significance of every movement and every pose, he taught us to become inspired while we were dancing. Fokine attached considerable importance to the simplest movements, such as walking or running. He introduced us to good music and sometimes studied whole passages with us in the minutest detail. [...] He took immense trouble in developing our personality and that sort of activity or creative energy which is equally vital to the gifted or less so. Expressive movements (a thing which our other teacher hardly cared about), that was what he wanted more than perfectly turned-out feet or firmly arched backs.«[317]

Dies erinnert nicht nur an den zur gleichen Zeit wirkenden Aleksandr Gorskij, dessen Bemühungen in der bereits beschriebenen Produktion des *Don Quijote* in eine ähnliche Richtung gingen, sondern auch an Stanislavskijs innovativen Theateransatz. Stanislavskij überdachte das bisherige Rollenverständnis ebenso wie Fokin die konventionellen Darstellungen und Hierarchien im Ballett. Auch die Inszenierungen Stanislavskijs, der mit Nemirovič-Dančenko 1898 das Moskauer Künstlertheater gegründet hatte, legten Wert auf einen Zusammenhang zwischen realistischer Darstellung und Expressivität.[318] Mit besonderer Sorgfalt bedachten sie Darstellungs- und Ausstattungsdetails bis hin zum differenzierten Einsatz von Musik und Geräuschen. Die ersten Vorstellungen des Moskauer Künstlertheaters, die epochalen Inszenierungen der Werke von Ibsen und Čechov, fanden 1901 in Sankt Petersburg statt, also in der Zeit, als Fokin sich künstlerisch zu entwickeln begann. Fokin erwähnt nirgends, dass

---

317   Lifar, *A history of russian ballet from its origins to the present day*, S. 209 f.

318   Beispielsweise unternahmen die Schauspieler des Moskauer Künstlertheaters für eine Inszenierung von *Julius Caesar* eine Exkursion nach Rom und für *Othello* eine Reise nach Zypern. Die Vorstellungen wurden zumeist von Ausstellungen begleitet.

er die Vorstellungen Stanislavskijs besucht hat, die Übereinstimmungen bezüglich der Suche nach psychologischer und
dramatischer Kohärenz können jedoch kaum Zufall sein. Es
gab zwischen den Künstlern zudem noch eine indirekte Verbindung: Bis 1902 hatte Aleksandr Sanin mit Stanislavskij
zusammengearbeitet. Dieser bat Michail Fokin im Jahr 1905
nach der Aufführung des Balletts *Acis und Galathea*, für seine Inszenierung von Tolstojs *Der Tod Iwan des Schrecklichen*
eine Tanzszene zu stellen.[319] Auch Sergej Djagilev arbeitete
1908 mit Sanin zusammen, indem er ihn als Regisseur für die
Pariser Aufführung des *Boris Godunow* 1908 sowie für weitere Operninszenierungen in Paris verpflichtete. Aleksandr
Benua, den Fokin über die Choreografie von *Der lebendige
Gobelin* 1905 kennengelernt hatte, wurde 1909 künstlerischer
Leiter des Künstlertheaters, so dass davon auszugehen ist,
dass Fokin die künstlerischen Aktivitäten von Stanislavskij
und Nemirovič-Dančenko bekannt waren.[320] Wie Stanislavskij betrachtete auch Fokin das Ballettensemble als Kollektiv
individueller Künstler. Dies betraf einerseits den persönlichen Umgang mit den Tänzern, denn er war bekannt dafür,
an deren Urteil und Schwierigkeiten interessiert zu sein. Andererseits reagierte er höchst zornig, wenn diese nicht exakt
seinen Anweisungen folgten. Dennoch kam den Künstlern

---

319 Die Zusammenarbeit für die Tolstoj-Inszenierung kam allerdings
durch die Intervention Teljakovskijs nicht zustande.

320 Bei *Der lebendige Gobelin* handelt es sich um das Vorgängerwerk
von *Pavillon d'Armide*, zu dem Benua das Libretto verfasste. Zur
zweiten Version entwarf Benua auch Bühnenbild und Kostüme.
Über ihn kam Fokin mit Djagilev in Kontakt. Zu erwähnen ist
an dieser Stelle auch, dass in einer Vorgängerversion von Fokins
Ballett *Carnaval*, die er für einen Ball – veranstaltet von der Zeitschrift *Satyricon* – in Sankt Petersburg choreografierte, der Regisseur Vsevolod Mejerchol'd als Pierrot mitwirkte. Im Jahr 1911 arbeiteten die beiden Künstler bei einer Mariinskij-Produktion von
Glucks *Orpehus und Eurydice* ebenfalls zusammen.

seine Arbeitsweise offenbar sehr entgegen, wie folgende Bemerkungen von damaligen Tänzern zeigen:

> »When he started producing Acis and Galathea he gave us a talk, ex-
> plaining the content of the ballet and what each of us had to repre-
> sent. [...]
> It was a great pleasure to work with Fokine as an artist. He was
> very gifted, endowed with rich fantasy, musical and rhythmic. All
> his movements were meticulously linked with the music. At times
> the movements of his arms, legs or head clearly followed one note,
> not only the musical phrase. It was difficult to work with other cho-
> reographers, having been educated in his method. He demanded that
> the pattern and style be observed. He could have torn our heads off
> for inaccuracy in style! He was beloved by everybody for his talent.
> His every word was law for us.«[321]

Andererseits hatte diese Sichtweise auf das Ensemble natürlich auch Auswirkungen auf die Gestaltung der Gruppe, die
er – wie er im vorletzten seiner fünf Prinzipien darlegt – wie
einen lebendigen Körper begriff. Das hierarchische Gefüge
war bei ihm weitestgehend aufgelöst; auch wenn in seinen
Werken einzelne Tänzer aus dem Ensemble herausgehoben
wurden und es bei den Ballets Russes die Unterscheidung
zwischen Solisten und Corps-de-ballet-Tänzern gab, waren
die Solisten choreografisch häufig in das Ensemble integriert.
In den Tänzen aus der Oper *Fürst Igor*, die 1909 in Paris aufgeführt wurde, ist dieses Konzept deutlich zu erkennen. Bei diesem Stück wurde zwar zumeist der Part Adolf Bolms als erster Krieger hervorgehoben, dessen solistische Position seine
technischen Fähigkeiten und eine offenbar enorme Bühnenpräsenz und Ausstrahlung rechtfertigten. Dennoch verstand
Fokin das Ensemble in diesem Stück nicht als bloßes Dekor:

> »Die Hauptrolle tanzte A. Bolm. Ein unwahrscheinlicher Tänzer. Es
> war seine beste Rolle, und er wurde auch ihr bester Darsteller. [...]
> Natürlich lag die Hauptkraft der Polowetzer Tänze nicht in der Zen-

---

321   Roslavleva, *Era of the russian ballet 1770–1965*, S. 176. Es handelt
      sich dabei um das Urteil der Autorin selbst sowie einer ihrer ehe-
      maligen Kolleginnen, Maria Gorškova.

tralpartie, sondern im Ensemble, das nicht den Hintergrund, nicht die Begleitung abgab, sondern das der kollektive Hauptdarsteller war.«[322]

Ebenso legte er Wert darauf, dass sich wie in *Les Sylphides* das Kostüm der solistisch aus dem Ensemble herausgehobenen Tänzerin nicht von dem des Ensembles unterschied:

>*»[Es] erschien auf der Bühne ein Corps de ballet, das man in dieser Zeit nicht kannte. Dreiundzwanzig Taglionis umkreisten mich. Ich kontrollierte die Frisuren, ob alle glatt und auf Scheitel gekämmt waren. Jetzt beobachte ich oft, wie sich eine Ballerina irgendeiner Truppe, die Les Sylphides gibt, durch besondere Farbe des [Kopf-]Kränzchens unterscheiden will. [...] Die Ballerina muß sich doch durch irgend etwas unterscheiden! Die Pawlowa unterschied sich von den anderen nicht durch die Farbe des Kränzchens. Sie hielt der von mir verkündeten Reform auch fanatisch die Treue [...].«*[323]

Inwieweit die Geschehnisse des Revolutionsjahres von 1905 sich in den Ensemble-Choreografien niederschlugen, betont Lynn Garafola: »Fokine was drawn to the crowd as an antidote to ballet's visual and social hierarchies. But he was also attracted by its volatility, its potential for violence, its transgressive emotionalism, its ability to act and experience collectively. [...] Fokine's crowds replicated the paroxysm of revolution itself: the fury of masses unchained, the ecstasy of blood, the triumph of instinct over ego, the liberation of the self through collective action.«[324] Sie nimmt dabei Bezug auf die Beobachtung des zeitgenössischen Tanzkritikers André Levinson, dass seit den frühen Werken in beinahe jedem Fokin-Ballett die Tänzer – unabhängig von ihrer eigentlichen Rolle – sich an den Händen fassend eine lange Kette bilden, die in konzentrischen Kreisen sich immer schneller und schneller zusammenschließt. Meist geschah dies »during

---

322 Fokin, *Gegen den Strom*, S. 179.
323 Ebd., S. 153.
324 Garafola, *Diaghilev's Ballets Russes*, S. 22f.

an orgy of collective violence, in which the crowd became a single writhing mass.«[325] Als Beispiel hierfür nennt Levinson das Ballett *Scheherazade* und betont dabei, dass der eigentliche Subtext der Orgie, wie er sich auch in *Thamar* oder *Cléopâtre* findet, nicht ein sexueller, sondern ein revolutionärer, der einer entfesselten Masse sei.

Zeigte sich der Realismus Konstantin Stanislavskijs in der Behandlung des Ensembles, war Fokin bei der Darstellung einzelner Figuren stärker vom Symbolismus beeinflusst. Motive wie das von der Gesellschaft ausgestoßene Individuum, Figuren der Commedia dell' Arte, Synästhesie, Zweideutigkeit und Subjektivität oder die Spannung zwischen Eros und Tod spielen hierbei eine Rolle. Deutlich wird dies etwa in den Balletten *Der Schwan* (1905), dem Beginn des Balletts *L'oiseau de feu* (1910) und in der Figur des Petruschka (1911). Ist der *Schwan* eine Darstellung von Endlichkeit, so opfert der Feuervogel seine Unabhängigkeit für den Prinzen, der eine vordergründige Freiheit verspricht. Im Gegensatz zu den Prinzessinnen, die der Prinz aus dem Schloss des bösen Kaschtschei erlöst, bleibt der Feuervogel immer ein fremdes und schillerndes Zwitterwesen. In *Petruschka* begegnen dem Zuschauer Figuren der Commedia dell'Arte, die bei Fokin auch in späteren Werken immer wieder verwendet wurden und die im Symbolismus außerordentlich beliebt waren. In diesem Ballett choreografierte Fokin das Innenleben des »sozialen Outsiders« Petruschka vor dem Hintergrund eines naturalistisch dargestellten Jahrmarkts. Andere Rollen aus seinen Balletten stellen ebenfalls Charaktere vor, die auf ihre Art außerhalb gesellschaftlicher Norm leben. Darunter finden sich diverse »Wilde«, zumeist dargestellt von Adolf Bolm oder Vaclav Nižinskij. Beispiele hierfür sind die bereits erwähnte Tanzszene aus der Oper *Fürst Igor*, weiterhin das Ballett *Thamar* sowie die Rolle des Goldenen Sklaven in *Scheherazade*, in

---

325   Garafola, *Diaghilev's Ballets Russes*, S. 22.

der Nižinskij, »halb Tier, halb Mensch«,[326] Opfer seines Instinkts wird. Die neuartige und offene Darstellung von Erotik auf offizieller Ballettbühne wurde lediglich durch den exotischen Kontext seiner Realitätsnähe enthoben und dadurch gesellschaftsfähig. Eine solche Art der Abmilderung erfuhr auch Fokins Einakter *Le spectre de la rose*, in dem eine im Sessel schlummernde Tochter aus besserem Hause von einem fliegenden androgynen, in Rosenblätter gehüllten Wesen verführt wird.

Dass der männliche Tänzer die Ballerina aus dem Mittelpunkt verdrängte, war nicht zuletzt dem Umstand geschuldet, dass Djagilev seinen Liebhaber und persönlichen Zögling Vaclav Nižinskij sowie dessen jeweilige Nachfolger zum Star der Truppe machte. »With Diaghilew, however, ballet in Western Europe no less than in America became a privileged arena for homosexuals as performers, choreographers, and spectators.«[327] Die Primaballerina des 19. Jahrhunderts, die das Objekt heterosexueller Schaulust war und die Bühne bisher dominiert hatte, war aus dem Fokus entschwunden. Sie erstand in moderner Form erst in der letzten Phase der Ballets Russes unter George Balanchine wieder auf.[328]

Der Tanz nach Vorbildern aus der Kunst der griechischen Antike weckt natürlich auch Assoziationen an Isadora Duncan, die sich »den einen Tag für die Botschafterin des antiken Grie-

---

326 Fokin, *Gegen den Strom*, S. 187.

327 Lynn Garafola, *Reconfiguring the Sexes*, in: Garafola, Van Norman Baer, *The Ballets Russes and Its World*, S. 246 f.

328 Nicht alle Tänzerinnen Djagilevs, wie z. B. Anna Pavlova, waren damit einverstanden, nicht mehr alleine im Mittelpunkt zu stehen. Die berühmten Ausnahmen von der Regel, dass Tänzerinnen bei den Ballets Russes eher im Schatten ihrer männlichen Kollegen standen, waren Tamara Karsavina, die langjährige erste Solistin Djagilevs, und Bronislava Nižinskaja, die einzige weibliche Choreografin der Ballets Russes.

chenlands und den nächsten für die Abgesandte des demokratischen Amerikas« hielt, wie Djagilev sie nach einem Zusammentreffen in Sankt Petersburg charakterisierte.[329] Die Wegbereiterin des modernen Ausdruckstanzes versuchte als Gegenkonzept zum klassischen Ballett (das sie übrigens auch nicht beherrschte), den griechischen Tanz wiederzubeleben und vertrat dabei einen freien, individuellen Stil, der sich am antiken Schönheitsideal orientierte. Barfuß, in ein für

Abb. 18: Isadora Duncan (SJN).

sie typisches wallendes Gewand gehüllt, trat sie erstmals im Dezember 1904 in Sankt Petersburg zu Musik auf, die nicht speziell für den Tanz komponiert war. Weitere Auftritte im Frühjahr 1905, Dezember 1907 und April 1909 folgten, nachdem sie in Deutschland bereits große Erfolge gefeiert hatte. Hier wie in Russland hatte sie den Geschmack der damaligen Kunstszene und der neuen Orientierung an Natur und Emanzipation des Individuums getroffen. Bei einem dieser Russland-Besuche lernte sie Djagilev, Bakst und Benua sowie Matil'da Kšesinskaja kennen. Trotz ihrer tänzerischen Defizite war Isadora Duncan weit mehr als eine temporäre Randerscheinung im kulturellen Leben Sankt Petersburgs. Die Kunstjournale schrieben über sie, Dichter wie Maksimilian Vološin, Sergej Solov'ëv, Andrej Belyj, Fëdor Sologub oder Aleksandr Blok besuchten ihre Tanzabende, ihre Auftritte wa-

---

329   Buckle, *Diaghilew*, S. 81.

ren eine große Attraktion in der Kulturszene. Ihr Einfluss auf die darstellenden Künste machte sich daher schnell bemerkbar: Konstantin Stanislavskij gehörte zu ihren Bewunderern, und die Tänzerin Vera Karalli berichtete davon, dass Aleksandr Gorskij in seinen Unterricht Bewegungselemente Isadora Duncans integrierte.[330]

Auch wenn Fokin wiederholt betonte, kein Nachahmer der Ästhetik Isadora Duncans zu sein, da er seine Gedanken zum Libretto von *Daphnis und Chloe* bereits vor ihrem ersten Auftritt in Sankt Petersburg formuliert habe, sind einige Parallelen der beiden Künstler doch auffällig.[331] Auch Fokin fand es konsequent, griechische oder antike Sujets in Tuniken und barfuß zu tanzen und auf das traditionelle Kostüm mit Korsett zu verzichten. Dies ermöglichte jenseits des klassisch-akademischen Ballettkanons eine freiere Bewegung, die als Markenzeichen Isadora Duncans galt. Der Verzicht auf das Korsett war im Bereich des Balletts eine revolutionäre Neuerung, da dieses Kleidungsstück bis dato den Rücken der Tänzerin unterstützt hatte und somit gewissermaßen Teil ihrer Technik gewesen war. Nun waren die Vorwärts- und Rückwärtsbeugen und in sich verdrehten Körperhaltungen erst möglich, in denen die Tänzerinnen und Tänzer aus Fokins Balletten häufig auf Fotos zu sehen sind. Der erweiterte Bewegungsspielraum übertrug sich auch auf die Arme und führte bei Fokin und Isadora Duncan zu fließenden oder asymme-

---

330 Vgl. hierzu und zu den Ensembles für freien Tanz, die sich in der Folgezeit nach Isadora Duncans Auftritten in Russland formierten den bereits erwähnten Aufsatz von: Elisabeth Souritz, *Isadora Duncan and prewar russian dancemakers*.

331 Es sei noch einmal daran erinnert, dass Vera Krasovskaja annimmt, dass Fokin das Libretto erst 1907 formulierte, also nachdem Isadora Duncan bereits in Sankt Petersburg zu sehen gewesen war.

trischen Bewegungen.[332] Fokin war dafür bekannt, die Armbewegungen über die klassischen Positionen hinaus zu gestalten und transportierte nicht selten über sie die seelische
Verfassung der Figur oder deren individuelle Charakteristika.
Der Gedanke Isadora Duncans, die Bewegung organisch aus
der Musik heraus zu entwickeln, kam Fokins Anspruch ent-
gegen, eine Bewegung zu erfinden, die in ihrem Thema und
Charakter der Musik entspricht. Wie Duncan verwendete Fo-
kin in seinen Choreografien auch nicht mehr ausschließlich
Ballettmusik, sondern griff ebenso auf Konzertmusik zurück.
Dabei fällt auf, dass er für sein Ballett *Chopiniana* zwei Stücke
Fryderyk Chopins wählte – die Mazurka in C-Dur und das
Prélude in A-Dur –, die auch Isadora Duncan für ihre Auftrit-
te in Sankt Petersburg verwendet hatte.

In Anbetracht dieser Parallelen sollte aber nicht vergessen
werden, dass Isadora Duncan ihre Vorstellungen als ein Gegenkonzept zum Ballett verstand und im Gegensatz zu Fokin
den männlichen Tänzer überhaupt nicht einbezog. Fokin ließ
sich durch sie zu einer Rückbesinnung auf eine natürlichere
Form des Tanzes anregen, die die Musik in freie und nicht ka-
nonisierte Bewegung umsetzte. Dies hatte für ihn aber nicht
die Konsequenz, sich vom Ballett abzuwenden, sondern es
auf seine innere Logik zu überprüfen. »[...] Dance is devel-
oped from these basic movements. The natural dance is built
on raising the foot backwards and forward just as in the action of walking. [...] If it be agreed that every pose should ex-
press the inner self, that every movement should be logical,
then it is obvious that sideway movements are senseless, ex-

---

332 Beispielsweise bestätigte Anna Pavlova, für die Michail Fokin
im Ballett *Schwan* die höchst expressiven Armbewegungen schuf,
von Duncan beeindruckt und beeinflusst gewesen zu sein. Vgl.
Souritz, *Isadora Duncan and Prewar Russian Dancemakers*, S. 112.

pressionless, and ugly.«[333] Ausgeschlossen waren für ihn daher die im Ballett zahlreichen Seitwärtsschritte, die sich im Zusammenhang mit dem »en dehors« der Beine auch deshalb entwickelt hatten, weil sich der Tänzer auf einer länglichen Bühne stets mit dem Gesicht zum Publikum zu bewegen hatte.[334]

Wie zuvor erwähnt, betraf eine der revolutionären Neuerungen Fokins das Kostüm. Bereits im Zuge seiner Gedanken zu *Daphnis und Chloe* äußerte er den Wunsch, die Tänzer in Tuniken und Sandalen auftreten zu lassen. Als ihm erstmals eine Verwirklichung seiner Vorstellungen in der Produktion von *Eunice* gelang, nannte er dies sogar eine Reform der Kostüme, Schminke und Haartracht. Dabei nahm Fokin bereits einige Elemente in der Gestaltung der Kostüme für *Cléopâtre*, *Scheherazade* oder der späteren Verwirklichung von *Daphnis und Chloe* bei den Ballets Russes vorweg. 1907 stieß er im Mariinskij-Theater jedoch noch auf Widerstände in der Auswahl der Kostüme, denn nackte Beine oder Füße waren dort damals undenkbar. Wie im folgenden Jahr bei *Ägyptische Nächte* verwendete er daher Materialien aus dem Opernfundus, die er in umgearbeiteter und vereinfachter Form anstelle von Kostümen aus Balletten mit ägyptischem oder griechischem Sujet einsetzte:

> *»Mein Traum, ein Ballett barfuß zu stellen, erwies sich in der damaligen Zeit auf der Kaiserlichen Bühne als unmöglich. [...] Wir malten Zehen auf das Trikot, rosafarbene Nägel, schminkten die Knie,*

---

333 Michail Fokin, *The new ballet*, in: Argus, Nr. 1, 1916, zitiert nach: Beaumont, *Michel Fokine and his ballets*, S. 141.

334 Hinzu kam für ihn noch ein ästhetischer Aspekt: »The so called second position, so inæsthetic, is the one most used in academic dancing. What could be more ugly and vulgar than the feet wide apart. But many steps are build on it, such as glissade, échappé, and so forth. The chief reason for it is because ballet is danced mostly facing the public, whom the dancer respects and from whom he or she awaits approval.« Ebd., S. 141.

die Ferse und die Knöchel. Vera [Fokins Frau] und ich übernahmen das Schminken der Beine. Wen ich auch in dem Ballett besetzt hatte, Tänzerinnen, Tänzer, Ballettschülerinnen, ihre Stubenmädchen und sogar Klassenverantwortliche, alle wurden geschminkt. Die drei Ägypterinnen [...] trugen aufopferungsvoll auf ihren Körper dunkle Farbe auf, verlängerten ihre Augen und Augenbrauen, wie man es von den Abbildungen aus dem alten Ägypten her kannte, sie setzten Stilperücken auf – und in enganliegenden Kostümen erschienen tatsächlich die ersten Ägypterinnen auf der Ballettbühne.«[335]

Diese Tendenz setzte Leon Bakst in seinen orientalisierenden Kostümentwürfen für die Ballets Russes fort, die entsprechend der choreografischen Vorstellungen die freiere Bewegung des Oberkörpers unterstützten, indem er vermeintlich unverhüllt gezeigt wurde. Auch die Hosen waren häufig mit Schlitzen versehen, so dass die Beine unter bzw. zwischen den Stoffen sichtbar wurden.[336] Ebenso wie die Choreografien Fokins basierten Baksts Kostüme und Dekorationen auf einem soliden Wissen über das jeweilige Thema, das er sich in Museen, durch Reproduktionen, historische Kostümstudien oder sonstige Illustrationen angeeignet hatte. Auch Benua, über den Fokin mit Mitgliedern des *Mir-iskusstva*-Kreises bekannt wurde, war Spezialist für authentische Geschichtsdarstellungen, insbesondere der französischen Klassik, des europäischen Mittelalters und Russlands zur Zeit Peters des Großen. Der private Opernunternehmer Savva Mamontov hatte – wie Djagilev für die Ballets Russes später auch – Ausstattungen nicht bei Bühnen- und Kostümbildnern bestellt, sondern Maler um Entwürfe gebeten, die sich in Abramcevo um eine spezifisch russische und neofolkloristische Kunst bemühten.[337] Die Wiederentdeckung des Kunsthandwerks in

---

335 Fokin, *Gegen den Strom*, S. 114 f.

336 Zunächst handelte es sich hierbei allerdings um hautfarbene Trikots, die den Zuschauern den Eindruck vermittelten, es sei Haut zu sehen. Vgl. hierzu Kapitel 3.3.

337 Vgl. hierzu Exkurs 2.

den Bildenden Künsten ging Hand in Hand mit dem neu er-
wachten Interesse an Folklore. Auch bei Fokin verbanden sich
private Interessen mit politischen Ereignissen und seinem
künstlerischen Schaffen. Mit Kollegen aus dem Mariinskij-
Theater spielte er Mandoline und trat später in das bekannte Großrussische Orchester Vasilij Andreevs ein. Andreev
befasste sich mit dem Bau und der Verwendung russischer
Volksinstrumente und hatte über die Entwicklung verschie-
den großer Balalaiken das Ensemblespiel auf diesem Instrument ermöglicht. Fokin bewunderte dessen Leistung, Auslöser einer Renaissance von altrussischen Volksinstrumenten
zu sein. Auch dessen tänzerische Fähigkeit und Expressivität beeindruckten ihn:

> *»[…] Er bot die beste Ausführung dieses [russischen] Tanzes, die ich*
> *je sah. Er ahmte den tanzenden russischen Bauern nach. Wenn sei-*
> *nem Tanz auch nichts Virtuoses anhaftete, so gab er der Bewegung*
> *doch solch einen Ausdruck, solch eine Verve, führte sie mit derarti-*
> *ger Begeisterung aus, wie ich es im Ballett noch nie gesehen hatte –*
> *das alles mit dem Ausdruck eines Burschen, der sich kaum auf den*
> *Beinen halten kann, Gestus und Mimik genau nachzeichnend.«*[338]

Fokin konzertierte mit einigen Tänzern vor Arbeitern am
Rande Sankt Petersburgs auf der Balalaika, weil sich die Kollegen einig waren, dass traditionelle Musik einem einfachen
Publikum mehr gefallen würde als traditionelle Ballettvariationen. Dennoch hegte er den Wunsch, aus dem höfischen
Ballett ein Volksballett zu entwickeln, insbesondere, als er auf
einer Reise in der Schweiz emigrierte Russen traf, die ihn mit
Literatur von Bebel und Lasalle bekannt machten. Die poli-
tisch-soziale Prägung Fokins macht einerseits sein Verhalten im Revolutionsjahr 1905 plausibel. In künstlerischem Zusammenhang wird aber zugleich verständlich, warum er sich
besonders dafür interessierte, das klassische Fach und den
Charaktertanz auf der Bühne zu verschmelzen. Die Katego-

---

338   Fokin, *Gegen den Strom*, S. 78.

risierung bestätigte seine grundlegenden Zweifel am Ballett und dessen Ausdrucksvermögen:

> »Wir, die ›klassischen‹ Tänzer, sahen nicht so aus und verhielten uns nicht so wie die Figur, sondern wie es der Tanz verlangte [...], und das ist ein großer Unterschied. Unsere Tänze stellten nicht ein Teil der Rolle dar, drückten nicht den Charakter der handelnden Person aus, sondern waren eine Demonstration der Geschicklichkeit und Virtuosität. Selbst die Bezeichnung ›klassischer Tänzer‹ im Gegensatz zum Charaktertänzer bestätigte nur die Tatsache, daß die Darstellung des Charakters nicht zu unserer Aufgabe gehörte.«[339]

Zum anderen beobachtete er innerhalb des Charakterfaches eine immer größere Entfernung der Tänze von ihren Vorbildern, besonders da Petipa sie mehr und mehr in Übereinstimmung mit dem klassischen Vokabular gebracht und dadurch stark stilisiert hatte. Fokin war überzeugt, dass der Volkstanz unmittelbar das seelische Wesen eines Volkes auszudrücken vermochte, weshalb er auf Reisen immer versuchte, sich Wissen über die Tanzgewohnheiten der jeweiligen Region anzueignen. Mit entsprechender Begeisterung widmete er sich daher auch der Choreografie eines Tanzes der Skomorochen, der wandernden Sänger, für Tolstojs *Der Tod Ivan des Schrecklichen*. Er beabsichtigte ganz im Sinne seiner reformerischen Gedanken, diesen von Gusli-, Domra- und Balalaika-Spielern aus dem Großrussischen Orchester begleiten zu lassen.[340] Seine ethnografischen Studien übernahm er nicht eins zu eins in seine Choreografien, wie es Lynn Garafola in ihrer Arbeit zu Michail Fokin glauben machen will.[341] Die prächtigen Kostüme in seinen Balletten, die weiterhin für die Bühne stilisierten Bewegungen sowie ein Hinweis des Choreografen selbst machen dies deutlich:

---

339   Fokin, *Gegen den Strom*, S. 56.

340   Vgl. ebd., S. 108. Das Projekt kam jedoch – wie bereits erwähnt – aufgrund der Intervention der Theaterleitung nicht zustande.

341   Vgl. Garafola, *Diaghilev's Ballets Russes*, S. 12.

>*Der Schöpfer eines Tanzes für das Theater darf nicht genau kopieren und wie ein Narr die Volkstänze nachahmen. Ähnlich wie der Komponist, der Themen, Rhythmen und Harmonien von nationalen und folkloristischen Liedern nimmt und daraus seine Sinfonie schöpft, so muß und kann der Ballettmeister das Material bereichern und entwickeln, das er aus dem Leben selbst genommen hat, und aus diesem Material seine Bewegungssinfonie schöpfen.«*[342]

Vielmehr lag ihm an den unterschiedlichen tänzerischen Konzepten und Darstellungsformen, um sein eigenes klassisches System unter verschiedenen Aspekten infrage stellen zu können. Dabei kam er für sich nicht nur zu dem Ergebnis, das Ballett befinde sich aus ästhetischer wie gesellschaftlicher Sicht in einer Sackgasse. Zugleich stellte er fest, dass die unterschiedlichen Möglichkeiten zu tanzen, die er bewusst oder unbewusst in seine kritische Betrachtung einbezog, sich mitunter auch ausschlossen: Eine in ihrer Natürlichkeit wirkende Bewegung stünde etwa den höchst artifiziellen, dafür aber authentischen Posen einer indischen Skulptur oder Darstellungen von Figuren aus Assyrien, Babylon, Ägypten, dem antiken Griechenland, persischen Miniaturen, japanischen oder chinesischen Zeichnungen entgegen. Trotz seiner reformerischen Bemühungen verwarf Fokin nie die klassisch-akademische Technik oder die für Bühne oder Konzertsaal geschriebene Musik zugunsten von reinen Folkloretänzen und authentischer Volksmusik. Vielmehr gilt er besonders durch *Les Sylphides* mit den Orchestrierungen verschiedener Klavierwerke Chopins und dem Schritt hin zum handlungslosen Ballett als ein Wegbereiter des Neoklassizismus.[343] Fokins Ansatz war also durchaus von Eklektizismus geprägt, dabei aber immer einer möglichst großen Expressivität der Bewegung verpflichtet.

---

342 Fokin, *Gegen den Strom*, S. 121 f.

343 Vgl. David Vaughan, *Classicism and Neoclassicism*, in: Garafola, Van Norman Baer, *The ballets russes and its World*, S. 153–165.

Die Bilder, Vasen und Skulpturen, die Fokin für die Choreografie seiner Ballette verwendete, lassen sich heute nicht mehr im Einzelnen identifizieren. Seine Choreografie ist bis auf ganz wenige Ausnahmen, zu denen *Cléopâtre* jedoch nicht gehört, nur noch über unbewegte Bilder, Fotos oder Zeichnungen zugänglich. Die zuvor genannten Einflüsse lassen sich allerdings in jedem seiner Werke in unterschiedlicher Intensität identifizieren und tragen somit zum tieferen Verständnis der Ballette bei.

4.2 Choreografische Aspekte zu Michail Fokins *Cléopâtre*

Die Ballets Russes waren für Michail Fokin die ideale Plattform, um seine Vorstellungen vom »neuen Ballett« verwirklichen zu können. Alle Tänzer der Ballets Russes verfügten über eine klassische Ausbildung und behielten stets ein klassisches Training als Grundlage ihrer täglichen Arbeit bei. Zugleich waren sie offen für experimentelle und innovative choreografische Ansätze. Wie im vorausgegangenen Kapitel erläutert, waren Fokin Zweifel an der traditionellen Ballettästhetik gekommen, weshalb er diese weiterentwickelt hatte, den klassischen Tanz dabei aber als Grundlage für eine jeweils zum Sujet des Balletts passende Sprache einsetzte. Seine Vorstellungen eines »neuen Balletts« waren 1909 für die Ballettbühne ungewöhnlich und neuartig. Welche Voraussetzungen Michail Fokin dazu veranlassten, wurde bereits in Kapitel 4.1 dargestellt. In diesem Kapitel soll nun gezeigt werden, inwiefern sich seine Ideen auch auf das Ballett *Cléopâtre* übertragen lassen. Zugleich wird dabei deutlich werden, wie sehr das Ballett dennoch in der Tradition Petipas verhaftet war, die Fokin während seiner Ausbildungszeit und in den ersten Jahren am Mariinskij-Theater geprägt hatte. Für *Cléopâtre* fertigte Fokin keine choreologischen Aufzeichnungen an, die Bewegungssprache des Balletts ist nur in wenigen Bildern und Kommentaren überliefert. Dennoch kann anhand der wenigen Quellen bei diesem Werk verdeutlicht werden, wie es sich aus dem klassisch akademischen Ballett Petipas entwickelte, welche Ideen Fokins sich hier niederschlugen und welche entscheidenden Schritte der Choreograf mit diesem ersten Werk für die Ballets Russes in Richtung des »neuen Balletts« unternahm. In diesem Kapitel sollen zudem die Werke genannt werden, die vor 1908 entstanden und als stilistische Vorstudien zu *Cléopâtre* gelten können.

Vergegenwärtigt man sich die Zeit, in der *Cléopâtre* bzw. sein Vorgängerwerk sowie Ivanovs *Ägyptische Nächte* entstanden, so sind Wurzeln im klassischen Ballett Petipas insbesondere deshalb zu erkennen, da die beiden Werke in der Tradition seiner späten Miniaturballette stehen. Das Œuvre dieses Choreografen fand seinen stilistischen Höhepunkt um 1890, besonders in der Ballettfeerie *Dornröschen*, für die Ivan Vsevoložskij, der Direktor der kaiserlichen Theater, die Kostüme und gemeinsam mit Petipa das Libretto erdacht hatte. Nachdem Vsevoložskij diesen Posten verlassen hatte und ab 1899 für das Eremitage-Theater zuständig war, verlagerte sich auch Petipas Wirkungsstätte vom Mariinskij-Theater an diese kleinere Bühne. Den retrospektiven Stil aus *Dornröschen* übernahm Petipa dabei in seine späten, kleinformatigeren Choreografien, die Miniaturballette. Diese waren einaktig und insgesamt an den kleineren Aufführungsrahmen (z. B. durch die Anzahl der Personen und die Platzierung der Gruppen) angepasst. In *Ruses d'amour* und *Die Jahreszeiten* zur Musik von Aleksandr Glazunov sowie *Harlequinade* von Riccardo Drigo stand – typisch für diese kleinformatigeren Ballette um die Jahrhundertwende – weniger Repräsentationsbedürfnis und Prachtentfaltung im Mittelpunkt. Der Reiz der Produktionen bestand vielmehr darin, ein Werk möglichst vollständig nach einer bestimmten Epoche zu gestalten. Bevorzugt wurden dabei antikisierend-mythologische Stoffe oder Darstellungen des 18. Jahrhunderts.[344] Je mehr die Gestaltung, die stilistische Ausdifferenzierung der Ausstattung und eine möglichst weitgehende Anpassung von Musik und Bewegung in den Mittelpunkt rückte, umso stärker geriet dabei das erzählerische Moment aus dem Fokus.

Ein ähnliches Phänomen ist bereits innerhalb der großen, mehraktigen Werke Petipas zu beobachten, nämlich während der Divertissements. In Bezug auf *Cléopâtre* ist jedoch entscheidend, dass retrospektive Stoffe gerne genutzt wurden, um eine Art Ballett-Miniaturwelt zu schaffen, die den Stil vergangener Zeiten umfassend lebendig werden ließ. Authentische Vorlagen spielten dabei zwar als Ideengeber, Vor-

---

344 An dieser Stelle sei darauf hingewiesen, dass diese Bemühungen auch mit der Entwicklung des europäischen Musiktheaters allgemein zusammenhingen. Bereits ab 1800 hatte etwa in Paris für die Gattung Oper die Suche nach möglichst präzisem Lokalkolorit eingesetzt (vgl. Anselm Gerhard, *Die Verstädterung der Oper. Paris und das Musiktheater des 19. Jahrhunderts*, Stuttgart 1992). Nach und nach hielten diese Gedanken auch Einzug in den Tanz: Im 19. Jahrhundert, also lange vor Fokin, hatte sich der Tanztheoretiker und -praktiker, Choreograf und Pädagoge Carlo Blasis mit antiken Gemälden und Fresken im Vatikan beschäftigt. In *The Code of Terpsichore. A Practical and Historical Treatise, on The Ballet, Dancing and Pantomime* (1828) schreibt er, dass er aus diesen Studien die Arabesque-Pose abgeleitet habe, die dem Auge so schmeichle wie jene »Arabica ornamenta«, die von den Mauren und Arabern nach Europa gebracht worden seien. Vgl. Claudia Jeschke, Isa Wortelkamp, Gabi Vettermann, *Arabesken. Modelle fremder Körperlichkeit in Tanztheorie und -inszenierung*, in: Claudia Jeschke, Helmut Zedelmaier (Hrsg.), *Andere Körper – Fremde Bewegungen. Theatrale und öffentliche Inszenierungen im 19. Jahrhundert*, Münster 2005, S. 171. Die Studie zeigt am Beispiel der Arabesque, dass sich »das Fremde« im Tanztheater des 19. Jahrhunderts weniger geografisch und zeitlich verorten lässt, sondern in der Auseinandersetzung mit dem Fremden ein Potenzial an tanztechnischer Innovation liegt. Zu anderen, vom Innovationsgrad jedoch vergleichbaren Ergebnissen kommt Fokin durch seine reformerischen Ideen und der Auseinandersetzung mit der Antike.

bilder und Inspirationsquellen eine gewisse Rolle, sie waren aber dem ästhetischen Erlebnis und einer visuell reizvollen Umsetzung genauso nachgelagert wie inhaltliche Tiefe oder Stringenz. Da Petipa aufgrund der personellen Veränderungen kaum noch für die große Bühne des Mariinskij-Theaters choreografierte, ist es nicht verwunderlich, dass er in den letzten Jahren des 19. Jahrhunderts viele solcher Werke mit retrospektiven Stoffen einstudierte – beispielsweise auch für Anlässe wie den einer sommerlichen Unterhaltung in Peterhof, wo eine Aufführung von *Ägyptische Nächte* ursprünglich in der Choreografie Ivanovs geplant gewesen war.[345]

Bei *Ägyptische Nächte* bzw. *Cléopâtre* handelt es sich gewissermaßen in doppelter Hinsicht um ein retrospektives Werk. Zum einen wurde durch das antike Thema die Möglichkeit zur aufwendigen Stilisierung einer besonders beliebten Epoche genutzt. Zum anderen bedeutete *Ägyptische Nächte* durch den exotischen Handlungsort in Ägypten einen Rückgriff auf die frühen Petipa-Ballette vor Vsevoložskij, deren Stoffe fast immer in einer orientalischen, spanischen oder generell exotischen Welt angesiedelt waren. Dabei stand weniger die Gestaltung nach authentischen Vorbildern im Vordergrund, sondern das Sujet gab Anlass zu einem aufwendigen, mit Fantasie (und vorhandenen Materialien) gestalteten Ballett und virtuos-tänzerischen Darbietungen. Vom Sujet weniger durchdrungen waren dabei Musik und Choreografie, denn tänzerische Variationen und musikalische Bestandteile waren austauschbar. Teilweise wurden sie durch ihre Interpretinnen von einem Ballett in ein anderes übernommen, weil ihnen die Schritte einer bestimmten Variation besonders lagen oder sie von einer vorteilhaften Seite zeigten.[346] Eine Adapti-

---

345 Vgl. Kapitel 2.3.

346 Beispiele wie das Ballett *Le Corsaire* sind beredte Zeugen einer solchen Tausch-Praxis im 19. Jahrhundert, so dass heute die Angabe zum Entstehungsjahr, zu den beteiligten Choreografen, Kom-

on des Stoffes und eine Anpassung an die Gegebenheiten des Balletts fanden bei Petipas Miniaturballetten um 1900 schließlich aber auch in Bezug auf die Musik statt.

Wie bereits in Kapitel 2.3 beschrieben, griff Anton Arenskij für *Ägyptische Nächte* auf Melodien aus Büchern über die Musik des Orients zurück, um daraus eine konventionelle Ballettmusik zu komponieren. Ähnliche Verfahren wandte z. B. Aleksandr Glazunov in seiner Musik zu *Les Ruses d'amour* (1898) an, indem er – passend zum Sujet – altfranzösische Tanzformen zur Vorlage nahm. Angekündigt hatte sich diese Entwicklung aber bereits durch Pëtr Čajkovskij, dessen Ballett *Dornröschen* als eine Huldigung an das barocke Ballet de cour verstanden werden kann.[347] Das macht sich beispielsweise in der Sarabande bemerkbar, die kurz vor Schluss des Balletts im dritten Akt erklingt. Die Choreografien dieser Werke waren aber noch in konventioneller Petipa-Manier. Auch Ivanovs Choreografie von *Eine Nacht in Ägypten* ist als stark von Petipa beeinflusst anzunehmen. Dies suggerieren nicht nur die für die Aufführung geplante Besetzung mit den beiden Ballerinen Matil'da Kšesinskaja und Marie Petipa, sondern auch die von Fokin vorgefundenen, bereits produzierten konventionellen Tutus. Bei Ivanovs Version des Balletts war das Sujet also noch nicht so deutlich in den Kostümen und Bewegungen der Tänzerinnen und Tänzer sichtbar, wie dies bei Fokins *Cléopâtre* später der Fall sein sollte. Ivanovs *Ägyptische Nächte*, aus dem Fokins *Cléopâtre* hervorging, steht stilistisch insofern noch in engem Zusammenhang mit dem Werk Petipas. Der retrospektive Stoff hatte sich zu einem selbstverständlichen Element des Balletts entwickelt: »For all

---

ponisten oder zur vorgesehenen Anzahl von Tänzern für einzelne Teile des Balletts nicht ohne weiteres gemacht werden können.

347   Die Parallelen, die zwischen Ludwig XIV. mit Lully und dem Zaren mit Čajkovskij gezogen werden konnten, waren natürlich nicht zufälliger Natur.

the stylistic disparity of the ballets produced in the first decades of the twentieth century – both in Russia and by Russian companies abroad – retrospectivism remained their common denominator.«[348] Mehr und mehr versuchte man, Kostüme, Bewegung und Musik vom Sujet durchdrungen zu zeigen. Wie bereits erwähnt, spielte die Antike dabei neben dem 18. Jahrhundert thematisch eine wichtige Rolle, eine Tendenz, die sich auch in anderen Sparten beobachten ließ.[349] Auch bei Michail Fokin lässt sich dieses Interesse von seinen frühesten Werken bis zu *Cléopâtre* verfolgen.[350]

Als seine erste Beschäftigung mit einem antiken Sujet im Tanz nennt Fokin in seinen Memoiren *Daphnis und Chloe*. Der Choreograf schrieb ein zweiaktiges Libretto nach dem Liebesroman des Griechen Longos, den dieser vermutlich Ende des 2. Jahrhunderts nach Christus verfasst hatte. Wie bereits in Kapitel 4.1 erläutert, schickte Fokin mit diesem Libretto Vorschläge an die zaristische Theaterleitung, wie das Ballett allgemein erneuert werden könne, um eine noch größere Wirkung auf sein Publikum zu entfalten. Dabei legte er besonderen Wert auf die Gestaltung des Werks aus der Handlung und dem Sujet heraus, die er bei den Balletten Petipas vermisste. Für ihn bedeutete dies, dass das Geschehen sich über den Tanz und nicht über Pantomime vermitteln müsse. Der Ablauf beispielsweise dürfe nicht von Applaus und Verbeugungen un-

---

348 Scholl, *From Petipa to Balanchine. Classical Revival in the modernization of Ballet*, S. 50.

349 Auf die Einflüsse z. B. durch Isadora Duncan, den Symbolismus oder das Moskauer Künstlertheater wurde bereits hingewiesen. Auch hier bezog man sich immer wieder auf antike Stoffe.

350 Die motivische Gestaltung nach Vorlagen des 18. Jahrhunderts, der neben der Antike weiterer Epoche von Interesse in jener Zeit, verlagerte sich zeitlich bei Fokin auf die Romantik und die erste Hälfte des 19. Jahrhunderts. Der Teil seines frühen Werks, der sich diesem Sujet zuwandte, soll hier nicht eingehender besprochen werden.

terbrochen werden. Gleichzeitig müsse die Choreografie, die Musik und die gesamte Ausstattung mit Kostümen und Bühnenbild der jeweiligen Epoche Rechnung tragen – eine Idee, die von der Arbeit Aleksandr Gorskijs, aber sicherlich auch den Miniaturballetten Petipas beeinflusst war. Seine Gedanken, die er an die Theaterdirektion schickte, gingen später in Aufsätzen zum »neuen Ballett« auf, die er im Jahr 1916, also nach seiner zweiten Trennung von den Ballets Russes, veröffentlichte.[351] Cyril Beaumont gibt in seiner Publikation über Fokin an, er habe bereits 1904 das Libretto zu *Daphnis und Chloe* verfasst, das er 1912 für die Ballets Russes choreografierte. Dies würde bedeuten, dass Fokin schon vor seinem ersten choreografischen Werk *Acis und Galatea* im Jahr 1905 seine grundlegenden Ideen niedergeschrieben hätte.[352] Wie im vorangegangenen Kapitel erläutert, ist dies in der Literatur jedoch umstritten: Die Tatsache, dass Fokin darauf hinwies, vor seiner Choreografie *Acis und Galatea* nichts von seinen Fähigkeiten auf diesem Gebiet geahnt zu haben, bewog Vera Krasovskaja zu der Annahme, er habe das Libretto erst nach seiner ersten choreografischen Arbeit verfasst. Sie setzt dafür das Jahr 1907 an.[353] Hintergedanke Fokins könnte laut Krasovskaja gewesen sein, dadurch eine weniger erfolgreiche Phase in seinem Lebenslauf aufzufüllen. Darüber hinaus sei das Ballett *Acis und Galatea* noch konventionell choreografiert, *Eunice* aus dem Jahr 1907 weise aber deutliche Einflüsse des neuen Konzepts auf. Eine endgültige Klärung dieser Frage ist wohl unmöglich. Trotzdem scheint das Libretto von *Daphnis und Chloe* mit dem beigefügten Schreiben an die Theaterleitung ein plausibler Ausgangs- und Initialpunkt für Fokins choreografisches Schaffen – auch dann, wenn die Niederschrift der Ideen erst zwei Jahre später erfolgte. Das

---

351   Vgl. hierzu Kapitel 4.1.

352   Vgl. Beaumont, *Michel Fokine & his ballets*, S. 23.

353   Vgl. Scholl, *From Petipa to Balanchine*, S. 59 f.

Gedankengut, das er in seiner frühen Zeit als Choreograf formulierte, hatte für ihn bei der Veröffentlichung im Jahre 1916 offenbar noch immer Gültigkeit. Wahrscheinlich ist, dass Fokin bereits in seinem frühen choreografischen Schaffen erste Ideen zur späteren Niederschrift hatte oder sich diese durch die frühen Arbeiten entwickelten.

Rückblickend wertete Fokin die Choreografie zu *Acis und Galatea* selbst als konventionell. Bei diesem ersten Werk handelt es sich um eine Kreation im griechischen Stil für eine Examensaufführung am 20. April 1905, in der Lehrer und Schüler der kaiserlichen Theaterschule die Ergebnisse ihrer bisherigen Arbeit vorstellen sollten. Ähnlich wie später bei *Cléopâtre* gibt Fokin an, nach geeigneter Musik in der Bibliothek des Theaters gesucht zu haben, wobei er auf eine Partitur von Andrej Kadlec stieß.[354] Der Komponist war Geiger im Orchester des Mariinskij-Theaters und hatte die Musik ursprünglich für das einaktige mythologische Ballett *Acis und Galatea* komponiert, das 1896 von Lev Ivanov choreografiert worden war. Fokin recherchierte anschließend für eine Umsetzung dieser Partitur in der öffentlichen Bibliothek von Sankt Petersburg nach Büchern über griechischen Tanz und Vasenmalerei. Dabei beschreibt er eine Begegnung mit dem damaligen Direktor der Bibliothek, der sich für ihn hinterher als der betagte Vladimir Stasov entpuppte. Stasov selbst habe ihm die Folianten mit Zeichnungen der antiken Kunst gezeigt, und schon damals habe er geplant, die Mädchen nicht in Tutu und Spitzenschuh, sondern in Tuniken auf der Bühne zu präsentieren.[355] Schnell habe er jedoch den Widerstand des Theaterinspektors gespürt, weshalb er auf Spitzenschuhe nicht habe verzichten können. Die Kostüme sollten aber dennoch im griechischen Stil gestaltet und die Gruppen asymmetrisch gestellt werden. Darüber hinaus versuchte er, den wilden Charakter

---

354   Vgl. Fokin, *Gegen den Strom*, S. 105.

355   Vgl. ebd.

der im Ballett auftretenden Faune durch Bewegungen zu verdeutlichen, die denen wilder Tiere nachempfunden sein sollten. Insbesondere der Schluss des Faun-Tanzes, in dem die Jungen wie ausgelassen spielende Tiere Purzelbäume schlagen, sei zwar nicht mit klassischen Ballettschritten gestaltet, habe aber umso mehr den Charakter des Inhalts und somit das künstlerische Ziel umgesetzt.[356]

Noch näher war Fokin seinen Vorstellungen in der Durchdringung von Kostümen und Choreografie mit dem Sujet zu seinem Ballett *Eunice* gekommen, bei dem auch der antiken-interessierte Maler Leon Bakst mitgearbeitet hatte.[357] Dieses zweiaktige Werk wurde am 20. Februar 1907 bei einer Wohltätigkeitsveranstaltung gegeben, bei der auch der Einakter *Chopiniana* erstmals gezeigt wurde. Bei *Chopiniana* handelt es sich um die erste Fassung des späteren Ballets-Russes-Werkes *Les Sylphides*, damals jedoch noch ausschließlich mit Orchestrierungen der Klavierwerke Chopins durch Aleksandr Glazunov. Das Libretto zu *Eunice* von Graf Stembock-Fermor nach Henryk Sienkiewiczs Roman *Quo Vadis?* lag bereits vor, ebenso eine Partitur von Andrej Vladimirovič Ščerbakov (1869–1916). Der Roman war im Jahre 1896 erschienen und

---

356   Es ist bereits darauf hingewiesen worden, dass im Jahr 1905 Aleksandr Gorskij das Petipa-Ballett *Die Tochter des Pharaos* in Sankt Petersburg zur Wiederaufführung gebracht und dabei ebenfalls auf Tutus bei einigen Tänzerinnen verzichtet hatte. Vgl. Souritz, *Soviet Choreographers in the 1920s*, S. 27. Auch Profil-Posen waren in dieser Choreografie offenbar schon vorhanden, die Fokin später womöglich in seiner Überzeugung bestärkten, dass durch diese ein glaubhafteres Bild von Ägypten gezeigt werden könne. Ebenso ist es aber auch möglich, dass Fokin seine Profil-Posen nicht mit Gorskij in Verbindung brachte, sondern diese sich lediglich auf antike oder ägyptische Kunst bezogen.

357   Vgl. Spencer, *Leon Bakst and the Ballets Russes*, S. 58.

schnell zu einem Bestseller geworden.[358] Fokin verwendete also einen damals populären Stoff, war jedoch von der
existierenden Partitur wegen ihrer schablonenhaften Walzer
und konventionell-tänzerischen Variationen nicht sonderlich
überzeugt. Dafür bemühte er sich offenbar umso mehr, auf
konventionelle Ballettschritte zu verzichten:

> »Neben den technischen Unterschieden zu den griechischen Tänzen
> in den alten Balletten (ich verzichtete natürlich völlig auf auswärts-
> gedrehte Beine, auf die fünf Positionen, auf Spitze [d.h. Spitzenschu-
> he; C. M.], Pirouetten, Entrechats, jegliche Battements und Rond de
> jambe), gelang es mir, die Tanz-Plastik dem anzunähern, was uns
> von der alten Welt erhalten geblieben ist.«[359]

Leider äußert sich Fokin
nicht dazu, was damit
konkret gemeint war,
also welche Schritte er
statt des klassisch-kon-
ventionellen Vokabulars
verwendete. Auch ande-
re Autoren, die sich auf
Eunice beziehen, kennen
hierzu offenbar keine
Details. Es existiert je-
doch eine Fotografie, die
einen Hinweis darauf
gibt, wie Fokin das Bal-
lett gestaltete. Auf der
Abbildung ist Vaclav
Nižinskij in *Eunice* zu sehen (Abb. 19). Die einfa-

Abb. 19: Vaclav Nižinskij in *Eunice* (SJN).

che Tunika, die Nižinskij trägt, stellt ebenso einen deutlichen

---

358 Die Bekanntheit des Autors Sienkiewicz war 1905, also zwei Jahre
     vor der Aufführung von *Eunice*, durch die Verleihung des Nobel-
     preises für Literatur noch gesteigert worden.

359 Fokin, *Gegen den Strom*, S. 112 f.

Bezug zum antiken Sujet her wie die Pose, in der er abgebildet ist. Es handelt sich nicht um eine klassische Ballettpose, vielmehr stehen die Füße in natürlicher Ausrichtung, also beinahe parallel. Der in der Standposition Nižinskijs angedeutete Gegensatz von Stand- und Spielbein ist in der Kunstgeschichte als Kontrapost bekannt, ein typisches Element in der Gestaltung der antiken Plastik. Er wurde dort als Ausgleich zwischen tragenden und lastenden Kräften verwendet und in die Malerei übernommen. Auch die Positionierung des Tänzers vermittelt diese Gleichzeitigkeit von Ruhe und Bewegung und verhindert einen statischen Ausdruck. Auffällig ist dabei besonders die Position der rechten erhobenen Hand, deren Finger einen unsichtbaren Gegenstand zu umschließen scheinen. Eine in fast allen Details übereinstimmende Position ist von einer lebensgroßen Bronzefigur, dem *Jüngling von Antikythera*, bekannt, die dem Bildhauer Euphranor zugeschrieben wird und vermutlich um 340 vor Christus entstand. Die Übereinstimmung der Posen beider Körper betrifft die Positionierung des Gewichts auf dem linken Bein und den erhobenen rechten Arm. Auch die auffällige Haltung der Finger ist gleich, wobei die Hand des *Jüngling von Antikythera* wahrscheinlich einst einen Apfel umschloss, der aber verloren ist. Zwar sind der Kontrapost und auch der erhobene Arm keine untypischen Gesten antiker Skulpturen. Eine zufällige Übereinstimmung der beiden Posen kann also nicht ausgeschlossen werden. Sofern Fokin diese Figur aber tatsächlich bekannt war und er Nižinskijs Pose womöglich nach diesem Vorbild schuf, dann griff er auch hier, ähnlich wie bei der Librettovorlage, auf ein »aktuelles« Thema zurück. Denn im Jahr 1900 erregte der Fund eines griechischen Schiffswracks vor der Insel Andikythira (bzw. nach altgriechischer Transkription Antikythera) internationales Aufsehen: Unter den geborgenen Artefakten befand sich neben einem damals viel bestaunten, interessanten Zahnradmechanismus auch der erwähnte Bronzejüngling. Unabhängig davon, ob die

Pose genau dieser Skulptur nachempfunden wurde, ist Fokins Bemerkung, die Tanz-Plastik dem anzunähern, was von der alten Welt erhalten geblieben sei, wohl durchaus wörtlich zu verstehen. Er übernahm in die Posen der Tänzerinnen und Tänzer Elemente der antiken Plastik und nahm 1907 in *Eunice* bereits sein Statement von 1914 vorweg: »Dance is animated sculpture.«[360]

Zu Fokins Choreografie von *Eunice* ist außerdem eine Beschreibung des Finales überliefert: »Eine Vielzahl Tänzer und Tänzerinnen ›flog‹ mit großen Sprüngen auf die Bühne, mit hocherhobenen Armen, brennende Fackeln in den Händen. Sie flitzten über die Bühne. Die Flammen flackerten, und Funken sprühten. Es bildeten sich dicke Rauchwolken. Im wörtlichen und übertragenen Sinn war es eine Aufführung voller Feuer. Ein ekstatischer Tanz, den ich Erwachen des Corps de ballet nennen möchte.«[361]

In diesem Zusammenhang sei noch einmal an die Gedanken zur expressiven Gestaltung des Ballettensembles bei Fokin aus Kapitel 4.1 erinnert: André Levinson und Lynn Garafola beschreiben beide als typisches Gestaltungsmerkmal bei Fokin, dass alle Tänzerinnen und Tänzer des Ensembles meist gegen Ende der Ballette aus ihren Rollen heraustraten, um in einer sich steigernden Ensemble-Choreografie zusammenzukommen, die wie ein Ausbruch von Gewalt oder eine kollektive Ekstase verstanden werden könne. Beide sehen die Ursache für dieses typische Element seines Stils in den Erfahrungen des Choreografen im Revolutionsjahr 1905. Da das Libretto zu *Eunice* bisher nicht gefunden wurde, kann nicht nachgelesen werden, ob und in welcher Form im Ballett die Gewaltszenen aus dem Buch übernommen wurden

---

360 Michail Fokin, *The Dance is Poetry Without Words*, New York 1924, S. 1. RISM-Sigel US NYp, Signatur (S) *MGZMC-Res.-11 II/6 (sechs Seiten Typoskript).

361 Fokin, *Gegen den Strom*, S. 113f.

oder ob das Finale unabhängig von der Librettovorlage eingefügt worden war. Durch das von Fokin verwendete Vokabular (»ekstatisch«, »Flammen«, »flackern«, »Rauchwolken«)
drängt sich bei der Beschreibung des Finales aber genau jene
Assoziation von Revolution und Gefahr auf, auf die Garafola
und Levinson hinweisen.

Wie bereits auf dem Foto ersichtlich wird, orientierte sich
der Choreograf in Bezug auf die Kostüme an antiken Vorbildern. Tatsächlich schreibt er, die Hauptsache des Balletts
sei »eine echte Reform der Kostüme, der Schminke und der
Haartracht« gewesen, und erstmals hätten die Tänzer ganz
anders ausgesehen als in den bisherigen Balletten.[362] Wie
später bei *Cléopâtre* suchte Fokin gemeinsam mit seiner Frau
Vera passende Teile aus Opernkostümen zusammen, die anschließend umgearbeitet und vereinfacht wurden. Da es für
die Tänzerinnen und Tänzer nicht erlaubt war, die kaiserliche
Bühne barfuß zu betreten, wurden die Zehen einfach auf die
Ballettschläppchen bzw. entsprechende Strumpfhosen aufge-
malt. Auch die Haut des Körpers wurde entweder durch Trikots scheinbar mit einem dunklen Teint versehen oder dunkel geschminkt, so etwa bei den ägyptischen Tänzerinnen.
Insbesondere von diesen behauptete Fokin, dass sie mit ihrer Schminke, den Perücken und eng anliegenden Kleidern
»tatsächlich die ersten Ägypterinnen auf der Ballettbühne«
gewesen seien.[363] Dem Reiz der Ausstattung konnte sich sogar Akim Volynsky, ein hartnäckiger Kritiker der Reformen
Fokins, nicht entziehen:

> »*Evgeniya Eduardova, Anna Ivanovna Fedorova, and Olga Yakovl-
> eva dance the Egyptian women, and Eduardova looks beautiful. The
> delicate features of her snow-white face radiate gently from under*

---

362 Fokin, *Gegen den Strom*, S. 114.

363 Ebd. S. 115.

her dark makeup. Her figure is draped stylishly and tastefully: a real dancing beauty from Egypt!«[364]

Wie bereits im vorangegangenen Kapitel in Bezug auf Aleksandr Gorskij erwähnt, wollten choreografische Neuerungen in Sankt Petersburg aber behutsam angegangen werden, wie sich an einem Kommentar ablesen lässt, der 1912 in der Sankt Petersburger Börsenzeitung erschien:

>»Mikhail Fokine's production of Eunice belongs to his first attempts in ballet. Rumor [sic!] has it that the young artist himself understood the glaring failures of his production, and thus it would be hard to criticize the piece completely since its own creator has already repudiated it. [...] The general public, which all meaningful newspaper and magazine writing has first and foremost in mind, understands everything with crystal clarity without superfluous words: it hasn't confused the new Eunice with the old Giselle. The public has learned not to value dancing à la Duncan with a dash of classical ornamentation particularly highly. It clearly sees the confused chaos of Fokine's compilation of balletic themes. [...] If it weren't for the harshness of its overly expressive posing, as if Schollar [Tänzerin der Rolle der Acis; C. M.] were deliberately challenging the public; if it weren't for its shamelessly obvious flirtation with Isadora Duncan's intimate choreography, Schollar's dancing would have been totally beautiful.*«[365]

Nach *Acis und Galatea* von 1905 und *Eunice* von 1907 war der Schritt zu *Ägyptische Nächte* im Jahr 1908 nicht weit. Die Voraussetzungen in der Entstehung waren sehr ähnlich wie bei *Eunice*: Fokin war auf der Suche nach einer geeigneten Partitur und wurde in der Theaterbibliothek fündig.[366] Wieder handelte es sich um eine Wohltätigkeitsveranstaltung im Mariinskij-Theater, bei der am 8. März 1908 nicht nur *Ägyptische*

---

364   Akim Volynsky, ›*Eunice*‹ *and* ›*Chopiniana*‹, in: Börsenzeitung, 8. März 1912, zitiert nach: Stanley Rabinowitz (Hrsg.), *Ballet's Magic Kingdom. Selected Writings on Dance in Russia 1911–1925*, New Haven, London 2008, S. 24f.

365   Ebd.

366   Vgl. hierzu Kapitel 2.3.

Nächte, sondern auch eine Weiterentwicklung von *Chopiniana* gegeben wurde. Wie der Ballettabend im Jahr 1907, bei dem *Eunice* und die erste Version von *Chopiniana* aufgeführt worden waren, kombinierte also auch dieser Abend ein antikes Sujet mit einem Ballett im romantischen Stil.[367]

Abb. 20: Tamara Karsavina in Fokins Ballett *Les Sylphides*, das aus *Chopiniana* hervorging.

Fokin weist darauf hin, dass die Choreografie seiner Version von *Ägyptische Nächte* für *Cléopâtre* kaum geändert werden musste. Daher wird im Folgenden nicht mehr zwischen den Choreografien dieser beiden Werke differenziert, es sei denn, es geht um eine der Passagen, die choreografisch doch umgestellt werden mussten. Sofern nicht anders erwähnt, ist also mit der Choreografie von *Cléopâtre* gleichzeitig Fokins Choreografie zu *Ägyptische Nächte* gemeint.

Cléopâtre stellt in mehreren Punkten eine Weiterentwicklung des Balletts *Eunice* dar. Dies betrifft zunächst die grundsätz-

---

367 Zwischen den Wohltätigkeitsveranstaltungen mit *Eunice* und der ersten Version von *Chopiniana* (1907) bzw. *Ägyptische Nächte* und der zweiten Version von *Chopiniana* (1908) choreografierte Fokin u. a. noch *Der lebendige Gobelin* und *Der Pavillon Armidas* (beide 1907) zur Musik von Nikolaj Čerepnin, wobei es sich bei *Der lebendige Gobelin* um eine Szene aus *Der Pavillon Armidas* handelte. Auch diese Werke waren nach einem retrospektiven Stoff choreografiert, stilistisch allerdings in der ersten Hälfte des 18. Jahrhunderts verortet.

liche Vorstellung Fokins zur Gestaltung des Sujets. Es tauchen in *Cléopâtre* aber auch Elemente auf, die bereits aus *Eunice* bekannt waren. Ein Beispiel hierfür ist die Verwendung von Schals und Tüchern: In *Eunice* stellte der Choreograf für Anna Pavlova in der Rolle der Sklavin Acté einen *Tanz der sieben Schleier*: »Die Pawlowa trat auf, eingehüllt in sechs Schleier, der siebente bedeckte sie völlig. Später sah ich dann viele Salomes, die den Tanz der sieben Schleier darboten. Wenn sie die Bühne betraten, wirkten sie auf mich stets wie ein großer Ball aus verschiedenfarbigen Stoffen. Ich verteilte die Schleier aber so, daß sie die Tänzerin nicht dick machten. Bei jedem Abnehmen eines Schleiers sollte sich die Aufmerksamkeit des Publikums auf jenen Teil des Körpers richten, der gerade enthüllt wurde.«[368]

Abb. 21: Anna Pavlova (SJN).[369]

---

368   Fokin, *Gegen den Strom*, S. 113. Die Idee zu einem Tanz, bei dem nach und nach Schleier abgelegt werden, ist jedoch schon früher zu finden. Bereits Jean Coralli choreografiert in seinem Ballett *La Péri* (1843, Musik: Friedrich Burgmüller, Libretto: Théophile Gautier) im zweiten Akt als tänzerischen Höhepunkt einen »Pas de l'abeille«, einen Tanz der Biene. Dieser ursprünglich aus Ägypten stammende Tanz versinnbildlicht die Suche nach einer Biene in den Kleidungsstücken der Tänzerin, weswegen auch hier während des Tanzes nach und nach Teile des Kostüms abgelegt wurden. Tücher, Schleier oder Schals waren im Ballett allgemein ein häufiges Accessoire.

369   Ob es sich um ein Bild für das Ballett Eunice handelt, ist nicht mit Sicherheit zu sagen. Die enge Wicklung um die Beine wäre beim Tanzen hinderlich gewesen. Wahrscheinlich entstand das Foto

Diesen Effekt verwendete er in *Cléopâtre* erneut. Hier war es jedoch Ida Rubinštejn, die in Schleier gehüllt auf die Bühne getragen wurde.[370] Zusätzlich lag sie bei diesem Auftritt in einem Sarkophag, der auf der Bühne abgestellt und geöffnet wurde. Anschließend wurde sie wie eine Mumie Tuch um Tuch enthüllt. Nicht vollständig nachzuvollziehen ist, ob dieser Auftritt der Kleopatra erst für die *Cléopâtre*-Vorstellung in Paris oder schon für Fokins *Ägyptische Nächte* in Sankt Petersburg erdacht worden war. Aufgrund einer Bemerkung Benuas scheint der Auftritt im Sarkophag eine Neuerung für Paris gewesen zu sein, während die Kleopatra in *Ägyptische Nächte* noch auf einer Bahre getragen wurde. Unklar bleibt aber, ob sie in der früheren Version ebenso in Tücher eingewickelt war oder diese erst im Zuge der Sarkophag-Idee aus *Eunice* in *Cléopâtre* hinzukamen:

> »How effectively Fokine and Bakst had carried out my conception of Cleopatra's appearance in a kind of sarcophagus adorned with mysterious golden characters! The idea of her being carried in this way instead of in an open litter had come to me while I was listening to the marvellous music of Mlada. I suddenly visualised the Queen's journey through the sands of the desert in this closed coffin, and it logically followed that she should be swathed like a mummy to pre-

---

nach ihrem Abschied von den Ballets Russes, als mit ihrer eigenen Kompanie mehrere orientalisierende Ballette entstanden. Die Idee der Enthüllung der Kleopatra aus Cléopâtre kannte sie damals bereits.

370   Einen *Tanz der sieben Schleier* hatte Fokin, nachdem er im Frühjahr *Ägyptische Nächte* choreografiert hatte, 1908 für Ida Rubinštejn in *Salome* mit Kostüm und Ausstattung von Leon Bakst geschaffen. Die Aufführung von Oskar Wildes *Salome* war für November 1908 vorgesehen. Ida Rubinštejn und Fokin arbeiteten an der Choreografie jedoch bereits im Sommer 1908, als der Choreograf erstmals davon hörte, dass im folgenden Jahr russische Ballette in Paris aufgeführt werden sollten. 1912 tanzte Ida Rubinštejn den *Tanz der sieben Schleier* erneut, diesmal allerdings im Théâtre du Châtelet Paris als Mittelpunkt ihrer eigenen Kompanie.

*vent the least grain of sand penetrating through the coverings to ble-
mish her divine body.«*[371]

Die Bemerkung Benuas, es handle sich um seine Idee, ist mit
Vorsicht zu genießen. Es fällt auf, dass er in seinen späteren
Publikationen häufig darauf hinweist, welche Idee ursprünglich von ihm gewesen sei oder welchen Künstler er bereits
vor allen anderen gekannt habe. Besonders in Bezug auf Leon
Bakst existierte offenbar ein Konkurrenzverhältnis, bei dem
auch Baksts jüdische Identität für Benua eine Rolle spielte.
Die Konkurrenz zwischen den beiden eskalierte immer wieder in offenen Streitereien und führte mitunter sogar dazu,
dass die Künstler eigene Wege gingen. Dass Benua jedoch in
seinen Erinnerungen die Idee des Sarkophags mit der *Mlada*-Musik in Zusammenhang bringt, die erst für die Version
von 1909 eingefügt wurde, weist darauf hin, dass die Königin
zuvor, wie von Benua erwähnt, auf einer Bahre auf die Bühne kam.

In Rimskij-Korsakovs Zauber-Ballett-Oper, aus der für die-
se Szene die Auftrittsmusik Kleopatras entnommen wurde,
nimmt die ägyptische Königin eine besondere Rolle ein. In
Mlada werden die Gestalten der Unterwelt beschworen, um
Jaromirs Gedanken von seiner geliebten Mlada abzulenken.
Da dies nicht gelingt, rufen die Unterwelt-Gestalten den
Geist der Göttin Kleopatra zu Hilfe, damit sie Jaromir durch
ihre Schönheit verwirre. Bei Rimskij-Korsakov ist die Szene
ein gestalterischer Höhepunkt, in dem die Kleopatra auf die
Verkörperung der erotischen Verführung reduziert wird. Fokins Kleopatra ist hierzu inhaltlich analog angelegt. Die Musik, von der sich Benua zu seiner Idee mit dem Sarkophag
inspirieren ließ und die zum Auftritt und Tanz beider Kleopatras erklang, spiegelt klanglich die erotisch aufgeladene
Fantasiewelt wider, in die Jaromir beim Auftritt der Königin

---

371   Benois, *Reminiscences of the Russian Ballet*, S. 298.

eintaucht. Die *Mlada*-Musik gibt der Szene in Fokins Ballett eine erotisch überspannte Atmosphäre, die der Auftrittsmusik von Arenskij fehlte. Hinzu kommt die oben beschriebene Mumien-Enthüllung, die sukzessive Entblätterung der Kleopatra aus ihren Tüchern. Jean Cocteau beschreibt diese Szene eindrücklich:

>»Enfin parut, portée, balancée entre les épaules de six colosses, une sorte de coffre d'ébène et d'or autour duquel un jeune nègre déployait une hâte diligente, le touchant, lui faisant place, stimulant les porteurs.
>
>On déposa le coffre au centre du temple, on ouvrit ses battants, et on en tira une manière de momie, de paquet de voiles, qu'on plaça debout sur des patins d'ivoire. Alors quatre esclaves commencèrent une étonnante manœuvre. Ils déroulèrent le premier voile qui était rouge avec des lotus et des crocodiles d'argent, le second voile qui était vert avec toute l'histoire des dynasties en filigrane d'or, le troisième voile qui était orange avec les rayures du prisme, et ainsi de suite jusqu'à un douzième voile qui était bleu sombre et sous lequel on devinait une femme. Chacun des voiles se déroulait d'une manière différente, car l'un demanda tout un manège de passes, un autre l'astuce qu'il faut pour éplucher une noix mûre, un autre l'indifférence avec laquelle on déshabille une rose, et le onzième surtout, qui semblait le plus difficile, se détacha d'une pièce comme une écorce d'eucalyptus. Le douzième voile bleu sombre libéra Madame Rubinstein qui le fit choir, elle même, d'un geste circulaire. Madame Ida Rubinstein était debout, penchée en avant, avec un peu la bosse des ailes de l'ibis, bouleversée d'attente, ayant de son coffre obscur subi comme nous l'intolérable et sublime musique de son cortège, instable sur ses hauts patins. Elle portait une petite perruque bleue avec à droite et à gauche du visage une courte natte d'or. Elle était là, démaillotée, l'œil vide, les pommettes pâles, la bouche entrouverte, les clavicules inscrites, en face du public stupéfait, trop belle, à la manière d'une essence orientale qui sent trop fort.«[372]

Gesteigert wurde diese einem Strip durchaus nahestehende Szene durch das Kostüm der Kleopatra, das unter den Tüchern zum Vorschein kam und in der Hauptsache aus Perlen-

---

372 Arsène Alexandre, *The decorative Art of Leon Bakst. With Notes on the Ballets by Jean Cocteau*, London 1913, S. 24 f.

schnüren und einigen an einem Gürtel befestigten Schleiern zu bestehen schien.[373] Es war Baksts Kostümentwurf für den *Tanz der sieben Schleier* in *Salome*, den Fokin für Ida Rubinštejn choreografiert hatte, sehr ähnlich. Bereits für *Salome* hatte sich die Zensur gegen den Auftritt der Rubinštejn gewehrt, da das Gerücht aufgekommen war, sie werde schließlich nackt auf der Bühne zu sehen sein. Auch das *Cléopâtre*-Kostüm betonte den großen schlanken Körper der Darstellerin:

> »*Dicht gereihte Perlenschnüre umspielten Leib und Hüften, übersetzten die geringste Körperbewegung in vibrierend-lebendige Bewegung Hunderter kleiner Perlen, begleitet von dem prickelnden Klang leichten Geklimpers und Knisterns, ausgelöst durch die sich berührenden Perlenschnüre. Ausgesprochene Sinnlichkeit strahlt der Reiz des Kontrastes aus von kühl schimmernden harten Perlen auf der pulsierenden weichen Haut. Die Zufälligkeit, mit der der Perlenvorhang die Haut, die hinter ihm verborgen liegt, freigibt, um sie nur um so schneller wieder zu bedecken, die facettenhaften Ausschnitte, die den Appetit auf das Ganze anregen, sind Spiele des erotischen Vokabulars in ähnlicher Funktion, wie die Schleier, die den Blick wie magisch anlocken wegen dahinter vermuteter Schätze, unerreichbarer Kostbarkeiten.*«[374]

Die Kunstgeschichte hat sich bereits in mehreren Publikationen mit Leon Bakst und seinen Entwürfen für die Bühne befasst.[375] Es besteht Einigkeit darin, dass Bakst sich dafür zwar allgemein von antiker Kunst inspirieren ließ und insgesamt großes Interesse an der Antike hegte, er in *Cléopâtre* jedoch mehr an dem fantastischen Farbrausch als einer authentischen Ägypten-Darstellung interessiert war. Wie Kapitel 5.1 zeigen wird, waren ihm ebenso die Kostüme von Tänzerinnen der kommerziellen Bühnen seiner neuen Heimat Paris Inspiration.

---

373 Vgl. hierzu Kapitel 3.3.

374 Bongartz, *Bühnenkostüm und Bildende Kunst im frühen 20. Jahrhundert*, S. 198.

375 Vgl. Kapitel 3.3.

Choreografisch versuchte Michail Fokin die getanzten Schritte der Tänzerinnen und Tänzer auf Grundlage der klassischen Technik dem anzunähern, was er aus Abbildungen antiker und altägyptischer Kunst kannte, auf Reisen gesehen oder in der Eremitage kennengelernt hatte. »Die Tänze stellte ich im ägyptischen Stil, was für die damalige Zeit etwas völlig Neues war. Die Profil-Posen ähnelten Reliefs. Die Linien der Gruppen und der Posen waren eckig, die Hände flach [...].«[376] Die Orientierung an Reliefs, wie von Fokin erwähnt, ist jedoch vage, da es sich bei einem Relief lediglich um aus einer Fläche herausragende Figuren handelt, die nicht notwendigerweise in Profil-Positionen gestellt sein müssen. Dennoch erinnern die Posen seiner Tänzer auf Fotos an antike Vasenmalereien oder ägyptische Wandbilder.

Erst kürzlich wurde ein Film von Tamara Karsavina wiederentdeckt, auf dem sie den *Fackeltanz* von Michail Fokin interpretiert. Ähnliche Zeugnisse sind von der Originalchoreografie *Cléopâtres* leider nicht vorhanden. Auf Fotos werden Fokins Bewegungssprache und die typischen Merkmale seines Stils dennoch zumindest ansatzweise erkennbar. Auch wenn es sich dabei um Studioaufnahmen handelt und diese Aufnahmen somit keine Aufführungssituation wiedergeben, kann davon ausgegangen werden, dass die Tänzerinnen und Tänzer für die Aufnahmen im Studio repräsentative und besonders prägnante Posen eines Werks einnahmen. In Zusammenhang mit dem jeweiligen Kostüm sollte sich für den Betrachter ein Wiedererkennungswert für das Werk, in dem die abgebildeten Tänzer auftraten, ergeben. Wie Fokins Bemerkung vermuten lässt, ist die überwiegende Zahl der Tänzerinnen und Tänzer in Profil-Pose abgebildet, einer Position, die im klassischen Bewegungskanon eher selten vorkam. Der Körper wurde dort in der Regel eher von vorn oder vorne-seitlich, der Kopf nur selten ganz im Profil gehalten. Eine

---

376   Fokin, *Gegen den Strom*, S. 149.

Ausnahme ist die klassische Arabesque-Pose, die den Blick des Zuschauers aber nicht auf das seitlich abgewandte Gesicht, sondern auf die über das Bein hinaus verlängerte Körperlinie lenken soll. Eine weitere Ausnahme für eine Profil-Pose waren Übergangspositionen, z. B. bei einer Bewegung »en manège«, also im Kreis, oder als Vorbereitung für folgende Bewegungen. Dass die Profil-Position auf der Bühne ansonsten eher vermieden wurde, hängt mit der Entwicklung des Balletts aus dem höfischen Tanz zusammen, bei dem sich die Tänzerinnen und Tänzer dem Herrscher und seinem Hof, also dem Publikum, zuwandten. Eine Profil-Position hätte diese Voraussetzung nicht erfüllt. Auch im zaristischen Russland war es selbstverständlich, dass die Tänzer für die Zarenfamilie und das Publikum tanzten und diesen in der Regel dabei nicht den Rücken zudrehten. Selbst wenn die Tänze für eine bestimmte Person auf der Bühne – z. B. einem König innerhalb der Balletthandlung – angelegt waren, so drehten sie jener Person den Rücken zu und zeigten die Schritte in einer für das Publikum vorteilhaften Platzierung. Fokin setzte sich mit dieser Problematik besonders in *Cléopâtre* auseinander, da in diesem Ballett Tänze für das Liebespaar Amoûn und Kleopatra stattfanden. Das Liebespaar musste während dieser Tänze irgendwo von Tüchern verborgen auf der Bühne platziert werden. Fokin wählte hierfür nicht wie sonst üblich den hinteren Bereich der Bühne, sondern den seitlichen vorderen Bühnenrand. Somit waren die Tänzerinnen und Tänzer zugleich für das den Anlass gebende Liebespaar sowie für das Publikum von vorn zu sehen.

> »In dieser scheinbar unbedeutenden Abweichung des neuen Balletts vom alten sind auch wichtige neue Züge zu erkennen. Wer den Tanz nicht für das Publikum als viel mehr für sich und seine ihn umgebenden Bühnenfiguren ausführt, bereichert nicht nur den Tanz, er reinigt ihn sogar von Verunstaltungen, die unvermeidlich waren, wenn man langsam ›rückwärtsgehen‹ oder sich ›zur Seite schieben‹ mußte. Die natürlichste und schönste Bewegung des Menschen ist die Vorwärtsbewegung. Das Ballett entwickelte aber Seitwärtsbewe-

gungen, die eine Überzahl von zweiten Positionen, die ich so hasse, zur Folge hatten.«[377]

Die Profil-Position im klassisch-akademischen Tanz wurde jedoch noch aus einem zweiten Grund vermieden: Im »en dehors«, also mit ausgedrehten Beinen, sieht der Körper eines Tänzers direkt von der Seite betrachtet am wenigsten vorteilhaft aus und lässt Unsauberkeiten in der Technik sehr deutlich sichtbar werden. Nicht geschlossene fünfte Positionen, nicht vollständig gestreckte Knie, unsaubere Landungen nach Drehungen oder Sprüngen sind von der Seite ebenso deutlich zu sehen wie Unstimmigkeiten in der Proportion oder in der Haltung des Körpers. Fokin konnte einige dieser unvorteilhaften Körperhaltungen umgehen, indem er die Beine nicht in ausgedrehter Position, sondern in

Abb. 22: Vera Fokina als Ta-hor (SJN).

natürlicher, meist einer Schrittstellung anordnete. Bereits im vorangegangenen Kapitel wurde darauf hingewiesen, dass Fokin von der Expressivität der Gemälde und Skulpturen der Eremitage fasziniert war. Sein Ziel war, die Diskrepanz zwischen der tänzerischen Bewegungssprache und den in Kunstwerken vorgefundenen Posen zu verringern, um die natürliche Ausdruckskraft aus den Bildenden Künsten auf das Ballett übertragen zu können. Das gelang ihm mit dieser Pose in besonderem Maße, denn sie ähnelt stark der typischen Stand-Schreit-Position ägyptischer Skulpturen, die in der

---

377   Fokin, *Gegen den Strom*, S. 145.

Kunst – ähnlich dem seit der Antike verwendeten Kontrapost – zugleich Ruhe und Energie, Spannung und Entspannung oder auch Ewigkeit und Leben repräsentieren sollte. Die Profil-Pose hatte in Kombination mit Vermeidung des »en dehors« jedoch noch einen weiteren Vorteil, den Fokin in seinem vorigen Zitat anspricht. Die Tänzer konnten den Bühnenraum in der Profil-Position in der von Fokin als natürlichsten und schönsten genannten Bewegung, der Vorwärtsbewegung, so einnehmen, wie es vormals nur mit der Seitwärtsbewegung möglich war. Diese Vorteile in Proil-Platzierung, mit denen er gleich mehrere unwillkommene Gegebenheiten des klassischen Balletts überwand, waren allerdings gewissermaßen Nebeneffekte zu seinem Hauptinteresse, eine antikisierte Bewegungssprache zu schaffen, die durch wenig räumliche Tiefe an antike Reliefs, ägyptische Wandmalereien oder Skulpturen denken lässt.

Abb. 23: Adolf Bolm als Amoûn (SJN). Abb. 24: Ljudmila Šolar (SJN).

Abb. 25: Michail Fokin als Amoûn (SJN). Abb. 26: Michail Fokin als Amoûn (SJN).

Auffällig ist, dass die Tänzer in vielen Posen die Zweidimensionalität verstärken, indem sie trotz der seitlichen Ausrichtung von Kopf und Füßen ihren Oberkörper parallel zum Bühnenrand halten. Ein Nachteil der Profil-Position, nämlich die schlechtere Sichtbarkeit von Oberkörper und Kostüm, konnte damit ausgeglichen werden.

Abgesehen von der Platzierung der Körper sind aus starren Bildern wenig oder nur vage Informationen über die tatsächlichen Bewegungen der Tänzer zu gewinnen, weshalb damit in dieser Arbeit zurückhaltend umgegangen werden soll. Lynn Garafola wies jedoch auf Elemente hin, die für die Choreografie Fokins typisch waren. Sie bezieht sich dabei zum einen auf das zum oder in Richtung des Körpers hochgezogene Knie, das über die im Ballett übliche »retiré«-Position des Beins hinausgeht (Abbildungen 25, 27 und 30) oder die klassische »attitude« abwandelt (Abbildungen 24 und 28). Zum anderen meint sie eine von ihr mit »back bend« bezeichnete Rückbeuge des Oberkörpers, die ebenfalls die im klassischen Bewegungsvokabular als »cambré derrière« übliche Bewegung überschreitet (Abbildung 29 und 31). Beide Elemente waren für die Tänzerin zuvor wegen des Tutus in dieser Form nicht möglich. Das zum Körper hochgezogene Knie hätte den symmetrischen »Tüll-Teller« des Tutus deformiert, und das Korsett ließ wenig Spielraum für einen in sich gekrümmten Oberkörper. Tatsächlich waren diese beiden Elemente offenbar häufig in Fokins Werken unterschiedlicher Stilrichtungen mehr oder weniger stark ausgeprägt zu finden, wie z.B. in *Petruschka* (Abb. 27) oder *Scheherazade* (Abb. 28 und 29).

Abb. 27: Bronislava Nižinskaja in *Petruschka*.

Abb. 28: Tamara Karsavina   Abb. 29: Michail Fokin und Vera
in *Scheherazade* (SJN).   Fokina in *Scheherazade* (SJN).

Wie in einer weiteren negativen Kritik von Akim Volynsky von einer späten Aufführung von *Ägyptische Nächte* zu lesen ist, waren diese Elemente auch dort bzw. in *Cléopâtre* zu finden:

> »*Overall I have to say that the technique in Egyptian Nights is extremely elementary. Bas-relief predominates: the torso and head are thrown back. The hands are extended forward with open palms, parallel with the line of the feet, which are thrust with the toe of one foot toward the heel of the other. In all parts of the ballet there are distorted leaps, typical of Fokine. The classical tire-bouchon,*[378] *which has*

---

378 Der Terminus »tire-bouchon« wird insbesondere – auch wenn es sich um ein französisches Wort handelt – in der russischen Ballett-Terminologie verwendet. Bezeichnet werden damit sich einwärts drehende Bewegungen, bei denen sich das Bein in »retiré«-Position (also auf der Höhe des Standbeinknies) oder in einer »attitude devant« befindet. Akim Volynsky bezieht sich hier auf eine Pose in einer »attitude devant«. Nachfolgend wird auf den Zusammenhang zwischen »attitude devant«, »retiré« und Fokins zum Körper angezogenem Knie noch näher eingegangen.

penetrated Fokine's innovative acting since the time of Isadora Duncan, everywhere predominates. Everything adheres to tire-bouchon – the dances of the slave girls, the leaps of the youth at the beginning of the action, the dances of the artiste who leads the ballet, the dance with the sistrums, the dance with the veil – all, absolutely all. Tire-bouchon is, in essence, a forward attitude. The foot is lifted forward, is bent, and remains for several moments suspended in such a position. The dance of the fauns and satyrs this figure is extremely appropriate. If you retain tire-bouchon for along time, it cannot help but create the requisite comic impression, especially when executed without turnout.«[379]

Bilder von Michail Fokin und Ljudmila Šolar mit unterschiedlich stark zum Körper angezogenem Knie wurden schon im Zusammenhang mit der Profil-Pose gezeigt (Abbildungen 24 und 25). Das hochgezogene Knie, die parallele Ausrichtung der Füße und die Haltung des Oberkörpers vermitteln gemeinsam nicht den Eindruck von artifiziellem Ballett, sondern von stilisierter Folklore, mit der sich Fokin zur Zeit der Choreografie stark auseinandersetzte. Außerdem wird deutlich, wie Kostüme und Choreografie miteinander in Zusammenhang standen. Eine seitliche Bewegung des Beins wie von Bronislava Nižinskaja in *Petruschka* würde dem Konzept der Kostüme für *Cléopât-re* widersprechen und wäre durch den Schnitt der Röcke schwerlich möglich gewesen. Die Kostüme der abgebildeten

Abb. 30: Vera Fokina als Ta-hor (SJN).

379   Akim Volynsky, *Naked, Barefoot, and Beltless*, in: Leben der Kunst, 23. Oktober 1923, zitiert nach: Rabinowitz (Hrsg.), *Ballet's Magic Kingdom*, S. 106.

Tänzerinnen aus *Cléopâtre* waren auch an den Beinen so körpernah geschnitten, dass sie lediglich nach vorn Bewegungsspielraum zuließen. Größere Bewegungen in der zweiten, von Fokin vermiedenen Position, wären in diesen Kostümen also kaum möglich. Dies betrifft jedoch nicht nur die zweite Position, sondern auch eine Vielzahl des übrigen typischen Ballettvokabulars wie Arabesquen, Pirouetten oder sämtliche Schritte, die Freiheit in der Bewegung der Oberschenkel voraussetzen. Neben den Äußerungen des Choreografen macht also auch der Schnitt der Kostüme deutlich, wie sehr Fokin bereit war, auf diese virtuos-effektvollen Schritte zu verzichten und sich in diesem Ballett vom typischen klassisch-akademischen Ballettvokabular zu entfernen.

Ganz besonders betraf dies auch die Schuhe der Tänzerinnen, denn sie sind auf den Bildern überwiegend barfuß dargestellt – eine revolutionäre Neuerung im klassischen Ballett, die durch Isadora Duncans Barfuß-Auftritte vorbereitet worden war. Auch hier überschnitten sich Kostüm und Choreografie in ihrer Orientierung an antiken und altägyptischen Vorbildern. Zugleich schloss der Choreograf wie schon in früheren Werken die Spitzenschuhe aus, die für die Ballerinen in Petipas Werken bisher obligatorisch gewesen waren. Ähnlich wie durch den Schnitt der Kostüme verzichtete er auch hier auf die bisher übliche Möglichkeit, Virtuosität und technische Brillanz zu demonstrieren. Die Verknüpfung von Kostüm und Choreografie in *Cléopâtre* macht deutlich, wie Fokins Forderung an das »neue Ballett« als »alliance of dancing with other arts« gemeint war und welche Einschränkungen er dafür hinzunehmen bereit war.[380]

---

380   Vgl. zu Fokins Gedanken zum »neuen Ballett« Kapitel 4.1.

Abb. 31: Anna Pavlova als Ta-hor in einem »back bend« mit Michail Fokin
als Amoûn (SJN).

Im Gegensatz zur verringerten Bewegungsmöglichkeit der
Beine boten die Kostüme den Tänzerinnen zugleich eine
neue Bewegungsfreiheit im Oberkörper. Anders als insbesondere das Tutu verzichteten Baksts Kostüme auf ein Korsett.
Erst dadurch wurde die starke Rückbeuge möglich, ein typisches Element in Fokins Choreografien (Abb. 31 und 33). Die
beiden von Garafola genannten Elemente, der »back bend«
und das angewinkelte Bein, verstoßen zwar zunächst gegen
das, was in der klassisch-akademischen Ballettsprache üblich ist. Beides lässt sich aber auf sie zurückführen, wie ein
Bild verdeutlicht, auf dem ebenfalls Anna Pavlova zu sehen
ist. Es zeigt sie in Petipas abendfüllendem Ägypten-Werk von
1862 *Die Tochter des Pharaos* gemeinsam mit Michail Mordkin
(Abb. 32). Auch hier hält Anna Pavlova den Oberkörper zu-
rückgebeugt und liegt dadurch scheinbar im Arm ihres Partners. Es handelt sich um eine im klassischen Vokabular übliche Variante des »cambré derrière«: Der Kopf wird seitlich
gehalten, um die Streckung der Wirbelsäule nicht zu unter-
brechen. Hinzu kommt bei ihr die Haltung des rechten Beins
in einer »attitude devant«. Der Unterschied zum Bild oben

besteht darin, dass ihr Rücken weiterhin gerade gestreckt ist, so wie auch bei Tamara Karsavina in der Rolle der Arsinoé in *Cléopâtre* (Abb. 33). Untypisch an Tamara Karsavinas Haltung für ein »cambré derrière« ist lediglich die Profil-Position. Anna Pavlovas »back bend« (Abb. 31) geht über diese Beugung des Oberkörpers aber noch hinaus. Zudem hält sie den Hals nicht gestreckt, sondern lässt den Kopf nach hinten fallen, was die Rückbeugung des Oberkörpers optisch noch verstärkt. Ähnlich wie der »back bend« als verstärkte Variante des klassischen »cambré derrière« lässt sich auch das hochgezogene Bein mit dem angewinkelten Knie herleiten.

Abb. 32: Michail Mordkin
mit Anna Pavlova
in *Die Tochter des Pharao* (SJN).

Abb. 33: Tamara Karsavina
als Ta-hor (SJN).

Je nachdem, wie hoch das Bein zum Körper gezogen ist, gleicht es einem nicht auswärts gedrehtem »retiré devant« (wie z. B. in Abb. 25), das weiter nach oben gezogen ist, so dass die Fußspitze das Standbein nicht mehr berührt. Ist es weniger stark angewinkelt, wie etwa im Falle von Ljudmila Šolar (Abb. 24), lässt es sich mit einer klassischen »attitude devant« in Verbindung bringen, wie Anna Pavlova sie auf dem Bild mit Michail Mordkin zeigt. Die Parallele zur Folklore, die bei Šolars Pose gezogen wurde, würde man allerdings bei Anna Pavlovas Bild als Aspicia in *Die Tochter des Pharaos* niemals ziehen, auch wenn die Bewegungen der Beine in ihrer Grundstruktur ähnlich sind.

Interessant ist auch ein Vergleich der Kostüme, bei denen sich das der Aspicia fundamental von dem unterscheidet, was die Tänzerinnen in *Cléopâtre* trugen. Das Kostüm von Michail Mordkin als der in einen Ägypter verwandelte Lord Wilson hat hingegen gleich mehrere Übereinstimmungen mit dem Michail Fokins bzw. Adolf Bolms als Amoûn. Identisch sind das Brustband und der Kleopatra-Kragen, die Manschetten an den Armen sowie die Sandalen. Pavlova als Aspicia trägt zum Tutu helle Strumpfhosen, Spitzenschuhe und eine Frisur in der Mode der Jahrhundertwende. Außer dem Kopfputz ist an ihr nichts zu entdecken, was sich auf das ägyptische Sujet beziehen ließe. Genau mit jenem Problem, das sich an Anna Pavlova als Aspicia zeigt, sah sich Fokin also konfrontiert, als er die bereits fertiggestellten Kostüme für *Ägyptische Nächte* inspizierte.

Rufen wir uns noch einmal Fokins erste Regel für ein »neues Ballett« aus seinem Brief an die *Times* im Jahre 1916 in Erinnerung: »To create in each case a new form corresponding to the subject, the most expressive form possible for the representation of the period and the character of the nation represented – that is the first rule of the new ballet.«[381] Wie dieser Punkt seiner Theorie bei *Cléopâtre* in die Praxis umgesetzt wurde, kann also durchaus anhand der Fotos nachvollzogen werden, auch wenn bewegte Bilder der Originalchoreografie nicht vorliegen. Deutlich wird, dass er auf Grundlage des

---

381 Vgl. Kapitel 4.1.

klassischen Ballettvokabulars eine eigene Bewegungssprache für *Cléopâtre* zu entwickeln versuchte. Er orientierte sie an historischen Vorbildern, erhob durch die tänzerische Stilisierung aber keinen Anspruch auf die Darstellung eines authentischen ägyptischen Tanzes. Fokin choreografierte – soweit sich diese Aussagen aus den Studioaufnahmen treffen lassen – *Cléopâtre* schon damals nach dem ersten seiner fünf Punkte, die er erst 1914 publizieren sollte.

Fokin betonte, das Bacchanal in *Cléopâtre* – offenbar ähnlich wie in *Eunice* – für das Ensemble gestellt zu haben und dass dieser Teil vom Publikum außerordentlich gut aufgenommen worden sei. Er nennt diesen Teil die »Verwirklichung meines Traums vom antiken Tanz« und schreibt, er habe »in keiner einzigen Pose, in keiner einzigen Bewegung die Gesetze der Choreographie antiker Themen verletzt […]. Alle Posen stimmten mit dem überein, was wir auf den Basreliefs sehen, und doch stellten sie keine bloßen Kopien dar, sondern Bewegungen, die ganz natürlich aus ihnen hervorgehen oder in ihnen enden. Beim ›Lesen‹ der Basreliefs muß man verstehen, daß die erreichte Pose stets das Resultat einer bestimmten Bewegung ist.«[382]

Besinnt man sich erneut auf die fünf Punkte, die Fokin später formulieren sollte, so hebt er in seiner Betonung des Bacchanals von *Cléopâtre* zwei davon besonders hervor. Das Bacchanal symbolisiert den Höhepunkt der Liebesnacht Amoûns und Kleopatras und schließt das Divertissement ab. Dieses Divertissement war durch die Änderungen in der Handlung plausibler verankert worden, denn es handelte sich nicht mehr nur um ein in der Handlung verzichtbares Fest für die Ankunft des Antonius wie noch in *Ägyptische Nächte*, sondern symbolisierte nun die nächtliche Orgie. Die »expressive crowd«, von der Fokin in seinem fünften Punkt spricht und

---

382 Fokin, *Gegen den Strom*, S. 169.

für die er das Bacchanal choreografiert hatte, war somit nicht nur sinnvoll in der Handlung verankert. Es handelt sich zugleich um die für Fokin typische Massenszene, hier als Repräsentation des ausschweifenden Festes. Die Hauptrolle kam in dieser Szene nicht dem Liebespaar, sondern dem Ensemble zu. Die expressive Ausgelassenheit des Tanzes verdeutlicht eine Zeichnung Adrian Paul Allinsons aus dem Jahr 1918 mit dem Titel *Lydia Lopokova as the Bacchade in Cléopâtre* (Abb. 34).

Abb. 34: Adrian Paul Allinson, *Lydia Lopokova as the Bacchade in Cléopâtre* (SJN).

Die Arme sind nach hinten oben über den Kopf geworfen, ein Bein ist nach vorne in der für Fokins Choreografien typischen Bewegung angewinkelt. Lidija Lopukovas nächste Bewegung scheint unberechenbar, sie könnte sich im nächsten Moment auf den Boden werfen, in einem weit ausgreifenden, schwungvollen Ausfallschritt nach vorne weitertanzen oder gerade im Begriff sein, einen großen Sprung zu beginnen. Offenbar schien es Allinson wichtig, nicht den folgenden Sprung oder die Pose, zu der Lopukova auf dem Bild anzusetzen scheint, festzuhalten, sondern die unberechenbare Dynamik, mit der die Tänzerin von einer zur nächsten Bewegung wechselt. Fokin selbst wurde bereits mit einer Beschreibung des Bacchanals zitiert, die hier noch einmal wiederholt werden soll:

> »Man bedeckte uns [Fokin als Amoûn und Rubinštejn als Kleopatra; C. M.] mit Schleiern und bestreute uns mit Rosen. Die Musik war betörend, ein Tanz folgte dem anderen. Mehr und mehr verwandelte sich das Kaiserliche Fest in eine rasante Orgie. Ich fühlte, daß die Ta-hor der Pawlowa ergreifend schön war. Ich glaubte, daß es uns gelungen war, das Publikum in die phantastische Welt einzubeziehen. Die Bacchantinnen, voran V. Fokina und O. Fedorowa, rasten. Fokina sauste wie der Wind über die Bühne, und Fedorowa erstarrte in sinnlichen, wollüstigen Bewegungen. Zum Schluß fingen sich alle an zu drehen und warfen sich in heftiger Ekstase auf die Erde.«[383]

Von den vormals kontrollierten statuarischen Stand-Schreit-Posen ist hier nichts mehr vorhanden, vielmehr fühlt man sich an die Bilder revolutionären Aufbruchs erinnert, die Lynn Garafola und André Levinson mit einer entsprechenden Passage aus dem Ballett *Eunice* von 1907 in Zusammenhang gebracht hatten.[384]

In Bezug auf die Tänze in *Cléopâtre* soll noch einmal darauf hingewiesen werden, dass es Bakst und Fokin nicht um eine authentische Wiedergabe ägyptischer Tänze oder Bekleidung ging. Durch Aufgreifen verschiedener Elemente der antiken Kunst und der Aufgabe typischer Ballettprinzipien suggerierte das Ballett aber offenbar dennoch eine stilistische Geschlossenheit, die die Erwartungen des Publikums an ein überzeugendes Bühnen-Ägypten befriedigte, wenn nicht sogar übertraf. Boris Kochno erinnert sich, dass Kaiser Wilhelm

---

383 Fokin, *Gegen den Strom*, S. 170.

384 Vgl. Kapitel 4.1.

II., der sich für einen großen Ägyptenkenner hielt, von einer Aufführung in Berlin im Jahr 1910 so begeistert war, dass er den Teilnehmern eines gerade stattfindenden Archäologenkongresses den Besuch einer Vorstellung empfahl.[385]

In *Cléopâtre* gab es jedoch auch Bewegungen, die nicht Teil einer rein tänzerischen Szene waren. Fokin lehnte die übliche pantomimische Umsetzung solcher Passagen strikt ab und schreibt hierzu in seinem Brief an die *Times*:

> »[...] *The new ballet admits the use of conventional gesture only where it is required by the styles of the ballet, and in all other cases [it] endeavours to replace gestures of the hands by mimetic of the whole body. Man can be and should be expressive from head to foot.*«

Abb. 35: Lidija Sokolova als Ta-hor in *Cléopâtre* (SJN).

Eine Aussage über die Gesten der Tänzerinnen und Tänzer außerhalb des Tanzes zu treffen, ist schwierig, denn die meisten Abbildungen lassen durch ihre Dynamik oder einen hohen Grad an Stilisierung darauf schließen, dass es sich um eine Pose handelte, die einer tänzerischen Sequenz entstammte. Diese boten sich offenkundig auch mehr für eine Abbildung mit Wiedererkennungswert an. Insofern finden sich nur we-

---

385 Buckle, *Diaghilev*, S. 168.

nige Bilder, die nicht eine tänzerische Position, sondern ausschließlich einen emotionalen Ausdruck oder eine Körpergeste zeigen, die zu gesprochenen Worten vorstellbar gewesen wäre. Zwei dieser wenigen Abbildungen sollen hier beispielhaft gezeigt werden, von denen die erste aus dem Jahr 1920 bereits in Kapitel 3.3 zu sehen war (Abb. 35).

Dass Lidija Sokolova als Ta-hor auf diesem Bild nicht tanzt, ist offensichtlich; ihre Körpersprache lässt darauf schließen, dass sie vor Kleopatra zu Boden gefallen ist und diese um Gnade für ihren Verlobten anfleht.[386] Die typische Geste der konventionellen Ballettpantomime würde an dieser Stelle keine am Boden liegende Tänzerin vorsehen, sondern eher gefaltete oder an die Brust gedrückte Hände und eine Körperposition in der Révérence oder auf dem Knie. Lidija Sokolova unterstreicht ihre unhörbaren Bitten expressiv durch die Blickrichtung, die hochgezogenen Schultern und die defensive Körperhaltung.

Fokins Bemühen um eine realistische Erzählweise des Körpers jenseits der üblichen Pantomime wird auch anhand eines Fotos von Adolf Bolm deutlich, das in der realistischen Darstellung bis an die Grenzen des Hässlichen geht (Abb. 36). Bolm hat in der Rolle des Amoûn soeben den Giftbecher getrunken und ringt jetzt um Luft und Leben. Man meint ihn geradezu röcheln und nach Luft schnappen zu hören. Die Szene auf dem Foto ist so lebendig, dass sie sich automatisch im Kopf weiterspinnt, man meint Bolm gleich stürzen und stöh-

---

386   Darüber hinaus existiert ein weiteres Foto von Lidija Sokolova, das sie in einer ähnlichen, halb am Boden liegenden Position mit einer bittend erhobenen Hand zeigt. Neben ihr ist noch Flore Revalles in der Rolle der Kleopatra zu sehen, die ihr den Rücken zuwendet und ihr einen verächtlichen Blick über die Schulter zuweist. Das Bild ist über den Katalog der New York Public Library digital unter der Signatur *MGZE (Revalles, Flore, no. 39) abzurufen.

nend sterben sehen zu müssen. Auch hier wird Fokins Bereit-
schaft für ein Abrücken vom klassischen Vokabular hin zu einer neuen Bewegungssprache deutlich: Ein Siegfried stirbt in
den Wellen des Schwanensees eleganter.

Abb. 36: Adolf Bolm als Amoûn in *Cléopâtre* (SJN).

Auch wenn die Quellen zu *Cléopâtre* begrenzt sind und sich
daher über die Choreografie nur wenige Aussagen treffen
lassen (ganz zu schweigen von einer Rekonstruktion), so
wird dennoch deutlich, wie sehr Fokin darum bemüht war,
für *Cléopâtre* eine individuelle Bewegungssprache zu schaffen,
die an antike Kunst und ägyptische Vasenmalereien angelehnt war, aber den Tänzerinnen und Tänzern dennoch genügend Freiraum für eine expressive Gestaltung der Handlung
ließ. Welche Elemente in *Cléopâtre* bereits aus früheren Arbei-

ten übernommen worden waren, konnte ebenso gezeigt werden. Auch wenn es sich bei *Cléopâtre* um eine frühe Choreografie Fokins und um eine der ersten Ballets-Russes-Werke handelt, so sind die typischen Merkmale seines Stils und insbesondere der später folgenden exotischen Ballette bereits hier angelegt. In mehrfacher Hinsicht ist sein Schaffen gleichfalls im Stil Petipas verwurzelt. Zunächst bildete die klassische Technik für ihn selbst, aber auch für die Tänzerinnen und Tänzer, mit denen er arbeitete, die wichtigste Grundlage. Auch die äußere Struktur von *Cléopâtre* verweist auf die übliche Form der Gattung und speziell auf die späten Miniaturballette Petipas. Am deutlichsten wird Fokins Auseinandersetzung mit seinem mächtigen Vorgänger aber in seinen Bemühungen um das »neue Ballett«, das in *Cléopâtre* erstmals mit großem Erfolg und über die Grenzen Russlands hinaus gezeigt werden konnte. Je stärker Fokin um die Überwindung der bisherigen Konventionen von Virtuosität und Pantomime, Tutu und Spitzenschuh bemüht ist, umso mehr bestätigte er damit zugleich, wie ernst er den Stil und das Erbe Petipas nahm. Und in der Tat war es ihm stets wichtig, den klassischen Stil nicht aufzugeben oder aus seinem Schaffen auszuschließen. Es kann also auch kaum ein Zufall sein, dass die Choreografien, die er so wegweisend für sein »neues Ballett« hielt, nämlich *Eunice*, *Ägyptische Nächte* und *Cléopâtre*, jeweils gemeinsam mit Werken Fokins uraufgeführt wurden, die die Sprache des romantischen Balletts genauso als Vehikel für expressiven Tanz verwendeten wie die Bewegungen nach Vorbildern antiker und ägyptischer Kunst. *Eunice* erlebte gemeinsam mit *Chopiniana* am 10. März 1907 seine Uraufführung, *Ägyptische Nächte* mit einer *Rêverie romantique – Ballet sur la musique de Chopin* am 8. März 1908 und *Cléopâtre* mit *La Sylphide* am 2. Juni 1909.[387] Alle drei Abende luden

---

387 Akim Volynsky, der *Eunice* und Fokins »neues Ballett« sehr kritisch besprochen hatte, übersah dieses Konzept der sich stilistisch gegenüberstehenden Stücke offenbar und schrieb über *Chopiniana*

also zu einer Reise in eine antik-exotische und romantisch-fantastische Welt ein. Jede Welt beanspruchte für sich nicht nur ihre eigene Bühnenausstattung, sondern auch ihre eigene gültige Bewegungssprache und Expressivität – eine Kleopatra in Spitzenschuhen war also genauso wenig denkbar, wie die vielen weißen Marie Taglionis aus *Chopiniana* bzw. *La Sylphide* barfuß auf die Bühne treten zu lassen.

4.3 Fokins Gestaltungskonzept der Kleopatra-Figur

Wie in den letzten beiden Kapiteln deutlich wurde, widersetzte sich das Ballett *Cléopâtre* in mancherlei Hinsicht dem typischen Kanon für ein traditionelles klassisches Ballett. Es finden sich weder die üblichen Tutus noch Spitzenschuhe, die Bewegungen sind ausgehend vom klassischen Vokabular zu einer individuellen Bewegungssprache nach Vorbildern aus der antiken und altägyptischen Kunst zusammengefügt. Die Posen, Haltungen oder Bewegungsabläufe ließen sich nicht ohne weiteres in andere Ballette mit einem anderen Sujet übertragen. Ganz besonders fällt allerdings die Titelrolle der Kleopatra aus dem üblichen Schema heraus: Obwohl sie die zentrale Figur des Balletts ist – nicht zuletzt trägt das gesamte Werk ihren Namen –, sah Michail Fokin für ihre Besetzung keine klassisch ausgebildete Tänzerin vor. Dies war für die Produktion von 1909, in der Ida Rubinštejn die Kleopa-

entsprechend seiner sehr konservativen Ästhetik: »Chopiniana is a charming miniature and Fokine's best creation on the Mariinsky stage: But I don't see any new directions here. This is the same classical dancing that has been around for centuries, which no passing business enterprises and cheap, fashionable trends aimed at the wasteland of public indifference can destroy. There are in classical dancing great ideas and the genius of classical culture, which has survived the storm of historical havoc and transformation.« Akim Volynsky, ›Eunice‹ and ›Chopiniana‹, in: Rabinowitz (Hrsg.), *Ballet's Magic Kingdom*, S. 25.

tra »verkörperte« (im wahrsten Sinne des Wortes, denn sie war weder Tänzerin noch ausgebildete Schauspielerin), aber nicht neu. Bereits in der Version des Balletts, das noch unter dem Titel *Ägyptische Nächte* in Sankt Petersburg aufgeführt worden war, hatte Fokin die Rolle mit einer Schauspielschülerin besetzt. Ähnliche, der Gattung widersprechende Besetzungen zentraler Rollen waren (wenn überhaupt) eher aus der Oper bekannt, z. B. die Fenella in Daniel-François-Esprit Auberts Oper *La Muette de Portici* (1828). Wie der Titel bereits andeutet, handelt es sich bei Auberts Figur um ein stummes Mädchen, das sich demzufolge nicht über die Stimme als das eigentliche Ausdrucksmedium der Gattung Oper auszudrücken vermag. Sie kommuniziert daher auf eine der Gattung fremde Weise und war mit einer Tänzerin besetzt. Ein weiteres Beispiel kam in dieser Studie bereits zur Sprache, nämlich Nikolaj Rimskij-Korsakovs Zauber-Ballett-Oper *Mlada* (1892). In diesem Werk singt Mlada nicht, denn sie ist bereits zu Beginn der Handlung gestorben und lediglich als ein stummer, tanzender Schatten auf der Bühne zu sehen. Auch diese Opernrolle wurde für eine Tänzerin konzipiert.

Ein so vordergründiger Anlass, auch Kleopatra in der Rollengestaltung von den übrigen Charakteren abzusetzen wie in diesen beiden Beispielen, ist im Libretto von *Cléopâtre* jedoch nicht existent. Hinzu kommt, dass Michail Fokin für die Rolle der Kleopatra nicht auf eine professionelle Darstellerin aus einer anderen Sparte des Theaters auswich wie im Falle von Rimskij-Korsakovs *Mlada*. Er besetzte Kleopatra nicht mit einer Sängerin oder Schauspielerin aus dem Mariinskij-Theater. Die pantomimische Erzählweise lehnte er, wie in den beiden vorangegangenen Kapiteln erläutert, vehement ab. Welche Bewegungen für Ida Rubinštejn und ihre Vorgängerin in der Partie en détail vorgesehen waren, lässt sich im Einzelnen nicht mehr nachvollziehen. Fest steht lediglich, dass die Rolle kein ausgeprägtes tänzerisches Moment beinhaltete. Bei genauerer Betrachtung ihrer Funktion innerhalb des Werks scheint es, als habe Fokin die Bewegung nicht für sie, sondern vielmehr um sie herum choreografiert und diese Partie als einen passiven Fixpunkt angelegt. Dies betrifft etwa ihren Auftritt im Sarkophag, bei dem sie kaum selbst etwas zu tun hatte, sondern hereingetragen und von Sklaven aus Tüchern ausgewickelt wurde. Lediglich den letzten Schal zog sie sich selbst vom Körper. Der weitere Handlungsverlauf sah für sie an aktiven Handlungen nur noch vor, sich auf einen Divan zu begeben, dort auf Amoûns Werben einzugehen, sich mit ihm von Tüchern verhüllen zu lassen, am Ende des Balletts die Vergiftung zu befehlen und anschließend wieder die Bühne zu verlassen.

Abb. 37: Vaclav Nižinskij und Ida Rubinštejn in *Cléopâtre*, Zeichnung von Georges Barbier (SJN).

Ida Rubinštejn, die 1909 in Paris als Kleopatra auftrat, hatte Ballettunterricht bei Michail Fokin erhalten, so dass bei ihr zumindest Grundlagen für eine gewandte Bewegung auf der

Bühne vorausgesetzt werden konnten. Im Rahmen der Einstudierung des *Tanz der sieben Schleier* für Richard Strauss' *Salome* erinnerte sich Fokin, dass er mit ihr nicht nur den choreografischen Teil zu bewältigen hatte; gleichzeitig war er damit befasst, aus Ida Rubinštejn – so gut es ging – eine bühnentaugliche Tänzerin zu machen. In Anbetracht der professionellen und langjährig ausgebildeten Künstler, von denen Ida Rubinštejn in *Cléopâtre* auf der Bühne umgeben war, musste es in Fokins Interesse gelegen haben, die Bewegungen der Rubinštejn auf ein Minimum zu reduzieren oder zumindest davon abzusetzen, um die Diskrepanz möglichst zu kaschieren. Dies scheint insbesondere deshalb wahrscheinlich, da die Rolle im Jahr 1908 von einer Schauspielschülerin interpretiert wurde, die vermutlich über ebenso wenig tänzerische Vorkenntnisse verfügte. Die Hauptpartie von *Cléopâtre* war also dahingehend angelegt, dass sie von einer Person interpretiert werden konnte, die über keine professionelle Tanzausbildung verfügte, aber dafür die Rolle umso mehr durch physische Schönheit, Ausstrahlung und Bühnenpräsenz auszufüllen vermochte. Da Ida Rubinštejn für eine bereits existierende Partie ausgewählt worden war, konnte ihr schlanker, auffallend attraktiver und exotisch wirkender Körper und dessen Bühnenwirkung nicht der Anlass gewesen sein, die Figur der Kleopatra nicht als konventionelle Tanzrolle anzulegen. Der Grund für das choreografische Gestaltungskonzept muss also in der Kleopatra-Figur selbst gesucht werden. Fokin gibt für die Anlage der Rolle in seinen Erinnerungen nur einmal eine Begründung, die aber zunächst keine befriedigende Antwort liefert:

> *Die Cleopatra wurde [in* Nuit d'Egypte *im Jahr 1908; C. M.] von der Time gespielt, die noch eine Schauspielschülerin war. Es schien mir, daß eine Künstlerin, die nicht zum Ballett gehörte, diese Rolle leichter gestalten könne, weil sie große Leidenschaft, verschiedene Nuancen an Liebesgefühl und überhaupt keinen Tanz verlangte.*«[388]

---

388 Fokin, *Gegen den Strom*, S. 149.

In zweierlei Hinsicht verwundert diese Argumentation, da es grundsätzlich in Fokins Interesse lag, gerade durch den Tanz Gefühle möglichst authentisch, also ohne pantomimische »Erklärung« zu transportieren. Obwohl er mit denjenigen Tänzerinnen zusammenarbeitete, die seinem künstlerischen Konzept zu folgen bereit waren, konnte er sich offenbar keine von ihnen in der Rolle der Kleopatra vorstellen. Fraglich ist zudem, warum Fokin Kleopatra einen besonderen Expressionsgrad zuwies, aber zugleich der Meinung war, die Rolle erfordere gerade deshalb keine tänzerische Umsetzung. Für eine Auflösung dieser Widersprüche lohnt sich ein Ausflug in die Geschichte der Bühnen-Kleopatras.

Die ägyptische Königin war auf der Ballettbühne im Jahr 1908 kein Neuling. Der sie umgebende Mythos war über Jahrhunderte hinweg immer wieder auch tänzerisch umgesetzt worden. Ein erstes Ballett zum Thema wurde unter dem Titel *Antoine et Cleopatra* bereits 1765 in Ludwigsburg mit der Choreografie von Jean Georges Noverre uraufgeführt. Bis heute entstanden außer dem in dieser Arbeit behandelten Ballett weitere 20 getanzte Werke, insgesamt vier vor 1800, sieben im 19. Jahrhundert und zehn im 20. Jahrhundert.[389] Von den 13

---

389 Diese und die folgende Statistik von musikalischen Werken zum Sujet der Kleopatra folgt Alexander Reischert, *Kompendium der musikalischen Sujets*, Kassel 2001. Folgende Werke für Tanz sind laut Reischert nachgewiesen: Jean Georges Noverre (1727–1810), *Antoine et Cleopatra*, Ballett, Ludwigsburg 1765; Giuseppe Antonio Le Messier, *Il trionfo di Cesare in Egitto*, Ballett in der Choreografie von C.G. Canzani, Turin 1776; Giuseppe Canciani, *Kleopatra*, Ballett, Venedig 1778; Domenico Maria Gasparo Angiolini (1731–1803), *La morte di Cleopatra*, Ballett, Mailand 1780; Francesco Clerico (um 1755 bis nach 1833), *Kleopatra*, Ballett, Wien 1800; Rodolphe Kreutzer (1766–1831), *Les amours de Antoine et Cléopâtre*, Ballett in 3 Akten mit der Choreografie von J.-P. Aumer, Paris 1808; Gaetano Gioia (1768–1826), *Cesare in Egitto*, Ballett, Rom 1809; Pietro Raimondi (1786–1853), *Ottaviano in Egitto*, Ballett, Neapel in den 1820er Jahren; Wenzel Robert von Gallenberg

Balletten, die vor *Cléopâtre* konzipiert wurden, kannte Fokin vermutlich jedoch kein einziges, weil sie sämtlich in Westeuropa uraufgeführt worden waren. Keines dieser Werke war so bedeutend, dass beispielsweise Petipa sich veranlasst gesehen hatte, es in Russland auf die Bühne zu bringen. Für Fokins Kleopatra-Bild und sein *Cléopâtre*-Ballett waren diese Werke mit sehr hoher Wahrscheinlichkeit also nicht relevant. Möglich ist, dass er eine der zahlreichen Kleopatra-Opern gehört oder sich mit dem Libretto oder einer Partitur im Vorfeld des Balletts beschäftigt hatte.[390] An keiner Stelle

---

(1783–1839), *Cesar in Ägypten*, Ballett mit der Choreografie von L. Astolfi, Wien 1829; Paolo Giorza (1832–1914), *Cleopatra*, Ballett, Mailand 1859; Alessandro Busi (1833–1895), *Giulio Cesare*, Ballett, Mailand 1875; Hervé (1825–1892) [eigtl. Florimond Ronger], *Cléopatra*, Ballett mit der Choreografie von Katti Lanner (1829–1908), London 1889; Georges Jean Pfeiffer (1835–1908), *Cléopâtre*, Balletpantomime, Szenario von J. Bernac und A. Mercklein, 1900; Olivier Cambon, *Cléopatra*, Balletpantomime in 3 Akten, Szenario von Henri Moreau und Charles Quinel, Paris 1906; Edouard Mathé, *Cléopâtra*, Ballett, Szenario von Paul Frank, Paris 1910; Rejngol'd Glièr (1875–1956), *Kleopatra*, Ballett-Mimodram, 1925; Walter Fried (1907–1992), *Kleopatra*, Sinfonisches Tanzdrama in 3 Bildern op. 22, Prag 1943; Ernst Ludwig, *Legende vom Nil*, Ballett mit der Choreografie von H. Haas, Weimar 1948; Theo Goldberg (*1921), *Nacht mit Kleopatra*, Ballett, Karlsruhe 1952; Ed. Lasarev, *Antonius und Kleopatra*, Ballett mit der Choreografie von I. Černyšov, Leningrad 1968; Ugo Dell'Ara (*1921), *Notte egizane*, Ballett unter Verwendung von Musik von Prokov'ev, Mailand 1971; Murray Louis (*1926), *Cleopatra*, Ballett, Kopenhagen 1976; John Fisher, *Cleopatra. The Musical*.

390 Es existieren mindestens 87 musikdramatische Werke allein zum engeren Themenkreis der Kleopatra. Auftritte der Kleopatra als Nebenfigur in Opern mit verwandtem Sujet (z. B. zu Augustus oder Julius Caesar) oder wie in Rimskij-Korsakovs *Mlada* sind dabei nicht eingerechnet. Auch diese 87 Werke verteilen sich wie die Ballette über die Jahrhunderte, sogar noch gleichmäßiger als im Falle der Ballettkompositionen. Es entstanden ungefähr 28 Opern vor 1800, ca. 33 Kompositionen im 19. Jahrhundert

spricht Fokin jedoch von einem exponierten Theater- oder Opernerlebnis, das sein Kleopatra-Bild unmittelbar geprägt haben könnte. Insofern unterlag seine Vorstellung wohl eher dem kollektiven und stereotypen Bild, das sich insbesondere durch die Literatur im Laufe der Jahrhunderte herausgebildet hatte. Die Kleopatra, wie sie in der Literatur geschildert wurde, übertrug sich häufig in die Kleopatra-Darstellungen anderer Sparten, also in die Malerei oder über Libretti und literarische Vorlagen in musikalische Werke wie Opern, Melodramen, Ballette oder sinfonische Dichtungen. Die Inhalte, für die das Bild der Kleopatra stand, hatten bis um die Wende vom 19. zum 20. Jahrhundert Wandlungen und Hinzufügungen durchlaufen, denn das Interesse der Autoren an Kleopatra war seit der Renaissance und der Wiederentdeckung der Antike nie abgeflaut. An welchem Punkt das Kleopatra-Bild kurz nach 1900 angekommen war, lässt sich anhand literarischer Bearbeitungen ablesen – besonders an jenen, die zu ihrer Zeit eine hohe Popularität genossen.

Literarisch prominente Verarbeitung hatte Kleopatra bereits im 14. Jahrhundert bei Dante Alighieri in der *Divina Commedia* gefunden. Im 5. Gesang begegnet der Erzähler der Königin in der Hölle, wo sie für ihre Liebessünden büßen muss. Auch Giovanni Boccaccio schrieb ihr 1361/62 in seiner Sammlung von Lebensbeschreibungen *De claris mulieribus* Lüsternheit und Grausamkeit zu. Der eigentliche Reigen ägyptischer Königinnen auf der Bühne begann jedoch erst im Jahre 1552, wobei sich bis 1885 39 Bearbeitungen des Kleopatra-Sujets al-

---

und in etwa weitere 26 Bearbeitungen zum Thema im 20. Jahrhundert. Hinzu kommen ca. 27 sonstige musikalische Bearbeitungen wie Kantaten, Bühnenmusiken oder sinfonische Dichtungen, wobei lediglich vier vor 1800 entstanden, 13 im 19. und zwölf im 20. Jahrhundert.

lein für die Theaterbühne finden lassen.[391] Gleich zwei Autoren widmeten sich der Kleopatra 1552 mit inhaltlich und formal ähnlichen Tragödien, Cesare De'Cesari in *Cleopatra* und Étienne Jodelle in *Cléopâtre captive*. Bei Étienne Jodelles Werk handelt es sich mit der ersten französischen Tragödie um einen Markstein der Literaturgeschichte. Jodelle orientierte sich am Tragödienmodell Senecas und griff zwei Hauptelemente aus dem Kleopatra-Stoff heraus, einerseits die Liebe der stolzen ägyptischen Königin zu Antonius, andererseits den Willen Oktavians, die Feindin lebendig nach Rom zu bringen, um sie im Triumphzug dem Volk vorführen zu können. Wie bei Dante und Boccaccio werden bereits hier Verbindungen zwischen Charakterzügen der Kleopatra und ihren Liebesbeziehungen hergestellt. Dennoch sollte bei Jodelle anhand der Kleopatra-Figur ein Verhaltensideal vorgeführt werden, da die edelmütige und selbstbewusste Frau trotz ihrer Verfehlungen gelassen und mit aller Entschiedenheit in den Tod geht, nachdem ihr kein anderer ehrenvollerer Weg mehr offensteht. Auch andere Bearbeitungen des Kleopatra-Stoffs im 16. Jahrhundert stellen sie überwiegend als positive Heldin in den Mittelpunkt. Erst im 17. Jahrhundert kommen negative Züge hinzu, wobei die bekannteste Bühnen-Version wohl Shakespeares *Antony and Cleopatra* (vermutlich 1607) ist.[392]

Heute weniger im Bewusstsein als Shakespeares Drama, aber bis ins 18. Jahrhundert als eines der bekannten und beispielhaften barocken Trauerspiele galt Daniel Casper von Lohen-

---

391 Vgl. Carola Hilmes, *Kleopatra. Das versteinerte Frauenbild und die Geschichte eines verteufelten Eros*, in: Helmut Kreuzer (Hrsg.), *Don Juan und Femme fatale*, München 1994, S. 99–116.

392 Vgl. Elisabeth Frenzel, *Stoffe der Weltliteratur*, Stuttgart 1998, S. 440. Elisabeth Frenzel nennt für das 16. Jahrhundert noch weitere Beispiele von G. B. Giraldi Cinzio (*Cleopatra*, 1555), C. Pistorelli (*Marc Antonio e Cleopatra*, 1576), N. de Montreux (*Cléopâtre*, 1595) und R. Garnier (*Marc-Antoine* 1578; 1592 in englischer Übersetzung); für das 17. Jahrhundert sind weitere zehn Beispiele angeführt.

steins *Cleopatra* von 1661, das in den folgenden 100 Jahren fünf Auflagen erlebte. Sowohl Shakespeare als auch Lohenstein sind insofern typisch für ihre Zeit, weil anhand des Kleopatra-Stoffes fast immer der Konflikt zwischen persönlichen und gesellschaftlichen Interessen thematisiert wird. Dieser innere Konflikt von Antonius und Kleopatra zwischen der persönlichen Liebe zum Staatsfeind und der zum eigenen Volk wird zugleich von einer Gegenüberstellung von Orient und Okzident überspannt. Die Kleopatra-Verarbeitungen des 18. und 19. Jahrhunderts zehren von diesen Motiven der wahlweise entsagungsbereiten Heldin, großen Liebenden oder kühl kalkulierenden Königin.

Beeinflusst von diesen Dramen entstand über die Jahrhunderte eine erhebliche Anzahl von Kompositionen und insbesondere Opern, von denen Georg Friedrich Händels *Giulio Cesare in Egitto* (1723/24) die populärste Händel-Oper überhaupt und ein regelrechter »Antiken-Schlager« wurde.[393] Sie alle stellen jedoch den erwähnten Konflikt zwischen privaten und gesellschaftlichen Interessen in den Mittelpunkt. Dieser fällt erstmals in Aleksandr Puškins *Ägyptische Nächte* und in ausführlicherer Ausarbeitung in Théophile Gautiers Novelle *Une Nuit de Cléopâtre* weg, also in den beiden Vorlagen für das Ballett *Ägyptische Nächte* bzw. *Cléopâtre*. In beiden Fällen wird er vollständig durch die Episode ersetzt, in der ein Jüngling für die Liebe der Kleopatra mit dem Leben bezahlen muss.[394] Um die Mitte des 19. Jahrhunderts ist für die Autoren der erwähnte Konflikt für die Kleopatra-Darstellungen aber offenbar immer weniger von Interesse.[395]

---

393   Christoph Schäfer, *Kleopatra,* Darmstadt 2006, S. 270.

394   Gautiers Stoff wurde von zwei Komponisten als Librettovorlage für Opern verwendet, nämlich von Wilhelm Freudenberg (*Kleopatra,* 1881) und Victor Félix Massé (*Une nuit de Cléopâtre,* 1884).

395   Ein Kompendium an Kleopatra-Bearbeitungen in der Literatur und Kunst bietet Luci Hughes-Hallet, *Cleopatra. Histories, Dreams,*

Die Schlange, anhand derer sich Kleopatra umgebracht haben soll, wird häufig symbolisch in der Malerei aufgegriffen und verkörpert in Assoziation mit der Kleopatra-Legende Verderben bringende Sinnlichkeit. Durch die Verbindung der Schlange als Symbol für die Sünde und den Hinweis von Sextus Aurelius Victor auf die Promiskuität der Königin[396] entwickelte sich Kleopatra zu einem weniger ausdifferenzierten Charakter als etwa noch bei Shakespeare oder Lohenstein: »In dem Maße, wie die historische Treue bei der Bearbeitung an Bedeutung verliert, schiebt sich das Kleopatra angeheftete Bild eines wollüstigen Machtweibes und einer dämonischen Verführerin in den Vordergrund. Ihr Name wird zu einem Synonym für Femme fatale.«[397] Zu einem sehr ähnlichen Ergebnis wie Carola Hilmes kam zuvor bereits Mario Praz. In seiner Studie *Liebe, Tod und Teufel. Die schwarze Romantik* bespricht er eine der beiden Hauptvorlagen des *Cléopâtre*-Balletts, nämlich Théophile Gautiers Novelle *Une Nuit de Cléopâtre* – ein Werk, das sich wie bereits erwähnt früh auf diesen Aspekt des Sujets verlagerte: »Hier hebt sich gegen den exotischen Hintergrund, der wie in einem Inventar genau beschrieben wird, die Gestalt der *Belle Dame sans Merci*, des Vamps, deutlich ab. [...] Cleopatra ist eine der ersten romantischen Verkörperungen des Vamps.«[398]

Wie die Figur der Kleopatra ist auch die Femme fatale bzw. der Vamp, zu dem sich die Femme fatale nach Praz im Lauf der Zeit entwickelte, zu Beginn des 20. Jahrhunderts nichts Neues. Bereits in alttestamentarischen Schriften finden sich Frauengestalten dieser Art mit Namen Herodias oder Salo-

---

Distortions.

396 Vgl. Kapitel 3.1.

397 Hilmes, *Kleopatra. Das versteinerte Frauenbild und die Geschichten eines verteufelten Eros*, S. 99.

398 Mario Praz, *Liebe, Tod und Teufel. Die schwarze Romantik*, München 1981, S. 181.

me. Die Femme fatale ist also keine mythische Einzelfigur wie Kleopatra, sondern ein »Typus der kollektiven Phantasie und eine übergreifende Bezeichnung für mythische Figuren, für fiktive Figuren, für ideologieträchtige Symbolfiguren der Erotik, die das eine gemeinsam haben, daß sie dem Mann zum Verhängnis zu werden drohen, der in ihren weiblichen Bannkreis gerät.«[399] Kleopatra findet sich im Laufe des 19. Jahrhunderts zunehmend in der gleichen Schublade wie ihre fatalen Schwestern im Geiste: Gaia, Pandora, Circe, Helena, Medea, Klytämnestra, Venus oder Semiramis aus der Mythen-, Sagen- und Antikenwelt, ebenso historische Gestalten mit entsprechendem Ruf, z. B. Lucrezia Borgia, Madame Pompadour oder Lola Montez. Zum Teil überschneidet sich das Bild der Femme fatale mit Eigenschaften, die auch Undinen, Melusinen oder Sylphen der Romantik nachgesagt werden, wobei diese Wesen von der Beschäftigung mit romantischer Naturphilosophie und der Freude am Schauerlichen beeinflusst sind.[400]

Mit der Femme fatale werden im abendländischen Kulturkreis ausgehend vom Sündenfall Themen wie Verlust der Unschuld, Versuchung, Verhängnis, Buße und Erlösung sowie Dämonisierung des Erotisch-Sexuellen mit einem jeweils passenden zeitkritisch-sozialen Kontext verbunden. Im Laufe und besonders gegen Ende des 19. Jahrhunderts erlebte die Femme fatale, an die die Kleopatra nun thematisch angelehnt war, einen besonderen Aufschwung, so dass sich zahlreiche Verderben bringende Frauen auf der Bühne und in der Literatur tummelten. In der Oper sind Bizets Carmen (1875), Saint-Saëns' Dalila aus *Samson et Dalila* (1877), Wagners Kundry aus dem *Parsifal* (1882), Puccinis Tosca (1900) oder Strauss' Salome (1905) nur wenige prominente Beispiele, die jedoch fast

---

399   Kreuzer (Hrsg.), *Don Juan und Femme fatale*, S. 9.

400   Vgl. hierzu auch den Bezug zum Ballettlibretto des 19. Jahrhunderts nachfolgend in diesem Kapitel.

alle auf entsprechende literarische Gestalten zurückgehen.[401] In der Literatur zogen Leopold von Sacher-Masochs *Venus im Pelz* (1870), Oscar Wildes *Die Sphinx ohne Rätsel* (1891) und *Salome* (1893), Felix Dörmanns *Madonna Lucia* (1891) oder Julius Stindes *Teufelin* (1893) zu dieser Zeit weite Kreise. Der Typus der Femme fatale beschäftigte die Gesellschaft so sehr, dass auch längst existierende Kunstobjekte wie *La Gioconda* (1503–1506, auch unter dem Titel *Mona Lisa* bekannt) plötzlich dämonisiert wurden, wie 1873 von Walter Pater in einer Studie über den Maler Leonardo da Vinci. Derlei Gedanken fanden jedoch nicht nur Beachtung in gebildeten und belesenen Kreisen, sondern beeinflussten – wie Walter Paters Studie ebenfalls zeigt – das ästhetische Empfinden über gesellschaftliche Grenzen hinweg.[402]

Es verwundert also nicht, dass diese Figur und ihre Verbindung mit der exotischen Kleopatra zahlreiche Schriftsteller inspirierte: neben Puškin und Gautier auch Algernon Charles Swinburne, Victor Hugo, Rider Haggard, Heinrich Heine, Georg Eber oder Anatole France. Je nach Land dominierten bestimmte Aspekte der Figur, bei Théophile Gautiers Erzählung *Une Nuit de Cléopâtre* (1845) und Algernon Charles Swinburnes Gedicht *Cleopatra* (1866) ästhetisierende Orientfantasien, Prunk, gesuchte Fremde und Szenen einer monumental-monströsen Vergangenheit, die bei Puškin, in der deutschen Literatur oder dem englischen Décadent nicht vorhanden waren.[403] Gemeinsam sind ihnen jedoch die Grausam-

---

401   Vgl. Stefan Wurz, *Kundry, Salome, Lulu. Femmes fatales im Musikdrama*, Frankfurt am Main (u. a.) 2000, S. 17.

402   Vgl. Praz, *Liebe, Tod und Teufel*, S. 221. In den 1880er Jahren wurde es z. B. unter den Pariser Animierdamen Mode, eben jenes geheimnisvolle Lächeln der Mona Lisa nachzuahmen.

403   Vgl. Hilmes, *Kleopatra. Das versteinerte Frauenbild und die Geschichten eines verteufelten Eros*, S. 100.

keit der Protagonistin und – bis auf die Ausnahmen Delphine de Girardin und Charlotte Brontë – die männlichen Autoren.

Wenn auch aufgrund der Fülle des Materials hier nicht alle Autoren und Werke genannt oder genauer beschrieben werden können, sei dennoch auf August von Kotzebues Trauerspiel *Oktavia* hingewiesen, das 1801 gedruckt wurde.[404] Kotzebue, der enge Kontakte nach Russland hatte, u. a. mit einer Russin verheiratet war und dort mehrere höhere Ämter bis hin zum russischen Generalkonsul bekleidete, genoss als Autor nicht nur in Deutschland, sondern auch auf den europäischen Bühnen enorme Popularität. Dies lag weniger an der Qualität seiner Werke – Kotzebue gilt als Vater der Trivialliteratur –, sondern an seinem Gespür für populäre Stoffe und deren Gestaltung. In *Oktavia* (1801), einem seiner 220 Bühnenwerke, stellt er jedoch nicht Kleopatra, sondern Oktavia, die Schwester Oktavians, als liebende Ehefrau des Antonius in den Mittelpunkt. Sie repräsentiert das bürgerliche Ideal der treu sorgenden Gattin und couragierten Bürgerin Roms, die nach Alexandrien zu einer Friedensmission aufbricht, bei der sie beinahe einem Anschlag der bösen und intriganten Kleopatra zum Opfer fällt. Obwohl Kotzebue die historische Treue seines Stoffes im Vorbericht beteuert, ist diese Episode von ihm frei erfunden. Octavia bleibt die selbstlose Heldin des Stückes, denn nach der Schlacht bei Actium und dem Selbstmord des Antonius stirbt dieser in den Armen seiner Gattin. Kotzebue lässt seine Octavia moralisch über Kleopatra triumphieren und durch ihre selbstlose Liebe zu Antonius dessen Taten gewissermaßen gleich mit sühnen. Kleopatra

---

404 Ausführlichere Darstellungen der Kleopatra- und Femme-fatale-Variationen in den Bildenden Künsten, in Musik und Literatur finden sich reichlich, besonders in der bereits erwähnten Publikation von Luci Hughes-Hallet, *Cleopatra. Histories, Drams, Distortions* sowie in den übrigen Veröffentlichungen, die in diesem Kapitel als Quellen angeführt werden.

hingegen bleibt während des gesamten Stückes bösartig und auf ihren Vorteil bedacht:

> »In dem Maße wie Octavia mit ihrer selbstlosen Liebe zum Vorbild avanciert, sinkt Cleopatra zum für Männer und Frauen gleichermaßen abstoßenden Schreckbild herab. Die Frauenfiguren lassen sich begreifen als Stereotype, d.h. es sind nicht reale Personen in Szene gesetzt, sondern dominierende Bilder des Weiblichen, und der erfolgreiche Vielschreiber hat sicherlich einiges zu deren Popularisierung beigetragen. Die von Kotzebue entworfenen Figuren und die von ihm behandelten Konflikte treffen sich mit den kollektiven Phantasien der Zeitgenossen.«[405]

Hier zeichnet sich ein wichtiger Aspekt für *Ägyptische Nächte* und *Cléopâtre* ab, nämlich die Gegenüberstellung einer entsexualisierten, tugendhaften (Ehe-) Frau mit der erotisch-sinnlichen Femme fatale. Letztere ist typischerweise ein gesellschaftlicher Outsider, sei es durch fremde Herkunft, ihre familiäre oder sonstige Vorgeschichte, oder weil sie kein natürliches Menschenkind ist. Obwohl ihr eindeutig schlechte Charakterzüge zugewiesen werden, übt sie den typischen Reiz des Verbotenen aus und wird heimlich vom männlichen Protagonisten begehrt. In diese Kerbe schlägt u. a. auch Paul Heyse, einer der meistverlegten deutschen Schriftsteller seiner Zeit, dessen Werke in alle europäischen Hauptsprachen übersetzt wurden und um dessen Novellen sich die in- und ausländischen Zeitungen für einen Vorabdruck rissen. In seiner Novelle *Kleopatra* (1865) zieht Archibald Freiherr von L. mit seiner jungen blonden Braut und Cousine in das neue gemeinsame Haus ein. Dorthin wird auch eine Statue geliefert, die eine Dame mit Schlange in der Hand darstellt und den Helden an seine Eskapaden mit einer fremdländischen Schönheit namens Kleopatra in Paris erinnert. Dem Freiherrn, der in Spukträumen immer wieder von einem Affen heimgesucht wird, erscheint Kleopatra schließlich auch selbst, womit

---

405 Hilmes, Kleopatra. *Das versteinerte Frauenbild und die Geschichten eines verteufelten Eros*, S. 104.

also erneut die typische Konstellation der zwei unterschiedlichen Frauen(stereo)typen gegeben ist.

Darüber hinaus weist die Erzählung Heyses auch auf zwei weitere Motive hin, die sich in der Überlagerung von Femme fatale und Kleopatra-Sujet immer wieder finden lassen: die bereits erwähnten Merkmale von Fremdheit und einer beunruhigenden Nähe zur Natur oder Mystik. Bei Heyse manifestiert sich die Andersartigkeit der Femme fatale in ihrer gesellschaftlichen Außenseiterrolle, ein Weg, den z. B. auch Prosper Mérimée für die Charakterisierung seiner Carmen wählt. Bei der Figur der Kleopatra bietet sich noch stärker die ferne exotische Welt zu Projektion erotischer Wünsche an – eine Möglichkeit, die nach Gautier immer wieder speziell für diese Femme fatale gewählt wurde. Analog dazu werden für ihre Beschreibung häufig Tiernamen (Katze, Schlange, Panther) bemüht oder sie selbst mit Tieren in Verbindung gebracht. Bei Heyse ist es der Affe, in der Malerei häufig das Motiv der Schlange, das speziell bei Kleopatra auch auf ihren Selbstmord hinweist. Die Verbindung oder der besondere Kontakt zur Natur und Tierwelt ist einerseits Verweis auf ein ungezügeltes Dasein, wendet sich bei anderen Femme-fatale-Vertreterinnen aber auch ins Mystische wie bei Gregory Lewis' Matilda aus *The Monk* (1795) oder John Keats' *La belle dame sans merci* (1820), ins Sinnlich-Natürliche wie bei Prosper Mérimées *Carmen* (1845) oder zum Kindlich-Naiven wie bei Frank Wedekinds *Erdgeist* (1895), aus dem später die *Lulu* wurde.[406]

---

406   Für die Kleopatra-Rezeption in Bezug auf Fokins *Cléopâtre* ist diese kindliche Femme fatale jedoch nicht relevant. George Bernard Shaw lieferte mit *Caesar and Cleopatra* (1899) allerdings einen Gegenentwurf zum gängigen Kleopatra-Klischee, indem er die Königin als geradezu absurd kindisch darstellte. Gemeinsam mit zwei weiteren Werken veröffentlichte Shaw das Historiendrama unter dem Titel *Drei Stücke für Puritaner* und wandte sich damit

Das sich im 19. Jahrhundert abzeichnende Bild der Kleopatra, das mit seinem exotischen Unterton eine breite Projektions-fläche für die Konstellation von Erotik ohne Liebe und Schön-heit ohne Seele bietet, ist bei aller Stereotypisierung trotzdem nicht leicht zu fassen, da es sich stark mit dem der Femme fatale überlagert. Dieses fächert sich in zahlreiche, zum Teil von Figur zu Figur widersprüchliche Aspekte auf und funk-tioniert als Spiegel dessen, was die Gesellschaft bewegte oder womit sie sich konfrontiert sah. Die Beschreibung der Femme fatale als Outsider geht beispielsweise nicht selten in antise-mitisch oder fremdenfeindlich eingefärbte Darstellungen über. Ein Beispiel neben Wagners Kundry aus dem *Parsifal*, die als heidnisch-jüdische Figur gelesen werden kann (eine Interpretation, die besonders während des Nationalsozialis-mus betont wurde), ist Porter Emerson Browns erfolgreiches Broadwaystück *A Fool There Was*. Es kam ebenso wie *Cléopât-re* erstmals 1909 auf die Bühne und basiert auf dem Gedicht *The Vampire* von Rudyard Kipling. Im selben Jahr wie das Broadwaystück erschien der gleichnamige Roman, der kur-ze Zeit später ein Bestseller und von Frank Powell 1915 als Film umgesetzt wurde. Darin verfällt der amerikanische Ehe-mann und Familienvater John Shuyler, der einer elitären eng-lisch-holländischen Familie entstammt, einem weiblichen Vamp. Der Vamp stammt aus einer von Afro-Amerikanern besiedelten Region und wird über mehrere symbolische Ver-knüpfungen (zerbrochenes Geschirr, Schmutz, auf dem Bo-den herumliegende Essensreste, dahinsiechende Mutter) ent-sprechend dem Klischee gezeichnet. Der Gegensatz zwischen den Figuren, zu denen auch noch John Shuylers treue und ihren Mann rettende Gattin hinzukommt, könnte deutlicher nicht sein. Verkörpert wurde die Rolle der Femme fatale im Film von der damals sehr populären Schauspielerin Theda Bara. Ihr wurde im Zuge dieser und weiterer Filmrollen der

---

gegen die in der Literatur so beliebte melodramatische und eroti-sche Scheinwelt.

passende familiäre Hintergrund geschaffen, nämlich Tochter eines französischen Künstlers und einer arabischen Herrscherin zu sein, geboren im Sand der Sahara. Teil dieser atmosphärischen Vergangenheit war selbstverständlich auch der Name der Künstlerin, die mit bürgerlichem Namen Theodosia Goodman hieß. Theda, wenngleich ein Kürzel für den originalen Vornamen, kann zugleich als ein Anagramm für »death«, Bara als ein solches für »arab« interpretiert werden. Wie stark diese Darstellungen besonders durch die Massenmedien auf das Publikum wirkten, zeigt sich dadurch, dass quasi über Nacht mit »Vampire« der bisherige Begriff in der englischen Sprache um eine Bedeutung reicher wurde. Als »Vampire« wurden fortan Frauen bezeichnet, die attraktive und wohlhabende Männer mit ihrem Körper köderten und ausnutzten, »vamping« galt als Äquivalent für antisoziales sexuelles Verhalten von Frauen.[407]

Wie die Femme fatale ab dem 20. Jahrhundert Eingang in das Massenmedium Film fand, so war sie längst auch als Kleopatra eine Verkörperung von Erotik und Glamour auf den Bühnen von Music halls, Cabarets oder Nachtclubs zum Teil mit humorvoller Unterwanderung angekommen und wurde ab den Zwanzigerjahren auch in die Burlesque übernommen.[408]

Welche dieser Darstellungen der Femme fatale und speziell der Kleopatra dem Choreografen Michail Fokin bekannt waren und sich in der Anlage der Rolle in *Cléopâtre* niederschlugen, ist nicht nachzuvollziehen, aber auch nicht ausschlaggebend. Die Fülle an Beispielen, die sich in der Geistesgeschichte des Abendlandes von der Hochkultur bis zur Massenunterhaltung, von der Antike bis zur Gegenwart finden lässt, macht deutlich, dass durch alle gesellschaftlichen

---

407 Vgl. Bram Dijkstra, *Das Böse ist eine Frau. Männliche Gewaltphantasien und die Angst vor der weiblichen Sexualität*, Reinbek 1999, S. 19 f.

408 Vgl. Hughes-Hallet, *Cleopatra. Histories, Drams, Distortions*, S. 324.

Schichten hinweg besonders im 19. und frühen 20. Jahrhundert mit Kleopatra eine Femme fatale und bestimmte Eigenschaften und Personenkonstellationen assoziiert wurden. Aufgrund der grundlegenden Verfasstheit dieser Figuren wird klar, dass Fokin der Typus sowie die Überlappungen zwischen Femme-fatale- und Kleopatra-Bild geläufig waren, ohne dass akribisch nach Übereinstimmungen bestimmter, bereits bestehender Figuren und der von Ida Rubinštejn verkörperten Rolle gesucht werden müsste. Deutlich wird auch, dass Fokin seine Femme fatale in einer Zeit auf die Bühne brachte, als diese im Zusammenhang mit den beschriebenen Charakteristika Hochkonjunktur hatte. Begründet wurde diese Konjunktur meist mit der Projektion männlicher Ängste vor dem sich verändernden Frauenbild und der Emanzipation, mit dem dekadenten Weltgefühl der Zeit um die Jahrhundertwende, der Krise der bürgerlichen Gesellschaft in Europa und der Beschäftigung mit der Psyche und Sexualität des Menschen und speziell der Frau.[409]

Dass Fokin für seine Kleopatra kein spezielles Vorbild hatte und es sich offenbar um eine Figur des »Zeitgeistes« handelte, erklärt noch immer nicht, warum sie in einem Ballett auftaucht und nicht tanzt, obwohl viele ihrer fatalen Schwestern gerade durch Tanz oder Gesang ihre Opfer anlockten. Dabei ist Fokins Kleopatra in der Handlung eine fatale Kleopatra par excellence. Bereits ihr Auftritt im Sarkophag und ihre stripteaseartige Enthüllung vermitteln Motive von Tod und Erotik zugleich. Die Zeitgenossen beschrieben Ida Rubinštejn in dieser Rolle auch mit den typischen Tierassoziationen, z. B. Arthur Applin: »eyes, narrow, heavy-lidded; bright and cruel as snakes' eyes, colored like a serpent.«[410] Wenige Sätze später beschreibt Applin in analoger Metapher offensichtlich

---

409   Vgl. Gerd Stein (Hrsg.), *Femme fatale – Vamp – Blaustrumpf. Sexualität und Herrschaft*, Frankfurt a. M., 1984.

410   Applin, *The stories of the Russian Ballet*, S. 43.

Nižinskij in der Rolle des Sklaven: »The negro crouches at the head of the couch [of Cleopatra], his great eyes rolling from side to side, his nostrils distended, his fingers trembling to perform some service for his Queen. He is entirely animal, this creature.«

Dass Kleopatra sozial nicht zur Gruppe der übrigen Figuren auf der Bühne gehört, sie der typische soziale Outsider ist, muss nicht extra betont werden. Ähnlich wie im Falle der Theodosia Goodman, bei der das Publikum die angedichtete fremde Herkunft ohne kritische Hinterfragung aufsog, wurde auch Ida Rubinštejn immer wieder ein »semitisches Profil«[411] nachgesagt. Sie war zwar tatsächlich jüdischer Herkunft, die Bemerkungen zu ihrem Aussehen bezogen sich aber auch auf ihre mandelförmigen Augen, die langen Beine und die schlanke, knabenhafte Figur, die besonders exotisch und fremd gewirkt haben müssen. Als ein buchstäblicher Fremdkörper wirkte sie auf der Bühne auch deswegen, weil sie nicht über den typischen Ballerinenkörper der damaligen Zeit verfügte, mit dem Anna Pavlova die Ta-hor verkörperte. Ida Rubinštejn war nicht das kleine zierliche Persönchen, das sich überzeugend mit geschnürter Taille, Tutu und bauschiger Jahrhundertwende-Frisur auf der Ballettbühne in einen Schwan oder eine jugendliche Aurora hätte verwandeln lassen. Die Rechnung, ihren exotisch wirkenden Körper auf der Pariser Bühne zu zeigen, ging in einem latent antisemitisch geprägten gesellschaftlichen Klima umso besser auf.[412] Darüber hinaus hatte sich die Vorstellung der exotischen Frau des 19. Jahrhunderts, der Odaliske bzw. einer der männlichen Eroberung harrenden Weiblichkeit durch die erwähnte Entwicklung der literarischen Vorlagen in eine

---

411 Spencer, *Bakst and Women*, in: Shouvaloff (Hrsg.), *Sensualism Triumf*, S. 108.

412 Über die Erscheinung ihrer Vorgängerin Elisaveta Time schweigen die Quellen.

dominante, exotische und erotische Kleopatra-Femme-fatale verwandelt. Gleich geblieben war dabei aber der farbenfrohe Deckmantel für eine erotische Fantasie, die in europäisch-zeitgenössischem Dekor vom Publikum als anstößig empfunden worden wäre.[413]

Auch das Kostüm von Leon Bakst entspricht dem, was Gerhard Damblemont von einer Femme fatale im französischen Drama des Fin de Siécle erwartet: »Die femme fatale ist eine manieristische Gestalt. Schmuck tritt oft an die Stelle der Kleidung. Schleier umspielen sie.«[414] Die Schleier, aus denen sie bei ihrem ersten Auftritt ausgewickelt wird und die auch an ihrem Kostüm als eine Art Rock angebracht sind, tauchen an zwei Stellen erneut im Ballett auf: Das Liebespaar wird während einer Folge von Tänzen von Schleiern umhüllt, und innerhalb dieses tänzerischen Intermezzos findet ein Pas de deux zwischen den Sklaven der Kleopatra statt, dessen zentrales Accessoire ein langer Schal oder ein Schleier ist. Dabei handelt es sich jedoch keinesfalls um ein neues Element im Ballett, sondern vielmehr um den Rückgriff auf eine Konvention dekorativer Elemente im Tanz vergleichbar der Verwendung von Girlanden oder Blumen. Wie auf der allgemeinen phänomenologischen Ebene war auch im Ballett der Schleier ein mit Weiblichkeit verbundenes Accessoire und ein Mittel der Privatisierung und Abgrenzung vor meist männlichen Blicken, er wurde aber gleichzeitig als Grundlage für Ornamentik und Raumordnung verwendet.[415] Fokin nutzte bei-

---

413   Vgl. Treibler, Balme, *Orient an der Wolga*, in: Jeschke (Hrsg.), *Spiegelungen*, S. 124 f.

414   Gerhard Damblemont, *La féminité dévorante. Nana, Renée, Salomé, Lilith und ihre Schwestern im französischen Fin de siècle-Drama*, in: Jürgen Blänsdorf (Hrsg.), *Die femme fatale im Drama. Heroinen – Verführerinnen – Todesengel*, Tübingen (u. a.) 1999, S. 93.

415   Vgl. Claudia Jeschke, *Schals und Schleier als choreographische Verfahren im Tanztheater des 19. Jahrhunderts*, in: Gunhild Oberzaucher-

de mit dem Schleier verbundenen choreografischen Verfahren für *Cléopâtre* und begrenzte damit den Bühnenraum zur »Privatisierung« des Liebespaares. Dem Pas de deux verlieh der Schleier eine besondere Struktur, indem das Tuch die Bewegung der beiden tanzenden Sklaven in bestimmte positionierte Fixpunkte und Übergänge von einer zur nächsten Position unterteilte. Zugleich konnte der Zuschauer die mit einem Schleier tanzenden Sklaven mit Kleopatra in Verbindung bringen, die zu Beginn ihres Auftritts aus mehreren Tüchern ausgewickelt worden war.

Die Femme fatale, als die Kleopatra in Fokins Ballett auftritt, hat trotz der dekadenten Verfasstheit und ihrer Konjunktur um 1900 jedoch mehr als nur diese beiläufigen Bezüge zum traditionellen Rollenkanon des klassischen Balletts. Deutlich und im Gegensatz zu vielen späteren Werken der Ballets Russes steht hier noch die weibliche Hauptrolle uneingeschränkt im Mittelpunkt. Der männliche Protagonist ist ein Antiheld, ein naiver Jüngling, der sich von träumerischen Sehnsüchten wegreißen lässt. Die Konstellation eines Mannes zwischen zwei Frauen, wie sie in *Cléopâtre* vorliegt, war im Ballett wie allgemein auf der Bühne oder in der Literatur selbstverständlich nicht neu. Das zentrale Thema der meisten Ballettlibretti des 19. Jahrhunderts war das Verhältnis der Geschlechter zueinander, das oft als Projektionsfläche für eine Geschichte über die Wahl eines richtigen Partners oder die Folgen durch Fehlentscheidungen bei dieser Frage diente. Meist boten sich dem Helden des Balletts zwei alternative Frauenbilder, eine sozial gleichgestellte und wünschenswerte Partnerin im Gegensatz zu einem weiblichen Traumbild, das Erfüllung jenseits von biederer Häuslichkeit verhieß.

Insofern findet sich in *Cléopâtre* die gleiche Konstellation wie beispielsweise im für das Ballett des 19. Jahrhunderts stil-

Schüller, Daniel Brandenburg, Monika Woitas (Hrsg.), *Prima la danza! Festschrift für Sibylle Dahms*, Würzburg 2004, S. 259–273.

bildenden Werk *La Sylphide* aus dem Jahr 1832: James und Amoûn sind beide bereit, ihre geliebten Partnerinnen Effi und Ta-hor für eine Frau außerhalb ihres sozialen Umfeldes aufzugeben, auch wenn eine Verbindung mit ihr von vornherein zum Scheitern verurteilt ist. Die Erzählung Trilby, auf die *La Sylphide* zurückgeht, war ursprünglich mit umgekehrten Geschlechterrollen gedacht, denn eigentlich verführte der Geist Trilby eine Fischersfrau. Der Tenor Adolphe Nourrit schlug Philippe Taglioni den Stoff vor, allerdings mit dem Tausch der Geschlechter. »Diese Veränderung kennzeichnete eine Konstante des romantischen Balletts: Liebeshändel entzündeten sich häufig an weiblicher List, und zumeist sah sich die Akteurin einer Rivalin gegenüber, die es auszuhalten galt. Die Frauenfiguren bekamen einen immensen Stellenwert, füllten sie doch den Mittelpunkt der Handlung und brachten die wesentlichen Entwicklungen in Gang.«[416] Das romantische Traumbild der fragilen Sylphide und deren Repräsentation einer rätselhaft irrealen Möglichkeit von Freiheit hat sich bei Fokin jedoch auf die erotische Faszination kanalisiert, ein Motiv, das bereits im romantischen Ballett wie bei *La Sylphide* als angelegt gesehen werden kann. »Der Schal [den James von Magde erhält, um die Sylphide an sich zu binden; C. M.] als allegorisches Hymen bringt überdies Sexualität ins Spiel: Der Versuch, die Sylphide mit diesem Schleier zu fangen, steht für das Bild einer Vergewaltigung, die alle Gefühle erstickt. Wer sich die Frau gewaltsam gefügig macht, tötet ihre Individualität und löscht ihr Dasein aus.«[417]

Weitere höchst erfolgreiche Werke des 19. Jahrhunderts lassen ebenfalls eine solche Lesart zu, wie *Giselle ou les Wilis* (1841): »Die sexuellen Konnotationen, die [der Librettist; C. M.] Gautier ins Bild eines jugendlichen Tanzfurors übersetzt,

---

416 Weickmann, *Der dressierte Leib. Kulturgeschichte des Balletts (1580–1870)*, S. 251.

417 Ebd., S. 254.

treten [...] schon in den literarischen Vorfassungen des Wili-Mythos klar zutage: Die Mädchen, die nächtliche Totentänze zelebrieren und vorbeikommende Männer ins Verderben stürzen, haben ihre Hochzeitsnacht [...] nicht erlebt. Die unbefriedigte Libido hält diese Jungfrauen in einem vampiresken Zwischenreich fest und entfaltet von dort aus zerstörerische Wirkung. So strukturiert die Sexualität – wie schon in *La fille du danube* oder *Le diable boiteux* – das Handlungsfundament und die Textur des Werkes.«[418]

---

418 Weickmann, *Der dressierte Leib. Kulturgeschichte des Balletts (1580–1870)*, S. 276. Wie an diesem Zitat von Dorion Weickmann abzulesen ist, könnten auch noch weitere Beispiele gefunden werden. Eine Beschränkung auf die bekannten Libretti ist hier jedoch auch daher praktikabel, weil diese nicht weiter ausgeführt werden müssen. Eine kompakte Zusammenfassung und ein Kommentar zu heute weniger geläufigen Balletten insbesondere des 19. Jahrhunderts findet sich bei Cyril W. Beaumont, *Complete Book of Ballets. A Guide to the Principal Ballets of the Nineteenth and Twentieth Centuries*, London 1937. Wie im entsprechenden Kapitel bei Dorion Weickmann nachzulesen ist, formulierte sich in der knappen Dekade zwischen *La Sylphide* und *Giselle* der Themen- und Figurenkanon vollständig aus. »Die Werke, die nach 1841 ihre Uraufführung erlebten, variierten die Inhalte, die Personen und die Handlungsstränge, fügten aber keine wesentlichen Neuerungen mehr hinzu.« (Ebd., S. 280f.) Auch gesellschaftliche Umbrüche oder politische Verwerfungen wie die von 1848, der Übergang zum zweiten Kaiserreich, die Veränderungen der Sozialstruktur oder die Urbanisierung des 19. Jahrhunderts spiegelten sich nicht in den Libretti wider. Das romantische Ballett hatte sich als Kunstform verfestigt, war wenig innovativ und kam schließlich beim Publikum aus der Mode. Die Pariser Opéra wurde außerdem seit Louis-Philippe nicht mehr subventioniert und ab 1830 von Louis Véron fast ohne Zuschüsse privatwirtschaftlich geleitet. Von vielen Zeitgenossen wurde das soziale Elend besonders der Tänzerinnen beklagt, die zudem in ihrer tänzerischen Ausbildung keinerlei Allgemeinbildung vermittelt bekommen hatten. Dies und die höheren Gehälter an den zaristischen Theatern begünstigten eine Abwanderung französischer Tänzer nach Russland, wodurch das Modell des romantischen Balletts ins Zarenreich übertragen

Das Nonnenballett aus *Robert le diable* (1831), aus dem sich die Ballet-blanc-Ästhetik ableitete, führt Marie Taglioni als Äbtissin eines Klosters vor, dessen Schwestern vom Pfad der Tugend abgewichen sind und nun als vampirartige Wesen nachts aus ihren Gräbern steigen, um vorbeikommende Jünglinge zu betören und für den Satan zu gewinnen. Das sich daraus entwickelnde Ballet blanc stand in dieser Nachfolge für ein Reich der Untoten, Verwunschenen oder Geister, für ein Reich der Andersartigkeit. Das romantisch verklärte Bild des gebrochenen Herzens aus dem Ballett, das für diesen thematischen Kontext im 19. Jahrhundert die salonfähige Metapher bildet, ist in seiner Bedeutung in *Cléopâtre* also noch genauso vorhanden und ebenso aktuell wie zuvor, zeigt sich nun aber in dekadenter Lesart: Die Verhüllung der Thematik geschieht lediglich mit einer Verlagerung in eine zeitliche und geografische Fremde. Die Erlösung des Helden von seinem Wahn durch einen romantisch verklärten Tod, durch Vernunft oder Güte der eigentlich ihm zugedachten Partnerin ist in *Cléopâtre* allerdings keine Alternative. Das Ballett endet im Gegensatz zur Version von 1908 tragisch mit einem Tod als erotischem Opfergang für die Femme fatale.

Noch immer lassen sich aber die Merkmale, die Dorion Weickmann für das romantische Ballettlibretto nennt, direkt auf *Cléopâtre* übertragen: die Flucht in eine scheinbar bessere Existenz, das unerfüllbare Begehren, die selbstlose Hingabe der Heldin Ta-hor wie die Unmöglichkeit einer Verbindung, welche soziale Symmetrien verletzt.[419] »Die Parabel über die Zerbrechlichkeit menschlicher Existenz, sobald irrationale

---

wurde. In Russland galt der Tänzerberuf hingegen als »anständiger« Broterwerb, die Ausbildung war umfassender und die Gehälter bis hinunter zum Corps de ballet aufgrund zaristischer Patronage höher als in Frankreich.

419 Vgl. Weickmann, *Der dressierte Leib. Kulturgeschichte des Balletts (1580–1870)*, S. 279.

Momente die Oberhand gewinnen« oder »die tiefe Sehnsucht nach dem unwiderstehlichen Rausch der Gefühle«[420], die Dorion Weickmann in *La Sylphide* findet, sind in anderer Einkleidung in *Cléopâtre* noch immer vorhanden.

Wie sich herausgestellt hat, sind Kleopatra und Ta-hor die beiden typischen Charaktere der Femme-fatale-Thematik. In ähnlicher Weise finden sie sich in den genannten Balletten aus dem 19. Jahrhundert, dort allerdings nicht selten in mehr als zwei Kontrahentinnen aufgefächert. Während die Sylphide – um bei diesem Vergleichsbeispiel zu bleiben – lediglich eine Projektion von James' Ideal- und Gegenbild zu Effi darstellt, liegt das zerstörerische Potenzial, das die Sylphide umgibt, eigentlich in den Händen der Hexe Magde. Sie sagt von Beginn an das unglückliche Ende voraus und übergibt James den Schleier, mit dem er sein Traumbild Sylphide angeblich Realität werden lassen kann, sie tatsächlich damit aber umbringt. Analog bei *Giselle* ist Myrtha diese Zauberin, gegen die Giselle als Wilis Albrecht durch Vergebung schützen muss, oder ist bei *La fille du danube* (1836) Irmengards Ehrgeiz der eigentliche Grund, warum Fleur Willibald zum Verhängnis wird. Interessant ist, dass beispielsweise die Hexe Magde ebenso wenig tanzt, wie später etwa eine Fee Carabosse, die ebenfalls zerstörerisch auf ihr Umfeld einwirkt.[421] Es ginge jedoch zu weit, Dornröschens böse Fee Carabosse als Femme fatale darzustellen oder zu behaupten, dass sich die zerstörerischen Frauenrollen im Ballett jeweils dem Tanz verweigern – eine Behauptung, gegen die sich zahlreiche Gegenbeweise ins Feld führen ließen. Mit den jeweiligen Gegen-

---

420 Weickmann, *Der dressierte Leib. Kulturgeschichte des Balletts (1580–1870)*, S. 255.

421 Beide werden jedoch mit einem Tänzer oder einer Tänzerin besetzt. Es handelt sich also nicht um eine »gattungsfremde« Besetzung, wie sie ganz zu Anfang des Kapitels am Beispiel von Rimskij-Korsakovs *Mlada* erwähnt wurde.

bildern aus den einzelnen Balletten, Effi – Sylphide oder lebendige Giselle – ihr Abbild als Wili, tritt jedoch ein Paradox zwischen dem Körper und seiner Bewegung zutage. Die o. g. »realen« oder »lebendigen« Frauenfiguren meinen mit ihrem Tanz, ihrer Bewegung des Körpers nie diesen selbst, sondern er steht zumeist für einen ihm übergeordneten Gedanken: »Der tanzende Körper vermittelt eine Botschaft, die ihn selbst verleugnet. Seine triebhaften Impulse werden zugunsten einer pathetischen Liebesformel verneint, die der ›Stimme des Herzens‹ das Wort erteilt. Der Körper per se gilt als antizivilisatorisches, anarchisches und gefährliches Material.«[422]

Auf dieser ballettästhetischen Linie des 19. Jahrhunderts ist ebenfalls noch Michail Fokin, wenn er 1932 folgenden Gedanken formuliert: »The theatrical art in its higher levels elevates itself above the body and caters not sensuality but to the brains and imagination. The higher achievements of the theatrical dance lack entirely sensuality.«[423] Auch Fokin war der Meinung, dass durch seinen Tanz nicht der Körper oder Körperlichkeit per se repräsentiert werde, sondern dieser lediglich ein Medium für die Sprache der Seele und eben nicht die des Körpers sei. Genau jene gegensätzlichen Pole werden aber auf der Bühne in *Cléopâtre* von den beiden Frauenfiguren Ta-hor und Kleopatra verkörpert, wenn auch in stark stereotypisierter und verflachter Form. In *Cléopâtre* tanzt genau jene Figur nicht, deren körperliche Attraktion im Mittelpunkt steht. Es ist Ta-hor, die durch ihren Tanz für eine Liebe auch jenseits reiner Körperlichkeit steht. Damit wird plausibel, warum Fokin überzeugt war, die Figur der Kleopatra verlange keinen Tanz. Obwohl ihr ein besonderer Expressionsgrad zugewiesen wurde, beruhte dieser auf einer Sinnlichkeit

---

422 Weickmann, *Der dressierte Leib. Kulturgeschichte des Balletts (1580–1870)*, S. 281.

423 Michail Fokin, *Sex Appeal in Dance*, 1932. RISM-Sigel US NYp, Signatur (S) *MGZMC-Res.-11 II/9 (eine Seite Typoskript).

und einem Klischeebild, das sich über die Jahre als Femme fatale herausgestellt hatte. Dieses entziehe sich aber den »higher achievements«, so Fokin in seinem Zitat zuvor, des Balletts im traditionellen Sinne und sei somit ein Gegensatz zu dem, was er mit der Expression des Balletts zeigen wolle. Dabei wird erneut deutlich, wie stark Fokin trotz aller reformerischen Gedanken in einer traditionellen Denkweise über das Ballett verwurzelt war. Konsequenterweise musste seine Ta-hor eine tänzerische Sprache sprechen und Kleopatra in ihrer nicht-tänzerischen Bewegungssprache zum Außenseiter gemacht werden. Amoûn schwankt zwischen den beiden Bewegungssprachen hin und her: Mit Ta-hor vermag er zu tanzen. Ihre Rollenverteilung ist traditionell bestimmt, wie sich in der *Scène et danse de coquetterie* zeigt.[424] Am Ende dieses Pas de deux wird diese Beziehung noch dadurch als von der sozialen Ordnung wünschenswerte überhöht, indem der Hohepriester hinzukommt und die Verbindung des Paares bestätigt.

Mit dem Auftritt der Kleopatra kehrt sich das Ordnungs- und Normengefüge vollständig um, ein Tanz zwischen Amoûn und Kleopatra findet nicht statt, obwohl die beiden das Paar abgeben, für das das übliche Divertissement getanzt wird. Ta-hor fügt er als Gegenfigur nicht noch eine weitere Femme fragile hinzu, wie dies bei *La Sylphide, Giselle, La Péri* oder den meisten anderen Traumgestalten der romantischen Balletthelden der Fall ist, sondern das genaue Gegenteil: einen außergewöhnlichen Körper, der sich geradezu realistisch in der irrealen Welt bewegt. Der Auftritt Kleopatras war nicht kunstvoll abstrahiert, sondern durch die sukzessive Enthüllung so direkt in seiner Wirkung, wie es bisher durch die dem Ballett immanente künstlerische Überhöhung nicht möglich

---

424 Laut Georg Simmel war ja gerade die Koketterie ein Mittel, um der nach Normen und Gesetzen sozialen männlichen Überlegenheit entgegenzutreten.

gewesen war. Dadurch, dass Kleopatra nicht tanzte, erreichte Fokin eine Sichtweise auf den Körper, die er später einmal – allerdings ins Negative verkehrt – folgendermaßen kommentierte: »If the onlooker admires only the body of the dancer and not her dancing, it only serves to show what a bad dancer she is or what a bad onlooker he is.«[425] Die Sinnlichkeit des Körpers, die Kleopatra für Amoûn so anziehend macht, dass er Ta-hor vergisst, war für Fokin ohne Tanz offenbar viel präsenter, als er es in der Sprache des Balletts hätte darstellen können.

Zunächst erscheint es also progressiv, in einem klassischen Ballett die Titelpartie nicht von einer klassisch ausgebildeten Tänzerin ausführen zu lassen. Vordergründig verwendete Fokin darin tatsächlich einen Kunstgriff, der bis dato von keinem anderen Ballett bekannt war. Verfolgt man aber die Figur der Kleopatra zurück, so wird deutlich, dass Fokin das Konzept des romantischen Balletts, bei dem sich typischerweise verschiedene Verkörperungen von Weiblichkeit gegenüberstanden, mit dem Bild der Femme fatale übereinanderbrachte. Beides, das romantische Ballett sowie das Bild der Femme fatale waren im 19. Jahrhundert verwurzelt, bei beiden spielte Führung des Körpers oder Verführung durch den Körper eine zentrale Rolle. Die Unterschiede zwischen den von Ta-hor und Kleopatra repräsentierten Prinzipien sind also der Tradition verpflichtet, ihre Übertragung in die Choreografie, die so weit ging, dass Kleopatra den klassischen Tanz negierte, war aber neu. Letztlich setzte Fokin in seiner Choreografie aber konsequent die Tradition sich widersprechender Weiblichkeitskonzepte fort.

---

425 Michail Fokin, *Sex Appeal in Dance.*

4.4 Wiederaufnahmen von *Cléopâtre* und *Ägyptische Nächte*

In der wissenschaftlichen Literatur besteht Einigkeit darüber, dass *Cléopâtre* innerhalb des Ballets-Russes-Œuvres deshalb eine besondere Position einnimmt, weil das Ballett eines der Erfolgsstücke und somit ein Initialwerk für mehrere noch folgende orientalisierende Werke war. Bis 1929, also bis in das letzte Jahr des Ensembles, wurde das Ballett im Repertoire beibehalten und in fast jeder Saison gegeben. Wie das Stück oder das Vorgängerwerk *Ägyptische Nächte* außerhalb der Ballets Russes und nach dem Tod Sergej Djagilevs seinen Nachklang fand, soll in diesem Kapitel näher erläutert werden.

Erste Vorstellungen von *Cléopâtre* außerhalb der Ballets Russes gab es noch zu Lebzeiten Djagilevs in Skandinavien. Nachdem sich Michail Fokin von der Truppe getrennt hatte, studierte der Choreograf *Cléopâtre* an der königlichen Oper in Stockholm ein, mit deren Royal Swedish Ballet ihn eine regelmäßige Zusammenarbeit zwischen 1911 und 1914 verband. Dabei tanzten er und seine Frau Vera Fokina die Rollen des Amoûn und der Ta-hor. Von dieser Produktion existieren drei seltene Aufführungsfotos aus der Saison 1913/1914, die das Ensemble vor einem Bühnenbild zeigt, das offensichtlich Leon Baksts Entwurf von 1909 nachempfunden wurde.[426] Das Ballett wurde auch später in Stockholm weiter aufgeführt, so war es u. a. 1918 mit Jean Börlin in der Hauptrolle zu sehen, der bei der Vorstellung mit Fokin noch im Corps de ballet getanzt hatte. In das Repertoire von Rolf de Marés *Ballet suédois*, für das Jean Börlin später choreografierte und das zwischen 1920 und 1925 aufgrund seiner avantgardistischen Choreo-

---

426 Es handelt sich um drei verschiedene Situationen innerhalb des Balletts. Das erste Foto trägt die handschriftliche Notiz:»Michel Fokine and Vera Fokina in the Cleopatra with the Swedish Corps de Ballet Royal Opera Stockholm, season 1913–14, RISM-Sigel US CAh, Signatur MS Thr 465 (216). Zu den Kostümen von Michail Fokin und Vera Fokina für diese Produktion vgl. Kapitel 3.3.

grafien für Djagilev ein starker Konkurrent war, wurde das Werk allerdings nicht übernommen.

Zwischen 1911 und 1914 arbeitete Fokin mit der Oper in Stockholm zusammen, war jedoch 1912 nach dem Bruch mit Djagilev wieder nach Russland zurückgekehrt. In Sankt Petersburg bzw. Petrograd, wo er während des Ersten Weltkriegs lebte, wurde *Ägyptische Nächte* gemeinsam mit einigen anderen seiner Werke für die Ballets Russes, so *Chopiniana*, *Le Carnaval* und die Tänze aus Borodins Oper *Fürst Igor*, ins Repertoire des Mariinskij-Theaters übernommen. Neben Michail Fokin, der selbst auf der Bühne in Sankt Petersburg zu sehen war, engagierte Vladimir Teljakovskij, Direktor der kaiserlichen Bühnen, auch andere Tänzer aus Djagilevs Truppe für Vorstellungen in Russland. Noch im Jahr 1923 war in Sankt Petersburg *Ägyptische Nächte* mit Aleksandra Danilova als Ta-hor zu sehen, was eine Kritik Akim Volynskys vom 23. Oktober 1923 dokumentiert. Ob es sich dabei bereits um die Neueinstudierung von Aleksandr Čekrygin nach Fokin handelte, die erstmals am 19. September 1920 aufgeführt worden war, ist in Volynskys Kritik jedoch nicht vermerkt, aber sehr wahrscheinlich. Zu dieser Zeit hatten Fokin und seine Frau Russland bereits endgültig den Rücken gekehrt. Sie arbeiteten zunächst in Skandinavien und siedelten 1921 schließlich nach New York über.

Auch Aleksandra Danilova, die 1923 in Sankt Petersburg in *Ägyptische Nächte* getanzt hatte, versuchte im Jahr darauf, mit drei weiteren Tänzern und einem Impresario im Westen Geld zu verdienen. Die kleine russische Truppe gastierte zunächst in Berlin, dann in Ballsälen, Gartenlokalen, bei privaten Veranstaltungen oder Ähnlichem in mehreren Städten Deutschlands und kam auf der Suche nach weiteren Engagements schließlich nach London. Dort waren sie zwar ebenso erfolglos, ihr Programm beinhaltete aber laut eines Zeitungsberichts einen ägyptischen Tanz nach Musik von Arenskij – vermutlich ein Teil aus *Ägyptische Nächte*, das die Russen noch aus Sankt Petersburg kannten.[427] Sergej Djagilev wurde auf sie aufmerksam und übernahm sie in seine Ballets Russes. Einer der vier und zugleich Choreograf der Truppe war Giorgi Balantschiwadse, den Djagilev in George Balanchine umbenannte und der später gewissermaßen zum Vater des neoklassischen und amerikanischen Balletts werden sollte. *Ägyptische Nächte* oder zumindest Teile daraus gehörten – wie sich an diesem Beispiel zeigt – offenbar also noch zum gängigen Repertoire des Mariinskij-Theaters. Am 6. Mai 1923 wurde *Ägyptische Nächte* in Sankt Petersburg erneut gegeben, allerdings in einer Choreografie von Fëdor Vasil'evič Lopuchov nach Čekrygin und Fokin. Eine nachfolgende Einstudierung ist dann erst wieder für den 15. Dezember 1962 von Lopuchov nach Fokin belegt.[428] Im Jahr 1988 wurde *Ägyptische Nächte* in Leningrad für eine Video-Produktion wieder aufgenommen, die jedoch später in dieser Untersuchung besprochen werden soll.

In den USA, wo sich Fokin nach seinem Weggang aus Russland schließlich niedergelassen hatte, choreografierte er ein Ballett für das Musical *Mecca*, produziert von Morris Gest, in dem auch ein Bacchanal vorkam. Ob das Bacchanal aus *Cléopâtre* hier Pate gestanden hatte, ist jedoch nicht überliefert. In den Zwanzigerjahren gaben Fokin und seine Frau Tanzabende und »Lecture demonstrations«, wobei ihr Repertoire auch das Stück *Amoûn und Bérénice* zur Musik von Arenskij umfasste, also vermutlich einen Teil aus *Cléopâtre*. Sie hatten gehofft, in den USA Karriere mit Ballettabenden machen zu können, dort interessierte sich das Publikum aber mehr für Revuen, Musicals und Unterhaltungs-Spektakel. Die beiden

---

427   Vgl. Buckle, Diaghilew, S. 449.

428   Ich danke Alisa Sveshnikova, Tänzerin und Dozentin für Tanzgeschichte an der Vaganova-Akademie und am Konservatorium Sankt Petersburg für diese Auskunft.

traten noch bis Anfang des Jahres 1933 auf, der Choreograf stand damals kurz vor seinem 53. Geburtstag.

Gemeinsam mit seiner Frau und seinem Sohn Vitale unterrichtete Fokin in den USA, hatte er doch hier bereits 1921, kurz nach der Ankunft der Familie, ein erstes Studio eröffnet. Mit ca. 60 Schülern, zu denen zeitweilig auch Patricia Bowman, Harold Haskin, Nora Kaye, John Taras, Lincoln Kirstein und Ruth Page gehörten, bildete er *The Fokine American Ballet Company*, die erstmals am 26. Februar 1924 im Metropolitan Opera House New York auftrat. Danach kam die Kompanie gelegentlich wieder für Vorstellungen zusammen, *Cléopâtre* war aber offenbar nicht Teil des Repertoires. Auch in den diversen Nachfolgekompanien der Ballets Russes sowie den Ensembles, die die ehemaligen Tänzer Djagilevs gründeten, spielte *Cléopâtre* keine Rolle. Lediglich Colonel de Basils *The Original Ballets Russes* gab das Ballett als Wiederaufnahme am 10. November 1936 in der Academy of Music Philadelphia und am 27. Juli 1937 im Royal Opera House Covent Garden. *Cléopâtre* erlebte dort in der Ausstattung Djagilevs mit Teilen von Leon Bakst sowie Robert und Sonia Delaunay aufgrund mangelnden Erfolges jedoch nur eine Vorstellung. Sie war in London von Michail Fokin selbst einstudiert worden, denn der Choreograf war ab Juni 1937 für kurze Zeit Bestandteil von de Basils Truppe. Die Kompanie hatte einige Werke von ihm im Repertoire, die von Sergej Grigor'ev, dem vormaligen Regisseur Djagilevs, einstudiert worden waren. Gelegentlich hatte Grigor'ev sich dafür Unterstützung von ehemaligen Tänzern der Ballets Russes geholt.[429] Weitere ehemalige Tänzer der Ballets Russes mit ihren jeweiligen Kompanien, wie George Balanchine, Alexandra Danilova oder Maria Tallchief (New York City Ballet), Frederic Franclin (Washington Ballet), Marie Rambert (Ballet Rambert) oder Ninette de Va-

---

429   Vgl. Kathrine Sorley Walker, *De Basil's Ballets Russes*, New York 1983, S. 72 und 259.

lois (Sadler's Wells/Royal Ballet) übernahmen *Cléopâtre* nicht, obwohl sich Choreografien Fokins nicht selten in ihrem Repertoire befanden. Nur Fëdor Kozlov, der mit seinem Bruder Aleksis und seiner Frau Aleksandra Baldina in der ersten Saison bei Djagilev getanzt hatte, trat für Gertrude Hoffman's Saison Russe 1911 in den USA mit von Fokin mehr oder minder »geklauten« Versionen von *Scheherazade, Cléopâtre* und *Les Sylphides* auf.

In jüngerer Zeit gab es in den USA eine zweiaktige Koproduktion des Houston Ballet mit dem Pittsburgh Ballet sowie dem Boston Ballet mit dem Titel *Cleopatra*. In der Choreografie von Ben Stevenson wurde *Cleopatra* im Jahr 2000 zu Auszügen aus Werken Nikolaj Rimskij-Korsakovs, u. a. seiner Opern *Sadko, Der goldene Hahn, Mlada* und *Das Märchen von der unsichtbaren Stadt Kitezh*, in einem Arrangement von John Lanchbery gezeigt. Obwohl sich die Handlung eher um die Person der Kleopatra und ihre römischen Liebhaber rankt, zogen Kritiker hin und wieder Parallelen zu Fokins *Cléopâtre*:

>*Other times, other mores. CLEOPATRA, the handsome $1.2 million production in two acts that Ben Stevenson has just choreographed for his Houston Ballet, is out to entertain, not to titilate. It is a family show, sometimes less gripping than a handful of desert sand, but always clever in its references to the 1909 Cleopatre choreographed by Michel Fokine. [...] Ms. Anderson's technical dazzle would have attracted attention for any reason. But technique is used to different, more contemporary purpose in Cleopatra, and Ms. Anderson's charismatic presence was obviously Mr. Stevenson's inspiration.*«[430]

Eine offenbar ähnliche Produktion war im Februar 2011 beim Northern Ballet in Großbritannien in der Choreografie von David Nixon und mit Musik von Claude-Michel Schönberg zu sehen. Auch dieses Werk ist ein Porträt der Königin, Mut-

---

430   Anna Kisselgoff, *Updating an Egyptian Femme Fatale*, in: *The New York Times Dance Review*, 14. März 2000. Die Rolle der Kleopatra war mit der Tänzerin Lauren Anderson besetzt.

ter, Politikerin und Regentin, ansonsten aber nicht von Fokins *Cléopâtre* beeinflusst.

Die bisher einzigen bekannten Wiederaufnahmen zu *Cléopâtre*, die sich in jüngerer Zeit direkt auf Fokin beziehen, sind eine Version von Fokins *Ägyptische Nächte* aus dem Jahr 1988, die als DVD veröffentlicht wurde, sowie eine Rekonstruktion von *Cléopâtre* aus der Ballets-Russes-Jubiläumsspielzeit 2009 vom Teatro dell'Opera di Roma.

Inwiefern die Version von 1988 für sich beansprucht, eine Rekonstruktion des Balletts von 1908 zu sein, wird anhand des Begleitmaterials zur DVD nicht deutlich. Offenbar wurde das Ballett aber nicht für die Bühne, sondern für eine Aufnahme durch Filmkameras angelegt, denn das englische Begleitheft der DVD *Ballet miniatures* weist das Ballett *Egyptian Night* sowie die beiden ebenso enthaltenen Werke *Carnival* [sic!] und *Romeo and Juliet* als »ballet films« aus. Entsprechend der im Begleitheft verwendeten Bezeichnung wird im folgenden Vergleich diese Film-Version von 1988 als *Egyptian Night*, die Version Fokins von 1908 ohne die Einfügungen Djagilevs weiterhin mit *Ägyptische Nächte* bezeichnet. Als Choreograf wird ausdrücklich Michail Fokin genannt, außerdem als Ausführende neben dem Kirov-Ballett auch Studenten des A. Y. Vaganova Leningrad Institutes of Choreography. Im kurzen Begleittext ist nirgends von einer Rekonstruktion die Rede, allerdings wird in der Beschreibung direkt Bezug auf Fokin genommen: »[...] Egyptian Night is a fantasia on Egyptian themes, with choreography by Mikahil Fokine, set to the music of Anton Arensky.«[431] Ein weiterer Choreograf ist nicht genannt, einstudiert wurde *Egyptian Night* jedoch von Konstantin Sergeev und seiner Frau Natal'ja Dudinskaja. Sergeev war ab 1930 erster Solist am Mariinskij-Theater, wurde später dessen künstlerischer Leiter und in den Sechzigerjahren der dor-

---

431 William Hogeland, *Ballet miniatures*. Begleitheft zur DVD, Ochakovo Films 2000, S. 2.

tige Chefchoreograf. Zwischen 1973 und 1982 war er zudem künstlerischer Leiter des Institutes of Choreography, das im Rahmen der Filmproduktion von *Egyptian Night* genannt ist. Natal'ja Dudinskaja war während der Dreißiger- und Vierzigerjahre die führende Solistin am Mariinskij-Theater. Vermutlich kannten die beiden *Ägyptische Nächte* noch aus ihrer aktiven Karriere als Tänzer in der Fassung, wie sie nach Fokins Weggang in Sankt Petersburg gegeben worden war.

Der Charakter eines Ballettfilms wird bereits zu Beginn deutlich. Zu Ausschnitten aus der Ouvertüre werden in Überblendungen zunächst ägyptische Monumentalstatuen gezeigt, vor denen der Vorspann abläuft. Hierzu erklingen Teile der Ouvertüre, d. h. die Fanfaren des Antonius und das Motiv der Kleopatra. Das Motiv des *Danse des égyptiennes*, das von Arenskij ebenfalls für die Ouvertüre verwendet wurde, wird dabei aber ausgespart. Wie sich im weiteren Verlauf des Werks zeigt, ist dies auch für die gesamte Nr. 8 *Danse des égyptiennes* der Fall. Bei Fokins ursprünglicher Fassung von 1908 war diese Nummer jedoch enthalten. Weitere Unterschiede zwischen Fokins *Ägyptische Nächte* und *Egyptian Night* bestehen darin, dass eine Überleitung der Holzbläser, die nicht in der originalen Partitur enthalten ist, den Bruch zwischen Vorspann und Beginn des Balletts bei Nr. 1 *Scène et danse de coquetterie* überbrückt. Eingriffe in die musikalische Substanz betreffen zudem die Nr. 3 *Danse d'Arsinoé et des esclaves*, von der nur der erste Teil (Takte 1–44) erklingt, sowie die Nr. 6 *Entrée solennelle d'Antoine*, die vor das Finale verschoben ist und von der nur die ersten 52 Takte zu hören sind. Die Nr. 6 endet anstelle der Fanfaren mit dem Motiv der Kleopatra. Wie bereits erwähnt ist das kurze Divertissement um Nr. 8 *Danse des égyptiennes* gekürzt. Nach Nr. 7 *Danse des juives* folgt Nr. 9 *Danse des Ghazies* und schließlich eine neu hinzugefügte Harfenkadenz, die zur Nr. 11 *Pas de deux* überleitet. Erst dann folgt die Nr. 10, die Variation der Schlangenbeschwörerin. Hintergrund dieses Tausches mag ein weiterer Pas de deux sein, der zwischen das Divertissement und den Auftritt des Antonius eingefügt wurde. Aus der Partitur Arenskijs wurde für diesen zusätzlichen Pas de deux das Kleopatra-Motiv aus Nr. 4 verwendet. Um also nicht zwei Pas de deux in Folge zu haben, wurden die Nummern 10 und 11 getauscht, so dass sich nach Nr. 7 und Nr. 9 folgende Reihenfolge ergibt: Nr. 11 *Pas de deux* – Nr. 10 *Charmeuse des Serpents* – neu hinzugefügter Pas de deux. Hiernach folgen der Auftritt des Antonius und das Finale, von dem neben den Anfangstakten auch die Takte 168–174 ausgelassen werden. Im Film erklingen zum anschließenden Abspann wieder Teile der Ouvertüre, die bereits zum Vorspann zu hören waren.

Egyptian Night folgt trotz der musikalischen Eingriffe dem Libretto von *Ägyptische Nächte*. Auch Fokin hatte in *Ägyptische Nächte* den Auftritt des Antonius weiter nach hinten verschoben, um das Divertissement gleichzeitig zur Liebesszene zwischen Amoûn und Kleopatra stattfinden lassen zu können. Bei Arenskij bzw. Lopuchin war Amoûn bereits in der Nr. 5 *Scène d'empoisonnement* vergiftet worden, die nachfolgenden Tänze fanden dann anlässlich des Auftritts von Antonius statt. *Egyptian Night* orientiert sich am Ende aber nicht mehr an *Ägyptische Nächte*, sondern am tragischen Ausgang von *Cléopâtre* in Fokins Version von 1909. Amoûn erwacht nicht, sondern stirbt durch das Gift, und Ta-hor findet ihren toten Geliebten.

Komplizierter als bei Musik und Libretto wird der Vergleich in Bezug auf die Kostüme und die Choreografie, da dieser nur auf Grundlage der Erkenntnisse der vorangegangenen Kapitel gezogen werden kann. Was die Tänzerinnen und Tänzer in *Ägyptische Nächte* trugen, ist beispielsweise durch Fokins Auseinandersetzung mit der Problematik überliefert, dass zu Beginn des 20. Jahrhunderts ein Auftritt barfuß auf der Bühne des Mariinskij-Theaters noch undenkbar war. Daher berichtet Fokin, wie sich die Tänzerinnen und Tänzer Zehen und Zehennägel auf die Strumpfhosen malten. Im Jahr 1988 stellte sich diese Problematik zwar weniger kritisch dar, dennoch tragen die Tänzer im Film entweder Ballettschläppchen oder Sandalen. Keiner der Tänzer ist barfuß, obwohl Fokin darauf oder zumindest auf die Illusion großen Wert gelegt hatte. Auch das Bühnenbild für Fokins frühe Version des Balletts ist nicht genauer überliefert, kann aber für die gesamte Dauer des Stückes aufgrund fehlender Hinweise als statisch angenommen werden. In *Egyptian Night* ist dies jedoch nicht der Fall. So werden beim neu eingefügten Pas de deux zwei transparente Stoffbahnen und drei dekorative Elemente am Bühnenhintergrund heruntergelassen und verändern somit die Szenerie.

In dieser Passage, dem zusätzlichen Pas de deux, wird zugleich die größte Veränderung an der Choreografie vorgenommen: Konstantin Sergeev besetzt die Kleopatra mit einer Tänzerin. Demzufolge wird der zusätzliche Pas de deux vor der Vergiftung des Amoûn und der Ankunft des Antonius in einer einsamen nächtlichen Szene von Kleopatra und ihrem Liebhaber getanzt. Die Choreografie bemüht sich hier sehr um eine stilisierte Bewegungssprache im Sinne von ägyptischen Motiven: Die Arme werden entweder ganz durchgestreckt und die Linie durch abgewinkelte Hände unterbrochen, oder sie werden an Ellenbogen und Handgelenken stark abgewinkelt, so dass die klassischen Rundungen der Arme vermieden werden. Auch in der Haltung des Körpers werden häufig die Stand-Schreit-Position sowie die Profilpose (teilweise mit parallel zu einem gedachten Bühnenrand gehaltenen Oberkörper) deutlich, wie etwa bei den Wachen der Kleopatra oder im Tanz der Ta-hor. Mitunter wirken jedoch gerade diese Haltungen überstilisiert, besonders wenn es sich dabei nicht um tänzerische Bewegungen der Figuren handelt. Der vor- und zurückwankende Schritt der Wachen während ihres Einmarsches und ihre stets waagerecht gehal-

tenen Arme lassen den natürlichen Sinn von Bewegung vermissen, den Fokin für seine Ästhetik des Tanzes einforderte.

Mit der Veröffentlichung seiner fünf Punkte im Jahr 1914
stellte sich Fokin explizit sowohl gegen pantomimische Bewegung zur Erklärung der Handlung als auch gegen inhalts-
lose Virtuosität. Beides ist jedoch in *Egyptian Nights* immer
wieder vertreten: Amoûn verdeutlicht durch symbolische
Zeichensprache seine Liebe zu Kleopatra. Diese erzählt ihm
in eben jener stummen Sprache, dass er schließlich durch Gift
sterben werde. Lediglich Ta-hor kommt ohne pantomimische
Zeichen aus und vermittelt sich durch tänzerische Bewegungen, die unhörbar gesprochene Worte unterstützen sollen.
Amoûn, Ta-hor und Arsinoé tanzen sehr virtuos – egal ob es
sich um eine Passage handelt, die einen der Handlung imma-
nenten Tanz zeigt oder nicht. Auch hier ist zwar ein Bemühen
um Stilisierung zu erkennen, sehr oft kehren die Tänzerinnen
und Tänzer dann aber in ihr klassisches »en dehors« zurück.
Insbesondere Amoûn äußert seine sich steigernde Erregung
durch klassische Pirouetten, »grandes pirouettes en attitude«
oder »tours en l'air«. Arsinoé tanzt in virtuosen »chaînés en
manège« über die Bühne, Ta-hors häufige »bourrées« und
hohe »développé avant« mit im klassischen Stil auswärts-
gedrehten Beinen wollen sich stilistisch nicht in den Zusammenhang einfügen.[432] Den virtuosen Tanz der Schlangenbeschwörerin aus *Egyptian Nights* hätte die echte Schlange, die
Anna Pavlova in *Ägyptische Nächte* in den Händen hielt, mit
Sicherheit nicht überlebt. Wenig an Fokins Vorbild orientiert
sich auch die Gestaltung der Kleopatra, die in einem Pas de
deux mit Amoûn die üblichen geführten »promenades« zeigt
oder in ägyptisch stilisierten Hebungen zu sehen ist.

---

432   Insbesondere die »bourrées« kamen mit der Spitzenschuh-Tech-
       nik auf, da durch sie eine schwebende Bewegung über die Bühne
       vorgetäuscht werden sollte.

Dennoch sind Übereinstimmungen mit den Vorstellungen Fokins erkennbar, zeigen doch die Tänzer häufig den für Fokin typischen »back bend« oder ein einwärts gedrehtes »retiré« bzw. ein zum Körper hochgezogenes Knie. Das für Fokin typische Finale, bei dem sich alle Beteiligten an den Händen fassen und immer schneller bewegen, ist nicht vorhanden. Dies wurde vermutlich auch erst zu Glazunovs Bacchanal getanzt, also zu einer Musik, die für die Produktion von 1909 zusätzlich zur vorhandenen Musik eingefügt wurde. Ähnlich dem historischen Vorbild ist auch der Auftritt der Kleopatra, bei dem die Königin auf einer Bahre hereingetragen und sodann von ihrer Sklavin aus einem Schleier ausgewickelt wird, der sie nicht ganz verhüllt, sondern ihr lediglich um die Taille liegt. Dennoch erliegt die Version von 1988 der Versuchung, der tänzerisch-technischen Virtuosität den Vorzug zu geben gegenüber der von Fokin präferierten dramatischen Expressivität. Das Bemühen um ein möglichst ägyptisch wirkendes Bewegungsvokabular, das antiken Malereien nachempfunden ist, wirkt insofern verstockt und künstlich, weil die Choreografie zwischen den Stilen springt und nicht auf die klassisch-virtuosen Schritte verzichtet. Es bleibt unklar, ob es sich bei dieser Version von 1988 um eine Rekonstruktion oder eine Neuinterpretation handeln soll. Für eine Rekonstruktion weist sie im Vergleich zu *Nuit d'Egypte* zu viele Änderungen auf, für eine Neuinterpretation erschließt sich die stilistische Erweiterung ins klassische Ballettvokabular nicht.

Unter dem Terminus »Rekonstruktion« firmierte eine Vorstellung von *Cléopâtre*, die das Teatro dell'Opera di Roma im April 2009 zum 100-jährigen Jubiläum der Ballets Russes herausbrachte. Das Ballett wurde bewusst als Rekonstruktion angekündigt und in Vorankündigungen sowie im Programmheft wie folgt benannt: »*Cléopâtre* (*Une Nuit d'Egypte*, op. 50), musica di Anton Arenskij, Coreografia Michel Fokine, ricostruita da Viatcheslav Khomyakov.« Diese Version übernimmt die Choreografie (mit wenigen Änderungen) und die Musik inklusive der zuvor geschilderten Eingriffe aus der Video-Produktion *Egyptian Nights* von 1988. Die musikalischen Einfügungen, die durch Djagilev und sein Komitee für *Cléopâtre* vorgenommen worden waren, wurden nicht berücksichtigt. Lediglich der *Danse des égyptiennes*, der in der Filmversion ausgespart worden war, wurde in dieser »Rekonstruktion« wieder ergänzt.

Der wesentliche Unterschied zwischen der italienischen *Cléopâtre* von 2009 und der *Egyptian-Night*-Filmversion besteht darin, dass sich das Bühnenbild und die Kostüme teilweise an den Entwürfen von Leon Bakst orientieren, was jedoch nur mit Einschränkungen gelingt.[433] Deutliche Parallelen bestehen zwischen den Kostümen des Amoûn der Jahre 1909 und 2009. Das Kleid der Ta-hor entspricht mit seinem knöchellangen weiten Rock jedoch nicht dem eng um die Hüften anliegenden knielangen Kostüm der Anna Pavlova. Das Kostüm der Kleopatra ist einem Entwurf Leon Baksts für *Cléopâtre* nachempfunden, allerdings handelt es sich nicht um das Kostüm, das Ida Rubinštejn im Jahr 1909 als Kleopatra trug, sondern um das einer späteren Besetzung.[434] Auch der neu in die Version von 1988 eingefügte Pas de deux von Kleopatra und Amoûn, das sich weder in der Partitur Arenskijs findet noch von Djagilev eingefügt wurde, ist in die italienische *Cléopâtre* eingegangen. Dazu wechselt Kleopatra das Kostüm und trägt nun einen roten Mini-Faltenrock mit goldener Borte, einen passenden Büstenhalter und eine blaue Perücke. Bei den übrigen Figuren vermischen sich von Bakst inspirierte Kostüme mit anderen Entwürfen. In der Nr. 7 *Danse des juives* treten Satyrn auf, deren Kostüme denen von Bakst nachemp-

---

433 Laut dem die Vorstellung begleitenden Programmheft wurden die Kostüme von Anna Biagiotti rekonstruiert.

434 Die Kostümskizze, die offenbar für das Kostüm der italienischen Kleopatra Pate stand, findet sich z. B. bei Elisabeth Ingles, *Bakst. Die Zauberwelt des Theaters*, S. 61.

funden sind. Baksts jüdische Tänzer mit Pumphosen, weißen bauschigen Ärmeln, blauen Umhängen, Tambourin, Kappen und Schläfenlocken sucht man hingegen vergeblich. Arsinoé trägt zu einem knappen roten Oberteil einen roten Rock aus knielangen Fransen, der sich beide deutlich von Baksts Entwürfen unterscheiden.

Aus Fokins *Cléopâtre* ist der Auftritt der Kleopatra übernommen, denn auch in Rom wird ein Sarkophag hereingetragen, aus dem ein männlicher Sklave eine in ein Tuch gehüllte Tänzerin heraushebt, die anschließend von ihren beiden Sklaven entblättert wird. Während des Divertissements bleibt das Liebespaar jedoch unverhüllt, Kleopatra schaut den Tänzen zu, bevor sie mit Amoûn die Bühne verlässt. Der Ablauf und die Choreografie sind bis auf einige für den Stil jedoch nicht bedeutende Änderungen so wie im Film von 1988. Sogar Antonius, der aus *Cléopâtre* ohne jeden Zweifel gestrichen worden war, fährt 2009 auf seinem Streitwagen auf die Bühne. Durch die Auslassung von Djagilevs musikalischen Einfügungen fehlen dieser *Cléopâtre*-Version wichtige Teile der Musik. Letztlich wurde dem Publikum, das die Vorstellungen in Rom verfolgte, ein Ballett gezeigt, das wie im Programmheft zu lesen lediglich vorgibt, »la ricostruzione attuale operata da Viatcheslav Khomyakov è quindi una novità assoluta« zu sein.

Warum sich von Fokins ca. 80 Balletten nur sehr wenige – darunter beispielsweise *Les Sylphides*, *Spectre de la rose*, *Le sacre du printemps*, *Petruschka* oder *L'oiseau de feu* – im Repertoire gehalten haben, liegt einerseits sicherlich in der fehlenden schriftlichen Fixierung der Choreografie begründet. Andererseits zerstreuten sich die Tänzerinnen und Tänzer Djagilevs über die ganze Welt, unterrichteten, gründeten Ensembles oder wurden Ballettdirektoren und Choreografen. Eine kontinuierliche Weitergabe des Gesamtwerks der Ballets Russes war offenbar nicht möglich, weil die Choreografien nur in der kollektiven Erinnerung der Mitglieder der Ballets Russes vorhanden waren. Die Antwort auf die Frage, warum *Cléopâtre* nicht zu jenen wenigen Werken gehört, die noch heute aufgeführt werden, ist fast schon offensichtlich: Der Erfolg von *Cléopâtre* hing vor allem mit den visuellen Komponenten zusammen. Von besonderer Bedeutung waren dafür das Bühnenbild und die Ausstattung, die jedoch bereits in den Zwanzigerjahren, also noch zu Djagilevs Lebzeiten, nur noch zum Teil dem entsprach, was das Publikum in Paris und in den folgenden Jahren an Entwürfen von Leon Bakst hatte sehen können. Zudem hatte Fokins Choreografie im Laufe der Jahre an Neuartigkeit erheblich eingebüßt. Das Ballett ergänzend zu anderen Werken Fokins zu zeigen, wie es bei den Ballets Russes lange der Fall war, machte zwar Sinn, weil *Cléopâtre* dann als wirkungsvolle Nuance innerhalb einer stilistischen Palette wahrgenommen werden konnte. Aber bereits gegen Ende der Zwanzigerjahre stellte dieses Werk bei den Ballets Russes wohl auch nicht mehr dar als eine solche »Farbe«. Weitaus modernere Werke im tänzerischen Stil oder Sujet waren im Laufe der Zeit hinzugekommen. Der Stil der Ballets Russes hatte sich insgesamt sehr verändert zugunsten von Choreografien zu avantgardistischerer Musik, teilweise umfasste das Repertoire auch humorvolle Stücke mit Choreografien von Serge Lifar. Mit George Balanchine erhielt schließlich der Neoklassizismus einen immer bedeutsameren Platz. Besonders durch ihn entwickelte sich das Ballett in eine Richtung, die zwar auch den klassischen Stil als Grundlage hatte, dann aber eine ästhetisch völlig andere Richtung einschlug als das opulente Ballett *Cléopâtre* mit seinem erzählerischen ersten Teil und einer weiblichen Hauptrolle, die keinen einzigen Schritt zu tanzen hatte. Dass man nach dem Zweiten Weltkrieg nicht mehr an exotische Ballette der Jahrhundertwende anschloss, scheint kaum verwunderlich, zumal der Orientalismus nun endgültig aus der Mode gekommen war.

Ein großes Manko für eine weitere Rezeption war zudem die musikalische Qualität des Werks. Die Musik Arenskijs nimmt wenig für sich ein, die Einfügungen sind zwar attraktiven Werken der Musikliteratur entnommen, dennoch bleibt der Eindruck bestehen, es habe aus der eigentlichen Partitur ein Makel ausgemerzt werden müssen. Weil das Werk durch die Einschübe stilistisch sehr uneinheitlich wurde, eignete sich die Musik auch nicht für eine Aufführung im Konzertsaal, wie dies bei *Scheherazade*, *Petruschka* oder *L'oiseau de feu* üblich wurde. Auch wenn diese Ballette konzertant um eine wesentliche Komponente ihrer eigentlichen Bestimmung gekürzt wurden, so blieben sie als eigenständige und geschlossene Partituren von hoher Qualität in Erinnerung und regten zu neuen choreografischen Verarbeitungen an. Eine Wiederbelebung von *Cléopâtre* wäre künstlerisch jedoch uninteressant und – selbst nur aus wissenschaftlichem Interesse – zu aufwendig, da einige Mosaiksteine der Musik als verloren betrachtet werden müssen. Eine musikalische Bearbeitung wäre also notwendig – für ein Stück, von dem seit langem kein ästhetischer oder künstlerischer Reiz mehr ausgeht, ein zu aufwendiges und kostspieliges Unterfangen.

5 Exotisches Hintergrundrauschen – Schau- und Kauflust in Paris um 1900

Cléopâtre wurde vom französischen Publikum begeistert aufgenommen und galt als das Erfolgsstück der Saison 1909. Für
diesen Erfolg zeichneten insbesondere die fantastischen Tänzerinnen und Tänzer aus Russland und der orientalisierende
Farbrausch in der Ausstattung von Leon Bakst verantwortlich. Eingangs wurde ausführlich erläutert, wie Sergej Djagilev und seine Mitarbeiter die Partitur und das gesamte Ballett
veränderten, um das Werk für ein französisches Publikum in-
teressanter zu gestalten. Djagilev kannte Paris durch mehrere Aufenthalte gut, Leon Bakst hatte seinen Wohnsitz 1893 sogar gänzlich in die französische Metropole verlegt, so dass
zumindest diesen beiden Hauptakteuren der Geschmack des
dortigen Publikums sehr genau bekannt gewesen sein muss.
Da dieser Pariser Geschmack für die Veränderungen am Ballett relevant war, sollen nachfolgend die verschiedenen Rahmenbedingungen beschrieben werden, innerhalb derer das
französische Publikum *Cléopâtre* in Paris erlebte und die für
den Erfolg des Balletts insofern durchaus maßgeblich waren.
Ein großer Teil des folgenden Kapitels widmet sich daher
dem »Erfahrungshorizont« des französischen Publikums mit
dem orientalisierenden Sujet, der eng mit den Sphären des
Konsums und der Unterhaltung verknüpft war. Aufschlussreich ist gleichfalls ein Blick auf das zeitgenössische Ballett in

der Stadt, die wenige Jahrzehnte zuvor noch als das wichtigste Ballettzentrum der Welt galt. Jedoch hatte der klassische Tanz dort in den letzten Jahren einen solchen Niedergang erlebt, dass Djagilevs Truppe als geradezu sensationell erlebt werden musste. Inwiefern einzelne Ereignisse oder bestimmte Erfahrungen für Djagilev oder Bakst bzw. das Publikum ganz konkret und unmittelbar für die Realisierung und die Rezeption von *Cléopâtre* relevant waren, lässt sich über 100 Jahre später natürlich nicht mehr im Detail sagen. Im folgenden Kapitel soll jedoch anhand weniger Aspekte ein Panorama von Paris um 1909 gezeichnet werden, durch das die Begeisterung für *Cléopâtre* verständlich und das Ballett in seiner Zeit verortet wird.

5.1 Bazar der Zerstreuung – exotischer Konsum in Paris

Bereits in Kapitel 2.3 zu Anton Arenskijs Komposition *Eine Nacht in Ägypten* op. 50 wurde ersichtlich, dass der Komponist Motive aus musikalischer Feldforschung verwendet hatte. Einige dieser Aufzeichnungen stammten von Beteiligten der *Description de l'Égypte* und waren im Kontext des gescheiterten Eroberungsversuchs in Ägypten entstanden. Napoleon Bonapartes militärischer Vorstoß auf den afrikanischen Kontinent zwischen 1798 und 1801 war mit einer aufwendigen wissenschaftlichen Erschließung des Landes verknüpft gewesen. Die Ergebnisse dieser Expedition fanden hiernach in Frankreich eine außerordentlich interessierte Öffentlichkeit – nicht zuletzt auch deswegen, weil das wissenschaftliche Prestige das militärische Debakel angenehm zu übertönen vermochte. In den folgenden Jahrzehnten steigerte sich das zunächst rein akademische Interesse zu einer wahren Ägyptomanie, deren Auswirkungen über das gesamte folgende Jahrhundert wahrzunehmen waren. Die Expedition Napoleons hatte auch zur Folge, dass sich über die Beschäftigung mit den Funden eine eigene wissenschaftliche Diszi-

plin herausbildete und im Laufe der Zeit auch andere For-
scher nach Ägypten aufbrachen. Die Truppen waren zudem
von Künstlern begleitet worden, die durch die Umsetzung ihrer Reiseerlebnisse weitere Maler und andere Künstler dazu
veranlassten, den Osten zu bereisen oder sich zumindest mit
dessen Motiven auseinanderzusetzen. Eine bekannte Gruppe waren die Orientalisten, deren Gemeinsamkeit nicht wie
sonst eine Maltechnik oder ein ästhetisches Statement bildete, sondern das Sujet, von dem sie sich inspirieren ließen oder
das sie abbildeten. Ob sie sich ausschließlich dem Osten widmeten, ihn selbst bereist hatten oder lediglich aus ihrer Fantasie schufen, spielte dabei keine Rolle.

Die Lust am Fremden – Ägyptomanie, Orientalismus oder
Exotismus lassen sich dabei kaum trennen – wurde in Frankreich zur Tradition und machte sich auch in der Musik, der
Literatur oder auf der Bühne, im Design von Kleidern, Mö-
beln oder Schmuck sowie in der Architektur deutlich bemerkbar. Überblicksdarstellungen oder spezielle Publikationen zu
einzelnen Sparten, Künstlern oder Motiven liegen bis heute
zahlreich vor.[435] Für den Rezeptionshintergrund von *Cléopâtre* ist es aufschlussreich, den Zusammenhang zwischen fran-
zösischem Imperialismus und moderner Konsumgesellschaft
zu verstehen, durch den das Fremde ein käuflicher Traum
und ein Gegengewicht zur zunehmenden Ökonomisierung
des Alltags wurde. Je mehr der Eindruck von Fremdheit den
Erwartungen entsprach oder diese übertraf, je besser sich der
Käufer unterhalten fühlte, umso höher wurde die Nachfrage
und entsprechend das Angebot an exotischen Verheißungen.

---

435 Auf sie sei hier verwiesen, weil diese Arbeit keine weitere Zusammenfassung des französischen Orientalismus geben kann. Vgl.
z. B. John MacKenzie, *Orientalism. History, theory and the arts*, Manchester, New York 1995. John M. MacKenzie gibt hier einen re-
spektablen Überblick über die verschiedenen Ausprägungen des
Orientalismus in den verschiedenen Künsten.

Gegen Ende des 19. Jahrhunderts waren es – ähnlich den Ursachen für die Ägyptomanie nach Napoleons Expedition – wiederum politische Beweggründe, die das Interesse der Bevölkerung am Exotischen und Orientalischen erneuten anfachten. Nachdem Frankreich seine Macht nach Algerien, Marokko und Tunesien hatte ausweiten können, kam es zwischen 1875 und 1914 zu einer neuen Form des Imperialismus, die der Sozialhistoriker Eric Hobsbawm mit dem Begriff des »imperialen Zeitalters« umschreibt.[436] Ein halbes Duzend Staaten teilte nicht weniger als ein Viertel der weltweiten Landoberfläche (insbesondere den pazifischen Raum, Asien und Afrika) unter sich auf, übernahm die formelle Herrschaft oder zumindest eine informelle politische Oberhoheit.[437] Auch Frankreich hatte in der Hoffnung auf wirtschaftlichen Profit und politischen Glanz sein Territorium um 8,75 Millionen Quadratkilometer vergrößern können. Zugleich verselbstständigte sich jedoch ein ökonomischer Kreislauf, der das Mutterland in Abhängigkeit von seinen Kolonien brachte. Viele Technologien in Europa waren vom Öl, Metall oder Kautschuk abhängig, das aus den Kolonien importiert wurde. Außerdem war der Absatzmarkt für Kolonialwaren wie Zucker, Tee, Kaffee, Kakao und Kakaoprodukte rasant angestiegen. Die außenpolitischen Entwicklungen waren für die französische Bevölkerung also nicht nur ein abstraktes Thema in der Presse, sondern zunehmend im täglichen Leben sichtbar – und genau das war von der Regierung durchaus erwünscht. Wie Hobsbawm schreibt, spielte der Sozialimperialismus, also der Versuch, mittels einer imperialen Expansion die unzufriedene Bevölkerung zu beschwichtigen, zu jener Zeit eine nicht geringe Rolle. Von Bedeutung war diese politische Strategie, da sich durch die Industrialisierung die sozialen Gefüge grundlegend verändert hatten und weiter veränderten.

---

436 Eric Hobsbawm, *Das imperiale Zeitalter*, Frankfurt a. M. 2004, S. 82.

437 Vgl. ebd., S. 79.

Zumeist war es für den Staat billiger, statt Reformen im eigenen Land durchzuführen, der Bevölkerung imperialistischen Ruhm zu bieten:

>»*Allgemeiner ausgedrückt ermutigte der Imperialismus die Massen und insbesondere die potentiell Unzufriedenen, sich mit dem imperialen Staat, der imperialen Nation zu identifizieren und damit unbewußt das vom Staat repräsentierte politische und soziale System zu rechtfertigen und ihm Legitimität zu verleihen. Und in einer Ära der Massenpolitik benötigten selbst die alten Systeme neue Legitimität. [...] Kurz, ein Kolonialreich ergab einen guten ideologischen Kitt.*«[438]*

Über die zugleich rasant wachsende Massenpresse ließen sich die imperialistischen Erfolge und Schilderungen von der Überlegenheit Frankreichs leicht in die Bevölkerung hineintragen.[439] Ihre Leser entstammten damals nicht mehr nur den oberen oder mittleren gesellschaftlichen Schichten, sondern ebenso dem niederen Bürgertum, der Arbeiterschaft und teilweise auch der Bauernschaft. Zu den massenhaft verkauften Zeitungen kamen besonders in Paris weitere Nachrichtenformen hinzu, wie schnell verkäufliche Heftchen oder Flugblätter, in denen die neuesten Nachrichten, etwa letzte Entwicklungen in der damals höchst aktuellen Dreyfus-Affäre, verbreitet werden konnten.

---

438 Hobsbawm, *Das imperiale Zeitalter*, S. 94 f.

439 Die Tageszeitung *Le Petit Parisien* (gegründet 1876) erschien 1884 bereits in einer Auflage von 100.000, zehn Jahre später betrug sie schon 555.000 und bis 1914 hatte sich die Auflage nochmals fast verdreifacht auf 1.453.000. Zum Vergleich: Die verkaufte Auflage der *Süddeutschen Zeitung* betrug im Jahr 2010 438.936, die der *Frankfurter Allgemeinen Zeitung* 363.620. Gemeinsam mit *Le Petit Journal*, *Le Matin* und *Le Journal* waren dadurch täglich in Frankreich 14,5 Millionen Zeitungen erhältlich, zu denen jeweils noch die regionalen Ausgaben kamen, z. B. *La Dépêche de Toulouse* und *L'Écho du Nord* (1914 mit einer Auflage von 180.000) oder *Le Progrès de Lyon* (1914: 200.000). Vgl. Robert Gildea, *Children of the Revolution. The French 1799–1914*, Cambridge 2008, S. 404 f.

Die staatliche Macht außerhalb des Mutterlandes vermittelte sich aber auch über die Architektur zentraler Bauten und
Plätze in die öffentlichen Wahrnehmung, denn schon bald
nach Napoleons Feldzug schlug sich die Ägyptenbegeiste-
rung im Pariser Stadtbild nieder:

> »Die neuägyptischen Bauten sollten durch die Beschwörung der
> Ewigkeit ›erhabene‹ Gefühle wecken oder sogar Ehrfurcht und päda-
> gogisch gemeinten Schrecken hervorrufen. Der ägyptische Stil wur-
> de besonders gern bei Museen, Schulen, Bibliotheken, Gefängnissen
> und Friedhofsportalen, aber auch Synagogen und Freimaurerhäu-
> sern verwendet.«[440]

Im Gegensatz zu den bunten Chinoiserien des Rokoko, die
Unbeschwertheit und Fröhlichkeit ausstrahlten und China
als das Land des unbeschwerten Glücks zeigten, strebte die
Wiederbelebung altägyptischer Baukunst eine monumentale
Wirkung an. Sie weckte Assoziationen an Ewigkeit, Totenkult,
Unergründlichkeit durch Hieroglyphen und geheimnisvolle
Rituale. Während des 19. Jahrhunderts brannte sich in das Bewusstsein der Pariser Stadtbevölkerung das Aussehen einiger Denkmäler und Bauwerke ein, die als Originale aus den
beherrschten Gebieten nach Frankreich geholt worden waren
oder zumindest Assoziationen an Ägypten weckten. Beispiele hierfür sind etwa der Obelisk auf dem Place de la Concor-
de (aufgestellt 1836) oder das Palais Beauharnais (1805) mit
einer Replik des ägyptischen Tempels von Dendera im Eh-
renhof, einem der Öffentlichkeit allerdings nicht zugänglichen türkischen Boudoir und zahlreichen Empiremöbel mit
Sphinxen-Dekor oder anderen ägyptischen Verzierungen.[441]

---

440 Stefan Koppelkamm, *Der imaginäre Orient. Exotische Bauten des
achtzehnten und neunzehnten Jahrhunderts*, Berlin 1987, S. 20.

441 Vgl. ebd. Weitere Bauwerke in Paris in orientalisierendem Stil sowie den Zusammenhang zwischen der Namensgebung Pariser
Straßen und der kolonialen Politik erläutert Robert Aldrich, *Put-
ting the Colonies on the Map: Colonial Names in Paris Streets*, in: Tony

Während des 19. Jahrhunderts waren mit der sich weiter entwickelnden Konsumgesellschaft das Kaufhaus und die Passage in Mode gekommen. Vor allem in Paris entstanden
Passagen als Zeichen der Durchdringung von Artefakt und
Realität, die Schau- und Präsentationslust der Zeit verknüpf-
ten und auch nach außen demonstrieren wollten, was sie im
Inneren zu bieten hatten. Bereits ab 1829 gab es in Paris die
Gallerie d'Orleans, zu der ein zeitgenössischer illustrierter Pa-
ris-Führer schreibt, sie sei eine Welt im Kleinen, so dass »der
erstaunte Beobachter im Nu von den überlaufenden Straßen der Metropole mitten in einen tropischen Wald versetzt
wird.«[442] Gestaltet waren die Dekorationen in den Passagen
und Kaufhäusern häufig entsprechend der Produkte, die entweder selbst oder deren Rohstoffe aus den Kolonien importiert worden waren. Schon seit dem 18. Jahrhundert waren
exotische Produkte wie Tee, Kaffee, Schokolade, Tabak, exotische Früchte, Pflanzen oder Tiere in Europa bekannt, galten
jedoch noch als Luxusgüter. Nun entstand für sie ein Massen-
markt, der die Produkte in den Alltag der Menschen brachte
und es ermöglichte, das Fremde selbst zu kaufen, zu schme-
cken, anzufassen oder – wer kein Geld dafür ausgeben konnte
oder wollte – zumindest in den Auslagen anzusehen.[443] »Die
›moderne‹ Konsumgesellschaft definiert sich dann nicht über
das Mehr oder Weniger an verfügbaren Gütern, sondern über
die Wünsche und Träume, die zum Inhalt des Lebens werden

Chafer, Amanda Sackur, *Promoting the Colonial Idea. Propaganda
and Visions of emire in France*, Basingstoke (u. a.) 2002, S. 156–167.

442 Gerhard Wohlmann, *Das ausgestellte Fremde. Der Begriff des Fremden als ästhetisches Phänomen des 19. Jahrhunderts in Frankreich*, Dissertation an der Ludwig-Maximilians-Universität München 1996,
S. 92.

443 Neu war beispielsweise auch, dass durch den beschleunigten
Transport und bessere Konservierungsmöglichkeiten sogar exotische Früchte angeboten werden konnten.

und aus der die jeweilige Identität hervorgeht.«[444] Der kulturelle Akt, etwas als exotisch zu kodieren oder fremd zu erfahren, fand daher zu einem wesentlichen Teil in der Sphäre des Konsums statt.

Teil dieses Prozesses war die Werbung, die über das Aussehen oder den Ort des eigentlichen Geschäfts hinausging. Durch sie und insbesondere durch das Plakat wurde dem Fremden und Exotischen eine Funktion zugewiesen, über die Produkte – von Zigaretten oder Kaffee über Shows bis hin zu Fotokameras und Reisen – orientalisiert und deswegen als besonders verheißungsvoll beworben wurden. Oft erschien das jeweilige Produkt auch durch eine symbolische Verknüpfung mit Abenteuer und Erotik als unbedingt erstrebenswert. Der Konsum insbesondere des exotischen Produkts wurde als Gegenwelt zur rationalen Zeitverwaltung, Affektkontrolle, Effizienz und Regulierung in Büros und Fabrikhallen aufgebaut.[445] In der Werbung der Nahrungs- und Genussmittelindustrie bildeten sich Stereotype und eine Präferenz von bestimmten Farben und Motiven. Im 19. Jahrhundert wurde etwa der »Mohr« zur beherrschenden Plakatfigur, der für exotische Produkte warb.[446] Hauptanknüpfungspunkt für die Werbung war bei diesem Beispiel die Hautfarbe, weshalb der »Mohr« für braune oder weiße Artikel als Werbeträger genutzt wurde, von Schokolade bis hin zur Schuhcreme, für Waschpulver, Bleichmittel, Zahnpasta oder Glühstrümp-

---

444 Hans-Peter Bayerdörfer, Eckhard Hellmut (Hrsg.), *Exotica. Konsum und Inszenierung des Fremden im 19. Jahrhundert*, Münster 2003, S. XXIV.

445 Vgl. hierzu: Ebd., S. XI–XXVI.

446 Auch heute noch besteht eine starke Signalwirkung des »Mohren« in der deutschen Werbung für Sarotti-Schokolade. Die Verbindung kam aber auch deswegen zustande, weil sich der Firmensitz von Sarotti ursprünglich in Berlin in der Mohrenstraße befand und der Besitzer mit Nachname Schwarz hieß.

fe.[447] Ein anderes typisches Werbemotiv war das Kamel, das bereits mit den Heiligen Drei Königen ins abendländische Bildinventar Einzug gehalten hatte und mit der Wüste und dem Orient in Verbindung gebracht wurde. Für Plakatwerbung wurde es von der Getränkeindustrie (womöglich aufgrund seiner Fähigkeit, Flüssigkeit zu speichern) sowie von der Textilindustrie für Kamelhaarbekleidung aufgegriffen. Eine besondere Rolle spielte in jenem Motivkanon auch die Frau, die sich hier in zwei der (normalen bürgerlichen) Realität eher enthobenen Rollen zeigte. Oft war sie in der Zigarettenwerbung sowohl als die moderne, attraktive Raucherin in Herrenkleidung abgebildet – hier schimmert eine Femme fatale unter der bürgerlichen Oberfläche hindurch – oder als verführerische Orientalin, deren Zigarettenrauch den Konsumenten auf die ferne Tabakplantage oder in die träge Atmosphäre eines Harems versetzen sollte. Die Werbung weckte schon damals Träume, die die beworbenen Produkte dem Konsumenten vermeintlich zu erfüllen vermochten.

Dem Flaneur, dessen neuerdings geregelte Arbeitszeiten es erlaubten, in der Freizeit an Schaufenstern und Werbeplakaten vorbeizuschlendern, bot sich gegen Ende des 19. Jahrhunderts ein rasant anwachsender Unterhaltungsmarkt, der teilweise ebenso auf exotische Motive zurückgriff. Insbesondere in Paris war es möglich, eine vermeintlich orientalische Wirklichkeit in Vergnügungsparks mit Pagoden oder chinesischen Zelten zu erleben, in denen auch Tanzveranstaltungen gegeben wurden oder Theateraufführungen zu sehen waren. So hatte sich aus dem Pariser Café das Café-concert entwickelt, in dem »täglich vorgeführte Spektakel und ein gehobener Konsum im Mittelpunkt standen.«[448] Im Jahr 1865 eröffnete in Paris eines der bekanntesten Etablissements dieser

---

447 Vgl. Michael Scholz-Hänsel, *Exotische Welten, europäische Phantasien. Das exotische Plakat.* Stuttgart 1987, S. 17 f.

448 Ebd., S. 159.

Art mit dem Namen »Ba-Ta-Clan«, das sich auch »Palais Chi-
nois« nannte. Die leichte Unterhaltung, die dem Publikum –
auch für Damen war der Besuch durchaus gesellschaftsfähig
– geboten wurde, war abwechslungsreich und stand in Konkurrenz zum ähnlichen Angebot der Varieté-Theater, z. B. des
»Alcazar« oder des »Eldorado«, die beide um 1870 eröffnet
wurden.

Die Architektur der Amüsierbetriebe richtete sich wie bei den
Passagen und Kaufhäusern nach der im Inneren angebotenen
Fantasiewelt. Insofern war nichts passender, also diese Bauten von außen und innen in einem orientalischen oder exotischen Stil zu gestalten, der als besonders geheimnis- und verheißungsvoll galt. Im Pariser »Eden«-Theater etwa war der
Zuschauerraum nach hinten an drei Seiten nur durch Arka-
den abgegrenzt, so dass man auch von den Zuschauerplätzen
die tropische Bepflanzung des Wintergartens sehen konnte.
Die Folge der Darbietungen mit Gesang, Tanzeinlagen, akro-
batischen Nummern und melodramatischen Einaktern ließ es
zu, auch während der Vorstellung zu kommen oder zu gehen,
sich in Nebenräumen aufzuhalten, ein Getränk einzunehmen
oder zu rauchen. Die eigentliche Darbietung rückte in den
Hintergrund, es ging mehr darum, sich in der Gesamtinsze-
nierung des Ortes zu verlieren. »Der Stil und die klangvollen
Namen, die das Paradies (Eden) oder, durch Anspielung auf
maurische Paläste (Alhambra, Alcazar), orientalische Pracht
und Sinnlichkeit verhießen, konnten kaum halten, was sie in
ihrer Übertreibung versprachen. Solche Namen wurden jedoch in kurzer Zeit zu gängigen Stereotypen.«[449] Die Lokale versuchten sich an Extravaganz zu überbieten. Im »Eden«-
Theater waren die Kellner und Serviererinnen beispielsweise
exotisch kostümiert, und in der Dekoration vermischten sich

---

449 Scholz-Hänsel, *Exotische Welten, europäische Phantasien. Das exoti-
     sche Plakat*, S. 159 f.

authentischen Vorbildern nachempfundene mit frei erfundenen Motiven.

Der Zusammenhang zwischen steigender Nachfrage nach Massenkultur, dem Anwachsen der Printmedien und damit auch der Werbemöglichkeiten zeugt von veränderten sozialen Bedingungen und neuen Bedürfnissen insbesondere in einer Metropole wie Paris. Freizeit war ein noch junges Phänomen und wollte gefüllt werden. Der gesamte Kulturbetrieb wurde unabhängig vom Niveau durch die Kommerzialisierung vorangetrieben, der Wettbewerb zwischen den Institutionen verschärfte sich. Die verheißungsvollen Fassaden eines Café-concerts oder eines Varieté-Theaters, die exotischen Produkte in dekorierten Auslagen, die bunten und collageartigen Plakate für alle Arten von Shows bildeten ein Gemisch aus Fantastischem und Authentischem, das sich unbewusst in den Alltag der Bürger eingeschlichen hatte und ihre Wahrnehmung prägte.

Alles, was die europäische Schaulust der jungen Konsumgesellschaft bisher beflügelt hatte, von Kolonialwaren über exotische Luxusgüter bis hin zum Besuch von Museen, Konzerten, Panoramen, Varieté-Theatern, zoologischen Gärten oder Menschenschauen, fand bei den Weltausstellungen seinen Höhepunkt. Da alle reizvollen Angebote gleichzeitig und an ein und demselben Ort erreichbar waren, erfreuten sich die Ausstellungen entsprechender Beliebtheit. 1855 fand erstmals eine Weltausstellung in Paris statt, weitere vier folgten bis zur Jahrhundertwende in den Jahren 1867, 1878, 1889 und 1900. Eigentliches Ziel der teilnehmenden Länder war es, ihren technologischen Fortschritt vorzuführen – was nicht selten anhand von aufwendig zur Ausstellung transportierten Beispielen und Modellen geschah. Die Weltausstellung blieb jedoch keine Messe für Spezialisten:

> *»Die generelle Entwicklung der Weltausstellungen – von London 1851 bis Paris 1900 – läßt sich dahingehend zusammenfassen, daß sich diese immer mehr von einer belehrenden Präsentation der Erfin-*

> *dungen und Entdeckungen moderner Wissenschaft und Technik weg entwickeln, hin zu einer ›Show‹-mäßigen, alle Medien einbeziehenden (wir sind im Zeitalter des ›Gesamtkunstwerks‹) Amüsierveranstaltung mit kommerziellen Absichten.«*[450]

Glanzvolle Höhepunkte waren in dieser Hinsicht die Weltausstellungen in Paris 1889 und 1900. Hatten zwischen dem 1. April und dem 3. November 1867, als die Weltausstellung das zweite Mal in Paris stattfand, »nur« 11 Millionen Besucher das Gelände besucht, so war die Zahl im Jahr 1900 auf 50 Millionen angewachsen. Nicht weniger als 83.047 Aussteller zeigten dort industriell hergestellte Massenartikel, Gewerbeprodukte, Luxuswaren und technische Erfindungen.[451] Die Weltausstellungen waren, so Walter Benjamin, zu »Wallfahrtsstätten zum Fetisch Waren« geworden.[452] Im Jahr 1900 waren von 18 Sektionen 17 den französischen Kolonien gewidmet. Somit waren alle französischen Kolonien und Protektorate auf der Ausstellung vertreten, die vier Hauptattraktionen bildeten dabei die Bereiche der Länder Algerien, Indochina, Madagaskar und Tunesien. Indochina nahm sogar ein Drittel der gesamten für Kolonien bestimmten Fläche ein. Dort war ein Nachbau des Hügels von Onom-Penh mit der königlichen Pagode und einem sechs Meter hohen Buddha am Eingang zu bestaunen sowie ein exotischer Garten und ein laotisches Dorf mit 40 »Eingeborenen«, die handwerkliche Arbeiten verrichteten. Je nach Größe oder Möglichkeit präsentierte sich das Land in

---

450 János Riesz, »*Kolonialwaren*« – *Die großen Kolonialausstellungen als »exotische« Warenlager und Instrumente Kolonialer Propaganda*, in: Robert Debusmann, János Riesz (Hrsg.), *Kolonialausstellungen – Begegnungen mit Afrika?*, Frankfurt a. M. 1995, S. 158.

451 Vgl. Volker Barth, *Der Konsum des Fremden auf der Pariser Weltausstellung von 1867*, in: Bayerdörfer, Hellmut (Hrsg.), *Exotica: Konsum und Inszenierung des Fremden im 19. Jahrhundert*, S.139–160; Martin Wörner, *Vergnügung und Belehrung. Volkskultur auf den Weltausstellungen 1851–1900*, Münster 1999, S. 1f.

452 Vgl. Wörner, *Vergnügung und Belehrung*, S. 2.

der eigentlichen Ausstellungshalle oder mit einem Pavillon, einem Ensemble von Gebäuden oder gar einem Nachbau einer ganzen Straße. Das Konzept, den Ausstellungscharakter mehr und mehr hinter inszenierten, landestypisch gestalteten Pavillons oder Szenen zu verbergen, wurde seit 1867 verfolgt. Neben ausgestopften Elefanten, nachgebildeten Eingeborenen und drapierten ethnografischen Objekten waren gleichfalls lebende Ausstellungsstücke interessant geworden. So richtete man orientalische Bazare und afrikanische Märkte ein, wo Landesrepräsentanten Waren anboten. Authentisches Inventar in den Pavillons und Restaurants unterstützte die Glaubwürdigkeit des Ausgestellten, denn nun waren nicht mehr allein die Waren Zeugnisse des Herkunftslandes. Zunehmend gaben die Ausstellungen dem Besucher vor, nicht an der Seine, sondern selbst im Fernen Osten zu sein. Insbesondere die Begegnung mit den fremden »Einwohnern« des Dorfes stärkte offenbar das authentische Empfinden und bot höchsten Unterhaltungswert. An Hippolyte Gautiers Einleitung seines Führers durch die Weltausstellung 1867 zeichnet sich bereits deutlich ab, dass für den Besucher weniger die technologischen Entwicklungen, denn die exotischen Inszenierungen interessant waren:

> »Man fühlt sich in eine andere Welt versetzt. Der gesamte Orient liegt vor Ihnen; suchen Sie dort weder nach Maschinen, noch nach praktischen Erfindungen des menschlichen Geistes; Sie befinden sich im Reich des beschaulichen Lebens: das Angenehme läuft dem Nützlichen den Rang ab, und die Poesie ist unzertrennlich vermischt mit den Nebensächlichkeiten des Lebens.«[453]

Bei der Weltausstellung im Jahr 1900 gab es neben den Pavillons der französischen Kolonien auch ein russisches Dorf, für das die Künstler Konstantin Korovin und Aleksandr Golovin einen märchenhaften, altrussischen Pavillon mit zahllosen Giebeln, Zinnen und Türmchen entworfen hatten. Die Handarbeiten, Grafiken und sonstigen Ausstellungsgegen-

---

453   Wohlmann, *Das ausgestellte Fremde*, S. 108 f.

stände, die in diesem Miniaturkreml gezeigt wurden, waren im neorussischen Stil, zumeist aus den Werkstätten der Künstlerkolonien, und verzauberten durch ihre exotischen und folkloristischen Formen das westeuropäische Publikum. Die Exponate weiterer russischer Künstler, beispielsweise Gemälde von Valentin Serov, waren im Grand Palais zu besichtigen. Zuständig für die russische Abteilung auf der Weltausstellung war der russische Ingenieur und Freizeit-Ethnologe Prinz Tenišev, der Mann von Prinzessin Teniševa, die die Künstlerkolonie Talaškino gegründet hatte. Entsprechend delegierte er die künstlerischen Aspekte an seine Frau, die die Gestaltung des Dorfes in Auftrag gab. Als besondere Attraktion war beispielsweise auch eine Gruppe Balalaikas ausgestellt, die in den Werkstätten von Talaškino hergestellt worden waren.[454]

Die Präsentation von Technologien, Handwerk oder Kultur der Kolonien – Russland reihte sich mit dem russischen Dorf zumindest teilweise in diese Darstellung ein – unterschied sich eklatant davon, wie sich Frankreich selbst auf der Weltausstellung präsentierte. Das Fremde wurde im Vergleich zur eigenen, europäischen »Normalität« als etwas Außergewöhnliches und geschichtslos Pittoreskes, bei den Kolonien bisweilen auch als etwas Rückständiges oder sogar Primitives stilisiert. Stets bewegten sich die Weltausstellungen auf der Grenze zwischen Freiluftmuseum, Technologiemesse, dekoriertem Kaufhaus und einer Art »Disneyland«. Neugier, Faszination und Zuspruch waren enorm groß, auch wenn sich schon früh kritische Stimmen zu Kommerzialisierung und Ethik in der Schau nicht nur von Waren, sondern auch von Mensch und Tier oder zur fehlenden Authentizität vernehmen ließen. Dies tat der Beliebtheit der Weltausstellungen

---

454 Vgl. Olga Strugowa, *Die Werkstätten von Talaschkino. Von der Volkskunst zum Jugendstil*, in: Beil (Hrsg.), *Russland 1900*, S. 188.

aber keinen Abbruch, solange Performance und Inszenierung den Erwartungen entsprechend ineinander griffen.[455]

Insgesamt trugen Weltausstellungen, Museen, Theatervergnügen und exotische Produkte zu einem Kontakt mit dem Unbekannten und Fremden bei, wie es ihn zuvor niemals gegeben hatte. Sogar die Wahrnehmung derjenigen Konsumenten, die das Geld für die besondere Zerstreuung jenseits des Alltäglichen nicht aufbringen konnten, wurde über Warenauslagen, Architektur oder Werbeplakate mehr oder weniger unbewusst gesteuert. Der Orientalismus war immer mehr zum Synonym für käufliche Zerstreuung und die angenehme Alternative vom Alltäglichen geworden. Umgekehrt präsentierten sich Konsum- und Unterhaltungsangebote um die Jahrhundertwende gerne mit einem exotischen Etikett, um jene Verknüpfung in den Köpfen der Konsumenten für sich zu nutzen.

5.2 Ballett- und Tanzszene in Paris um 1900

Neben dem in Paris so außerordentlich beliebten Orientalismus war Djagilev sicherlich auch nicht entgangen, dass das Ballett, das in Frankreich seine romantische Blüte erlebt hatte, dem russischen Ballett in Bezug auf die Qualität der Tänzerinnen und Tänzer und des Repertoires in jenen Jahren weit unterlegen war. Ähnlich der Orientbegeisterung, in der sich

---

455 Das Konzept, das sich durch den »Konsum des Fremden« bei den Weltausstellungen herausgebildet hatte, übernahmen in der Folgezeit auch ethnologische Museen, indem sie die Exponate beispielsweise in »life groups«, d. h. mit Puppen in vorgestellten Szenen des täglichen Lebens arrangierten. Die Weltausstellung von 1878 in Paris war überhaupt erst ausschlaggebend für die Entstehung des *Musée d'Ethnographie du Trocadéro*. Auch nach anderen Weltausstellungen kam es zu Gründungen entsprechender Museen, wie z. B. 1874 zur Gründung des Orientalischen Museums in Wien.

Frankreich befand, begünstigte dieser Umstand den außerordentlichen Erfolg der Ballets Russes in Paris. Wie es um das französische Ballett um die Jahrhundertwende tatsächlich bestellt war, soll in diesem Kapitel kurz skizziert werden.

Die etablierten und vormals so berühmten Ballettbühnen waren zwar wenig innovativ, und insbesondere männliche Tänzer von technischer Brillanz und expressiver Körperpräsenz schien das französische Publikum damals kaum mehr zu kennen. Abgekoppelt von der Ästhetik der aktuellen Tanzavantgarde waren die Zuschauer deshalb aber nicht. Paris war nach wie vor ein kulturelles Zentrum, in dem private Bühnen mit vielfältiger Unterhaltung von unterschiedlichem Niveau lockten und international reisende Künstler oder »Performer« im kulturellen Leben der Stadt präsent waren. Diese Entwicklung war für die Ballets Russes ebenso von Vorteil, denn so stießen Fokins Bewegungskonzept, sein Verzicht auf Tutus, der erotische Auftritt Ida Rubinštejns oder die nackten Füße dort längst niemanden mehr ästhetisch vor den Kopf. Wie der zweite Teil dieses Kapitels zeigen wird, war die tanzende, pseudo-authentische Exotin und Femme fatale besonders im Unterhaltungssektor allgegenwärtig und offenbar ein lukrativer Publikumsmagnet.

Boris Kochno, ab 1920 als Sekretär und Librettist einer der wichtigsten Mitarbeiter Sergej Djagilevs, fasst die Situation des öffentlich subventionierten Balletts in Paris so zusammen:

> *»[...] en général, les ballets fin de siècle manquent d'invention chorégraphique, d'originalité, de poésie. De grandes virtuoses dont la technique est poussée jusqu'à la sécheresse d'un automate, soutenues par des abonnés plus préoccupés de l'interprète que de l'œuvre interprétée, continuent épuiser un répertoire de formes vides. La danseuse exécute des séries d'acrobaties chorégraphiques: danseuse ›terre à terre‹, danseuse ›d'attitude‹ elle se fait surtout remarquer par ses ›pointes d'acier‹ qui sont dans le ballet ›classique‹ l'élément fondamental, les mots synonymes de perfection. Cette ›déshumanisation‹ de la danse a inspiré à Mallarmé son mot célèbre sur la dan-*

seuse qui n'est pas une femme qui danse puisqu'elle n'est pas une femme et qu'elle ne danse pas.«[456]

Im Mittelpunkt stand also nicht das Werk, sondern die virtuose, gefeierte Ballerina, die um diese Zeit fast immer aus dem Ausland, meist aus Italien bzw. Mailand kam. Die »Étoiles« dieser Zeit an der Pariser Opéra waren Berühmtheiten wie Rita Sangalli, Rosita Mauri und Carlotta Zambelli. Eine Tänzerin aus der eigenen Schule der Pariser Opéra wie etwa Léontine Beaugrand hatte nur dann eine Chance, wenn gerade keine der ausländischen Rivalinnen in Paris weilte. Die französischen Tänzerinnen assimilierten sich nach und nach an die italienische Technik, ohne jedoch die Eigenheiten der französischen Schule aufzugeben. Tänzer spielten auf der Bühne keine Rolle, männliche Rollen wurden »en travestie« choreografiert, also so, dass auch sie von einer Tänzerin im entsprechenden Kostüm getanzt werden konnten. Im Jahr 1891 kam bei Überlegungen zum Budget der Opéra sogar der Gedanke auf, ob man diejenigen Rollen, die nicht durch Frauen besetzt werden konnten, da die Tänzer die Ballerinen in die Höhe zu heben hatten, durch Busfahrer ersetzen könne, denen man pro Abend drei oder vier Francs zahlen könne.[457] In den letzten dreißig Jahren des 19. Jahrhunderts tanzte im Ballett der Opéra nur ein einziger prominenterer Tänzer, nämlich Michel Vasquez.[458] Auch in der Ballettschule der Opéra wurde mittlerweile fast nur noch von Tänzerinnen unterrichtet, was das Nachwuchsproblem zusätzlich verschärfte. Lediglich die Position des Ersten Ballettmeisters war dort fest in männlicher Hand.

---

456 Boris Kochno, *Le ballet. Avec la collaboration de Maria Luz. Lithographie originale de Picasso*, Paris 1954, S. 122.

457 Vgl. Ivor Guest, *Le ballet de L'Opéra de Paris. Trois siècles d'histoire et de tradition*, Paris 2001, S. 135.

458 Vgl. ebd.

Die Choreografien brachten dem Haus aber nur in seltenen Fällen Renommee, das Repertoire war ausgesprochen eintönig, die Libretti nicht innovativ. Als eines der wenigen Glanzlichter sei hier Louis Alexandre Mérantes Ballett *Sylvia ou La nymphe de Diane* (1876, Musik von Léo Delibes) zu nennen. Für einen Chefchoreografen, dessen Haus für sich die nationale Führungsrolle beanspruchte und dessen Ruf sich an der Anzahl der Ur- und Erstaufführungen pro Saison maß, schuf er jedoch nur wenige bedeutende Ballette. Nach dem Ballett *Sylvia* konnte Mérante erst zehn Jahre später wieder mit *Les Deux Pigeons* (1886, Musik von André Messager) ein Werk zur Aufführung bringen, das heute noch eine gewisse Bekanntheit besitzt.[459] Die Werke dazwischen waren Abwandlungen von bisher erfolgreichen Libretti, wie etwa *La Korrigane* (1880, Musik: Charles-Marie Widor) oder *La Farandole* (1883, Musik: Théodore Dubois), die die Geschichte von Giselle mit einem anderen Lokalkolorit versahen. Beliebt waren auch Ballette in damals modischer japanisierender oder exotischer Ausstattung sowie Kompositionen von Komponisten, wie Olivier Métra, die auch für die Ballsäle jener Zeit komponierten. Das Problem vieler damaliger Werke war, dass ihre Handlung mit zahlreichen Details und unbedeutenden Kleinigkeiten überfrachtet war, die pantomimischen Szenen dadurch überwogen, die Entwicklung des Geschehens sich dem Publikum aber dennoch nicht erschloss. Die älteren Erfolgsstücke wurden dagegen wenig im Repertoire gepflegt, zugleich kam es aber auch nicht zu einer wirklichen Neuorientierung

---

459 Noch bis 1942 wurde die Rolle des Pépio in *Les Deux Pigeons* »en travestie« getanzt. Von historischer Bedeutung ist das Ballett vor allem deswegen, weil es das erste Werk war, das mit Klavierbegleitung einstudiert wurde. Die Bekanntheit des Ballettes beruht heute im Wesentlichen aber darauf, dass die Ballettschule der Opéra das Werk immer wieder in neu überarbeiteter Choreografie zeigt und Frederick Ashton es 1961 in London in einer Neufassung vorstellte.

des Balletts der Opéra. Entweder duldeten die Ersten Ballettmeister keinen anderen Choreografen neben sich, wie im Fall
von Mérante, oder die Ballettsparte der Opéra hatte mit finanziellen Engpässen zu kämpfen, wie im Fall von Mérantes Nachfolger Joseph Hansen. Als Aleksandre Benua mit
seiner Frau 1896 Leon Bakst in Paris besuchte, sahen sie gemeinsam Vorstellungen der Opéra, der Opéra-Comique und
weiterer Theater und besichtigten zudem die damaligen Se-
henswürdigkeiten, darunter auch den Louvre. Benua bestätigt den schlechten Zustand des französischen Balletts in seinen Memoiren:

> »However, we were entirely disapproved of the French ballet; this is
> not surprising as the art of Terpsichore was passing through a period
> of shameful degeneration, particularly evident to us devotees of our
> wonderful Petersburg ballet. Confirmed and enthusiastic admirers
> of the art of ballet as we were, we were outraged by the fact that in
> Paris ballet was regarded as a rule as a mere appendage to the opera
> and that there were hardly any male dancers – they had been replaced
> by hordes of females. This was supposed to be at the insistence of the
> notorious abonnés de l'Opéra, who consisted mostly of very elegant
> grey-haired old gentlemen trying to keep up a youthful appearance
> who occupied the first rows of seats and who retired, whenever they
> wished, in their top hats and with their canes, through a special pas-
> sage to the stage to chat behind the scenes with their ballet beauties
> (who frequently were no beauties at all). At the end of the nineteenth
> century the sect of balletomanes and le tout Paris in general regard-
> ed male dancing as something degrading. The petite femme was an
> entirely different matter – her mission in life was to amuse and to be
> amused. As a result of this view the style of ballet performances ac-
> quired a vulgar and scabrous tinge.«[460]

Um die Jahrhundertwende entstand insgesamt nur eine geringe Anzahl abendfüllender Ballette, was für sich genommen aber noch kein Indikator für mangelnde Produktivi-
tät der damaligen Ballettmeister ist. Zusätzlich wurde eine
Vielzahl von Einaktern choreografiert, die im Anschluss an
Opern aufgeführt wurden, denn vor 1920 waren an der Opé-

---

460   Alexandre Benois, *Memoirs*, London 1964, Band 2, S. 145.

ra und der Opéra-Comique nie reine Ballettabende zu sehen. Ballette, die aus heutiger Sicht als abendfüllend verstanden werden, wurden damals mit Opern kombiniert, z. B. *Rigoletto* mit *Coppélia* oder *Salome* mit *Les Deux Pigeons*.[461] Es war also üblich, auch an einen langen Opernabend zumindest noch einen Ballett-Einakter oder ein Divertissement anzuhängen, in dem ein Étoile oder eine gastierende Ballerina brillieren konnte. Neben Libretti, die ein bewährtes Handlungsmuster in abgewandeltem Lokalkolorit zeigten, waren »spectacle d'une richesse excessive«[462] beliebt. Attraktiv hierfür waren die bereits erwähnten Ausstattungen im Stil einer fremden Epoche oder Region, die ihre Wirkung auch in handlungsarmen einaktigen Balletten oder ausgedehnten Divertissements entfalten konnten. Entsprechend diesen thematischen Vorlieben choreografierte auch Joseph Hansen z. B. den Einakter *Les ballets des nations* (Musik von Paul Vidal), der 1903 in der Salle du Trocadéro uraufgeführt wurde. Musikalische Pasticcios, wie sie auch die Ballets Russes in Paris zeigten, waren für diese Anlässe möglich, wie etwa Hansens *Danse Grecques* (1901) zu Musik von Jules Massenet, Paul Véronge de la Nux, Paul Vidal, Louis-Albert Bourgault-Ducoudray, Hector Berlioz, Duvernoy und Ernest Guiraud. Für sein Ballett in vier Teilen *Danses de jadis et de naguère*, das während der Weltausstellung am 22. September 1900 im Trocadéro-Palast gezeigt wurde, verwendete er sogar Musik von 28 Komponisten.[463]

---

461 Vgl. Lynn Garafola, *Where are Ballet's Women Choreographers?*, in: dies., *Legacies of twentieth-century dance*, Middletown 2005, S. 218.

462 Guest, *Le ballet de L'Opéra de Paris*, S. 139.

463 Die Musik stammte aus Werken von Jean-Philippe Rameau, Hector Berlioz, Léo Delibes, Ernest Guiraud, Emmanuel Chabrier, Édouard Lalo, Ambroise Thomas, Charles Gounod, Ernest Reyer, Jules Massenet, Camille Saint-Saëns, Émile Paladilhe, Théodore Dubois, Charles Lenepveu, Augusta Holmès, Louis-Albert Bourgault-Ducoudray, Alfred Bruneau, Paul Véronge de la Nux, Duvernoy, Léon Gastinel, Victorin de Joncières, Lefevre, Henri

Das Werk stellte die Geschichte seiner eigenen Gattung dar und reichte von *Danses barbares, Danses greques* und *Danses francaises* bis hin zum *Danses modernes où contemporaines* (Abb. 38–41). Die *Danses greques* sollten bspw. religiöse Tänze in einem griechischen Tempel zeigen, über die die Zeitschrift *Le Théâtre* in ihrer Juliausgabe von 1901 inklusive Fotos berichtete.

Abb. 38: Louise Mante
Danses barbares.

Abb. 39: Emma Sandrini
in den *Danses grecques.*

Maréchal, André Messager, Gaston Salvayre, Paul Vidal, Charles-Marie Widor und André Wormser. Das Ballett erlebte lediglich acht Vorstellungen.

Abb. 40: Die Ballerinen Lobstein
und Régnier in *Danses francaises*.

Abb. 41: Rita Zambelli und
Emma Sandrini in den *Danses modernes*.

Einen ähnlich »exotischen« Charakter hatte auch Hansens Divertissement *Fête Russe. Danses caractéristiques sur des thèmes populaires reconstitués par Paul Vidal, et des musiques de Glinka.* Als Musik wurden dafür eine Zwischenaktmusik, ein Finale und das Divertissement aus *Ein Leben für den Zaren* sowie eine Polonaise von Čajkovskij und eine Lezginka von Anton Rubinštejn verwendet.[464] Dieses Ballett war durch die Kombination verschiedener russischer Kompositionen *Le Festin* sehr ähnlich, das die Ballets Russes gleich in ihrer ersten Spielzeit in Paris zeigten. Auch hier wurden handlungslose Tänze zur Musik von Rimskij-Korsakov, Glinka, Čajkovskij, Glazunov und Musorgskij aufgeführt. *Fête Russe* war jedoch mit

---

464 Das Divertissement wurde 1893 in der Choreografie von Joseph Hansen uraufgeführt. Es tanzten die Ballerinen Mauri, Subra, Desire, Lobstein, Hirsch, Salle sowie drei männliche Tänzer. Am Dirigentenpult stand Paul Vidal.

nur elf Vorstellungen weit weniger erfolgreich als später *Le Festin*, das die Ballets Russes – unter wechselnder programmatischer Zusammenstellung – auch nach der ersten Spielzeit im Repertoire behielten. Auch das Divertissement aus Glinkas *Ein Leben für den Zaren*, das Hansen 1892 separat auf die Bühne gebracht hatte, wurde schon nach der ersten Vorstellung wieder abgesetzt. Die Verwendung oder gar Aufführung russischer Musik war insgesamt und besonders im Ballett in Frankreich eine Seltenheit. Erst als André Messager 1908 Direktor der Pariser Opéra wurde und das Publikum der Aufführung des *Boris Godunow* durch Djagilevs Truppe mit Spannung entgegensah, bemühte man sich um ein bis zwei russische Opern für das eigene Repertoire sowie um russische Sänger. Albert Carré, der Direktor der Opéra-Comique, hatte sich mit einem solchen Anliegen an Rimskij-Korsakov gewandt, denn er wollte dessen Oper *Schneeflöckchen* übernehmen. Der Komponist bestimmte als Dirigent Nikolaj Čerepnin, und nachdem am 19. Mai 1908 Musorgskijs *Boris Godunow* an der Opéra auf Betreiben Djagilevs gelaufen war, zeigte die Opéra-Comique am Tag darauf Rimskij-Korsakovs Komposition, allerdings mit weit weniger Erfolg als Djagilevs Produktion.[465] Das vormals so renommierte Ballett der Pariser Opéra befand sich also vor 1909 in außerordentlich schlechtem Zustand. Das Niveau besserte sich erst nach den ersten Saisons der Ballets Russes, u. a. weil die Rolle des Tänzers aufgewertet wurde, mehr männliche Tänzer (z. B. Al-

---

465   Außerdem hatte Djagilev mit Messager vereinbart, dass die Opéra die Produktion *Boris Godunow* umsonst mitsamt Golovins Bühnenbildern, Kostümen und den kostbaren Gewändern, die man in Russland gesammelt hatte, übernehmen könne als Gegenleistung für die Nutzung von Theater und Orchester für die Premiere 1908. Die Opéra bemühte sich jedoch nicht um eine von Djagilev unabhängige Wiederaufnahme dieser Produktion, sondern verkaufte sie später komplett an die Metropolitan Opera nach New York, nachdem sie 1909 an der Mailänder Scala gezeigt worden war. In New York kam *Boris Godunow* schließlich 1913 heraus.

bert Aveline) ins Ensemble kamen und zwischen 1911 und 1914 ein russischer Ballettmeister verpflichtet wurde.

Der zweite staatlich subventionierte Theaterbetrieb, an dem sich das französische Ballett international messen lassen musste, war die Opéra-Comique, die wie die Opéra über eine eigene Kompanie verfügte. Im Vergleich zum Palais Garnier wurde die Opéra-Comique vom französischen Staat aber weniger unterstützt, die großen historischen Opernwerke waren meist dem Palais Garnier vorbehalten und das Ballett der Opéra war größer, besser trainiert und verfügte zudem über eine eigene Ballettschule. Auch ausländische Starballerinen oder Ballettmeister wurden insbesondere an die Opéra engagiert. Dennoch war das Ballett der Opéra-Comique, an der Madame Mariquita[466] von 1898 bis 1920 Ballettmeisterin war, weitaus produktiver und gewissermaßen der »Geheimtipp« unter den Ballettomanen:

> »At the Opéra-Comique, by comparison, twice as many ballets reached the stage in the same decade – all choreographed by Mariquita. In sheer numbers (if not in technical expertise and the possession of traditional inherited repertory), it was the Opéra-Comique and not the more prestigious Opéra that was truly a showplace for French ballet.«[467]

Von Madame Mariquitas Balletten ist heute jedoch keines mehr bekannt. Ihre Karriere hatte sie über mehrere populäre Bühnen in Paris geführt, auf denen auch Tanz zu sehen war, z. B. an das Théâtre des Bouffes-Parisiens, das Théâtre de la Porte-Saint-Martin und das Théâtre de la Variétés. Ballettmeisterin war sie zuvor am Théâtre de la Gaîté-Lyrique

---

466 Madame Mariquita, die stets nur unter diesem Namen genannt ist und von ihren Zeitgenossen auch so (bzw. mit Mademoiselle Mariquita) angesprochen wurde, war in den 1830er Jahren in der Nähe von Algier geboren worden und starb 1922 fast neunzigjährig.

467 Garafola, *Where are Ballet's Women Choreographers?*, S. 218.

und gelegentlich bei den Folies-Bergère gewesen, die während der Belle Époque über ein eigenes Ballettensemble verfügten. Während der Weltausstellung im Jahr 1900 war sie Ballettmeisterin am Palais de la Danse und schuf 1908 für Sarah Bernhardt die Doppelrolle »en travestie« des Dichters und Prinzen in *Dornröschen*, einer »féerie lyrique« in 14 Bildern.[468] Neben ihrer Arbeit an der Opéra-Comique hielt sie also weiterhin Kontakt zum Unterhaltungstheater. Das Ballett der beiden Häuser war jedoch nicht nur in den eigens choreografierten Werken zu sehen, sondern natürlich auch in den Opern selbst. Anders als in der italienischen Tradition hatte in der zweiten Hälfte des 19. Jahrhunderts die französische Oper an Tanzeinlagen und Ballettdivertissements festgehalten. Mit jedem neuen Werk, das an der Opéra oder der Opéra-Comique gezeigt wurde (oder vielmehr: pro Saison gezeigt werden musste), waren die jeweiligen Ballettmeister auch für die darin enthaltenen Tanz- und Balletteinlagen zuständig. Diese rein instrumentalen Teile in der Partitur waren fester Bestandteil, die das Publikum nicht nur erwartete, sondern mit den gleichen hohen Ansprüchen bewertete wie ein eigenständiges Ballett oder den übrigen Teil der Oper.

Tanz und Ballett gab es aber bei weitem nicht nur an den beiden Opernhäusern zu sehen, sondern auch an mehreren Privat- und Unterhaltungstheatern, von denen einige bereits im Zusammenhang mit Madame Mariquita genannt wurden. Hinzu kamen noch außerordentliche Bühnen beispielsweise während der Weltausstellung, wo ebenfalls Opern und Ballette gegeben wurden.[469] Bereits ein Blick in *The Mellen Opera Reference Index*, in dem eine Übersicht über die Premieren an den Pariser Bühnen verzeichnet ist, macht die Dichte der The-

---

468 Vgl. Garafola, *Where are Ballet's Women Choreographers?*, S. 217.

469 Beispielsweise erlebte Paul Vidals Oper *Ramses* am 27. Juni 1900 im Théâtre égyptien de l'exposition universelle seine Uraufführung.

ater- und Ballettbühnen zu jener Zeit deutlich.[470] Ein Panorama der tänzerischen Gesamtsituation von Paris um 1900 kann hier zwar nicht gezeichnet werden, zumal Überblicksdarstellungen hierzu bereits vorliegen.[471] Dennoch sollen einige Aspekte der damaligen Tanzszene nicht unerwähnt bleiben, da diese einen vielfältigen Hintergrund zur Uraufführung von *Cléopâtre* abgab.

Wie bereits erwähnt, wurden als Gaststars immer wieder klassische Ballerinen aus dem Ausland nach Paris eingeladen. Im Mai 1908 galt eine solche Einladung an die Opéra Matil'da Kšesinskaja, um dort in *Coppélia* und *La Korrigane* zu tanzen. Sie wollte in Paris keinesfalls fehlen, während Djagilev in der Opéra Aufführungen von *Boris Godunow* organisierte und in der Opéra-Comique Rimskij-Korsakovs *Schneeflöckchen* gezeigt wurde. Sie hatte also ihre Kontakte spielen lassen, um vom Ballett der Opéra eingeladen zu werden, wo sie vier Tage nach der Premiere des *Boris Godunow* in *Coppélia* auftrat. Mit ihrem Partner Sergej Legat tanzte dabei erstmals ein Mann die Rolle des Franz in diesem Ballett. Im folgenden Sommer tanzte die Kšesinskaja erneut als Gast an der Opéra.[472] Auch an nicht staatlich subventionierten Bühnen waren die internationalen Stars der damaligen Ballettszene zu sehen, meist die international tourenden Italienerinnen und weniger russische Ballerinen. Auf der Bühne des »Eden«-Thea-

---

470   Charles Parsons (Hrsg.), *The Mellen Opera Reference Index. Opera Premieres A geographical Index I-Z*, Lewiston 1989, S. 159–271.

471   Vgl. Stéphane Wolff, *L'opéra au Palais Garnier (1875–1962). Les oeuvres, les interprètes*, Paris (u. a.) 1982; ders., *Un Demi-siècle d'opéra-comique (1900–1950)*, Paris 1953; Charles Wicks, *The Parisian Stage. Part V (1876–1900). With Cummulative Index of Authors 1800–1900*, Alabama 1979; Nicole Wild, *Dictionnaire des théâtre parisiens au XIVᵉ siècle*, Paris 1989; Claudia Jeschke, Gabi Vettermann, Nicole Haitzinger, *Les Choses espagnoles. Research into the Hispanomania of 19th Century Dance*, München 2009.

472   Guest, *Le ballet de L'Opéra de Paris*, S. 148 f.

ters traten Elena Cornalba, Carlotta Brianza, Virginia Zucchi, Enrico Cecchetti oder Pierina Legnani auf. Luigi Manzottis Werke, wie das Aufmarschballett *Excelsior* oder *Sieba,* wurden von reisenden italienischen Ensembles gegeben:

> »[...] Paris fut emballé par la nouveauté de tout ce que présentait l'Eden: les tourbillons vertigineux d'Elena Cornalba, le mime passionné de Virginia Zucchi, las précision presque militaire du corps de ballet et les aguichants tutus courts des danseuses. Les ballets de l'Éden étaient la sensation du moment et certains critiques allèrent jusqu'à se livrer à des comparaisons défavorables autant que déloyales entre ce ballet et celui de l'Opéra. Avec le temps, toutefois, un jugement plus équilibré prévalut et on se rendit compte que le ballet français, tel qu'il était pratiqué à l'Opéra, avait des qualités de finesse et d'expression qui valaient davantage que les effets tapageurs des Italiens.«[473]

Wie an dieser Einschätzung bereits abzulesen ist, glichen die geometrischen Bewegungswege des Corps de ballet bisweilen militärischen Aufmärschen ähnlich der Girlreihe, mit der heute der Friedrichstadtpalast für seine Revuen wirbt. Sie waren auf effektvolle Präsentation der Tänzerinnen und einen nachhaltigen Eindruck besonders beim männlichen Teil des Publikums angelegt. Noch immer gefragt waren außerdem spanische Tänzerinnen: Gracia Vargas trat erfolgreich in den Folies-Bergère auf, »La Gitana Zazita« auf der Bühne des »Théatre Marigny« (Abb. 42). Als besonderer Kunstgenuss

Abb. 42: La Gitana Zazita.

---

473 Guest, *Le ballet de L'Opéra de Paris,* S. 131.

galt »La Belle Otéro« (alias Carolina Otéro, Abb. 43), die in einem als Ballett ausgewiesenen Stück mit dem viel versprechenden Namen *L'imperatrice* in einem bemerkenswerten Gewand auftrat. Ihr Kostüm und das weiterer Varietétänzerinnen geben Aufschluss über die Mode auf den damaligen Bühnen, die Unterhaltung mit Erotik verbanden. Häufig findet sich ein Oberteil, das durch Ketten oder Schmucksteine eben nur die Brust verhüllt. Wie später im Entwurf Leon Baksts für Ida Rubinštejns Kostüm in *Cléopâtre* waren mit diesem metallenen Büstenhaltern oftmals Röcke aus transparenten Stoffbahnen oder Schals verbunden. Die Vermutung, dass sich Leon Bakst für sein Kostüm der Femme fatale in *Cléopâtre* von den Auftritten dieser Tänzerinnen der Pariser Bühnen hat inspirieren lassen, liegt sehr nahe.

Abb. 43: La Belle Otéro in *L'imperatrice*.

Auch die Protagonistinnen der sich entwickelnden tänzerischen Avantgarde traten in Paris auf. Wie bei »La Belle Otéro« lassen sich immer wieder Verknüpfungspunkte zu *Cléopâtre* finden, entweder durch ein Bemühen um authentisch-antike Bewegungen oder einen neuartigen Ansatz hinsichtlich der Kostüme, durch pseudo-authentische Exotik oder Ähnlichkeiten zum Kostüm der Kleopatra. Einige von ihnen sollen beispielhaft genannt werden, um zu verdeutlichen, dass für das Publikum in Paris Fokins »neues Ballett« und Baksts Kostüme nicht so revolutionär neu waren, auch wenn sie die nachfolgende Beispiele nicht von der Bühne des klassischen Balletts kannten.

Ganz im Sinne des Jugendstils waren die Darbietungen von Loie Fuller, die sich selbst allerdings nicht als Tänzerin oder

Choreografin, sondern eher als Performance-Künstlerin sah. Ihre Zeitgenossen beschrieben sie als »ein dralles, ziemlich gewöhnliches Mädchen aus Chicago« oder als »ein Lehrerinnentyp mit Brille«.[474] Bevor sie nach Paris kam, war sie mit verschiedenen Theater- und Zirkusensembles, u. a. auch mit dem des Westernhelden Buffalo Bill, durch die USA getourt und hatte dabei wohl erstmals den *Serpentine dance* aufgeführt, der sie berühmt machen sollte. Der Effekt dieser Bewegungsperformance beruhte vor allem auf

Abb. 44: Loie Fuller (SJN).

der Bewegung der fließenden Stoffbahnen, die sie um ihren Körper herumdrapiert hatte. Nach ihrem Debüt 1892 in den Folies-Bergères und anhaltendem Erfolg erarbeitete sie auf Grundlage dieser Nummer ein abendfüllendes solistisches Programm. Tanz stand dabei weniger im Vordergrund, sondern eher ihre Experimentierfreudigkeit mit raffiniert eingesetzten Farben und Beleuchtungen. Besonders geheimnisvoll muss ihr Tanz mit Schmetterlingsflügeln gewirkt haben, bei dem ihr Kostüm zuvor mit Radium bestrichen worden war, das im Dunkeln fluoreszierte. Der gefährlichen Strahlung des Stoffes war man sich damals noch nicht bewusst, das Publikum der Belle Époque war jedoch begeistert von der Kombination einer Jugendstil-Ornamentik mit neuen Möglichkeiten der Technik. Auf der Weltausstellung im Jahr 1900 errichtete man ihr einen eigenen, von Henri Sauvage gestalteten Pavillon, in dem sie kürzere Stücke aufführte mit pro-

---

474 Jochen Schmidt, *Tanzgeschichte des 20. Jahrhunderts in einem Band mit 101 Choreographenportraits*, Berlin 2002, S. 18.

grammatischen Titeln wie *Le Firmament* (1895), *Lumières et ténèbres* (1899) oder *La Danse du Feu* (1895), für den sie sich eine gläserne Plattform hatte bauen lassen, die es ermöglichte, sie und die Stoffe von unten zu beleuchten.[475] Musikalisch griff sie bereits 1902 für einen *Danse inspirée par le nocturne de Chopin* auf Musik aus dem Konzertsaal zurück und wandte sich, nachdem sie zunächst Musik des Vaudevilles verwendet hatte, Komponisten wie Johann Strauß, Franz Schubert, Wolfgang Amadeus Mozart oder Claude Debussy zu. Im Jahr 1907 wurde von ihr *Tragédie de Salome* im Théâtre des Arts, ein knapp dreißigminütiges Mimodram in einem Akt nach einem Gedicht von Robert d'Humières und Musik von Florent Schmitt, uraufgeführt. Von den Ballets Russes wurde dieses Stück in einer Choreografie von Boris Romanov mit Tamara Karsavina in der Hauptrolle 1913 in Paris und London gezeigt.[476] Bei Intellektuellen und Künstlern der Pariser Avantgarde war Loie Fuller außerordentlich berühmt und ging mit ihrem synästhetischen Bewegungstheater einen wichtigen Schritt in die Richtung des freien, modernen Tanzes.

Auf der Weltausstellung präsentierte Fuller in ihrem Pavillon nicht nur ihre eigenen Vorstellungen, sondern auch die japanische Tänzerin Sada Yacco mit ihrem Ensemble. Die ausgebildete Geisha, die eigentlich Kawakami Sadayakko hieß, hatte mit ihrem Mann Kawakamit Otojiro eine Theatergruppe gegründet, die im Vergleich zu Kabuki eine sehr realistische Form des Theaters, Shinpa, vertrat. Dabei wurde nur wenig Make-up und ein natürlicher Sprachfluss verwendet. Bei einer Tour durch Amerika hatte sich die Truppe dem Pu-

---

475 Vgl. Schmidt, *Tanzgeschichte des 20. Jahrhunderts in einem Band mit 101 Choreographenportraits.*, S. 17.

476 Im Jahr 1912 war *La Tragédie de Salome* außerdem am Théâtre du Châtelet in einer Choreografie von Ivan Clustine, dem damals Ersten Ballettmeister der Opéra, mit der Kompanie von Natalja Truhanova aufgeführt worden.

blikumsgeschmack angepasst und zeigte dann vor allem Kabuki-Standards in Anlehnung an westliche Dramen, statische Pantomime-Szenen, Schwertkämpfe (Kawakami entstammte einer Samurai-Familie) und die Tänze Sada Yaccos mit vielen Kostümwechseln.

Eine Besucherin im Pavillon der Loie Fuller, in dem Sada Yaccos auftrat, war Isadora Duncan. Sie knüpfte daraufhin Kontakt mit Fuller und wurde von dieser eingeladen, sie auf einer Tournee zu begleiten. Isadora wurde dabei von einem Impresario entdeckt, und ihre Karriere als professionelle Tänzerin begann. Gastspiele Isadora Duncans in Paris und Russland, wo sie 1908 Sergej Djagilev und Michail Fokin kennenlernte, folgten. Nachdem sie zunächst Walzer von Brahms, Chopin und Strauß choreografiert hatte, kreierte sie unter anderem das Werk *Siebte Sinfonie* zur Musik von Ludwig van Beethoven (1908). Ähnlich Michail Fokins Brief an die Times hatte sie einen Aufsatz mit dem Titel *Tanz der Zukunft* veröffentlicht, in dem sie die Abkehr vom von ihr als unnatürlich empfundenen Ballett postulierte. Auch sie war von der Expressivität der antiken Körperdarstellung inspiriert und versuchte Zeit ihres Lebens ihre Schule, die sie im Berliner Grunewald betrieb, nach Griechenland zu verlegen, was ihr jedoch nie gelingen sollte. Pionierin war sie zudem deshalb, weil sie als erste barfuß, ohne Korsett und wie Loie Fuller ohne formalen Bewegungskodex tanzte und dabei Musik verwendete, die eigentlich für den Konzertsaal bestimmt war:

> »*C'est alors qu'Isadora Duncan vint en Europe. Cette danseuse américaine causait quelque scandale avec ses danses copiées sur les mouvements des personnages du bas-relief antique. La suite de ses gestes devait traduire des sentiments avant de se conformer à une esthétique. […] Isadora a marqué son époque comme aucune danseuse ne l'avait fait depuis Marie Taglioni. Avec elle, l'art de la Danse prétendait représenter un style de vie.*«[477]

---

477 Boris Kochno, *Le ballet*, S. 126.

Maud Allan, eine weitere Amerikanerin, galt 1907 ebenfalls als Sensation, als sie in Paris *Visions of Salomé* zur Musik von Marcel Rémy tanzte. Auch ihr Kostüm könnte für Baksts Kleopatra-Entwurf Pate gestanden haben, so sehr ähnelt es Ida Rubinštejns Gewand (vgl. Abb. 45). Eigentlich war sie im Jahr 1895 nach Europa gekommen, um u. a. bei Feruccio Busoni Klavier zu studieren, was sie zwischen 1900 und 1901 auch tat. Nachdem sie aber Isadora Duncan in einer Performance erlebt hatte, stand ihr Entschluss fest, Tänzerin zu werden. Sie brachte sich das Tanzen weitgehend selbst bei und trat ebenfalls zu Konzertmusik auf.

Abb. 45: Maud Allan als *Salome* ca. 1908 (SJN).

Ebenso inspiriert von Loie Fuller und Sada Yacco war auch Ruth St. Denis. Sie hatte auf der Weltausstellung in Paris 1900 bei Sada Yacco einen buddhistischen Tanz gesehen, der ihr Interesse an indischen Tänzen und Philosophie noch vergrößert hatte. Begeistert verfolgte sie daher Bauchtänze, türkische Derwische oder Tänze aus Spanien und Kambodscha, die in den Theatern oder Pavillons der Weltausstellung 1900 in Paris zu sehen waren. Wie Loie Fuller, Maud Allen und Isadora Duncan kam sie aus den USA und trat zwischen 1906 und 1910 in den wichtigsten europäischen Hauptstädten auf. Sie bot aber mehr als die Mischung aus »Sex, Religion und Theatralik – wenn auch nicht unbedingt in dieser Reihenfolge«,[478] die das Publikum sehen wollte. Für das europäische Publikum war sie wohl deshalb so faszinierend, weil sie sich von allen möglichen exotischen und orientalischen Kulturen beeinflussen ließ. Der von ihr selbst als künstlerisches Schlüsselerlebnis benannte Moment zeigt nicht nur, welchen Grad an Authentizität sie dabei verfolgte, sondern wiederum die Verknüpfung von Konsum und Unterhaltung: Nachdem sie von der Weltausstellung wieder nach Amerika zurückgekehrt war, fiel ihr ein Werbeplakat für Zigaretten auf, das die Göttin Isis zeigte. Während der Recherchen für das Tanzstück *Egypta*, das sie daraufhin plante, besuchte sie einen Vergnügungspark in Ellis Island mit einem indischen Dorf, in dem sie sich von Schlangenbeschwörern und Fakiren inspirieren ließ. Daraufhin entstand ihr be-

kanntestes Stück *Radha*, das sie schließlich gemeinsam mit den beiden anderen »indischen« Stücken *The Cobras* und *Incense* (Weihrauch) »zwischen dem Boxer Jim Jeffries, der soeben seinen Schwergewichtstitel verloren hatte, und einer Truppe dressierter Affen«[479] in einem amerikanischen Theater zur Aufführung brachte. Im Gegensatz zu Loie Fuller und Isadora Duncan war sie jedoch eine große, schlanke und sehr attraktive Person, so dass sie in ihrem indischen Kostüm, das viel nackte Haut zeigte, auch in

Abb. 46: Ruth St. Denis in *Radha*, um 1905 (SJN).

---

478 Schmidt, *Tanzgeschichte des 20. Jahrhunderts in einem Band mit 101 Choreographenportraits*, S. 24.

479 Ebd., S. 25.

Europa eine eindrucksvolle Wirkung gehabt haben muss – unabhängig davon, wie authentisch oder von welchem künstlerischen Wert ihre Darbietung war.

Auftrittsmöglichkeiten für tänzerische Performances verschiedenster und exotisch-exzentrischer Art gab es aber auch in den Salons der reichen und untereinander in Zirkeln gut vernetzten französischen Gesellschaft. Besonders der Auftritt einzelner extravaganter Künstlerinnen wie von Isadora Duncan oder der später für Djagilevs Truppe arbeitenden Marie Rambert waren gefragt.[480] In den Salons der Pariser Comtessen, bei Henri de Rothschild oder im Gewächshaus des Schokoladenkönigs Gaston Menier trat beispielsweise auch Mata Hari auf. Wie Theda Bara, die Femme fatale der Kinoleinwand, umgab sie sich mit schillernden Geschichten, etwa Erzählungen vom Orient oder von ihrer Geburt in Südindien als Tochter einer Bajadere. Angeblich eine Angehörige der Brahmanen-Kaste habe sie ihre frühe Kindheit eingesperrt in einem unterirdischen Saal einer Pagode verbracht, um dort rituelle Tänze zu erlernen. Lange Zeit wurden ihr diese Geschichten geglaubt, und ihre Tänze galten als sehr kunstvoll. Dabei enthüllte sie Schleier um Schleier ihren angeblich Shiva geweihten Körper mit einer ähnlichen Wirkung wie Ida Rubinštejn bei ihrem Auftritt in *Cléopâtre*. Abb. 47

Abb. 47: Mata Hari (SJN).

---

480   Nach den ersten Saisons der Ballets Russes wurden auch einzelne Tänzerinnen und Tänzer aus Djagilevs Truppe für Präsentationen auf Parties oder für private Veranstaltungen gebucht.

zeigt sie in einem Kostüm mit dem typischen Schmuckbüstenhalter und einem Rock aus Schleiern oder Tüchern, der ebenfalls dem Kostüm Ida Rubinštejns sehr nahe kommt. Mata Hari wusste die Inszenierung ihres Körpers aber noch durch Musik, Düfte oder einen entsprechenden Rahmen der Veranstaltung abzurunden. Im Jahr 1905 tanzte sie beispielsweise im Musée Guimet, dessen Rotunde in der Bibliothek für diesen Zweck in einen Tempel umdekoriert worden war. Vor ihrem Auftritt hielt Emile Guimet gemeinsam mit dem Konservator des Museums einen Vortrag über wedische Tänze, um schließlich Mata Haris Ritus anzukündigen, den sie auf Java bei den besten Priesterinnen Indiens studiert habe. Um die Nachfrage nach ihr immer wieder anzufachen, streute Mata Hari Gerüchte, wie ihre unmittelbar bevorstehende Abreise für Meditationen nach Tibet, die sie dann wegen hoher Nachfrage nach ihrer Person doch gnädig wieder verschob. Der Pariser Agent Gabriel Astruc, der auch für Djagilev arbeitete, vertrat die Künstlerin bis zum Jahr 1912, also noch während er die russischen Saisons in Paris organisierte. Astruc hatte sogar versucht, Mata Hari an die Ballets Russes zu vermitteln. Djagilev stellte jedoch die Bedingung, dass sie zunächst Bakst im Théâtre Beausoleil vortanzen möge, bevor er sie sich selbst in Monte Carlo ansehen würde. Zu jenem zweiten Vortanzen kam es dann aber nicht mehr.

Eine ihrer schärfsten Konkurrentinnen war Cléo de Mérode, eine ehemalige Tänzerin der Opéra, die diese aber aufgrund der vielen lukrativen Angebote privater Bühnen verlassen hatte. Im Jahr 1900 tanzte sie im Théâtre Indochinois ihren berühmten Tanz *La Cambodgienne*, im folgenden Jahr auch in den Folies Bergère und galt schließlich als die meistabgebildete Frau der Welt. Auch Liane de Pougy, eine weitere Konkurrentin Mata Haris und mit Hindu-Tänzen international erfolgreiche Varieté-Künstlerin, trat in Paris im »Théâtre l'Olympia« sowie den Folies Bergère auf. Auf der Bühne des Moulin Rouge gab es auch eine Vielzahl exotisch-erotischer

Darbietungen, von denen die der Colette, wie Sidonie-Gabri-elle Claudine Colette genannt wurde, im Jahr 1907 einen be-sonderen Ruf genoss. Gemeinsam mit einer anderen Künst-lerin war sie in *Rêve d'Égypte* zu sehen, wo sie – wie La Belle Otéro oder auch Mata Hari – ein ähnliches Gewand wie Ida Rubinštejn in *Cléopâtre* trägt. Das Angebot an Tanz und insbe-sondere an exotisch-dekorativen Performances war in Paris also außerordentlich reich und in allen Sparten und Niveaus vorhanden (vgl. auch das Beispiel Mabel May-Yong in Abb. 48). Die exotisch-erotischen Darbietungen dieser Art waren aber nicht allein auf die Metropole Paris beschränkt, wie ein Foto von Odette Valérys Tanzkreation *Cleopatra* aus dem Lon-doner Coliseum von 1908 zeigt (Abb. 49).

Abb. 48: Mabel May-Yong (SJN); unter der Abbildung findet sich der zusätzliche Hinweis »erscheint ohne Brustschmuck auf der Bühne«.

Abb. 49: Odette Valéry in ihrer Tanzkreation *Cleopatra* (SJN).

Die Wechselwirkung, die es in der kollektiven Vorstellung zwischen *Cléopâtre* und den fleischgewordenen Femmes fatales dieser Performances gab, schlug sich offenbar auch in Baksts Kostüm für Ida Rubinštejn nieder. Der Geschmack des Pariser Publikums auf die Gestaltung von *Cléopâtre* blieb aber nicht auf das Bühnengeschehen beschränkt. Nach der ersten russischen Saison entwickelte er eine Eigendynamik, die Leon Bakst lukrative Angebote von Damen der Pariser Gesellschaft einbrachte, denen er von Kostümen inspirierte Kleider entwarf. Auch in London gab es nach dem ersten Auftreten der Ballets Russes im Jahr 1910 eine erhöhte Nachfrage nach modischen Turbanen, Kleidern wie aus 1001 Nacht oder dem »modern dress«,[481] einer Mischung aus orientalischem und hellenistischem Gewand. Erneut schließt sich der Kreis zwischen Orientalismen, (Luxus-) Konsum und Zerstreuung, beispielsweise wenn in den Programmheften der Ballets Rus-

---

481   Schmidt, *Tanzgeschichte des 20. Jahrhunderts in einem Band mit 101 Choreographenportraits*, S. 175.

ses für orientalisierende Mode oder ein Parfum, kreiert nach den Tänzen aus Borodins Oper *Fürst Igor*, geworben wurde. Auch andere Couturiers boten orientalisch inspirierte Mode an, wie etwa Paul Poiret, der für sich beanspruchte, bereits 1908, also vor Bakst und den Ballets Russes, einen gefiederten Turban entworfen zu haben, zu dem ihn indische Uniformen im Londoner Victoria & Albert Museum inspiriert hätten. Neben seinen Modeentwürfen eröffnete er gleichfalls das Inneneinrichtungsgeschäft Martine, in dem es die entsprechend orientalischen oder von Bakst inspirierten Möbel zu kaufen gab. Ida Rubinštejn und Sarah Bernhard trugen seine Entwürfe, Poirets Mitarbeiter Erté schuf Kleider für Mata Hari und sorgte später mit seinem Assistenten José de Zamora für Orientalismen in den Folies-Bergère. Beliebt waren opulente »Motto-Parties«, die Poiret auch selbst veranstaltete, wie z. B. im Juni 1911 ein »1002 Nächte-Bankett« mit 300 Gästen. Zu solchen Gelegenheiten wurden – je nach finanziellen Möglichkeiten – keine Mühen gescheut, Haus und Garten mit exotischen Tieren wie Affen oder Vögeln bestückt, der Garten illuminiert, Kies gefärbt und Ballets-Russes-Mitglieder für kleine Tanzeinlagen engagiert – eine Plattform, die Djagilev zur gesellschaftlichen Vernetzung nutzte.

6 Schluss

Die vorliegende Untersuchung hatte sich zum Ziel gesetzt, sämtliche zu *Cléopâtre* noch auffindbaren Teile im Sinne einer Rekonstruktion zusammenzusetzen. Zur musikalischen Substanz, zur Choreografie und zur Ausstattung sowie zum jeweiligen Entstehungs- und Rezeptionskontext wurden in den Kapiteln viele der bisher verstreuten Mosaiksteine zusammengetragen, so dass *Cléopâtre* nun keineswegs mehr dem »blinden Fleck« gleicht, von dem noch in der Einleitung die Rede war. Die Vermutung, dass eine Rekonstruktion nicht in allen Bereichen möglich sein würde, hat sich allerdings bestätigt. Die folgenden Seiten fassen die Ergebnisse zusammen.

Die Umstände, unter denen das Ballett in die russische Saison 1909 aufgenommen wurde, waren schon vor dieser Arbeit hinlänglich bekannt. Bisher war den Quellen, bei denen es sich hauptsächlich um Aufzeichnungen von damals Beteiligten handelt, immer entnommen worden, dass insbesondere Sergej Djagilev der Ideengeber für die Eingriffe in die musikalische Substanz gewesen war. Bei der Beschäftigung mit dem Klavierauszug, der für die musikalische Umarbeitung der Musik verwendet worden war, stellte sich jedoch heraus, dass an den Überlegungen, wie Anton Arenskijs Ballettmusik *Eine Nacht in Ägypten* op. 50 zur Musik für *Cléopâtre* umgewandelt werden könnte, offensichtlich noch weitere Personen beteiligt waren. Die handschriftlichen Eintragungen in den Noten weisen darauf hin, dass sich mehrere Personen mit dem Notenmaterial befasst haben. Die Veränderungen, von denen in den Erinnerungen Michail Fokins, Sergej Grigor'evs oder Aleksandr Benuas zu lesen ist, konnten in Kapitel 2.2 dieser Arbeit hauptsächlich über den Klavierauszug aus Sergej Grigor'evs Nachlass nachvollzogen werden. Dabei wurde deutlich, dass der Eingriff in die musikalische Substanz nicht nur die Einschübe mehrerer fremder Musikteile in die ursprüngliche Ballettmusik Arenskijs betraf. Tatsächlich blieben vom bis dato existierenden Ballett musikalisch nur zwei Nummern, die *Nr. 7 Danse des Juives* und die *Nr. 10 Charmeuse des Serpents*, unangetastet. Alle anderen Nummern wurden entweder ausgetauscht, gekürzt, transponiert oder innerhalb des Balletts verschoben. Uneinigkeit bestand in den Erinnerungen der Beteiligten über das Finale des Balletts, denn mehrfach war Nikolaj Čerepnin in die Liste der Komponisten von *Cléopâtre* aufgenommen worden, zum Teil mit dem Hinweis, er habe ein komplett neues Finale komponiert. Ein als separate Nummer existierendes Finale aus der Feder Čerepnins ist aber bisher nirgends aufgetaucht, Čerepnin hat *Cléopâtre* in seinem Werkverzeichnis nicht in der dort vorhandenen Kategorie »terminé et orchestré« aufgeführt und auch seine Nachfahren wissen nichts über eine solche Komposition. Insofern muss davon ausgegangen werden, dass eine Neukomposition des Finales durch Čerepnin nicht stattfand und das Ballett mit dem Einschub aus Musorgskijs Oper *Chovanščina* endete. Die »Umbauarbeiten« für die *Cléopâtre*-Partitur waren jedoch sehr umfassend und betrafen auch motivische Weiterentwicklungen oder harmonische Transpositionen. Heute könnte ein Orchester das bisher vorhandene Material also nicht einfach in der richtigen Reihenfolge spielen, sondern für eine Aufführung von *Cléopâtre* wäre eine Bearbeitung notwendig. Abschließend lässt sich zur Urheberschaft der Veränderungen sagen, dass Djagilev wohl selbst der »Architekt« für die endgültige Auswahl der Einschübe und den Gesamtumbau der Partitur war. Seine Mitarbeiter waren an diesem Umbau aber stark beteiligt, z. B. mit Vorschlägen, ob und wie Einschübe integriert werden könnten. Die handwerkliche Umsetzung für ein bis heute verschollenes Aufführungsmaterial wurde vermutlich von seinen Mitarbeitern besorgt, wahrscheinlich von Nikolaj Čerepnin, weshalb sein Name auch bei einigen seiner Zeitgenossen unter denen der übrigen Komponisten aufgeführt wurde.

Die musikalische Substanz konnte in Kapitel 2.2 fast vollständig nachvollzogen werden. Die Passagen, die von Čerepnin bearbeitet wurden, müssten für eine Aufführung allerdings erst wiederhergestellt werden. Da sich über die Notizen im Klavierauszug Grigor'evs aber Hinweise finden, mit welchem musikalischen Material Čerepnin für die notwendigen Überleitungen vermutlich gearbeitet hatte oder inwiefern Teile transponiert wurden, wäre ein den damaligen Ideen folgendes Arrangement in den meisten Fällen möglich. Lediglich zwei Einschränkungen müssen gemacht werden. Insgesamt verlässt sich die musikalische Rekonstruktion dieser Arbeit darauf, dass die Notizen im Klavierauszug Gültigkeit besaßen und umgesetzt wurden, bzw. sofern alternative Ideen notiert wurden, dann zumindest auch eine davon umgesetzt wurde. Ein weiteres Problem, das in dieser Arbeit ausgespart wurde, ist die Instrumentierung. Denn ohne das originale Aufführungsmaterial ist keine Aussage über die damalige Instrumentierung zu treffen. In einer Quelle fand sich der Hinweis, dass Djagilev Čerepnin mit einer Instrumentierung beauftragte. Ob er sich dabei nur auf die Bearbeitung der musikalischen Eingriffe oder auf eine komplette Neuinstrumentierung bezog, für die allerdings kein stichhaltiger Grund vorlag, bleibt offen.

Die Gründe, *Eine Nacht in Ägypten* in *Cléopâtre* zu verwandeln, wurden bei der genaueren Betrachtung der musikalischen Einschübe sehr deutlich: Wie in Kapitel 2.1 beschrieben, empfand Djagilev die musikalische Substanz von *Ägyptische Nächte* als zu schwach, so dass das Ballett seiner Meinung nach für eine Aufführung in Paris nicht infrage kam. Unzufrieden war er vor allem mit den Passagen, die für das exotische Sujet nicht besonders prägnant waren, also zu wenig Couleur locale transportierten. Zudem störte er sich offenbar an jenen Abschnitten, deren Motive oder kompositorische Umsetzung wenig originell waren. Dies betraf beispielsweise die lange, wenig abwechslungsreiche Ouvertüre. Da ihr musikalisches Material auch im Auftritt des Antonius und im Finale erklang, ist es plausibel, dass diese Teile ebenso wenig in *Cléopâtre* übernommen wurden.

Einen ähnlichen Schwachpunkt stellte der Auftritt der Kleopatra dar. Der elegante Walzer aus *Eine Nacht in Ägypten* transportierte nicht die gefährlichen, verführerischen Eigenschaften der Königin, denen Amoûn schon in Fokins Version von *Ägyptische Nächte* und besonders in der späteren Fassung *Cléopâtre* erliegen musste. Auch fehlte es Djagilev offenbar an exotischer Opulenz, die die eingefügte Musik Rimskij-Korsakovs dafür umso mehr transportierte. Die beiden Tänze von Kleopatras Lieblingssklaven, den *Danse d'Arsinoé et des esclaves* sowie den *Pas de deux*, komponierte Arenskij entsprechend dem Gestus des Kleopatra-Auftritts. Auch sie wurden von Djagilev durch Kompositionen ersetzt, die die Attraktivität der jeweiligen Szene insbesondere durch klingende Orientalismen erhöhten. Bemerkenswert ist, dass Djagilev aus der ursprünglichen Partitur fast all jene Teile beibehielt, denen Arenskij eine authentische Melodie zugrundegelegt hatte. Vermutlich spielte dieser Faktor bei Djagilevs Überlegung aber eine untergeordnete (vielleicht sogar gar keine) Rolle, denn wie in Kapitel 2.3 festgestellt, sind die von Arenskij verwendeten authentischen Melodien kaum als solche »Orientalia« zu erkennen. Zudem nahm Djagilev bei den Ergänzungen wenig Rücksicht auf Arenskijs Entscheidung, die Exotismen hinter einem konventionellen Nummernballett zu verbergen. Die eingefügten Teile von Rimskij-Korsakov, Glinka und Musorgskijs stützen sich viel stärker auf Couleur locale und die üblicherweise hierfür verwendeten kompositorischen Mittel. An der Auswahl der Einschübe wird deutlich, dass Djagilev sich um eine exotischere Klangfarbe bemühte, die dem Geschmack des orientalismusbegeisterten französischen Publikums entgegenkam.

In den Ergänzungen durch die Musik anderer russischer Komponisten wurde zugleich Djagilevs Idee jener Jahre umgesetzt, im Westen russische Kunst zu zeigen – ein Konzept, das er zuvor mit Oper und Konzertliteratur sowie mit Bildender Kunst verwirklicht hatte. Russische Musik hatte in Paris bisher keine Rolle gespielt, die Werke der »russischen Fünf« waren in Frankreich kaum, höchstens in Spezialistenkreisen, z. B. bei Claude Debussy oder Paul Dukas, bekannt. Dies änderte sich erst, als Djagilev durch seine Aktivitäten regelmäßig in Paris für Aufmerksamkeit sorgte. Taneevs *Prélude* war zwar außerordentlich kurz und im Verhältnis zu den übrigen Teilen des Balletts nicht mehr als ein appetitanregendes »Amuse-Gueule«. Durch den Anklang an Bizets *Carmen* vermochte es aber die Aufmerksamkeit des Publikums auf die orientalisierende Klangsprache zu lenken und zugleich Taneevs Namen in Paris zu platzieren. Rimskij-Korsakovs Kleopatra-Szene sorgte in der Partitur für bisher fehlende Opulenz, ließ das französische Publikum durch die außergewöhnlich große, von Wagner inspirierte Besetzung aber ebenfalls noch hungrig auf russische Musik als mögliche Alternative zu Wagner zurück. Djagilev hatte mit der Szene aus *Mlada* ein Werk einbezogen, das die russische Auseinandersetzung mit Wagner genauso widerspiegelte wie die mit der französischen Grand Opéra. Mit Glinka zitierte er den zentralen Komponisten der russische Musikgeschichtsschreibung, von dem das Publikum am gleichen Abend direkt vor *Cléopâtre* den ersten Akt aus *Ruslan und Ludmilla* hatte hören können.[482] Dass Djagilev in *Cléopâtre* den *Türkischen Tanz* aus dem 4. Akt präsentierte, der die Überschneidungen in der Identität orientalischer und russischer Sphären in Klänge fasst, war ein besonderer Coup. Ihn verstanden wohl aber höchstens diejenigen (russischen) Zuhörer, die die gesamte Oper kannten. Mit Glazunov wurde sodann der zeitgenössische Ballettkomponist von Rang dem Pariser Publikum wieder in Erinnerung gerufen, dessen Kompositionen es unter eigenem Dirigat bereits auf der Weltausstellung hatte hören können. Interessant ist, dass die Akteure aus den Auszügen von *Mlada*, *Ruslan und Ludmilla* und *Chovanščina* in ihrem ursprünglichen Kontext einen Gegenpol jeweils zu einer russischen Figur bildeten. Dabei sind jene Akteure zwar orientalisierend gestaltet, eine Deutung oder zumindest Anspielung auf westeuropäische Dekadenz scheint jedoch zumindest möglich. Dem französischen Publikum entging dies – wie bereits erwähnt – aufgrund des fehlenden Ursprungskontexts. Den Zuhörern in Paris stellte sich die Partitur von *Cléopâtre* wohl eher als eine inhomogene, aber effektvolle Mischung verschiedener russischer Kompositionen dar.

Mit den Einfügungen in *Cléopâtre* blätterte Djagilev einen ähnlichen Katalog erstklassiger russischer Musik auf, wie er dies bereits zwei Jahre zuvor durch das Programm der »Histori-

---

482 Der erste Akt aus *Ruslan und Ljudmila* wurde während des Gastspiels in Paris dann aber durch einen Teil aus Aleksandr Serovs Oper *Judit* ersetzt, weil der Sänger Schaljapin darin noch besser zur Geltung kam. Serov war in der Zeit vor den »russischen Fünf« nicht nur ein einflussreicher Opernkomponist, sondern auch Kritiker gewesen. Eine weitere Programmänderung betraf auch die 1909 vollständig gezeigte Oper *Das Mädchen von Pskow*. Aufgrund des Erfolgs von *Cléopâtre* entschied man sich, das Ballett jeweils im Anschluss an diese Oper zu zeigen, eine Praxis, die in Paris im 19. Jahrhundert gängig war.

schen Konzerte« in Paris getan hatte. Glazunov und Taneev

schen Konzerte« in Paris getan hatte. Glazunov und Taneev waren nach dem Tod von Rimskij-Korsakov und Čajkovskij die beiden bedeutendsten zeitgenössischen Komponisten. Von Vertretern einer aktuellen Avantgarde, mit denen Djagilev in den späteren Jahren der Ballets Russes öfter zusammenarbeiten sollte, konnte bei ihnen jedoch nicht die Rede sein, vielmehr galten sie in ihrer Heimat bereits als überholt. Auch die übrigen Ballettpartituren aus dem Jahr 1909 brachen nicht mit der Konvention. Abgesehen davon, dass die Komponisten der *Cléopâtre*-Einfügungen Djagilevs persönlichen Vorlieben entsprachen, wird deutlich, dass er dem Westen nicht die russische Avantgarde, sondern die Musiktradition seiner Heimat präsentieren wollte. Neben einer Wiederaufnahme von Musorgskijs *Boris Godunow* waren für die russische Saison 1909 ursprünglich Glinkas *Ruslan und Ludmila*, Borodins *Fürst Igor* und Rimskij-Korsakovs *Das Mädchen von Pskow* geplant.

Die Änderungen der musikalischen Struktur waren auch aufgrund von Veränderungen im Libretto notwendig geworden und sorgten nun für einen dramatischeren und logischeren Verlaufs des Balletts. Exkurs 1 zu Form und Funktion von Ballettmusik sowie Kapitel 2.3 zu Anton Arenskijs Ballett *Eine Nacht in Ägypten* op. 50 haben deutlich gemacht, dass die Partitur im ursprünglichen Aufbau der konventionellen Form eines Balletts folgte. Selbst die Melodien, die Arenskij den Aufzeichnungen von Orientforschern entnommen hatte, verschwanden unbemerkt in konventionellen Ballettvariationen, so dass es dem Komponisten selbst notwendig erschien, durch eine Fußnote die Herkunft der Melodien aufzuzeigen. Entsprechend der Tradition und Konvention war auch die ursprüngliche Uraufführung von *Ägyptische Nächte* geplant. In den Kapiteln 3.1 und 3.2 konnte rekonstruiert werden, wie diese in der Choreografie von Lev Ivanov aussehen sollte und warum sie letztlich nie zustande kam. Seit der Fertigstellung der Komposition durch Arenskij bis zur Aufführung in Paris

1909 hatte das Ballett bereits mehrere Veränderungen in Bezug auf seine Handlung und die beteiligten Figuren durchlaufen. Letztlich gingen auch diese Hand in Hand mit der Musik – es sei erinnert an die Streichung der Figur des Antonius und dessen Auftrittsmusik. Auch neue Ideen für die Choreografie machten Änderungen notwendig: Da der Choreograf Michail Fokin die Hauptrolle des Balletts nicht mehr mit einer klassisch ausgebildeten Tänzerin besetzen wollte, gab es keine adäquate Protagonistin für den Pas de deux im letzten Teil des Balletts. Fokin übertrug ihn daher der Sklavin der Kleopatra und stellte ihr dafür einen männlichen Sklaven als Tanzpartner zur Seite.

Die vorliegende Untersuchung hat sich nicht auf die Musik und das Libretto beschränkt, sondern ebenso versucht, das, was durch Bilder oder Kommentare über die Choreografie überliefert ist, in das Schaffen Michail Fokins einzuordnen. Wie in Kapitel 4.1 dargestellt, war der Choreograf zwar in der Ästhetik und der Theaterpraxis des 19. Jahrhunderts »sozialisiert« worden. An seiner Kunst waren ihm jedoch große Zweifel gekommen, die ihn dazu bewogen, ein »neues Ballett« zu entwickeln. Seine Gedanken goss er fünf Jahre nach der Uraufführung von *Cléopâtre* in fünf Prinzipien, in denen er sich dafür aussprach, Tanz stets aus der Handlung heraus zu motivieren und entsprechend den Bedürfnissen des Sujets zu gestalten. In den Kapiteln 4.1 und 4.2 wurden zwar alle verbliebenen Mosaiksteine, über die sich Aussagen zur Bewegungssprache von *Cléopâtre* erschließen lassen, zusammengetragen. Wie aber bereits in der Einleitung der Arbeit vermutet, existieren nicht genügend Aufzeichnungen, um die Choreografie ähnlich der Musik wieder zusammensetzen zu können.

Nichtsdestotrotz konnten in Kapitel 4.1 typische Merkmale der choreografischen Handschrift Fokins vorgestellt werden, die sowohl auf seine klassische Ausbildung an der Theaterschule Sankt Petersburg zurückzuführen sind als auch auf die gesellschaftlichen Unruhen in jenen Jahren, als Fokin seine Karriere als Choreograf begann. Über Studiofotografien von Tänzerinnen und Tänzern der Ballets Russes wurde deutlich, dass sich genau diese Merkmale auch in *Cléopâtre* wiederfinden. Zudem stellte sich heraus, dass Fokin für das Sujet des Balletts eine eigene Bewegungssprache entsprechend seines ersten künstlerischen Prinzips »to create in each case a new form corresponding to the subject« entwickelt hatte. Um den Bewegungen ein möglichst ägyptisches Aussehen zu verleihen, verstieß er gegen traditionelle Prinzipien des klassischen Tanzes, wie etwa das »en dehors« oder die Grundpositionen der Arme. Die Tänzerinnen und Tänzer traten vermeintlich (zumindest zu Beginn, da durch Trikots bedeckt) barfuß und mit viel nackter Haut auf der Bühne auf; Leon Bakst verzichtete bei den Kostümen für *Cléopâtre* vollständig auf die klassischen Tutus und hatte sich damit gänzlich den Vorstellungen Fokins angeschlossen. Er war aber, das demonstriert das letzte Kapitel dieser Arbeit, dabei zugleich auf den aktuellen Geschmack des Publikums eingegangen, dem auch private Bühnen und Varietétheater in ihren Darbietungen Rechnung trugen. Auch das Korsett, das die Tänzerinnen damals üblicherweise trugen, fiel in *Cléopâtre* weg und eröffnete neue Bewegungsmöglichkeiten, schränkte an anderer Stelle aber auch ein. Bot sich neue Flexibilität etwa im Rücken, so waren bestimmte klassische Posen, wie beispielsweise ein »retiré« mit den im Ballett traditionell auswärts gehaltenen Beinen nicht möglich. Auch eine hohe Arabesque oder »attitude derrière« waren nicht möglich. Im Gegensatz zur Partitur waren Choreografie und Ausstattung des Balletts sehr viel avantgardistischer, auch wenn russische Musik in Frankreich sehr selten zu hören war und somit per se als etwas Besonderes gelten musste. Avantgardistischer Tanz war hingegen keine Seltenheit. Wie in Kapitel 5.2 nachzulesen, waren barfuß auftretende Tänzerinnen wie Isadora Duncan oder die wallenden Gewänder einer Loie Fuller in Paris längst bekannt. Auch orientalische Tanzeinlagen – ob nun mit spirituellem, dekorativem oder erotischem Einschlag – waren sehr beliebt und eine finanziell attraktive Einnahmequelle. Djagilev, der die Saison 1909 mit hohem finanziellen Risiko veranstaltete, und besonders Leon Bakst, der seit 1883 in Paris wohnte, waren die lukrativen Möglichkeiten des pseudo-exotischen Freizeit- und Unterhaltungsmarktes offenbar bekannt. Sie konnten sich ausrechnen, dass das Stück in der abgeänderten, »orientalisierten« Form beim Publikum zumindest nicht durchfallen würde.

Fokins Idee, die Rolle der Kleopatra nicht tänzerisch, sondern rein mimisch zu besetzen, war schon für eine Aufführung in Sankt Petersburg umgesetzt worden. Als Arenskij das Ballett komponierte, hatte Ivanov für die Titelrolle noch eine Ballerina vorgesehen. Für die russische Saison in Paris war der symbolistische Bezugspunkt des ursprünglichen Librettos, die verführerische Femme fatale Kleopatra, aber noch stärker herausgearbeitet worden. In Kapitel 4.3 konnte nachvollzogen werden, wie Kleopatra um die Wende zum 20. Jahrhundert zum Synonym für eine Femme fatale geworden war. Für die Frage, warum die Titelpartie des Balletts selbst nicht tanzt, konnte dieses Kapitel einen Lösungsansatz bieten: Die Gegenüberstellung von Kleopatra mit der treuen und liebevollen Ta-hor passte gänzlich in das konventionelle Femme-fatale-Modell, ließ für Fokin aber offenbar eine tänzerische Gestaltung der Kleopatra-Figur unmöglich werden. Stattdessen arrangierte er die Choreografie um Ida Rubinštejns großen, schlanken, wie einen Fremdkörper (im wahrsten Sinne des Wortes) wirkenden Leib herum. Leon Bakst staffierte sie mit einem Kostüm aus, das im Publikum Assoziationen an die Tänzerinnen der Varietétheater geweckt haben muss. Unterstützt wurde das durch ihren erotisch-morbiden Auftritt im Sarkophag, aus dem sie von Sklaven herausgehoben und, wie eine Mumie, aus Schleiern enthüllt wurde. Zusätzlich zum dargestellten Farbrausch und der Qualität der Tänzer zog *Cléopâtre* das französische Publikum also auch durch die Insignien des Symbolismus, dessen Zentrum Paris zu dieser Zeit war, in den Bann: der Bearbeitung eines antiken Sujets und der Spannung zwischen Eros und Tod, Irrationalität und Ekstase.

Cléopâtre wurde bis zum Tod Djagilevs in fast jeder Saison der Ballets Russes gegeben und erlebte dadurch mehrere Umbesetzungen. Inwiefern sich hierdurch die Choreografie änderte und jeweils den Möglichkeiten der aktuellen Besetzung angepasst wurde, ist nicht dokumentiert, aber sehr wahrscheinlich. Selbst das prägnante erotische Kostüm der Kleopatra wurde nach Ida Rubinštejn aufgegeben. In die unübersichtliche Kostümsituation, welche Tänzer und Tänzerinnen wann welche Kostüme trugen oder ob es sich um Kostüme aus anderen Produktionen handelte, die als Ersatz in *Cléopâtre* übernommen wurden, konnte Kapitel 3.3 etwas mehr Ordnung bringen.

Nach dem Ende der Ballets Russes verschwand *Cléopâtre* schnell von der Bühne. In jüngerer Zeit gab es in Rom zwar eine Rekonstruktion, sie ignoriert aber die Veränderungen, die Djagilev und seine künstlerischen Mitarbeiter am Ballett vorgenommen hatten. Für eine komplette Rekonstruktion wären Skizzen zu Bühnenbild und Kostümen noch zugänglich sowie die Musik rekonstruierbar gewesen. Die Choreografie wurde jedoch nirgends verzeichnet und könnte im Sinne der für *Cléopâtre* entwickelten Bewegungssprache nachempfunden werden. Leider verpasst diese Rekonstruktion aber beinahe alle Möglichkeiten, um diese Produktion möglichst gemäß der ursprünglichen Version von 1909 zu gestalten. Weitere Beschäftigung mit dem Werk gab es bisher nicht.

Dass das außerwissenschaftliche Interesse an diesem Ballett verlorenging, ist wohl eben jener Ästhetik zuzuschreiben, von der sich das Publikum 1909 so begeistern ließ. Abgesehen von einer Entschlüsselung im Sinne des damals aktuellen Symbolismus bot *Cléopâtre* kaum weitere Deutungsmöglichkeiten der jeweiligen Charaktere. Andere frühe Ballette, die heute noch auf Bühnen zu erleben sind, wie *L'oiseau de feu*, *Petruschka* oder *Scheherazade* bieten nicht nur hochwertigere Partituren, sondern (in den beiden ersten Fällen) auch vielschichtigere Charaktere und damit weitere, über den Symbolismus hinausweisende Anknüpfungspunkte für eine Interpretation. Für eine Aufführung heute bietet das Ballett *Cléopâtre* also aufgrund seiner Partitur wenig Anreize, Bewegungssprache und Sujet können sogar als überholt gelten. Der wissenschaftliche Reiz, der dennoch von diesem Ballett ausgeht, hat im Laufe der Studie nicht nachgelassen. Ganz im Gegenteil: *Cléopâtre* ist bei weitem nicht das einzige Werk der Ballets Russes, das als Pasticcio zusammengesetzt wurde und für dessen Klangbild die Mosaiksteine erst mit weiteren Recherchen zusammengetragen werden müssen. Ausgehend von dieser Arbeit könnten auch späteren Ballette, wie beispielsweise *Soleil de Nuit* (1915), *Contes Russes* (1917), *Les Jardins d'Aranjuez* (1918), *L'Assemblée* (1925), *The Gods go a-begging* (1928) oder den verschiedenen Versionen von *Le Festin* nachgespürt werden, deren Substanz sich nur über Kenntnisse zum Entstehungs- und Aufführungskontext sowie Vergleiche verschiedener Quellen erschließt. Keines dieser späteren Werke schillert in all seinen Komponenten, in künstlerischem Rang und seiner historischen Bedeutung allerdings so zwischen Konvention und Originalität, zwischen zaristischer Balletttradition und avantgardistischem Exportartikel wie *Cléopâtre*.

Anhang

Anhang I: Handlung des Balletts *Ägyptische Nächte*

Es handelt sich bei der folgenden Inhaltsangabe um die Handlung, wie sie der Klavierauszug von Anton Arenskijs Komposition *Eine Nacht in Ägypten op. 50* vorsah und Lev Ivanov für sein Ballett *Ägyptische Nächte* geplant hatte.

Bei einem Tempel am Ufer des Nils trifft Amoûn auf der Rückkehr von der Jagd auf seine Verlobte Bérénice; der hinzutretende Hohepriester gratuliert Amoûn zu seiner zukünftigen Verbindung, als ein Bote den Tempel erreicht, um die Ankunft von Königin Kleopatra anzukündigen. Sobald Amoûn die Königin, die mit ihrem Gefolge erscheint, auch nur erblickt hat, verliebt er sich in sie. Kleopatra besucht den Tempel, während Amoûn von seinen Gefühlen verwirrt wird. Nachdem die Königin sich vor dem Tempel im Schatten der Palmen niedergelassen hat, wird sie dort von ihrer Lieblingssklavin Arsinoé, von Bérénice sowie weiteren Sklavinnen mit Tänzen unterhalten. Mitten im Tanz Bérénices schießt Amoûn einen Pfeil mit einem Liebesbrief für Kleopatra in deren Richtung und wird daraufhin von Wachen festgenommen. Sie bringen ihn zur Königin, wo er sie um einen Kuss anfleht, auch wenn dieser ihn sein Leben koste. Kleopatra willigt ein, allerdings greift sie auch die Bedingung auf und verfügt, dass Amoûn durch Gift sterben werde. Bérénice fleht um Gnade und erinnert an ihre Verlobung, bemüht sich jedoch vergeblich. Schließlich sind Fanfaren zu hören, die die Ankunft des Antonius ankündigen. Kleopatra befiehlt dem Hohepriester, nun das Gift herbeizubringen, das dieser jedoch gegen einen Schlaftrunk getauscht hat. Sobald Amoûn davon getrunken hat, verfällt er, scheinbar tot, in tiefen Schlaf. Zu Ehren des Antonius werden Tänze aufgeführt, bis der Römer, Kleopatra und ihr jeweiliges Gefolge sich entfernen. Amoûn erwacht, sieht in der Ferne noch Antonius und Kleopatra, wird sich seines Fehlers bewusst und wirft sich Bérénice zu Füßen, die ihm vergibt.

Anhang II: Handlung und Uraufführungsbesetzung von *Cléopâtre* im Jahr 1909

Bei der folgenden Inhaltsangabe und Besetzungsliste handelt es sich um einen Auszug aus dem Programmheft der Ballets Russes vom 16. Juni 1909 (siehe Abb. 1).

L'action se passe auprès d'un sanctuaire vénéré situé dans une oasis. Amoûn, jeune seigneur, est amoureux de la prêtresse Ta-hor, qui lui est promise par le grand-prêtre. Le jeune couple ne songe qu'à sa félicité prochaine quand arrive, pour accomplir un vœu fait à la divinité du temple, la reine Cléopâtre. Amoûn, subitement frappé de passion, a l'audace de lui envoyer, enroulée autour d'une flèche, une déclaration brûlante. Saisi par les gardes, il va subir le juste châtiment de sa témérité. Mais la reine touchée de la beauté du jeune homme, lui offre une nuit d'amour sans lendemain. Après avoir réalisé son rêve, Amoûn mourra. Tout à sa passion, Amoûn refuse d'écouter les exhortations de Ta-hor qui voudrait le sauver.

Autour de la couche où Cléopâtre et Amoûn sont enlacés se forment des danses voluptueuses. Mais le temps s'écoule et bientôt Cléopâtre tend à son amant d'une nuit la coupe de poison. Elle le regarde durant qu'il agonise, puis se retire.

La malheureuse Ta-hor cherche en vain à ranimer son infidèle
fiancé et tombe désespérée auprés de son cadavre.

Cléopâtre.
Drame chorégraphique en un acte.
Musique de A. Arensky

Prélude	Musique de S. Tanéiew
Arrivée de Cléopâtre	Musique de Rimsky-Korsakow
Danse du voile	Musique de Glinka
Bacchanale	Musique de A. Glazounow
Finale	Musique de Moussorgsky

Mise en scène, groupes et danses de M. Fokine.
Décor de M. L. Bakst, exécuté par M. Anisfeld.
Costumes de M. L. Bakst, exécutés par M. Caffi.
Accessoires d'après les dessins de M. L. Bakst.

Le solo de violon sera exécuté par M. Victor Walter.

Personnages
Ta-Hor	Mmes	Anna Pavlova
Cléopâtre		Ida Rubinstein
Esclave favorite de Cléopâtre		Karsavina
Amoûn	MM.	Michel Fokine
Le Grand prêtre du temple		Boulgakow
Esclave favori de Cléopâtre		Nijinsky

Serviteurs du temple: MM. Cristapson et Pétrow II.

Servantes du temple: Mmes Gontscharova, Kousmina,
     A. Léonova, Nestérowska, Nicolaidis, Tcherniatina,
     Vlassova, Constantinova.

Danseuses égyptiennes: Mmes Alexandra Fédorova, Smir-
nova, Constantinova, Dobrolubova, Anna Fédorova,
Leontièva, Loukachévitch, Nijinska, Soboleva, Tchernicheva.

Esclaves de Cleopatre: MM. Kobelew, Kremnew, Léon-
tiew, Monakhow, Orlow, Rosay.

Danseuses Juives: Mlle Scholar. Mmes Barasch, Golou-
beva, Mouromska, Sazonova, Sprichinska, Vassiliéva.

Hébreux: MM. Dimitiew et Pressniakow.

Prêtresses du culte de Dionysios: Mmes Sophie Fédorova, Fokina. Mmes Chélépina, Olga Fédorova, Grékova,
Pojitska, Tchernobaïeva, Vassiliéva.

Corybantes:[1]   MM. Fédorow, Lastchiline, Nikitine,
Ostrogradsky,   Panow, Séménow.

Silènes:[2]   MM.   Koslow II et Novikow.

Musiciens syriens, esclaves, suite de Cléopâtre, peuple.
Chef d'orchestre   MM.   N. Tchérépnine.
Maître de ballet   M. Fokine.
Régisseur   S. Grigoriew.
Chef de la scène   Ch. Waltz.

---

1   Corybantes: Priester der aus der griechischen Mythologie bekannten Gottheit Cybele, deren Riten mit Musik und ekstatischen Tänzen gefeiert werden.

2   Silènes: Mischwesen aus Mensch und Pferd der griechischen und
römischen Antike, ähnlich dem Centaur, die meist bei den Gela-
gen des Dionysos im Gefolge der Mänaden dargestellt werden.

Literaturverzeichnis

Abraham, Gerald: *On russian music*, London 1939.

Applin, Arthur: *The stories of the Russian ballet,* New York 1911.

Arberry, Arthur John: *Oriental Essays. Portraits of seven scholars*, Richmond 1997, S. 87.

Alexandre, Arsène: *The decorative Art of Leon Bakst. With Notes on the Ballets by Jean Cocteau*, London 1913.

Bayerdörfer, Hans-Peter / Hellmut, Eckhard (Hrsg.): *Exotica. Konsum und Inszenierung des Fremden im 19. Jahrhundert*, Münster 2003.

Beaumont, Cyril William: *Michel Fokine & his Ballets*, London 1935.

Beaumont, Cyril William: *Complete Books of Ballet,* London 1937.

Beaumont, Cyril William: *The Diaghilev Ballet in London*, London 1940.

Beil, Ralf (Hrsg.): *Russland 1900. Kunst und Kultur im Reich des letzten Zaren*, Köln 2008.

Bellman, Jonathan: *The Exotic in Western Music*, Boston 1998.

Benois, Alexandre: *Reminiscences of the Russian Ballet*, London 1941.

Benois, Alexandre: *Memoirs*, London 1964.

Blänsdorf, Jürgen (Hrsg.): *Die femme fatale im Drama. Heroinen – Verführerinnen – Todesengel*, Tübingen (u. a.) 1999.

Bongartz, Sabine: *Bühnenkostüm und Bildende Kunst im frühen 20. Jahrhundert*, München 1985.

Bowlt, John E.: *Moskau & St. Petersburg. Kunst, Leben und Kultur in Russland 1900–1920*, Wien 2008.

Braun, Lucinde: *Studien zur russischen Oper im späten 19. Jahrhundert*, Mainz (u. a.) 1999.

Breig, Werner (Hrsg.): *Opernkomposition als Prozess*, Kassel (u. a.) 1996.

Brown, David: *Mikhail Glinka. A Biographical and Critical Study*, London (u. a.) 1974.

Buckle, Richard: *Diaghilew*, Herford 1984.

Buckle, Richard: *Nijinsky*, Herford 1987.

Chafer, Tony / Sackur, Amanda: *Promoting the Colonial Idea. Propaganda and Visions of emire in France*, Basingstoke (u. a.) 2002.

Dahms, Sybille (Hrsg.): *Tanz*, Kassel 2001.

Debusmann, Robert / Riesz, János (Hrsg.): *Kolonialausstellungen – Begegnungen mit Afrika?*, Frankfurt a. M. 1995.

de Laborde, Jean Benjamin: *Essai sur la Musique ancienne et moderne*, Nachdruck der ersten Ausgabe von 1870, New York 1978.

Dijkstra, Bram: *Das Böse ist eine Frau. Männliche Gewaltphantasien und die Angst vor der weiblichen Sexualität*, Reinbek 1999.

Eberlein, Dorothee: *Russische Musikanschauung um 1900 von 9 russischen Komponisten dargestellt aus Briefen, Selbstzeugnissen, Erinnerungen und Kritiken*, Regensburg 1978.

Einstein, Carl: *Leon Bakst*, Berlin (o. J.).

Engelhardt, Markus (Hrsg.): *Giuseppe Verdi und seine Zeit*, Laaber 2001.

Fiske, Roger: *Ballet music*, London (u. a.) 1958.

Flitch, John Ernest Crawford: *Modern dancing and dancers*, Philadelphia 1912.

Fokin, Michail: *Gegen den Strom. Erinnerungen eines Ballettmeisters*, Berlin 1974.

Frenzel, Elisabeth: *Stoffe der Weltliteratur*, Stuttgart 1998.

Frolova-Walker, Marina: *On Ruslan and Russianness*, in: *Cambridge Opera Journal* 9, 1, S. 21–45.

Garafola, Lynn: *Diaghilev's Ballet Russes*, New York 1989.

Garafola, Lynn: *Legacies of twentieth-century dance*, Middletown 2005.

Garafola, Lynn / Van Norman Baer, Nancy: *The Ballets russes and its world*, New Haven, London 1999.

Gaub, Albrecht: *Die kollektive Ballett-Oper Mlada: ein Werk von Kjui, Musorgskij, Rimskij-Korsakov, Borodin und Minkus*, Berlin 1998.

Gautier, Théophile: *Le roman de la momie*, Paris 1967.

Gerhard, Anselm: *Die Verstädterung der Oper. Paris und das Musiktheater des 19. Jahrhunderts*, Stuttgart 1992.

Gest, Morris: *[Souvenir program] Serge de Diaghileff's Ballet russe*, New York 1916.

Glinka, Michail: *Aufzeichnungen aus meinem Leben* (herausgegeben von Heinz Alfred Brockhaus), Wilhelmshaven 1969.

Godlewska, Anne Marie Claire: *Geography unbound: French geographic science from Cassini to Humboldt*, Chicago (u. a.), 1999.

Gojowy, Detlef: *Letzter Klassiker – erster Klassizist. Zum Gedenken an Alexander Glasunow (1865–1936)*, in: *Neue Zeitschrift für Musikwissenschaft*, 1986 CXLVII/3, S. 10.

Gojowy, Detlef: *Alexander Glasunow. Sein Leben in Bildern und Dokumenten unter Einbeziehung des biographischen Fragments von Glasunows Schwiegersohn Herbert Günther*, München 1989.

Griffith, Steven: *A Critical Study of the Music of Rimsky-Korsakov, 1844–1890*, New York 1889.

Grigoriev, Sergej: *The Diaghilev Ballet. 1909–1929,* Harmondsworth 1960.

Guest, Ivor: *Le ballet de L'Opéra de Paris. Trois siècles d'histoire et de tradition*, Paris 2001.

Haskell, Arnold: *Diaghileff. His artistic and private life. In collaboration with Walter Nouvel*, New York 1935.

Hobsbawm, Eric: *Das imperiale Zeitalter*, Frankfurt a. M. 2004.

Hughes-Hallett, Lucy: *Cleopatra. Histories, Dreams, Distortions*, London 1990.

Ingles, Elisabeth: *Bakst. Die Zauberwelt des Theaters*, London 2000.

Jeschke, Claudia / Berger, Ursel / Zeidler, Birgit (Hrsg.): *Spiegelungen. Die Ballets Russes und die Künste*, Berlin 1997.

Jeschke, Claudia / Vettermann, Gabi / Haitzinger, Nicole: *Les Choses espagnoles. Research into the Hispanomania of 19th Century Dance*, München 2009.

Jeschke, Claudia / Zedelmaier, Helmut (Hrsg.): *Andere Körper – Fremde Bewegungen. Theatrale und öffentliche Inszenierungen im 19. Jahrhundert*, Münster 2005.

Jomard, Edme-François: *Classification méthodique des produits de l'industrie extra-européenne ou objets provenant des voyages lointains suivie du plan de la classification d'une collection ethnographique complète*, Paris 1862.

Kant, Marion (Hrsg.): *The Cambridge Companion to ballet*, Cambridge 2007.

Kisselgoff, Anna: *Updating an Egyptian Femme Fatale*, in: *The New York Times Dance Review*, 14. März 2000.

Kochno, Boris: *Le ballet. Avec la collaboration de Maria Luz. Lithographie originale de Picasso*, Paris 1954.

Kochno, Boris: *Diaghilev and the Ballets Russes*, New York 1970.

Koppelkamm, Stefan: *Der imaginäre Orient. Exotische Bauten des achtzehnten und neunzehnten Jahrhunderts*, Berlin 1987.

Kreuzer, Helmut (Hrsg.): *Don Juan und Femme fatale*, München 1994.

Krjukow, Andrej: *Alexander Konstantinowitsch Glasunow*, Berlin 1982.

[Kšesinskaja, Matil'da] H.S.H. The Princess Romanovsky-Krassinsky: *Dancing in Petersburg. The Memoirs of Kschessinska*, London 1960.

Kuhn, Ernst (Hrsg.): *Nikolaj Rimskij-Korsakov. Zugänge zum Leben und Werk. Monographien – Schriften – Tagebücher – Verzeichnisse*, Berlin 2000.

Lane, Edward William: *An account of the manners and customs of the modern Egyptians, written in Egypt during the years 1833, -34, and 35, partly from notes made during a former visit to that country in the years 1825, -26, -27, and 28*, London 1860.

Lauer, Lucinde: *Sergej Iwanowitsch Tanejew. Oresteja*, in: Carl Dahlhaus (u. a.), *Pipers Enzyklopädie des Musiktheaters. Oper, Operette, Musical, Ballett*, München 1997, Band 6, S. 250–252.

Levinson, André: *Ballets Russes. Die Kunst des Léon Bakst*, Dortmund 1992 (Nachdruck der Ausgabe von 1922).

Lifar, Serge: *A history of russian ballet from its origins to the present day*, London 1954.

MacKenzie, John: *Orientalism. History, theory and the arts*, Manchester, New York 1995.

Mayer, Charles Steven: *Bakst. Centenary 1876–1976*, London 1976.

Mayer, Charles Steven: *The Theatrical Designs of Léon Bakst*. Dissertation der Columbia University 1977.

Metzger, Heinz-Klaus / Riehn, Rainer (Hrsg.): *Modest Musorgskij. Aspekte des Opernwerks*, München 1981.

Mirus, Ilse: *Egipetskie Noči*, in: Walter Jens (Hrsg.): *Kindlers Neues Literaturlexikon*, München 1996, Band 13, S. 738–739.

Naumann, Emil: *Illustrierte Musikgeschichte. Die Entwicklung der Tonkunst aus den frühesten Anfängen bis auf die Gegenwart*, Berlin, Stuttgart 1885.

Näslund, Erik: *Ballets Russes. The Stockholm Collection*, Stockholm 2009.

Oberzaucher-Schüller, Gunhild / Moeller, Hans (Hrsg.): *Meyerbeer und der Tanz*, Feldkirchen 1998.

Oberzaucher-Schüller, Gunhild / Brandenburg, Daniel / Woitas Monika (Hrsg.): *Prima la danza! Festschrift für Sibylle Dahms*, Würzburg 2004.

Parsons, Charles (Hrsg.): *The Mellen Opera Reference Index. Opera Premieres A geographical Index I-Z*, Lewiston 1989.

Praz, Mario: *Liebe, Tod und Teufel. Die schwarze Romantik,* München 1981.

Pritchard, Jane (Hrsg.): *Diaghilev and the golden age of the Ballets Russes 1909–1929*, London 2010.

Prushan, Irina (Hrsg.): *Léon Bakst. Bühnenbild- und Kostümentwürfe, Buchgrafik, Malerei und Grafik*, Leningrad 1986.

Puschkin, Alexander: *Die Erzählungen*, München 1986.

Rabinowitz, Stanley (Hrsg.): *Ballet's Magic Kingdom. Selected Writings on Dance in Russia 1911–1925*, New Haven, London 2008.

Rebling, Eberhard: *Marius Petipa. Meister des klassischen Balletts. Selbstzeugnisse, Dokumente, Erinnerungen*, Berlin 1975.

Redepenning, Dorothea: *Geschichte der russischen und sowjetischen Musik. Band 1: Das 19. Jahrhundert*, Laaber 1994.

Redepenning, Dorothea: *Geschichte der russischen und sowjetischen Musik. Band 2: Das 20. Jahrhundert*, Laaber 2008.

Reischert, Alexander: *Kompendium der musikalischen Sujets*, Kassel 2001.

Reiss, Tom: *Der Orientalist. Auf den Spuren von Essad Bey*, Berlin 2008.

Rimski-Korsakow, Nikolai: *Chronik meines musikalischen Lebens 1844–1906*, Stuttgart (u. a.) 1928.

Roslavleva, Natalia: *Era of the Russian Ballet 1770–1965*, New York 1966.

Schäfer, Christoph: *Kleopatra,* Darmstadt 2006.

Scheijen, Sjeng: *Diaghilev. A life*, London 2009.

Schmidt, Jochen: *Tanzgeschichte des 20. Jahrhunderts in einem Band mit 101 Choreographenportraits*, Berlin 2002.

Scholl, Tim: *From Petipa to Balanchine. Classical Revival in the modernization of Ballet*, London, New York 1994.

Scholz-Hänsel, Michael: *Exotische Welten, europäische Phantasien. Das exotische Plakat*. Stuttgart 1987.

Scott, Derek B.: *Orientalism and Musical Style*, in: *The Musical Quarterly*, 1998, Band 82/1, S. 309–335.

Shouvaloff, Alexander (Hrsg.): *Sensualism Triumf*, Stockholm 1993.

Souritz, Elisabeth: *Soviet Choreographers in the 1920s*, Durham, London 1990.

Spencer, Charles: *Leon Bakst and the Ballets Russes,* London 1995.

Svétlow, Valerian: *Le Ballet contemporain. Ouvrage édité avec la collaboration de L. Bakst*, St. Petersburg 1911.

Svetlov, Valerian: *The Art of Bakst. Inedited Works of Bakst*, New York 1927.

Stein, Gerd (Hrsg.): *Femme fatale – Vamp – Blaustrumpf. Sexualität und Herrschaft*, Frankfurt a. M, 1984.

Taruskin, Richard: *Glinka's ambiguous legacy and the birth pangs of Russian Opera*, in: *19th-Century Music*, 1977, Band 1, Nr. 2, S. 142–162.

Taruskin, Richard: *Ruslan and Lyudmila*, in: Stanley Sadie (Hrsg.): *The New Grove dictionary of opera*, London 1992, Band 4, S. 96.

Taruskin, Richard: *Sergey Ivanovich Taneyev*, in: Stanley Sadie (Hrsg.): *The New Grove dictionary of opera* London 1992, Band 4, S. 645.

Taruskin, Richard: *Musorgsky. Eight essays and an epilogue*, Princeton 1993.

Taruskin, Richard: *Opera and Drama as Preached and Practiced in the 1860s*. Rochester 1993.

Taruskin, Richard: *Stravinsky and the Russian Traditions. A Biography of the Works Through Mavra*, Oxford 1996.

Taruskin, Richard: *Defining Russia musically. Historical and hermeneutical essays*, Princeton 1997.

Taruskin, Richard: *On Russian Music*, Berkeley, Los Angeles (u. a.) 2009.

von Andreevsky, Alexander: *Dilettanten und Genies. Geschichte der russischen Musik*, Berlin 1951.

von Riesemann, Oskar: *Modest Petrowitsch Mussorgski (Monographien zur Russischen Musik, Band 2)*, München 1926.

Walker, Kathrine Sorley: *De Basil's Ballets Russes*, New York 1983.

Wehrmeyer, Andreas: *Sergej Taneev – Musikgelehrter und Komponist. Materialien zum Leben und Werk*, Berlin 1996.

Wehrmeyer, Andreas: *Anton Arensky – Komponist im Schatten Tschaikowskys. Dokumente, Briefe, Erinnerungen, Werkbesprechungen*, Berlin 2001.

Weickmann, Dorion: *Der dressierte Leib. Kulturgeschichte des Balletts (1580–1870)*, Frankfurt a. M. 2002.

Wicks, Charles: *The Parisian Stage. Part V (1876–1900). With Cummulative Index of Authors 1800–1900*, Alabama 1979.

Wiley, Roland John: *Tchaikovsky's Ballets. Swan lake, Sleeping beauty, Nutcracker*, Oxford 1985.

Wiley, Roland John: *A century of Russian ballet. Documents and accounts*, Oxford 1990.

Wiley, Roland John: *The life and ballets of Lev Ivanov. Choreographer of The Nutcracker and Swan Lake*, Oxford 1997.

Wild, Nicole: *Dictionnaire des théâtre parisiens au XIVᵉ siècle*, Paris 1989.

Wolff, Stéphane: *Un Demi-siècle d'opéra-comique (1900–1950)*, Paris 1953.

Wolff, Stéphane: *L'opéra au Palais Garnier (1875–1962). Les oeuvres, les interprètes*, Paris (u. a.) 1982.

Wohlmann, Gerhard: *Das ausgestellte Fremde. Der Begriff des Fremden als ästhetisches Phänomen des 19. Jahrhunderts in Frankreich*, Dissertation an der Ludwig-Maximilians-Universität München 1996.

Wörner, Martin: *Vergnügung und Belehrung. Volkskultur auf den Weltausstellungen 1851–1900*, Münster 1999.

Wurz, Stefan: *Kundry, Salome, Lulu. Femme fatales im Musikdrama*. Frankfurt a. M. (u. a.) 2000.

Unveröffentlichte Quellen und Manuskripte

Čerepnin, Nikolaj: handschriftliches Werkverzeichnis des Komponisten Nikolaj Čerepnin [o. J.]; Privatbesitz der Familie Čerepnin.

Čerepnin, Nikolaj: Mappe mit unidentifizierten Skizzen und Entwürfen [o. J. bzw. zwischen 1939 und 1949 datiert], insgesamt 85 Seiten; im Besitz der Paul Sacher Stiftung Basel.

Fokin, Michail: handschriftliches Werkverzeichnis des Choreographen Michail Fokin, 1905–1941; RISM-Sigel US CAh, Signatur bMS Thr 458 (41) Ballets and dances choreographed by M. Fokine: AMs (in Michel Fokine's hand), 1905–1941. 1 folder.

Fokin, Michail: *The Dance is Poetry Without Words*, New York 1924, S. 1. RISM-Sigel US NYp, Signatur (S) *MGZMC-Res.-11 II/6 (sechs Seiten Typoskript).

Fokin, Michail: *Sex Appeal in Dance*, 1932. RISM-Sigel US NYp, Signatur (S) *MGZMC-Res.-11 II/9 (eine Seite Typoskript).

Täglicher Wetterbericht der Deutschen Seewarte 1901; http://docs.lib. noaa.gov/rescue/cd141_pdf/LSN0899.PDF (zuletzt eingesehen am 7. Juni 2011).